2026
대한민국 대학입시 트렌드

2026 대한민국 대학입시 트렌드

EBS · EBS i

입시대표강사 윤윤구 선생님의 대학입시 트렌드 완전분석

리빙북스
Living Books

예쁘고 사랑스러운 아이가 자라서 중학생이 되고, 고등학생이 되면 가족 분위기가 어색하고 불편하게 바뀌게 됩니다. '입시'라는 거창한 이야기가 본격화되고, 그 속에서 결과를 만들지 못하는 학생들과 부모의 갈등은 이루 말할 수 없이 커지고 서로에게 상처만 남기는, 입시생을 둔 평범한 가정의 가슴 아픈 현실을 상담의 과정에서 꽤나 많이 접하게 됩니다.

숱한 학생과 학부모를 상담 하다보면 정말 난처한 상황이 하나 둘이 아닙니다. 학부모는 자녀가 너무 공부를 열심히 하는데 성적이 안 나와서 걱정이라고 말하고, 학생은 너무 억울한지 계속 울면서 자신은 최선을 다했다고 이야기를 합니다. 상담을 해야 하는 입장에서는 정말 난감하기만 합니다. 대학 입시라고 하는 것이 이루 말할 수 없는 난처한 상황들을 헤치고 나가야 하는 것이기에 마음이 아픕니다.

왜 이런 일이 생기는 것인지에 대한 고민을 해 봅니다. 입시와 관련된 온갖 요란한 정보들이 넘쳐나고, 다니면 성적을 무조건 올려준다는 학원이 곳곳에 넘쳐나는데, 왜 이리 성적은 오르지 않고, 입시는 왜 그리도 어렵게 느껴지는 것일까요? 오늘날 대부분의 영역이 그러하듯 입시, 혹은 교육도 '과잉 정보'가 넘쳐납니다. 아니, 개인적으로는 과잉 정보의 거의 끝판왕에 와 있지 않나 싶습니다.

전체 수험생의 한 줌에 불과한 의대 증원 소식으로 인해 모든 수험생이 엄청난 난리를 겪을 것처럼 이야기 되어지는 이유는 어디서 기인한 걸까요? 학원마다 입시 설명회에 사람들이 넘쳐나고, 손만 뻗으면 온갖 정보들이 몰려드는 사회에서 어쩌면 과잉 정보로 인해 우리가 길을 잃은 것이 아닐까요?

본질을 잃고, 겉모습의 화려함에 빠진 사회에서 수험생과 학부모는 힘에 겨워합니다. 난생 처음 겪게 되는 성적으로 인한 자녀와의 갈등, 혹은 무한의 지지를 보내줄 것 같았던 부모의 변심에 난처해하는 모든 예비 수험생과 학부모들에게 해결의 실마리를 찾을 수 있는 무언가가 있으면 좋겠다는 나름대로의 고민을 계속하고 있었습니다.

실제 교육의 본질이라는 거창함보다는 지금 내가, 지금 내 자녀가 무엇을 해야 이 난처한 상황을 극복할 수 있는지, 어떤 입시가 진짜 교육으로 작동하는지, 입시가 어떻게 학생의 성장으로 이어질 수 있는지 등 진짜 이야기를 들려 드리고 싶어서 이 책을 썼습니다.

2026학년도 입시에서는 '여전히' 변수들이 많습니다. 의대 증원의 변수, 첨단 학과의 증원, 주요 대학들의 전형 변경, 무전공 전형의 확대, 수능 난이도와 관련된 이슈 등등 '여전히' 변수들이 많습니다. 하지만 2025학년도 입시에서도, 2024학년도 입시에서도 변수는 '여전히' 많았고, 그전의 모든 입시에서도 복잡하고, 어렵고 등등의 변수들이 여전히 존재해 왔습니다. 그러나 입시를 치러야 하는 모든 수험생과 학부모들에게는 그러한 모든 소식들이 다 생소하고 매우 자극적인 뉴스로 받아들여집니다. 언론의 입장에서는 매해 입시관련 모든 소식이 기사의 소재일 뿐입니다.

모의고사와 수능이 쉬우면 '물수능'이라고 이야기하면서 상위권 변별력에 대한 기사가 쏟아지고, 어려우면 '불수능'이라고 온 나라가 난리가 납니다. 상황과 환경은 항상 우리를 불안하게 하고, 걱정하게 만드는 모든 '소식'들이 난무할 뿐입니다. 물론 앞으로도 여전히 있을 것입니다.

얼마 전, EBS에서 진행한 유튜브 방송에서 N수생 이야기를 다루었습니다. 실제 반수, 재수를 해서 원하는 대학을 진학한 졸업생들 3명을 초빙해서 각자의 진솔한 이야기를 나누었습니다. 반수로 대치동 학원을 다녔으나 학생부 종합 전형으로 연대 의대를 진학한 반수생, 독학 재수 학원을 다니면서 고대에 진학한 재수생, 분당 유명 학원을 다니면서 재수로 연대를 진학한 재수생이었습니다. 질문 중의 하나가 '자신이 생각하는 재수생의 입시 성공 비율'이었습니다. 같이 학원을 다닌 동기들, 주변의 이야기들을 종합해서 개인적인 느낌을 단순하게 물었습니다. 3명의 졸업생이 거의 동일한 비율을 이야기했습니다. 놀랍게도 20% 정도의 수준이었습니다. 객관적인 통계에 근거한 이야기가 아니라, 지극히 주관적인 3명의 학생들의 이야기이긴 합니다만 그 의미하는 바가 매우 큽니다.

수능에서는 N수생이 유리하다는 등의 이야기를 많이 접한 수험생과 학부모의 입장에서는 다소 의외의 결과일 수 있습니다. 하지만 근래 수능에서 재학생 이외의 숫자가 15만 명 수준이라는 것을 감안하면 재수가 성공의 기준이 되지는 않습니다. 당연히 누군가는 성공할 것이고, 누군가는 실패하게 됩니다. 덮어놓고 유명한 학원을 다니고, 유명 강사의 인터넷 강의를 결제하는 행동이 원하는 결과를 만들지 못합니다. 교육도, 입시도 그렇게 간단하게 해결되지 않습니다. 그렇게만 하면 모든 것이 해결될 것이라는 단순한 믿음을 가지고 입시에서 성공할 수는 없습니다.

저의 수십 년간 입시 상담의 노하우를 담은 이 책을 읽어가면서, 여러분들 스스로 질문해 보시고 그 질문에 대한 답을 찾게 되시기를 바랍니다. 2026학년도 입시를 준비하는 모든 수험생과 학부모들이 변화의 기회를 잡고, 변화를 시도할 수 있었으면 합니다. 입시에 대한 고민이 깊어질수록 더 갈등이 깊어진다면, 성장은 요원할 수밖에 없습니다. 고민이 고민으로 끝나는 상황을 만들지 말고, 고민을 통해 '변화'를 시도할 수 있길 바랍니다. 지금 시작해도 충분히 가능합니다. 고민의 과정을 통해 해결책을 찾으려는 노력이 있다면, 그리고 그 고민의 방향이 바뀔 수 있다면, 이 난처한 상황을 난.처.한. 전략으로 해결할 수 있게 될 것입니다.

이 책을 읽는 모든 시간 동안 자녀의 공부에 대해서, 진학에 대해서, 미래에 대해서 '구체적인' 고민을 하시길 기대해 봅니다. 더 구체적인 고민을 만들기 위해, 더 많은 정보와 더 많은 이야기를 담고자 노력했지만, 결국 이 이야기 또한 '다른 학생'의 이야기입니다. 그럼에도 이 모든 노력의 과정들을 보여주는 이유는 우리는 충분히 성공할 가능성을 가지고 있다고 믿고 있기 때문입니다. 이런 과정을 통해 자신을 증명하며 저와 함께 성장했던 모든 제자들에게 감사의 마음을 전하며,

성공할 수 있는 멋진 '여러분의 선택'을 응원합니다.

왕십리 초록 동산에서
학생들의 성장에 진심인 입시 큐레이터

윤윤구 드림

contents

Chapter 2 나에게 맞는 스마트한 입시 전략 세우기

Chapter *3* 대학 입시 트렌드 분석

Chapter 4 대한민국 입시 트렌드 대응 전략

부록

Chapter 1

난.처.한 (난생처음한번)
도전하는 입시 준비

· · · · · · ·

1. 아는 만큼 보이는 입시라는 큰 그림

2. 입시 준비를 위해 꼭 알아야 할 것

3. 현행 입시제도 전형별 특징 이해하기

1. 아는 만큼 보이는 입시라는 큰 그림

내 아이의 공부 진단

'왜 이러는 걸까요?'

2024 대수능 언론 브리핑을 마치고 학교에서 수업을 하던 중이었습니다. 평소에 공부를 전혀 하지 않던 2학년 승희 학생이 엄청 열심히 공부를 하고 있는 모습을 보고 제 마음속으로 '고3들의 수능이 끝나고 나니 수험생으로서 마음가짐을 단단히 먹었구나!' 생각했습니다. 그 진지한 모습이 참 기특해서 칭찬해 주려고 조용히 그 학생의 자리에 다가가서 공부하고 있던 그 모습을 지켜보면서 저는 깜짝 놀라고 말았습니다.

승희는 수학 문제를 풀고 있었는데, 펼쳐진 모의고사 시험지 곳곳에 문제 풀이를 한 흔적들이 간혹 보였습니다. 그런데 조금 어려워 보이는 문제위에는 놀랍게도 인테그랄($\int$)이 잔뜩 그려져 있었습니다. 마치 시험지 위를 날아다니듯 가득히 떠 있는 인테그랄($\int$)을 보면서 수많은 생각들이 제 머릿속을 스쳐지나갔습니다. 아마도 승희는 갑자기 공부를 해야겠다는 위기감이 들었을 것입니다. 마음에 결심을 하고 수학문제를 해결하려고 노력했지만, 전혀 감이 잡히지 않아서 그렇게도 많은 인테그랄을 그릴 수밖에 없었을 것입니다. 새까맣게 힘을 줘서 그린 수많은 인테그랄은 어쩌면 '대학을 가고 싶다!'고 소리치는 승희의 외침으로 들리는 것 같았습니다. 승희 학생은 스스로 예비 고3으로서의 자각을 했고, 그에 합당한 행동을 하기로 결정을 했지만, 자신이 풀 수 없는 문제에 심각한 좌절을 경험했을 것입니다.

더욱 놀라운 사실은 승희 학생은 대치동의 여러 학원을 다니고 있고 그곳에서 엄청난 시간을 보내는 학생이라는 점입니다. 너무나 절실히 대학을 가고 싶다고 외치는 승희의 시험지를 보고 제 자신에게 근본적인 질문을 던질 수밖에 없었습니다.

'왜 이런 일이 생긴 걸까요?'

우리나라 학생들 대부분은 '학교'에서 수업을 마친 후 학원을 갑니다. 늦은 밤까지 학원에서 공부하고 집에 와서 또 인터넷 강의를 듣는 학생들이 정말 많습니다. 매일 똑같이 반복되는 '공부만' 하는 삶을 살고 있는 대다수의 우리 학생들은 당연히 모두 세계적인 수재가 되어야 마땅하지 않을까요? 그런데 어째서 승희와 같은 친구들이 많을까요? 도대체 '왜 이런 일이 생긴 걸까요?' 오늘날 대한민국 교육의 질은 세계시장에 내 놔도 뒤지지 않을 정도입니다. 그럼에도 불구하고 우리나라 교육계에서 여전히 승희 학생과 같은 친구들이 많은 이유는, '스스로 공부를 열심히 했다고 착각'하기 때문이라 할 수 있습니다. 결국 공부라고 하는 것이 본질적으로는 '자신이 하는 것'인데 거의 대부분의 학생들은 '듣고 이해하는 것'이라는 착각의 덫에 걸려 '공부 끝!'이라고 쾌재를 부르며 스스로를 속이고 있습니다. 엄청 유명한 학원 강사의 현장 강의를 듣는다 하더라도 자기 스스로 머리를 싸매고 고민하고 공부를 하지 않으면 결코 공부를 한 것이 아닙니다. 당연히 입시에 성공할 수 없습니다.

승희가 그려놓은 적분기호(integral)처럼 공부는 하나씩 모아서 총합을 만들어야 한다는 말입니다. 하나씩 모을 때는 표가 나지 않고, 공부하고 있다는 느낌이 딱히 들지 않지만, 시간을 들이고 공을 들이면 나중에 총합으로서의 결과물은 꽤 괜찮은 것으로 나오게 됩니다. 어떤 문제라도 그 결론이 나올 때까지 시간을 쌓고, 단어를 쌓고 문제를 쌓아야 합니다. 그러한 인고의 시간을 스스로 투자하지 않으면 결국 승희 학생처럼 의미 없는 무수한 시그마(Σ)와 인테그랄을($\int$) 그릴 수밖에 없습니다.

2023년 하반기에 지인의 딸인 하빈이를 상담했습니다. 부모와 함께 4명이 만나서 많은 이야기를 나눴습니다. 엄마의 고민은 하빈이가 공부를 정말 열심히 하는데, 성적이 잘 나오지 않는다며 속상해했습니다. 하빈이는 서울의 일반고에서 대략 6등급 정도의 내신 성적을 가지고 있는 인문계열 학생이었습니다. 내 생각에 하빈이가 열심히 공부했다면 성적이 그렇게 나올 리가 없다고 판단이 되었습니다. 하빈이의 학생부를 유심히 살펴보고, 부모의 이야기를 한참을 듣고 나서 하빈이와 단둘이서 진지하게 이야기를 나눴습니다.

먼저 하빈이에게 공부 안하는 시간에 주로 무엇을 하는지 물어 봤습니다. 하빈이는 주로 유튜브를 즐겨 본다고 말했고 1일 평균 시청 시간이 대략 4시간 정도 된다고 했습니다. 게다가 챙겨 보는 웹툰까지 확인하고 나니, 하루에 보통 6시간 이상을 휴대폰에 정신을 뺏기고 있었습니다. 즉 공부 자체를 거의 안하고 있었습니다. 하빈이는 학원을 엄청 많이 다니고 있었고, 학원을 다니는 시간만이 하빈이에게는 공부 시간의 전부였습니다. 부모의 입장에서는 매일 학원을 다니고 있으니, 열심히 공부하고 있다고 '착각'했던 것입니다. 그런 학생에 대해 부모는 자녀가 열심히 공부하는데 성적이 그만큼 안 나온다고 안타까워합니다. 그날 하빈이와 하빈이의 부모는 얼마나 울었는지 모릅니다.

이 난처한 상황에서 우리는 무엇을 할 수 있을까요? 무엇을 해야 할까요? 고민이 될 수밖에 없는 지점입니다. 내 아이의 공부 진단이 제대로 이뤄지는 않는다면, 우리의 숱한 고민과 선택도 실패로 끝날 가능성이 높습니다. 그러니 우선은 내 아이의 공부 진단이 구체적으로 이뤄지는 과정이 반드시 필요합니다. 고등학생 자녀를 둔 부모들의 일반적인 실수는 아마도 '알아서 잘하겠지' 일겁니다. 덩치 큰 아이들한테 간섭하고 개입하기가 무섭기도 하고, 같은 말을 반복하는 것이 힘들어서 자꾸 외면하게 됩니다. 딱 까놓고 말하자면, 알면서도 모르는 척하는 것이 서로 편하기(!!!) 때문에 문제해결이 안 되는 겁니다. 그러한 시간이 쌓여 가면 갈수록 입시도, 자녀와의 관계도 원하는 결과와는 멀어지게 됩니다.

공부하라는 말로 자녀를 압박하라는 말을 하는 것이 아닙니다. 우리가 해야 할 일은 자녀의 상태를 정확하게 '직면'해야 한다는 점입니다. 쉽지 않은 길을 걸어가는 내 자녀의 멋진 도전이 성공하기 위해서는 부모의 도움이 반드시 필요하다고 말씀 드리는 겁니다.

"자, 여기서 질문 하나 드리겠습니다. 자녀의 대학 진학을 위해서 여러분은 어떤 도움을 주실 수 있을까요?" 지금 머리에 떠올리신 대답은 오답일 확률이 높습니다.(정답을 떠올리신 부모님도 계시겠지만, 이 책을 끝까지 다 읽으시면 정답을 아실 수 있습니다.)

이유를 알 수 없지만 고열에 시달리게 되면, 일단 해열제를 처방하게 됩니다. 증상에 따라 처방이 이뤄지는 것이 통상적이기 때문이죠. 대체로 이런 경우를 '대증(對症) 요법'(symptomatic therapy)이라고 합니다. 원인을 알 수 없거나, 당장의 증상을 해결하기 위해서 아주 중요한 용법이지만 증상의 원인을 정확하게 알게 되면 대증 요법으로 해결해서는 안 됩니다. 당장의 증상이 조금 심해지더라도 원인을 제거하는 과정을 거쳐야 더 이상 증상이 나타나지 않게 됩니다. 자녀의 교육도 마찬가지입니다. 마치 우리나라 교육은 '대증 요법'의 천국인 것 같습니다. 숱한 학원들이, 언론에서 연일 대증 요법에 대해서만 말합니다. 그러나 내 자녀의 공부에 대증 요법과 같은 처방은 거의 실패로 끝나게 됩니다. 자녀의 공부에 대한 제대로 된 진단은 제대로 된 처방을 찾을 수 있는 중요한 행동입니다. 자녀의 성적은 불치병이거나, 원인을 알 수 없는 상태가 아니기 때문입니다. 더 이상 대증 요법에 매달리지 말고, 정확한 진단과 정확한 처방을 해야만 합니다.

💬 '원래'라는 말에 대해서

학생들과의 상담을 하다보면 내신 성적이 좋지 않은 학생들은 항상 이런 말을 하는 편입니다.

> 저희 학교 1등은 원래 공부를 잘했어요.
> 저는 원래 수학을 못해요.
> 저는 원래 공부를 못해요.
> 저는 원래 과학을 싫어해요.
> 저는 원래 영어 단어를 못 외워요.
> 저는 원래 게을러요. 저는 원래 …

어떻게 생각하세요?

사실 말도 안 되는 소리입니다. '원래 공부를 잘한다니요! 물론 그럴 리가 없지요.' 하지만 학생들은 그렇게 생각하는 것이 본인에게 편하기 때문에 그런 말을 쉽게 내뱉는 것입니다. 그렇게 생각해야 스스로 보호받을 수 있다고 생각합니다. 학생들이 그 말이 사실이 아님을 안다 해도 '실제로' 그렇게 생각하고 있다는 점이 중요합니다.

심리학 용어 중에 '인지부조화'라는 용어가 있습니다. 요즘의 학생들과 학부모를 설명하기에 이보다 더 좋은 용어는 없다고 생각합니다. 인지부조화는 생각(태도)과 행동이 일관되지 않고 모순될 때 발생하게 되는 심리 상태를 말합니다. 즉 심리적 스트레스 상황이며, 우리 뇌는 이 부조화를 해결하기 위해 자신의 인지(태도)를 변화시켜 조화 상태를 유지하려 애를 쓰는데, 이것이 바로 '자기 합리화'입니다. 가장 잘 알려진 사례는 포도밭에 들어가 포도를 따먹지 못한 여우가 '저 포도는 너무 신 포도라서 맛이 없을 거야'라고 돌아서 나온다는 이야기입니다. 이때 여우의 말이 '자기 합리화'를 한 것입니다.

학생들도 학부모들도 성적과 공부에 관한 심각한 인지부조화가 존재합니다. 앞서 언급한 '원래'라는 말이 가장 대표적인 인지부조화를 해결하기 위한 자기 합리화입니다. 전교 1등과 자신의 차이를 '원래'라는 말로 설명하면 자기 합리화가 쉽게 됩니다. 공부를 잘하고 싶다는 생각이 있지만, 공부를 많이 하는 행동이 없기 때문에 심리적 불편함이 생기게 되는데 이를 공부 잘하는 학생들이 원래 공부 능력이 좋았던 것으로 해석하면 자신이 공부를 못하는 것이 합리화됩니다. 나는 능력이 없고, 전교 1등은 공부 능력이 뛰어나기 때문이라고 해석하면 쉽게 스트레스에서 벗어날 수 있다는 말입니다.

사실 학생들이 공부를 힘들어 하는 가장 본질적인 이유는 지금까지 학생들이 살아왔던 삶과 공부는 궤적이 다르기 때문입니다. 어릴 때부터 거의 모든 일이 쉽게 해결되고, 빠르게 해결되는 생활을 해왔던 학생들에게 학문의 영역인 공부는 너무나 '느린' 세상입니다. 학생들에게는 그저 열심히 쌓기만 한다는 느낌이 강하게듭니다. 그러다 어느 순간이 되면 더 쌓아도 더 좋은 결과가 나올 수 없을 것이라는 생각을 하게 되는데 그때가 대체로 수학을 포기하는 시점이 됩니다. 이때 학생들은 '원래'라는 말을 하게 됩니다. 원래 수학을 못했고, 원래 공부를 못했다고 주장을 합니다. 하지만, 진짜 원래 못했을까요? 당연히 아닙니다! 이 아이들은 누가 뭐라고 해도 원래 공부를 잘했고, 원래 수학적 역량이 뛰어난 학생이었습니다. 초등학교 때를 되돌아보면 원래 공부를 좋아하고, 원래 책을 사랑했던 아이였습니다. 하지만, 지금은 멈춰있습니다. '원래'라는 말 뒤에 비겁하게 숨어서 자신의 게으름을, 자신의 즐거움을 정당화하고 있습니다. 원래 공부를 못하는 학생은 없습니다. 적어도 25년 이상 학생을 가르친 교사인 저는 그렇게 생각합니다. 고등학교까지의 공부는 재능을 타기 보다는 노력을 탄다고 생각합니다. 그러니 지금이라도 시작하는 것이 필요합니다. 남다른 노력으로 자신만의 길을 만들면 됩니다. 학생들이 '원래' 공부를 못한다고 말하는 이유는 단 하나입니다. '더 이상 노력하지 않겠다!'는 선언과 마찬가지 입니다. 그러니 우리는 절대 원래라는 말로 멈추지 않았으면 합니다.

공부한다는 착각

' 공부 잘하고 있나요? '

많은 제자들에게 항상 묻는 질문입니다. "공부를 '잘'하고 있나요? 진짜 잘하고 있나요? 혹시 '착각'하는 건 아닐까요?" 근래 학생들을 보면서 느끼는 불편함은 공부에 대한 고민의 과정이 그리 '길지' 않다는 점입니다. 어릴 때부터 다소 소극적인 삶(!!)을 살았던 이 학생들은 공부 역시 그런 방법으로 합니다. 안타깝게도 대부분의 학생들은 자신들이 원하는 타이밍에 공부를 한 것이 아닙니다. 어릴 때부터 대체로 무언가를 원하지 않았는데 주어졌던 것이 많았습니다. 옷이며, 책이며, 각종 장난감까지……. 그리 간절하게 원하지 않았는데, 손쉽게 내 손에 무엇인가를 쥐게 된 경험을 가진 학생들이 선택하는 것은 바로 '~ 척'입니다!

공부하는 척, 힘든 척, 피곤한 척……

대체로 '척'을 하면 부모와의 관계에서 많은 문제들이 해결됩니다. 그러다보니 심각한 착각이 생깁니다. 실제 대부분의 학생들은 자신이 '공부하는 척'을 하고 있다는 사실을 자신조차도 인지하지 못합니다. 대부분의 학생들이 인강을 봅니다. 그리고 학원에서 학교에서 강의를 '듣습니다' 그리고 공부가 끝이 납니다. 문제는 여기에 있습니다. 인강을 보는 것도, 강의를 듣는 것은 공부가 아닌데도 학생들은 자신이 공부를 했다고 생각합니다. '공부한 척'에 익숙해졌다는 말입니다.

학습(學習)이라는 말은 배울 학(學)과 익힐 습(習)으로 이뤄집니다. 우선은 배워야 하고, 다음으로는 익혀야 한다는 말입니다. 지금의 학생들은 배움에 익숙합니다. 어릴 때부터 무척 많은 것들을 배웁니다. 그러나 문제는 배우는 것이 공부의 모든 것이 아니라는 점입니다.

반드시 익혀서 자신의 것으로 만드는 과정이 필요한데 많은 학생들은 이 익힘의 과정을 건너뛰게 됩니다. 이렇게 익힘의 과정을 건너뛴 학생들이 시험이 끝나면 항상 하는 말이 있습니다.

' 이 문제는 아는 데 틀렸어 '

이해할 수 없는 말이 나옵니다. 아는 데 틀리다니요. 알면 틀리지 않는 것이 당연한데, 아는 데 틀렸다고 이야기를 합니다. 그럼 왜 이렇게 말하는 것일까요? 어디서 본 적이 있고, 들은 적이 있기 때문입니다. 자신이 정확하게 '습(習)' 하지는 못했지만, 본 적이 있고, 들은 적이 있으니 익숙하다고 말하는 것입니다. 안다고 '착각'하는 겁니다. 많은 학생들이 이런 공부 착각을 하고 있습니다. '들으면 알고, 보면 안다는 생각' 이런 공부법을 저는 '천재의 학습법'이라고 부릅니다. 자신이 자꾸 천재라고 생각하고 학습을 합니다. 그러나 현실은 이해했다고 생각하고, 안다고 '스스로 착각'하는 것에 불과합니다.

어릴 때는 들으면 알 수 있을 만한 쉬운 것들을 배우기 때문에 초등학교 과정에서 그리 어렵지 않게 어느 정도 만족할 만한 학업 성취도를 기대할 수 있습니다. 그러나 듣고 보는데 그치는 이 배움의 시스템을 고등학교까지 가지고 있다면 공부에서는 실패할 가능성이 높습니다. 왜냐하면, 고등학교의 대부분의 시험과 학습은 다소 고차원적인 이해의 과정이 필요하기 때문입니다. 단순히 들어서 알 수 있는 수준이 아닙니다. 반드시 자신의 것으로, 자신의 말로 설명할 수 있는 수준이어야 합니다. 그러니 '시간'이 많이 걸리게 됩니다. 익히는 것은 매우 많은 시간을 요구합니다. 하지만, 대부분의 학생들은 익힐 시간이 없습니다. 아이러니하게도 보고 들어야 할 인강과 수업이 지나치게 많기 때문입니다.

많은 학생들이 초등학생 혹은 중학생 때의 배움의 시스템을 고치지 않고 고등학교에 진학합니다. 이런 학생들은 제가 '초등학교 10학년' 혹은 '중학교 4학년'이라고 부르는 학생들이 됩니다. 대체로 이런 학생들은 공부를 빨리 포기하는 편입니다. 그리고 이들이 주로 습관적으로 하는 말이 바로 '나는 해도 안 된다' 혹은 '공부는 내 길이 아닌가봐' 라는 말입니다. 실제로는 '공부했다는 착각' 때문임에도 불구하고, 착각이라는 사실을 인지하지 못하고 자신은 공부를 나름 열심히 하는데 성적은 안 올라 고민하고 힘들어 합니다.

특히, 근래 만난 학생들은 독서에서도 이런 현상이 많이 보입니다. 책을 읽고 나면 책의 내용을 제대로 이해하지 못한 상태에서 책을 읽었다고 말합니다. 이런 현상이 나타나는 이유는 다양하게 있지만, 초등학교 때 조금 수준 높은 책을 읽는 자녀를 칭찬한 경우에서 많이 발견되는 것 같습니다. 어려운 책을 '읽었다'는 것이 칭찬의 대상이 되면 학생들은 자신의 자존감을 위해서 어려운 책을 '읽'습니다. 이 부분이 중요합니다. 이해하는 것이 아니고, '읽'습니다. 읽는 행동 자체가 칭찬의 대상이 되었기 때문입니다. 그래서 고등학교에서 만난 학생들 중에는 놀랍게도 많은 책을 읽긴 읽었지만 기억을 떠올리지 못하고 그 내용도 '모르는' 경우가 많습니다. 제대로 읽은 것이 아니라, 그냥 읽은 것을 '이해했다'라고 착각하기 때문에 발생하는 현상입니다.

진짜 공부 vs 가짜 공부

'공부는 열심히 하는데, 성적이 잘 안 나와요.'

상담하는 학생과 학부모에게 가장 많이 듣는 말 중의 하나입니다. 최근에 상담한 고등학교 2학년 도현이도 이런 고민을 가진 학생이었습니다. 도현이는 아주 많은 시간을 공부에 할애하고 있는 학생이었는데, 시험 성적은 자신이 투자한 만큼 나오지 않아서 힘들어 하고 있었습니다. 부모들의 걱정도 컸습니다. 도현이의 공부 패턴을 보면 학교 수업 후 학원, 학원 수업 후 집에서 인강을 듣습니다. 하루 종일 듣기만 하는 수업을 받은 겁니다. 공부를 잘한다는 것이 불가능한 방법입니다. 이런 가짜 공부는 원하는 결과를 만들 수가 없습니다. 전국에 아주 많은 학생들이 이런 가짜 공부로 인해 시간을 낭비하고, 경제적인 손해를 보고, 결국에는 대학 진학의 실패를 경험하기도 합니다.

학원이 문제라고 지적하는 말이 아닙니다. 개인적으로 사교육을 '악'(惡)으로 규정하는 것에 동의하지 않습니다. 학원은 21세기 자본주의 사회에서 하나의 거대한 산업의 한 축입니다. 사교육을 악으로 규정하면, 그 산업에 종사하는 사람들도 악인이 되는 셈인데, 옳지 않은 접근이라고 생각합니다. 중요한 것은 학원을 다니고, 인강을 듣는 것이 아니라, 사교육을 하는 이유입니다. 가장 중요한 본질은 학업 역량이고, 그 다음 수단으로써 공교육 또는 사교육을 말하는 것 입니다. 때로 누군가는 공교육을 통해서, 누군가는 사교육을 통해서 성공하게 됩니다. 그러니 확실하게 이해했으면 합니다. 사교육이 문제가 아니라, 사교육을 잘못 사용하는 학생과 부모의 문제를 꼬집고 싶습니다.

물론 학생과 학부모들이 혹 할 수밖에 없는 엄청난 광고 등, 문제도 분명히 있습니다. 유명한 연예인이 나와서 앱을 광고하고, 학원에 걸린 플래카드를 보면 당연히 눈길이 가고 마음이 쏠립니다. 여기에 더해 유튜브 영상과 숏츠 등 사교육 정보가 넘쳐납니다. 왜냐하면 21세기 자본의 논리가 그대로 통용되기 때문입니다. 이 문제는 비단 교육의 문제만이 아닙니다. 우리가 사용하는 대부분의 광고들이 그러하다는 점을 생각하면 결국은 학원도 인강도 '선택'의 문제인 셈입니다.

'사교육 필승 전략'은 없습니다. 단호하게 말하는데 절대 없습니다. 핵심은 내 아이의 약점을 어떤 방식으로 해결할 것인지에 대한 고민이어야 합니다. 그러기 위해서는 내 아이의 약점을 알아야만 합니다. 그 약점을 해결하는데, 학원이 도움이 될 수도 있고 학교 선생님이 도움이 될 수도 있습니다. 그것이 진짜 공부가 될 것이고, 성공은 진짜 공부에서 나옵니다. 그러니 '그' 학원을 보냈다고 성적이 오르고, '그' 강사에게 들으면 성적이 오르는 것이 아닙니다. 그런 가짜 공부를 따라가기에 성적은 당연히 오를 수가 없습니다.

학생과 함께 인강을 들어보면, 강의를 정말 잘하는 강사들이 많습니다. 진짜 잘합니다. 학생들이 강의를 들으면 이해가 정말 잘된다고 합니다. 여기서 문제가 발생합니다. 강의를 듣고 이해가 잘 될수록 학생들은 그 개념과 그 문제를 자신의 것으로 만들려고 하지 않습니다. 왜냐하면 강사가 설명하는 것을 듣고 '이해했다'라고 생각하기 때문입니다. 이해했으니, 더 공부할 필요가 없다는 논리인 셈입니다. 하루 종일 듣기만 하는 공부를 하는 학생은 도대체 얼마나 머릿속에 그 개념이 남아 있을까요? 안타깝게도 대부분은 '망각'하게 됩니다. 이해한 것이 아니라, 이해했다고 착각했기 때문입니다. 공부는 이런 착각들이 많을수록 실패하게 됩니다.

공부의 본질은 자신이 모르는 것을 알아가는 것입니다. 그러니 본질적으로 공부는 실패의 경험들이 쌓일 수밖에 없는 어려운 작업입니다. 그런데 가짜 공부들의 특징은 대체로 쉽다고 말합니다. 엄청 빨리 성적을 올릴 수 있고, 쉽게 성적을 올린다고 말합니다. 이 학원을 다니면 무조건 성적이 오르고, 저 강사의 강의를 들으면 쉽게 공부할 수 있다고……

유튜브를 보면, 학원이 밀집한 거리를 걸으면 대학 가는 것이 그렇게 쉬울 수가 없습니다. 온 세상이 공부를, 입시를 너무 쉽게 생각하는 것 같아 보입니다. 절대 아닙니다! 공부의 본질은 어려운 것이고, 한계를 뛰어넘는 작업입니다. 그러니 진짜 공부는 어려울 수밖에 없고, 속도가 느릴 수밖에 없습니다. 그러니 빨리 결과를 봐야 하는 부모의 입장에서는 본질에 충실하기가 쉽지 않습니다. 결국 결과를 바라보는 부모는 가짜 공부를 선택하게 됩니다. 가짜 공부를 선택하는 순간, 가정에 말할 수 없는 평화가 깃드는 듯합니다! 하지만, 가짜 공부는 결국 혹독한 대가를 치를 수밖에 없습니다. 도현이처럼 말입니다.

도현이는 중학교부터 학생들이 하는 말로 '고등 수학을 많이 돌렸' 습니다. 고1 입학할 때 학원에서 이미 고2 수학을 '끝낸' 상태였지만, 가짜 공부의 결과는 매우 참담할 수밖에 없습니다. 빨리 배운 것은 쉽게 잊혀지게 마련인지, 내신은 한없이 낮은 상태였습니다. 어렵고 복잡한 것을 빨리 배운다는 것은 천재가 아닌 이상 불가능합니다. (알고 계신가요? 인강을 듣는 거의 대부분의 학생들이 배속으로 듣습니다!)

그럼 진짜 공부는 어떻게 만들어지게 될까요? 다양한 요인이 있고, 조금은 복잡한 과정을 거치게 되지만, 진짜 공부의 핵심은 '학생이 배운 내용을 제대로 설명할 수 있느냐'에 달려있습니다. 도현이의 경우는 수학 공부법을 많이 바꾸었습니다. 학원과 인강 시간을 줄이고, 자신이 직접 수학 문제를 풀고, 틀린 문제를 입으로 설명하도록 했습니다. 이 방법은 매우 시간이 오래 걸린다는 특징이 있습니다. 실제 학원과 인강으로 공부하는 시간에 비하면 진도가 엄청 느리게 나갑니다. (사실, 이 부분이 학생과 학부모의 입장에서 엄청 답답하게 느껴질 수밖에 없습니다.) 도현이는 이 방법에 동의했고, 2달 정도의 시간을 투자해서 자신이 틀린 문제를 부모님 앞에서 설명하는 방법으로 하루의 공부를 마무리했고, 아주 유의미한 성과를 만들어 냈습니다. 수학에 대한 자신감을 많이 회복했고, 덤으로 수학 성적도 많이 상승했습니다.

　도현이의 케이스와 유사한 사례는 매우 많습니다. 진짜 공부의 핵심은 학생이 스스로의 약점을 보완하고 자신이 아는 것과 모르는 것을 구분할 수 있느냐 입니다. 근래에 유행하는 말로 하자면 '메타 인지'입니다. 도현이는 2026 입시를 준비하면서 제대로 된 방법을 찾았습니다. 앞으로 흔들리지 않고 매진 할 것이고, 자신이 원하는 결과를 만들어 내게 될 것입니다.

　도현이의 표현으로 말하자면,

> " 공부한 만큼 이해가 되고,
> 결과가 나오는 것 같아서 좋습니다. "

 부모 vs 학부모

　자녀를 키운다는 것은 모든 부모에게 최고의 행복이긴 하지만, 그 과정은 험난하고 어려울 수밖에 없는 듯합니다. 저는 군대를 다녀온 두 아들을 두고 있지만, 자녀 교육은 여전히 어려운 일이라고 항상 느낍니다. '왜 자녀를 키우는 일은 힘들지?' 라는 의문점을 가지고 생각하던 중에 중요한 사실을 하나 발견했습니다. 우리의 머릿속에 존재하는 지극히 잘못된 사고에서 출발하는 '오류'가 하나 있었습니다.

　고등학교의 성적 때문에 힘들고, 대학 입시가 힘든 가장 큰 이유는 어쩌면 부모의 삶에서 자녀를 '분리'하지 못하기 때문일 것입니다. 많은 부모를 만나고, 더 많은 학생들을 만나지만 대부분의 경우에는 이 문제로부터 자유롭지 못했습니다. 가장 큰 문제로 인식되어지는 것은 자녀의 어떠함이 곧 부모의 어떠함으로 부모들이 스스로 평가를 한다는 것입니다. 부모와 자녀 사이를 종속 관계로 규정하고, 부모가 여전히 키우고 돌봐야 하는 존재로 생각하고 있다는 점입니다. 벌써 고등학생이 되었는데도 말입니다.

고등학생이 된 자녀는(그것도 고등학교 2학년이라면 더더욱!) 자녀를 '하나의 인격체'로 대하는 것이 필요합니다. 진짜로! 말로만 인격체로 대하는 것이 아니라, 우리의 몸짓, 표정, 눈빛, 말투가 '동등한 사람'을 대하는 것이어야 합니다. 이런 의미에서 저는 부모와 학부모를 구분해야 할 필요가 있다고 생각합니다. 부모는 자녀의 성장과 더불어 부모에서 학부모로 '함께 성장'해야 합니다.

부모의 역할은 '양육'으로 볼 수 있습니다. 양육의 국어사전적 의미는 '아이를 보살펴서 자라게 함'입니다. 아이가 자라서 청소년이 되면 양육은 거의 끝났다고 보는 것이 맞는 것 같습니다. 보살피고, 자라도록 하는 것은 중학교 이후에는 사실 어려운 이야기입니다. 자아 형성이라는 청소년기의 특징을 생각하면 당연한 이야기입니다. 그러니 늦어도 중학교까지(가능하면 초등학교까지) 부모로서의 양육에 더 큰 의미를 부여해도 됩니다. 하지만, 자녀가 중학생을 지나고, 고등학생이 되었다면, 부모의 역할은 최소화하고, '학부모'가 되어야 합니다.

이제 더 이상 육체적인 자람이 아니라 정신적인 자람이 필요하고, 정신적 성숙과 자람을 위해서는 '부모가 자녀로부터 독립'을 해야 합니다. 이렇게 독립된 학생은 당연히 '자기주도학습'을 잘하게 됩니다.

그렇다면 학부모의 역할은 부모의 역할과 어떻게 다를까요? 학부모로서의 역할은 '코칭coaching'으로 규정할 수 있을 것 같습니다. 코칭의 사전적 의미는 '개인이 지닌 능력을 최대한 발휘하여 목표를 이룰 수 있도록 돕는 일'입니다. 코칭은 커다란 사륜마차를 의미하는 코치(coach)에서 비롯된 말로 '목적지까지 사람을 운반한다'는 개념에서 출발해서 가능성의 발현이라는 개념으로 발전한 것입니다. 즉, 학부모의 역할은 자녀가 목표를 달성할 수 있도록 자녀의 능력을 끄집어내는 것입니다. 자녀의 가능성을 끌어내어 목표를 달성할 수 있도록 '돕는' 일을 해야 합니다. 그런 의미에서 부모라는 단어와는 결이 다릅니다. 이른바 '부모표 공부', '엄마표 공부'는 학부모의 역할이 아닙니다.

고등학생에게 누가 키워줬는지를 물어보면 대체로 자신이 컸다고 이야기를 합니다.(아주 괘씸하게도!) 결국 고등학생에게 양육에 방점을 두는 것은 크게 의미가 없다는 말이기도 합니다. 우리가 포인트를 잡아야 할 부분은 당연히 '학부모'로서의 역할입니다. 그럼 다음 질문이 가능해집니다.

" 도대체 코칭은 어떻게 해야 하는데? "

사실 여기서 많은 부모님들이 어려움을 느끼고, 학부모가 아닌 부모를 선택합니다. 부모로 살아가는 것이 더 익숙하고 편안하지만 부모가 변화를 선택하지 않으면 자녀는 대체로 변화를 선택하지 않게 됩니다. 그러니 조금은 불편하고, 공부할 것도 많게 느껴지고, 어렵다고 느껴지더라도 자녀를 위한 의미 있는 변화를 선택하고, 멋진 코칭을 해내도록 합시다.

코칭을 위해서는 많은 공부가 필요합니다. 무엇보다 코칭은 '전문성, 수평성, 협력성, 문제 해결, 지속성, 동기 부여'라는 영역이 필요합니다. 학부모 입장에서 가장 중요한 코칭의 기술은 '수평성'와 '문제 해결'이라고 생각합니다. 친구 같은 부모가 되어야 한다거나, 엄격한 부모가 되어야 한다는 그런 이야기가 아닙니다. 친구 같은 부모도 좋은 대학을 보낼 수 있고, 엄격한 부모 밑에서도 당연히 좋은 대학을 갑니다. 부모와 자녀 관계의 본질은 수평성에 있습니다. 자녀의 상태가 어떠함에도 불구하고 존중받을 인간이기에 1:1의 존중을 표현하는 것이 중요합니다. 그래야만 코칭을 위한 기술이 자녀에게 정확하게 전달됩니다. 수평성을 전제로 해야만 문제 해결에 이를 수 있다는 말입니다. 수평성을 전제로 하면 자녀들과 대화가 가능해집니다. '대화'가 가능하다는 말은 자녀의 이야기에 귀를 기울인다는 말이기도 하지만, 자녀도 부모의 이야기에 귀를 기울인다는 말이기도 합니다. 그럴 때 진정한 문제 해결의 출발선에 서게 됩니다.

매년 처음 학생들을 만나는 첫 수업에서 항상 하는 말이 있습니다.

" 우리는 교사와 학생으로 만났지만, 기본적으로는
인간 대 인간으로 만나는 것이랍니다.
서로에 대한 존중을 가질 때 우리는 서로 성장할 수 있어요. "

자녀의 코칭을 위해서는 학부모의 포지션을 정확하게 잡아야 합니다. 그 '선'을 정확하게 잡을수록 자녀의 방황이 줄어듭니다. 여전히 청소년기를 지나고 있는 학생들은 부모의 불안과 어려움을 매우 잘 캐치합니다. 부모가 학부모의 포지션에 대해 명확하게 선을 그을수록 자녀는 그 선을 쉽게 받아들일 수 있게 됩니다. 우리의 목적이 자녀의 건전한 성장이라는 점을 잊지 않았으면 합니다.

그럼에도 불구하고 옆집 엄마와 이야기를 할 때면 우리는 자꾸 학부모로서의 역할에 의문을 가지게 됩니다. 이렇게 해도 되는 걸까 라고 생각을 합니다. 주변 사람들은 자꾸 부모로서의 역할에 대해서만 이야기하고, 불안을 자극하려 합니다.

'아직 그러고 있으면 어떡해?'
'부모가 그 정도의 학원은 보내줘야지'

이런 이야기를 들을 때면 부모로서 제대로 못해주고 있는 것 같은 생각이 들게 되고, 결국 학부모로서의 역할을 접고, 다시 부모 모드로 돌아갑니다. 자녀의 성적이 안 좋은 것은 모두 다 부모 책임인 것처럼 말하고, 그렇게 인식합니다. 비싼 학원을 보내주지 않아서, 비싼 과외

chapter 1 | 난치한 (난생 처음 학번) 도전하는 입시 준비

를 해주지 않아서 저런 성적이 나왔다고 생각합니다. 솔직히 아니라는 것을 알면서도, 불안하니까, 그렇게 하는 것이 제일 편하니까 남들 따라서 편한 선택을 하게 됩니다. 자녀들에게는 공부하라는 어려운 선택에 대해 이야기하면서 정작 부모들은 쉬운 선택만을 하고 있는 셈입니다. 그러니 실패할 가능성이 높습니다. 우리가 원하는 변화를 위해서는 어렵고 힘든 선택을 해야만 합니다.

학부모로서 코칭을 한다는 것의 핵심은 '가능성의 발현'에 있습니다. 그럼 제일 먼저 해야 할 일은 당연히 자녀의 가능성이 무엇인지를 봐야 합니다. 자녀의 가능성이 무엇인지 알아야 그것을 끄집어 낼 수 있습니다. 지금 자녀를 떠올려 보시고, 자녀의 능력과 가능성을 적어 보세요. 생각보다 쉽게 떠오르지 않을 겁니다. 그런 측면으로 별로 생각해보지 않았기 때문입니다.

2023 항저우 아시안 게임의 최대 스타는 개인적으로는 배드민턴의 '안세영 선수'입니다. 안 선수의 결승 상대 천위페이는 안 선수에게 거의 천적과 같은 존재였습니다. 2022년까지 안 선수의 천위페이 상대 전적은 1승 8패. 거의 절대적 열세였습니다. 그랬던 안 선수가 2023년에 들어서 9전 7승을 기록했습니다. 왜일까요? 가장 중요한 이유 중의 하나는 안 선수와 코칭스태프들이 안 선수의 가장 큰 약점을 보완했기 때문입니다. 약점이었던 지구력과 근력, 유연성을 극복하기 위해 선택한 것은 엄청나게 힘든 '레슬링 훈련'이었습니다. 하루 종일 배드민턴 연습을 하고 난 이후 일주일에 두 번은 밤에 레슬링 훈련을

진행했습니다. 엄청 힘들었지만, 이 지점이 바로 코칭의 기술이 발현된 것입니다.

'그냥 열심히 뛰면 되는 거야' 라고 말만하지 않고, 어떤 점이 문제인지를 분석했다는 점이 중요합니다. 학생들에게 부모가 할 수 있는 최고의 조언은 '열심히 공부해'일 수밖에 없습니다. 하지만, 학부모라면 다른 선택을 할 수 있습니다. 그러기 위해서는 '문제 해결'을 위한 분석이 선행되어야 합니다. 내 자녀의 약점과 문제가 무엇인지, 그 문제를 해결하기 위해서는 어떤 부분이 필요한지를 분석해야만 합니다. 문제 해결을 위해서 두리뭉실하게 열심히 공부해라는 말을 한다면 그건 무책임한 부모일 수밖에 없습니다. 분석을 위해서는 조금은 오랜 시간 동안 '구체적인' 관찰과 대화를 해야만 합니다.

> " 자녀의 약점을 보완하기 위해
> 어떤 '분석'을 하셨나요? "

학부모의 출발선입니다.

입시 성공을 위한 전략적 공부

2026 입시를 준비하는 학생들의 입장에서 보면, 지금은 매우 어려운 시기인 것은 분명합니다. 하지만, 누군가는 이 시기에 제대로 된 공부를 해서 성공을 하고 있다는 점이 중요합니다. 성공의 이면에는 '전략적 선택'이 있습니다. 전략적 선택을 위해서는 상황에 대한 판단이 우선되어야 합니다. 자신을 둘러싼 정보들에 대한 구체성을 가진 현실적 판단들이 필요하고, 그 판단들이 하나의 결정을 완성할 수 있을 때 전략적 선택이 가능해집니다.

지금 당장 입시의 성공을 위해서는 '전략적 공부'가 필요합니다. 어떤 선택을 하느냐에 따라 달라지기는 하겠지만, 어떤 전형을 선택한다고 하더라도 전략적 공부는 반드시 필요합니다.

전략적 공부를 위해서 가장 먼저 현재 상황에 대한 판단이 우선입니다. 예를 들어 현재 고2학년의 상황을 생각해 보면 여러 가지로 고민스러울 수밖에 없습니다. 내신에 대한 불만족함이 클 테고, 수능 준비에 대한 부담감도 강할 것입니다. 그러면 "어떻게 공부하는 것이 전략적인 선택이 될 수 있을까요?"

먼저, 내신에 대한 고민을 해봅시다. 지금까지 만난 학생들 중 많은 경우는 고등학교에서 내신 성적의 변화가 거의 없는 편이었습니다. 놀랍게도 많은 학생들은 고등학교 내신 성적이 바뀌지 않는 편입니다.

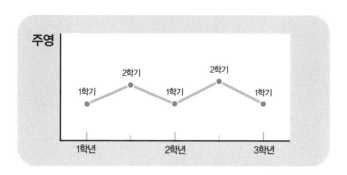

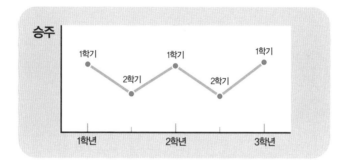

첫 번째 학생(**주영**)과 두 번째 학생(**승주**)의 성적 분포는 조금 다르게 나타나지만 두 학생의 공통점은 성적의 변화가 크게 나타나지 않는다는 점입니다. 주영이는 M자형 성적 분포를, 승주는 W자형 성적 분포를 보이고 있습니다. 성적의 진폭은 어느 정도 존재하지만, 평균적으로 성적은 항상 유사하게 유지됩니다. 무려 3년 동안!

왜 이런 일이 발생하게 될까요? 중요한 이유 중의 하나는 주영이와 승주는 3년 간 공부 패턴을 거의 바꾸지 않았기 때문입니다. 공부해야 한다는 사실은 충분히 알고 있지만, 그것이 '행동의 변화'로 나타나지 않았습니다. 시험이 끝나고 나면 항상 열심히 공부해서 다음 시험은 잘

보겠노라고 다짐하지만 결국은 같은 공부 패턴으로 돌아갑니다.

승주와 주영이(많은 학생들에 해당되는 이야기입니다)에 대해 생각해봅시다. 이 학생들이 실패를 '반복'한 이유는 단순한 것에서 출발합니다. 시험이 실패한 이유, 자신의 성적이 원하는 만큼 나오지 않은 이유를 분석할 때 제대로 분석하지 않고, 두리뭉실하게 분석을 했기 때문입니다. 대충 분석을 한 결과가 '열심히 공부'해서 다음 시험을 잘 치겠다는 생각입니다. 그 생각을 하는데, 오랜 시간이 걸리지 않았을 겁니다. 그러니 행동의 변화가 나타나기 어려운 것입니다. 공부에도 전략이 필요하다고 강조하고 있는데, 많은 학생과 부모들은 자꾸 "열심히"를 전략이라고 이야기합니다. 아닙니다!

2026학년도 입시를 준비하는 학생들이 지금 어떤 것도 포기하지 말아야 하는 이유는 현재의 실패를 만회할 수 있기 때문입니다. 항상 비슷하게 유지되는 성적을 바꾸기 위해서는 당연히 실패의 이유에 대한 철저한 분석이 필요합니다. '전략적 공부'라는 단어가 그래서 의미가 있습니다. 전략적 공부를 위해서는 일단 우리 뇌가 학습을 받아들이는 과정에 대한 이해가 어느 정도 필요합니다. 우리의 학습이 일반적인 뇌의 작동 원리와 다르기 때문에 효율이 낮아집니다. 뇌의 작동 원리를 이해하면 우리가 학습을 위해 포기해야 할 것들에 대해 어느 정도의 설득이 가능해집니다.

우리 뇌가 학습하는 원리를 다 이해할 수는 없겠지만, 기본적인 원리만 이해하면 우리가 원하는 것은 얼마든지 해결할 수 있습니다. 고등학교까지의 공부는 능력보다는 노력과 그릿(grit)에 의해 결정된다고 생각합니다. 타고난 능력을 무시할 수는 없지만, 나름의 방법으로 어느 정도는 극복 가능하기 때문입니다. 그러니 어떤 변명도 지금은 다 내려놓고 전략적 공부를 통해 자신만의 공부 패턴을 완성할 수 있어야 합니다.

우리 뇌는 기본적으로 '신경망'에 의해 움직입니다. 뇌의 신경망을 이해하기 위해서는 뇌의 '신경 가소성(Neural plasticity)'에 대해 조금은 알아야 합니다. 뇌의 신경 가소성은 우리의 학습과 경험이 신경계에서 기능적, 구조적 변형이 나타나는 상황을 설명하기 위한 용어입니다. 조금은 어려운 용어이긴 하지만 쉽게 설명해 보겠습니다. 인간이 새로운 학습이나 경험에 직면할 때, 신경을 구성하는 기본 단위인 뉴런(neuron)은 외부 자극인 학습과 경험에 반응하여 새로운 형태와 기능을 갖추기 위해 약한 연결 고리의 신경망을 형성합니다. 학습과 경험이 반복적으로 진행되면 뉴런들의 정보 전달 통로 역할을 하는 시냅스(synapse)는 강화되고, 신경망은 견고해지고, 효율은 높아지게 됩니다. 이때 중요한 것은 당연히 '반복 훈련'이 됩니다. 새로운 경로를 만들고, 신경 회로들이 고도화되기 위해서는 반복의 시간이 반드시 필요합니다. 즉, 우리 뇌는 선행 학습보다는 복습을 통해 더 성장하고 발전합니다.

개인적으로는 이런 비유를 무척 좋아합니다. '아바타' 기억하시나요? 정말 인상적인 장면들이 많았습니다. 뜬금없지만 교육자 입장에서 가장 충격적이 장면은 '샤헤일루(교감, the bond)'였습니다.

실제 '샤헤일루'라는 가상의 행위에서 뇌의 작동 원리와 놀랍도록 유사한 점을 발견하게 됩니다. 정보와 정보의 연결을 통해 강화되고, 더 많은 정보의 연결을 위한 시간을 버티게 되면 더 수준 높은 교감이 이뤄질 수 있게 되는 것입니다. 우리 뇌의 작동 원리와 그리 다르지 않습니다. 처음의 샤헤일루가 이뤄질 때는 교감되는 정보가 많이 없겠지만, 더 많고 더 잦은 샤헤일루는 더 많은 정보를 더 효율적으로 전달하는 것이 가능해지게 됩니다.

뇌가 신경망을 형성하는 것은 근육이 만들어지는 과정과도 유사해 보입니다. 근육을 만들기 위해 덤벨을 들면 과부하가 걸리게 되고, 근육 섬유가 일시적으로 손상되고, 이를 복구하는 과정에서 섬유들이 더 크고 강력한 섬유들로 대체됩니다. 신경망도 형성되기 위해서는 많은 에너지를 사용해야 하고, 뇌에 과부하가 걸리는 상황이 생기게 됩니다. 학습량을 늘리게 되면 뇌는 늘어난 정보를 처리하기 위해 보다 많은 일을 하게 됩니다. 새로운 정보를 처리하기 위한 신경망을 형성해야 하기 때문에 엄청 열심히 일하게 되고, 그만큼의 피로감이 더 생기게 됩니다. 그 과정이 반복될 때, 우리의 신경망은 보다 넓어지고, 복잡해지고, 빨라지게 됩니다. 이렇게 공부에 적합한 뇌의 상태가 됩니다. 문제는 학습량을 늘릴 때 발생하게 되는 피로감을 버텨야 한다는 점입니다. 공부하는 것이 과도하게 어렵게 느껴진다면, 놀랍게도 매우 정상적인 상황입니다. 제대로 공부하고 있는 상태입니다! 학생과 부모들은 이 스트레스 상황을 자꾸 해결하려고 하는데, 학습은 기본적으로 이 스트레스 상황을 버텨서 더 의미 있는 신경망을 만드는 과정입니다.

　뇌의 작동원리는 도로의 교통상황과도 유사합니다. 교통량이 많아지면 차량은 정체되기 마련입니다. 해결 방법은 우회 도로 등을 만들어서 교통량을 줄이거나, 도로를 확장하는 방법이 있습니다. 우리 뇌에서 신경망의 작동 원리는 이와 유사합니다. 새로운 학습과 경험으로 교통량이 증가하게 되면, 기존의 도로(신경망)는 정체가 발생하게 됩니다. 뇌는 이 학습량이 지속적이고, 반복적이라면 새롭게 도로를 확장하는 방식으로 작용합니다. 신경망을 더 구축해서 해결합니다.

　실제로 성적이 잘 나오는 학생들도 이와 유사한 방식으로 해결합니다. 고등학생이 되면 기본적으로 공부해야 할 내용이 증가하고, 공부의 수준도 높아지게 됩니다. 즉, 고등학생이 되어서 교통량(정보 처리량)이 늘어나게 되면, 그에 맞게 도로(신경망)도 확장이 되어야 합니다. 이전과 다른 형태의 신경망을 만들어야 적응을 할 수 있게 됩니다. 문제는 많은 학생들은 교통량이 증가하는 상황에서 도로(신경망)를 확장할 생각을 하지 않고, 오히려 교통량(학습량)을 줄이려고 합니다.

　공부도 이와 다르지 않습니다. 전략적 공부의 핵심은 결국 이러한 뇌의 작동 원리를 이해하는 데부터 시작합니다. 신경망이 형성되고 강화되는 모든 시간을 견뎌내어야 합니다. 끊임없는 샤헤일루가 필요하고, 근육에 해당하는 뇌의 신경망을 확장하고, 교통량에 해당하는 신경망을 만들어야만 합니다. 이 과정이 생략되면 진짜 공부가 아닌 가짜 공부가 됩니다. 이런 일련의 과정에서 신경망의 강화를 주도하는 것이 바로 '자발성'입니다. 학생이 스스로를 설득하고, 자신의 행동에 대한 납득의 과정이 있어야만 신경망이 제대로 형성되고, 강화된다는 점입니다.

전략적 공부를 위해서 하나 더 기억해야 할 것은 "성적 상승이 노력에 비례하는 것이 아니다"라는 것을 이해하는 것입니다. 학생들은 공부를 하면서 빨리 지칩니다. 가장 중요한 이유는 공부는 결과가 그때그때 나오지 않기 때문입니다. 공부를 잠깐 해보고는 안 된다고 말합니다. 빠른 세상에서 살아가는 학생들이기 때문에 이 부분은 사실 매우 심각한 오류입니다.

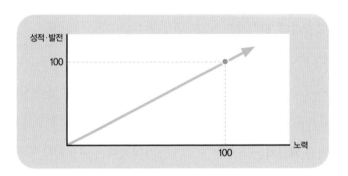

대부분의 경우에 공부에 대해서 사람들은 100의 노력을 하면 100의 결과가 나올 것이라고 생각합니다. 때로 더 심각한 오류도 있습니다.

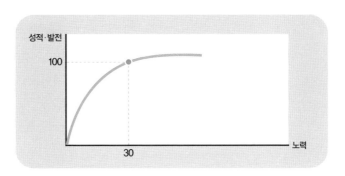

사실 제가 만난 대부분의 학생과 학부모는 이렇게 생각하고 있는 것 같습니다. 30 정도의 노력만 하면 100의 결과가 나온다고 믿고(!!) 있습니다. 맞습니다. 부모니까, 심정적으로는 그렇게 생각하는 것이 이해가 됩니다. 자식의 능력에 대해 부모는 어느 정도의 과잉 신뢰를 가지고 있습니다. 하나를 알려주면, 둘을 알았고, 조금만 노력해도 결과가 너무 잘 나왔으니까요. 왜 그랬을까요? 어린 나이 때에는 배우는 모든 것이 쉬웠기 때문입니다. 학생이 천재라서가 아니라, 배우는 내용이 쉬웠고, 양도 적었으니까 충분히 저런 오해를 할 만합니다.

중학교 때까지는 좋은 머리로, 열심히 암기하면 어느 정도 해결되었고, 공부 잘한다는 소리를 들었을 겁니다. 하지만 고등학생이 된 지금도 그렇게 생각하고 공부를 하고 있다면 심각해집니다.

지금 고등학생이 배우는 것은 어려운 내용이고, 어느 정도의 깊이를 가지고 있는 내용들이 대부분입니다. 그러니 생각의 시간이 많이 필요하고, 더 깊은 사고가 필요합니다. 단순한 암기로는 더 이상 좋은 성적을 만들 수가 없습니다.

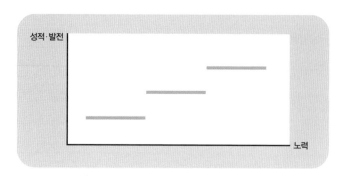

실제 고등학교에서의 학습 결과는 이런 형태로 나타나게 됩니다. 어느 정도 공부의 양을 채워야 공부에서의 레벨 업이 이뤄지게 됩니다. 그러니 힘이 듭니다. 지금 영어 단어 하나, 수학 한 문제는 아무 의미가 없어 보이기 마련입니다. 쉬는 시간을 투자하고, 투자해서 공부의 '경험치'를 쌓아야 하는데, 게임과는 다르게 이 경험치는 눈에 보이지 않습니다.

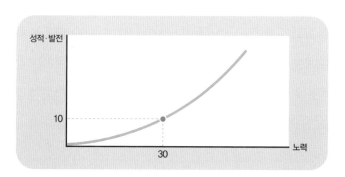

더 정확하게는 학습은 이렇게 이뤄지게 됩니다. 지식은 쌓을수록 더 강력한 효과를 내기 때문이죠. 대부분의 학생들이 공부를 힘들어 하는 이유는 50의 노력을 투자했음에도 효과가 미미하기 때문입니다. 그러니 이즈음에서 포기하게 됩니다. 이 고비를 넘기는 것이 중요합니다. 그러니 제발 '열심히 공부하면 될 거야'라는 말로 자녀들을 속이지 맙시다. 그렇게 말하면 50쯤에서 넘어지게 됩니다. 열심히 해도 결과가 나오기까지는 더 오랜 시간이 걸리고, 더 많은 노력이 필요하다는 점을 처음부터 알고 있어야 합니다. 전략적 공부의 본질은 바로 여기에 있습니다.

제가 좋아하는 안 선수를 다시 소환하자면, 항저우 아시안 게임에서 금메달을 딴 이후 인터뷰에서 정말 명언을 하나 이야기했습니다. 정말 불굴(不屈)도 이런 불굴이 없습니다.

'저는 제 연습량을 믿었습니다.'
'저는 제 공부량을 믿습니다.'

2. 입시 준비를 위해 꼭 알아야 할 것

 목표는 몇 % ?

입시를 성공하기 위해 필요한 많은 것들이 있지만, 당연히 가장 중요한 것은 마인드셋(mindset 고정된 사고방식, 태도)입니다. 제가 학생들에게 하는 가장 중요한 문장 중의 하나입니다.

입시에 성공하는 학생은
입시를 성공할 수밖에 없는 선택을 하고
입시에 실패하는 학생은
입시를 실패할 수밖에 없는 선택을 한다.

성공적인 대학입시를 위해서는 단연코 성공할 수 있다는 사고방식이 필요하고, 그에 맞는 '선택'이 필요합니다.(사실, 입시 성공의 문제가 아니라 인생 전체에서 중요한 문장이죠.) 2026학년도 입시를 고민하고 있는 학생과 학부모에게 진짜 강력하게 이야기하고 싶은 부분입니다. 실패를 전제로 준비하면 100% 실패하게 됩니다. 전국에서 숱한 학생과 학부모들을 만나서 상담을 하면 공통적으로 묻는 질문이 있습니다. '그게 가능한가요?', '지금 시작해도 되나요?' 등의 질문입니다. 당연히 됩니다. 그러기 위해서는 현재의 상태에서 성공할 수 있는 선택과 전략이 중요합니다. 이를 위해 조금 더 본질적인 질문을 해 보겠습니다.

"2026년 어떤 대학에 진학하고 싶으신가요?" 성공하는 선택을 위해서는 목표 설정이 무엇보다 중요합니다. 입시에 성공하기 위해서는 목표에 부합하는 생활 패턴을 만드는 것이 무엇보다 중요하기 때문입니다. 목표를 선정할 때는 가능하면 구체적인 목표를 정하는 것이 중요합니다. 목표를 선택할 때 현재의 자신에 대한 이해도 중요하고, 자신의 가능성을 토대로 하는 것도 중요하지만, 우리의 목표는 가능하면 자신의 '한계'를 뛰어넘도록 설정하는 것이 더 효과적입니다.

2024학년도 입시를 기준으로 생각을 해봅시다. 2024학년도 수능 응시 인원은 대략 45만 명 수준입니다. 수험생 45만 명이라고 생각하면, 의학계열을 진학하겠다고 생각하면 몇 %의 학생이어야 할까요? 전국 의치약수한의 모집 인원이 대략 6,600명 수준이니 대략 1.4% 수준입니다. 즉, 의학계열을 목표로 잡는다면 전체 수험생의 1.4%가 되겠다는 목표를 설정한 셈입니다. 이렇게 세팅한 학생들에게 이런 질문을 던집니다.

" 공부를 위한 네 노력은 45만 명 중 몇 % 수준인 것 같아? "

1.4%의 대학이 목표라면 그에 합당한 노력이 필요합니다. 현재의 성적, 개인의 역량이 중요하긴 하지만 현재 자신이 할 수 있는 최고의 전략은 '1.4%의 노력'을 하는 것입니다. 높은 목표를 선택하고 그 목표에 합당한 생활을 하는 것이 현재 선택할 수 있는 최고의 전략이 될 것입니다.

이른바 SKY의 모집 인원은 연간 11,000명 수준입니다. 그러니 SKY 대학이 목표라면 대략 3.7%의 학생이 되겠다는 목표를 설정한 셈이고, 그에 합당한 노력을 보이는 것이 필요합니다. 한 가지 중요한 점은 3.7%라는 수치가 수시와 정시 전체를 포함한다는 점입니다. 그러니 현실적으로 생각하면 재학생들은 현재 수치의 절반 정도를 목표로 세팅해야 한다는 말이 됩니다. 생각보다 상위권 대학을 진학하는 것이 그리 쉽지 않다는 것을 알 수 있습니다. 하지만, 쉽지 않다는 말이지 불가능하다는 말이 아닙니다. 학생과 학부모들이 제대로 된 목표를 설정하고, 전략을 제대로 만든다면 당연히 가능합니다.

의대 증원 이슈 등을 감안하면 2026학년도 입시에서도 상당한 수준의 N수생 수험생들이 있을 것입니다. 아직까지는 서울 주요 대학의 40% 정시 룰이 적용되고 있으니, 상위권 N수생의 증가는 정시 모집에서 상당한 영향력을 행사할 수 있을 것입니다. 정시 수능 영역에서는 N수생이 초강세를 보이고 있고, 이 문제는 2027학년도 입시까지는 지속이 될 것입니다.

"어떤 대학을 진학하고 싶은가요?"

이런 상황이기 때문에 이 책을 읽는 동안 어떤 대학을 진학하고 싶은지를 결정하는 것이 중요합니다. 그 결정을 통해 목표를 선택하는 나름의 연습을 할 수 있기 때문입니다. 서울 상위 14개 대학의 모집 인원은 대략 5만 명 수준입니다. 의학계열 등을 감안하면 대략 13% 정도의 수준이 됩니다. (역시 수시와 정시를 합한 비율입니다.) 그래서 다시 묻고 싶습니다.

" 어떤 대학을 진학하고 싶은가요? "

여러분이 목표로 하는 그 대학을 진학하기 위해 어떤 행동을 하고 있나요? 그 행동이 여러분을 원하는 대학으로 갈 수 있도록 하는 행동 인가요? 이 질문을 계속 했으면 합니다. 그러면 우리의 행동이 어느 정 도 제어가 될 것입니다. 자신의 생활 패턴, 행동을 자신이 조절할 수 있 다는 것은 매우 중요합니다. 상당수의 학생들은 자기 행동을 스스로 제 어하지 못합니다. 유튜브를 보고, 게임을 하고, 숏츠를 보고, 아이돌 그 룹들을 검색하고 …… . 제어할 수 없는 행동을 하고 난 이후에 '후회'를 합니다. 그리고 놀랍게도 그 후회를 반복하죠!

그런 의미에서 자신의 행동에 대해 자신이 조절할 수 있을 때 우리 는 보다 의미 있는 결과들을 만들 수 있습니다. 심리학 용어를 사용하 면 '자기 조절감'이라고 할 수 있습니다. 자기 조절감은 우리가 자존감 을 가지는데 가장 중요한 요소로 작용합니다.

많은 부모들은 자녀가 '꿈이 없다, 하고 싶은 것이 없다, 목표가 없 다'라고 말하는 것을 힘들어 합니다. 이 부분을 힘들어 하는 이유는 부 모가 꼭 꿈이 있고, 목표가 있는 삶을 살아야 한다고 생각하기 때문입 니다. 아닙니다. 굳이 그러지 않아도 됩니다. 장기적인 목표와 꿈이 반 드시 있어야 하는 것이 아닙니다. 입시에 있어서도 그렇습니다. 꿈과

목표는 언제든 바꿀 수 있고, 바뀌는 것이 정상입니다. 중학생, 고등학생에게 평생의 꿈을 정해야 한다고 말하는 것은 매우 과합니다. 물론 꿈이 있고, 목표가 있어서 성공하는 삶을 살 수 있는 사람도 있습니다.

하지만, 지금 당장 꿈이 없는 학생에게 꿈을 가지라고 압박하는 것은 바람직하지 않고, 전략이라고 보기도 힘듭니다. 직업으로서의 꿈, 목표로서의 학과와 대학은 굳이 있어야 하는 것은 아니라는 말입니다. 중요한 것은 자녀의 역량이 '강화'되는 것입니다. 자녀가 가지고 있는 능력이 개발되는 과정이 중요합니다. 그 과정에서 꿈은 언제든 만들어질 수 있고, 변화될 수 있습니다.

우리나라의 직업은 몇 개쯤 될까요? 이 질문에 대답할 수 있는 사람들은 그리 많지 않을 겁니다. 2020년 발표된 자료를 기준으로 하면 우리나라의 직업 종류는 12,823개입니다.(한국직업사전 통합본 제5판) 여기서 질문!! 고등학교 2학년 학생은 이 직업 종류 가운데 몇 개를 알고 있을까요? 부모님은 몇 개쯤 알고 있을까요?

실상은 아는 것도 별로 없는데 직업을 고르고, 목표를 가지고, 꿈을 가지라고 말합니다. 어떻게 꿈을 가질 수가 있을까요? 결국... 너도나도 언론에서 많이 들었던 직업이 목표가 되고 꿈이 됩니다. 정말 슬픈 이야기입니다.

그래서 제가 학생들에게 항상 하는 말은 "꿈은 없어도 된다." 입니다. 목표가 없기 때문에 공부를 안 한다고 말하지 말고, 그냥 자신이 좋아하는 분야를 깊이 파고 들도록 이야기합니다. 중요한 것은 뛰어난 능력을 가진 학생으로 만드는 것입니다. 어떤 분야든 공부를 통해 뛰어남을 증명하면 됩니다. 그러면 자연스럽게 공부를 더 잘 할 수 있는 길이 생기게 됩니다. 다만, 아직은 어린(??) 학생이기 때문에 가이드라인은 반드시 필요합니다. 공부의 방향과 질에 대한 고민은 함께 해주는 것이 필요합니다. 대체로 학생들에게는 1년짜리 목표를 설정하도록 요구합니다. 1년 동안 자신이 해서 즐거운 분야를 깊이 공부해보고, 자신의 목표를 갱신하도록 합니다. 학생이 공부한 만큼 세상을 조금 더 넓고 깊게 볼 수 있고, 자신이 할 수 있는 일이 확장 된다는 것을 알게 됩니다,

뛰어난 능력을 가진 학생들에게는 선택지가 매우 다양해집니다. 그리고 선택을 할 수 있는 기회가 생깁니다. 반면, 자신의 능력을 증명하지 못한 학생들은 선택지가 거의 없습니다. 그러니 자신에게 주어지는 것들을 선택하도록 강요당합니다. 그러므로 진정 학생들의 미래를 생각한다면, 학생들이 꿈을 가지게 만들거나 목표를 가지도록 만드는 것이 아니라 '각 학생이 가진 잠재적 가능성을 어떻게 발현시킬 수 있을까?'를 우선적으로 고민해야 합니다. 지금까지의 경험상으로는 학생이 좋아하는 것에서 그 단서가 항상 있었습니다.

 입시 전략과 공부

개인적으로 입시에 성공할 수 있는 방법은 두 가지라고 생각합니다.

특히, 지금 고2 학생들에게는 더 분명한 이야기입니다.

첫 번째는 목표를 설정하고, 현재 자신의 생활 패턴을 바꾸지 않고 '서서히' 목표를 끄집어 내리는 방법입니다.

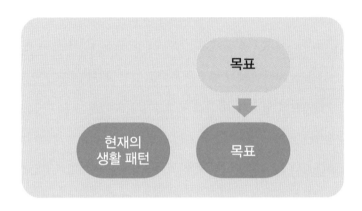

현재의 생활 패턴을 바꾸지 않으니, 그 결과로 성적은 바뀔 수가 없습니다. 결국 처음 세웠던 목표는 너무 허무맹랑하고 이룰 수 없다고 생각하면서 현실적인 목표를 세워야 한다며 '합리적이고, 이성적 판단'을 해서 목표를 끄집어 내립니다. '서...서...히…….'

목표를 이루는 게 그리 어렵지 않다고 판단하니, 현재의 생활 패턴을 바꿀 이유가 없어집니다. 일정 시간이 지나면, 다시 목표를 하향 조정합니다. 결국 학생들은 안타깝게도 자신의 현재 생활 패턴을 바꾸지 않는 선에서 달성할 수 있는 목표를 최종 목표로 '선택'합니다.

수많은 학생들이 고등학교 1학년에 입학할 때는 의사를 꿈꾸고, SKY 진학을 목표로 말합니다. 그 이유를 분명히 아셔야 합니다. 중학교까지는 공부를 잘했거든요. 하다못해 못한다는 소리를 듣지는 않았

다는 말입니다. 그러니 목표를 높게 설정합니다. 1학년 1학기 중간고
사 시험을 보고 나서는 고민이 많아지게 됩니다. 그리고 1학년이 끝나
고 2학년이 되면서 보다 현실적인 목표를 선택합니다. 의사의 꿈은 포
기하고 생명공학을 진학하고, SKY를 포기하고 서울 상위 15위 이내 대
학 진학을 목표로 하향 수정하게 됩니다. 3학년이 되면, 인서울 대학이
라면 어디든 상관없다고 말하거나, 대학만 보내달라고 말합니다. 도대
체 고등학교에서 무슨 일이 생긴 걸까요? 이러한 문제는 사실 학교의
문제가 아니라, 학생의 문제입니다.

현주도 이런 학생의 부류였습니다. 많은 상담을 통해 기본적인 공부
체질을 바꾸는 작업을 같이 했고, 실제로 성적도 많이 올렸습니다. 하
지만, 결국 유혹을 이겨내지 못했고, 신경망을 형성해야 할 지점에서
힘들다고 말하고, 엄청 울면서 결국 포기를 선언했습니다. 이후 현주는
이전 생활 패턴을 그대로 반복했고, 실제 입시에서 원하는 결과를 만들
지 못했습니다. 이렇게 현재의 생활 패턴을 바꾸지 않으면 결과값은 절
대 바뀌지 않습니다. 사실, 현주뿐만 아니라, 학교에서 만나는 학생들
과 지방에서 만나는 상당수의 학생들은 이런 상태입니다. 앞서 언급한
바와 같이 세상 재미있는 유튜브와 숏츠를 포기해야 하고, SNS를 통한
친구와의 관계도 일정 부분은 포기해야 하는데, 이러한 결단이 고등학
생에게는 결코 쉬운 일은 아닙니다. 비록 원하는 대학은 못 갔지만, 현
주 친구와 같은 사례를 나는 '실패'라고 부르지는 않습니다. 자신이 목
표를 하향 조정했으니 여하튼 입시에는 성공한 케이스입니다. 많은 학

생들이 자신의 능력보다 훨씬 낮은 대학에 진학하고 있는 현실이 선생으로서 안타깝습니다.

입시에 성공하는 두 번째 방법은 목표를 세팅하고, '목표에 맞는 생활 패턴'을 만들어가는 방법입니다.

이 방법을 선택한 학생들은 의대, SKY 등 자신의 목표를 정확하고 구체적으로 세팅하고, 이 목표를 달성하기 위해 자신이 행동해야 할 구체적 행동, 포기해야 할 구체적 행동을 적습니다. 3%의 대학을 목표로 설정했다면, 그 목표에 맞는 행동을 해야 합니다. 그 패턴을 만들기 위해서 자신의 현재의 생활 패턴에 변화를 주고, 끊임없이 자신을 설득합니다. 서서히 변화하는 자신의 모습을 보면 성취감을 맛보게 되고, 이 성취감이 원동력이 되어 더 앞으로 나아갈 수 있게 됩니다.

선희는 고등학교 1학년 1학기 중간고사 수학 성적이 아주 낮은 학생이었습니다. 학교 프로그램에 참여하면서 컨설팅을 시작했고, 자신의 문제점을 발견하고, 포기해야 할 것들을 정확하게 포기하기 시작했습니다. 자신의 생활 패턴을 완전히 바꿔내기 위해 숱한 실패를 거듭했지만, 더 많이 도전을 했습니다. 1학년 2학기 수학 내신을 4등급으로 올렸고, 2학년에서는 3등급으로, 3학년에는 1등급을 만들었습니다. 자신이 세운 목표를 향해 포기할 것들을 포기하는 '선택'을 했고, 서울대 사회학과에 진학하는 결과를 만들어냈습니다.

아주 소수의 학생만이 선희 학생과 같은 행동을 하긴 합니다. 자신이 세운 목표에 맞는 삶을 사는 것은 정말 쉽지 않은 일입니다. 쉽지 않지만, 가능한 일입니다. 얼마든지요! 중요한 것은 선희처럼 변화를 위해 자신을 쉼 없이 설득하는 과정입니다. 스스로를 설득하기 위해는 계속 설득을 위한 연습을 해야 합니다. 설득도 연습을 통해서 더 잘할 수 있기에 그렇습니다. 무엇이든 한 번에 될 거라고 생각하고 계획을 세우면 실패할 수밖에 없습니다. 설득의 스킬을 가질 때까지 나름의 연습을 해야 합니다.

입시 전략을 세우기 위해서는 '대학의 어떠함'을 이해하는 것이 매우 중요합니다. 고등학생과 학부모들이 입시와 관련해서 가장 오해를 많이 하는 단어는 아마도 '우수함'이라는 단어인 것 같습니다. 많은 입시 설명회에서 우수함이 어떤 것인지를 물어보면 대답은 거의 비슷하게 나옵니다. '내신 성적이 뛰어난 것' 혹은 '다른 학생보다 잘하는 것' 등의 대답이 대부분입니다. 예를 들어 단순하게 생각해 봅시다. '만약 여러분이 회사 사장이라면 어떤 직원을 선발하고 싶을까요?' 머릿속에 많은 생각이 떠오를 것입니다. 지금 떠올린 생각들은 대체로 '주관적'인 생각입니다. 다른 사람들이 다 동의하지 않을 수도 있는 생각이라는 말입니다. 대학은 나름의 기준을 가지고 학생들을 선발합니다. 그러니 중요한 것은 그 기준을 이해하는 것입니다. 정확하게는 그 기준에 대한 명확한 공부가 필요합니다.

실제 2026학년도에 대학을 진학하기 위해서는 대학 가는 방법을 이해해야 합니다. 대학 가능 방법은 곧 '대학이 선발하는 방식'에 대한 것입니다. 2026학년도에 대학은 크게 4가지의 방법으로 학생을 선발합니다. 물론 4가지 이외에도 특기자 전형과 실기 전형 등이 있지만 대체로 4가지의 방법으로 학생을 선발합니다. 그럼 단순하게 생각하면 4가지의 방법 중에서 제대로 준비한 것 하나만 있으면 대학을 갈 수 있다는 말이 됩니다.

전형은 복잡할 것도, 어려울 것도 없습니다. 이제 하나의 질문을 해 봅시다.

'어떤 전형이 자녀(나)에게 유리할까?'

수험생이 입시를 준비하는 출발점은 당연히 자신(자녀)에게 유리한 것이 무엇인지를 고민하는 것에서부터 시작합니다. 각각의 전형에 대한 상세한 설명은 뒤이어서 하도록 하고 간략하게만 정리하면, 정시, 학생부 교과 전형은 객관식 능력을 전제로 합니다. 즉, 학생의 객관식 역량이 뛰어날 때 유리한 전형입니다. 전국 단위의 시험인 학력평가와 모의 수능 등에서 두각을 나타내는 학생이라면 정시(수능 위주) 전형이 장점이 될 것입니다. 그리고 학생부 교과 전형은 학교 내신의 우수함을 전제로 하는 전형입니다. 결국 두 전형은 모두 객관식 역량의 우수함을 전제로 하고, 객관식 역량에 탁월함이 있을 때 자신이 원하는 대학, 혹은 학과를 선택할 수 있게 됩니다.

반면에 논술, 학생부 종합 전형은 객관식 능력으로 표현되지 않는 능력을 전제로 합니다. 논술 전형은 수리력, 논리력, 비판적 사고력 등이 뛰어난 학생들에게 유리한 전형입니다. 다만 경쟁률이 지나치게 높다는 단점이 있습니다. 논술 전형은 이른바 '대박'이 나오는 전형으로 유명하긴 합니다. 하지만, 실제로 대박이라기보다는 객관식 능력이 다소 약한 학생들이 있다는 점을 명확하게 보여주는 전형입니다. 정말 똑똑한데, 객관식 역량이 학생이 가진 다양한 역량에 비해 약할 수 있습니다. 논술이 그 틈을 파고든 전형이라고 생각하면 됩니다. 다만, 기대와는 달리 논술 대박은 주로 인문계열에서 나오는 편입니다. 이공계열의 논술은 대체로 수학 문제이기 때문에 수학 성적과 상관관계를 가지고 있는 편입니다.

학생부 종합 전형은 가장 많은 학생, 학부모가 오해하는 전형입니다. 오해가 많다는 말은 전형에 대한 '공부'가 되어 있지 않다는 말입니다. 학생부 종합 전형은 학생이 가진 역량을 '종합적'으로 판단하려는 전형입니다. 객관식 시험으로는 판단하기 어려운 부분(예를 들어 창의력)까지 고려해서 학생을 입체적으로 파악해서 선발하려는 전형입니다. 그러니 우수함의 기준이 조금 다를 수밖에 없습니다. 정말 단순하고 쉽게 말한다면, 내신 성적 2.5의 학생이 내신 성적 3.0의 학생보다 반드시 우수하다고 판단할 수 없다는 것을 전제하는 전형입니다. 그러니 이 전형에서 가장 중요한 것은 대학이 우수하다고 생각하는 것을 '이해하는 것'입니다. 개별 대학은 각자 우수함의 기준을 마련하고 제시하고 있습니다. 이를 공부하면 대학이 선발하려는 학생에 대해 이해할 수 있게 되고, 바로 이것을 '지금' 준비하면 됩니다.

입시의 Two – track

현재 입시 상황에서는 입시를 준비하기 위해 2개의 트랙이 있다는 점을 이해해야 합니다. 2025학년도를 기준으로 살펴봅시다.

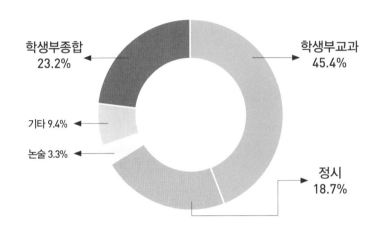

학생부종합
23.2%

기타 9.4%

논술 3.3%

학생부교과
45.4%

정시
18.7%

전국 4년제 대학의 전형별 비율입니다. 전국을 기준으로 해서 보면 가장 중요한 전형은 학생부 교과 전형입니다. 무려 45% 수준을 선발하고 있으니 거의 절반에 가까운 학생들이 학생부 교과 전형으로 선발이 되는 셈입니다. 학생부 교과 전형은 기본적으로 내신이라는 정량적 평가 기준을 가지고 줄을 세우는 전형이니, 전국 대학을 기준으로 대학을 진학하는데 가장 중요한 것은 '내신'이 될 수밖에 없습니다.

반면, 서울의 상위 대학들의 전형을 살펴보면 조금 다른 이야기가 펼쳐집니다.

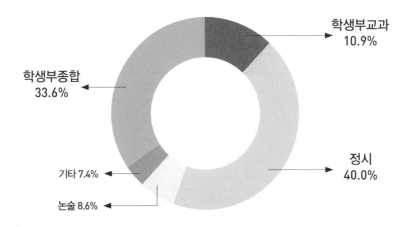

학생부교과
10.9%

학생부종합
33.6%

정시
40.0%

기타 7.4%

논술 8.6%

서울 상위 15개 대학의 전형별 비율입니다. 전국의 4년제 대학 전형별 모집 비율과 비교하면 완전 다른 형태인 것을 알 수 있습니다. 정시의 비율이 40%입니다. 이는 정부가 서울의 주요 대학들에게 정시 선발 비율을 40% 이상으로 규정한 이른바 '정시 40% 룰' 때문입니다. 그러니 서울의 주요 15개 대학을 전제로 하면 정시 수능 선발 전형이 가장 중요한 전형이 됩니다.

여기서 입시에 대한 가장 기본적은 트랙이 나눠지게 됩니다. 전국에 있는 4년제 대학, 주로 지방에 있는 대학을 목표로 하는 트랙과 서울의 주요 대학을 목표로 하는 트랙이 나눠지게 됩니다. 각각 준비하는 요소가 다르기 때문입니다.

수도권		비수도권	
수시	정시	수시	정시
64.4	35.6	88.1	11.9

표와 같이 비수도권 대학을 목표로 할 때는 수시가 거의 절대적인 영향(그중에서도 학생부 교과 전형)을 미치게 되는데, 수도권 대학을 목표로 할 때는 정시의 비중이 상당하다는 점입니다. 여러분이 수도권에 있든, 비수도권에 있든 지향하는 트랙에 대한 고민은 반드시 있어야 합니다. 준비해야 하는 요소가 조금은 다르기 때문에, 다른 전략과 공부가 필요하다는 점을 강조하고 싶습니다.

여기서 드는 의문점이 하나 있을 것입니다. 지방에 있는 대학들은 학생부 교과 즉, 내신으로 선발하는 전형의 폭이 엄청 높은데 비해 서울에 있는 대학은 내신으로 선발하는 비율이 낮은 이유는 무엇일까요? 이 부분을 이해하기 위해서는 다양한 요소들을 이해해야 하지만, 대학의 가장 궁극적인 목표에 해당하는 '우수한 학생' 선발에 대해 고민하는 과정이 반드시 필요합니다. 서울의 주요 대학들이 학생부 교과 전형의 선발 비율을 낮게 잡는다는 말은, 달리 말하면 학생부 교과 전형으로 대학이 생각하는 우수한 학생을 선발하기 어렵다고 판단하기 때문입니다.

고교 내신의 특징을 생각해 보면 예측 가능한 이야기입니다. 고교 평준화라는 명목은 존재하지만 개별 학교들의 내신을 비교할 수 있느냐고 묻는다면 당연히 불가능합니다. 전국의 모든 선생님들의 내신 문제가 같은 수준이라면 어느 정도 설득력이 있겠지만, 알다시피 천차만별일 수밖에 없습니다. 그러니 고교 내신을 학교 간 비교한다는 것 자체가 말이 안 되는 셈입니다. 더불어 명색이 고교학점제를 시행하고 있는 상황에서의 내신을 생각해 보면 현실적인 문제점이 많이 생기게 됩니다. 각각 다른 과목을 선택한 학생들인데, 내신으로 비교해서 우열을 가린다는 것 자체가 어불성설입니다. 이런 이유로 대부분의 학생부 교과 전형에는 수능 최저 학력 기준과 면접이 존재하고, 이를 통해 실제 학생의 역량을 평가하려 합니다. 객관식 능력을 측정한다는 점에서는 동일한 수능 위주의 선발과 비교해 보면 다소 이해가 쉬워질 겁니다.

서울 주요 대학의 학생부 교과 전형이 10% 수준인 이유는 정부가 학교장 추천 전형을 10%로 규정했기 때문입니다. 이전까지 서울 주요 대학의 학생부 교과 비중은 7% 수준이었던 점을 감안하면 확실히 증가한 모양새이긴 합니다. 다만, 대학의 입장에서는 우수한 학생 선발이라는 본연의 목적과는 방향이 다소 안 맞는 점이 있어서 대학들이 조금 다른 형태로 선발을 시작했습니다. 대학의 입장에서는 결국은 '서류 반영'이라는 방향으로 평가를 이동하고 있습니다. 상위권 대학에서는 고려대와 동국대가 처음 시작한 이 방법은 학생부 내신을 60% 이상 수준으로 반영하고, 나머지 평가 요소를 '서류'로 대체했습니다. 서류 항목은 학생부를 정성적으로 평가하는 방식을 사용하고 있습니다.

대학	선발 방식	최저	대학	선발 방식	최저
건국대	KU지균 70 +서류30	×	경희대	지균70 (출/봉 14) +서류 30	○
성균관대	학교장추천 정량80 정성 20	○	고려대	학추 80, 서류20	○
한양대	내신90 + 정성10	×	동국대	학추 70, 서류30	×

위의 표는 2025학년도 전형을 기준으로 한 내용입니다. 고려대와 동국대를 시작으로 건국대와 경희대가 합류했고, 2025학년도 입시부터는 한양대도 정성 평가의 방식을 도입합니다. 다소 생소한 전형처럼 느껴질 수 있는데, 실제로는 정말 잘 알려진 전형의 형태입니다. 바로 '서울대 지균'이 이런 형태로 선발합니다. 차이점이 있다면, 서울대는 학생부 교과 전형이 아닌 학생부 종합 전형이고, 고려대 등은 학교생 교과 전형이라는 점입니다. 전형은 차이가 있는 것처럼 보이지만, 실질적인 운영을 생각해 보면 거의 유사한 전형입니다.(물론 세부적인 디테일은 매우 다르게 나타납니다.)

고등학교의 입장에서 생각해 보면, 학교장 추천이 가능한 방법이 사실상 '학생부 교과 내신' 밖에 없습니다. 즉, 내신을 일종의 지원 자격 기준으로 만들고, 실제 선발은 학생부를 통한 정성적인 평가의 방식으로 진행이 되는 셈입니다. 실제로 학교장 추천을 통해 지원한 학생들의 인력풀을 생각해 보면 고교 내신으로는 거의 만점에 가까운 성적을 보이게 될 것입니다. 그러니 변수는 정성적 평가가 매우 크게 반영될 수밖에 없는 구조인 셈입니다.

서울의 주요 대학과 달리 지방 거점 국립대를 중심으로 한 지방에 위치한 대학들은 정시의 비율이 훨씬 낮아질 수밖에 없는 구조적인 문제와 한계를 가지고 있습니다. 그러니 지금 2026학년도 입시를 준비하고 있다면, 자신이 어떤 트랙을 집중적으로 준비할 것인지, 그 트랙에서 자신의 장점이 무엇인지에 대한 고민을 많이 해야 합니다. 그래야만 제대로 된 입시전략을 세울 수가 있기 때문입니다.

 입시 정보 홍수에서 헤매지 않기

이른바 정보의 홍수 시대를 살아가고 있다는 점은 입시를 준비하는 수험생과 학부모에게 때로 독이 되기도 합니다. 입시 정보가 여기저기서 흘러넘치는데도 불구하고 많은 학생들이나 학부모를 만나면 입시 정보가 부족하다고 말합니다. 아닙니다! 입시 정보는 너무나 충분합니다. 유튜브에서 대학 입시라고 치면 얼마나 많은 정보가 나오는지 이루 말할 수가 없습니다. 다만, 쏟아져 나오는 정보들 가운데 진짜와 가짜를 구분해 낼 줄 알아야 됩니다. 진짜 우리에게 필요한 능력은 AI 시대를 살아가는 우리 모두에게 반드시 필요한 정보에 대한 해석 능력, 혹은 자신에게 필요한 정보를 제대로 찾을 수 있는 능력입니다. AI를 활용해서 얼마든지 잘못된 데이터를 만들 수 있는 세상이기에 더욱더 정보에 대한 문해력이 절실하게 필요합니다. 굳이 표현하자면, '데이터 마이닝(data mining)'이 필요합니다. 넘쳐나는 정보들 속에서 나에게 꼭 필요한 정보를 추출할 줄 알아야 한다는 말입니다. 제대로 된 정보를 확인하고, 활용하기 위해서 해야 하는 일은 뭘까요? 여러 정보들에 따라서 다르겠지만, 우리가 확인하려는 정보는 대학의 선발 기준에 대한 것입니다. 그러니 가장 단순하게 생각하면, 대학이 제공하는 데이터를 1순위에 둬야 합니다. 하지만, 대부분의 학생, 학부모는 대학이 만든 데이터를 잘 살펴보지 않습니다. 오히려 2차 데이터인 학원, 언론, 유튜버의 말을 더 믿습니다. 안타깝게도 잘못된 검색과 클릭은 오류의 알고리즘을 만들게 됩니다. 오류의 알고리즘에 갇히게 되면 어떤 설명도 받아들이지 않게 됩니다. 놀랍게도 많은 사람들은 자신의 클릭이 만든 알고리즘에 대해 매우 높은 '믿음'을 보입니다.

어떤 사람이 A를 사실로 '믿는'다면 그 사람에게는 합리적 설득이 불가능합니다. 믿는다는 것은 이성적 영역이 아니기 때문에 합리적으로 설득을 하는 모든 것이 통할 수가 없습니다. 입시에 대해서도 우리 사회에는 매우 심각하고, 마음 아픈 '믿음'이 존재합니다. 많은 학생과 부모가 이 '믿음' 때문에 실패를 경험하게 됩니다. 때로 이 믿음은 매우 사실에 근거합니다. 자녀를 의대에 보낸 옆집 엄마의 이야기 혹은 유튜버들이 말하는 대학 입시 성공 전략, 졸업생의 입시 성공담 등 다 사실에 근거한 스토리로 많은 사람들에게 영향을 끼칩니다. 다만 그 사실이 내 아이에 대한 이야기가 아닐 뿐입니다. 개인적인 성공담에 근거한 이야기들은 내 자녀에게 적용하기 어렵습니다. 성공의 결과가 나온 것은 그 학생을 둘러싼 많은 이야기들이 있기 때문에 가능합니다. 그런데, 이 단순한 '믿음'은 그 학생의 환경에 대한 것이 아니라, 그 학생이 만든 결과에만 집착하기 때문에 실패로 이어지게 됩니다. 같은 행동을 하더라도 전혀 다른 결과가 나온다는 사실을 다들 알고 있지만, 부모이기 때문에 지푸라기라도 잡는 심정으로 매달리며, 입시에 성공할 수 있을 것이라는 '믿음'을 가집니다.

다시 한 번 강조합니다. 그 '믿음'은 합리적인 선택의 결과가 아니고, 대체로 특이한 케이스입니다. 대학 진학은 매우 합리적 선택의 결과이어야 하는데, 거기에 '믿음'이 들어서는 순간 실패는 확정적일 수밖에 없습니다. 이런 '믿음'을 가지는 순간, 오류의 선택을 하는 것은 너무 당연합니다. 수능 만점자를 배출한 학원은 그 해 겨울 방학 '윈터 스쿨' 등이 난리가 납니다. 교육에 관한 한 그런 '믿음'을 가진 사람들이 지나치게 많다는 것을 보여주는 단적인 장면입니다. 조금만 생각하면 오류가 보일 수밖에 없음에도 불구하고, 교육에 대해서는 맹목적인 '믿음'을 가집니다.

각종 매체에 나오는 광고 문구들을 한 번 생각해 봅시다. 우리는 살면서 숱한 광고들을 접하고, 무수히 많은 제품들을 구매합니다. 때로 만족하고, 때로 실패하기도 합니다. 그러면서 얻은 결론은 '광고를 100% 믿을 수 없다'입니다.(제 생각에는 그렇다는 말입니다.)

먹기만 하면 살이 금방 빠집니다.
얼굴에 바르기만 하면 주름이 금방 없어집니다.
입에 물기만 하면 금방 이빨이 하얗게 됩니다.

우리는 이런 광고에 쉽게 넘어가지 않습니다. 그런데, 왜 자녀 교육에 대해서는 모든 합리적 의심을 철저히 배제하고 선택을 하는지에 대해서 생각해야 합니다. 자녀 교육에 대해서는 한없이 마음이 약해지기 때문입니다. 그리고 현재 자녀의 성적이 매우 심각하다고 생각하고 있기 때문에 그 점이 더 부각되어서 보일 수밖에 없습니다. 고도로 발달한 학원 산업은 그 점을 정확하게 치고 들어갑니다. 그러니 쉽게 흔들릴 수밖에 없습니다.

특히, 중학교까지는 성적과 대학에 대한 고민이 크게 없는 상황이었기 때문에 더 그런 점이 부각될 수밖에 없긴 합니다. 적당히 공부 잘하던 자녀, 못한다는 소리는 듣지 않던 자녀였기 때문에 고등학교에서의 성적을 받아들이는 것이 쉽지 않습니다. 급한 마음을 가지고, 정보를 찾기 시작하면, 잘못된 선택으로 이어지게 됩니다. 우리가 접하고 있는 유튜브의 영상들은 대체로 현란한 썸네일 '피싱(phishing)'으로 구독자들의 눈길을 사로잡습니다. 평범한 학생들이 정상적이고, 합리적인 과정을 거쳐서 대학을 진학한 학생들의 이야기는 조회수가 절대 많이 나오지 않는다는 점을 생각한다면, 피싱이라는 말을 더 쉽게 이해할 수 있을 겁니다.

넘쳐나는 정보들 속에서 흔들리지 않고 방향을 잡기 위해서는 대학이 무엇을 말하는지를 가장 민감하게 봐야 합니다. 2026학년도 입시를 준비하는 부모님, 학생이 지금 해야 할 가장 중요한 일은 자녀가 진학하길 원하는 대학의 입학처 홈페이지를 확인하는 일입니다. 가장 기본적이고, 본질적인 정보를 어느 정도 이해한다면, 다른 정보들에 대해 필터링을 할 수 있게 됩니다. 어떤 정보가 어느 정도의 사실에 베이스를 두고 있는지를 알 수 있게 됩니다. 누가 무슨 이야기를 하더라도 결국 대학은 '우수한 학생 선발'이라는 본연의 목적에 맞는 선택을 하려 할 것입니다. 수도권 대학들에게 학교장 추천 전형을 10% 이상으로 제한했을 때, 대학은 학생부 교과 전형에 서류 전형을 보완하는 방식으로 대응했고, 서울 주요 대학들에 정시 40% 이상이라는 룰을 정했을 때, 대학들은 정시에 정성적 평가 혹은 교과를 반영하는 방식으로 대응했습니다. 결국 대학은 어떤 방식이든 '대학이 생각하는 우수한 학생'을 선발하기 위해 최선의 노력을 다할 것이라는 말입니다. 그러니 우리가 준비해야 할 것은 대학이 지금 현재 어떤 학생을 뽑으려고 하는지에 대한 고민을 이어가는 것입니다. 그 이야기는 당연히 대학만이 할 수 있습니다. 학원과 언론은 그 이야기를 자신에게 유리한 방향으로 풀어서 설명하는 것입니다. 그런 정보에 학생과 부모님이 노출되는 것이고요. 그러니 우리는 본질로 돌아갑시다. 우리가 진학하길 원하는 그 대학에서는 도대체 학생을 어떻게 선발하려 하는지, 어떤 학생을 선발하려 하는지를 공부하면 됩니다.

오늘날 '입시'는 매우 전문적인 영역입니다. 제가 항상 놀라는 것은 이렇게 전문적인 영역에 공부를 안 하고 들어오는 학생과 부모가 많다는 사실입니다. 대학 교수가 평가를 하는데, 중학교 수준의 공부를 하고 학생부를 기록하는 것은 명백히 제대로 된 공부를 하지 않고 입시를 준비하는 것입니다. 그러니 제대로 된 '입시' 공부가 필요합니다. 제대로 된 정보는 일단은 대학 입학처 홈페이지의 자료들입니다. 그 자료를 최대한 분석해 보는 것이 공부의 첫 걸음입니다.

현재 입시 체제에서 공부가 필요한 영역은 사실 학생부 종합 전형이 제일 큰 영역입니다. 학생부 교과 전형은 내신 성적으로 줄을 세우는 전형이기 때문에 전형 자체에 대한 공부는 그다지 필요하지 않습니다. 근래 '정성적 평가'를 반영하는 학생부 교과 전형이 증가하고 있긴 하지만, 정성적 평가 방식 자체는 학생부 종합 전형의 방식을 차용하고 있기 때문에 오히려 학생부 종합 전형에 대한 공부가 더 필요합니다. 정시 전형은 수능 성적으로 줄을 세우는 전형이기 때문에 전년도의 입결이 크게 영향을 미치게 됩니다. 근래에는 예측 프로그램의 정확도가 워낙에 높기 때문에 정시 수능 위주의 전형에서는 예측 프로그램에 대한 이해가 필요합니다.

결국 현재 입시 체제에서 입시에 대한 공부가 가장 필요한 영역은 대부분의 학생, 부모가 애써 무시하고 있는 학생부 종합 전형에 대한 이야기입니다. 놀랍게도 배척하거나, 맹신하는 등의 '믿음'이 자리 잡고 있는 영역이기에 더 강조하고 싶습니다. 반드시 공부를 하셔야 합니다. 다만, 이상한 방향으로 빠져서 공부하시면 이상한 결과가 나옵니다. 출발선은 반드시 대학이 발표한 자료로 시작하셔야 합니다. 그리고 가능하면 그 선에서 끝내는 것을 추천합니다. 너무 많이 안다고 좋은 대학을 보내는 것이 아닙니다. 본질을 놓치면 실패할 수밖에 없기 때문입니다.

서울 대학교의 학생부 종합 전형 안내 책자는 그런 의미에서 아주 중요한 교재입니다. 학생부 종합 전형의 본산이라는 평가는 받는 것은 그만큼의 가치가 있기 때문이기도 합니다. 엄청난 설명과 공부가 필요한 영역이긴 하지만, 부모님들이 그 모든 것을 해야 할 필요는 없습니다. 본질만 놓치지 않으면 됩니다.

서울대학교는 '미래를 개척하는 지식 공동체'를 목표로 합니다. 이를 위해서 다음과 같은 학생을 선발하려 합니다.

- 학교 교육 과정을 성실히 이수하고 학업 능력이 우수한 학생
- 학교생활에서 적극적이고 진취적인 태도를 보인 학생
- 글로벌 리더로 성장할 수 있는 자질을 지닌 학생
- 다양한 교육적, 사회적, 문화적 배경과 경험을 지닌 학생
- 사회적 약자에 대한 배려심과 공동체 의식을 가진 학생

딱 보기에도 실제로 저런 학생이 존재할까 싶기도 합니다.(많은 학생을 서울대에 보냈는데도 말입니다.) 현실을 이야기하자면, 서울대를 포함한 상위권 대학은 뽑고자 하는 학생이 유사할 수밖에 없긴 합니다. 다만, 그 방향이 조금씩 다릅니다.

서울대는 위와 같은 학생들을 선발한다고 이야기를 하면서 다음과 같은 해설을 남겨두었습니다.

> '글로벌 융합 인재'나 '인류 사회에 공헌'과 같은 표현이 다소 거창하고 구체적인 모습이 그려지지 않을 수 있습니다. 고등학생들에게는 멀리 있는 목표이기도 합니다. 서울대학교는 이러한 모습으로 이미 완성된 인재를 선발하려는 것이 아니라, 장차 훌륭한 인재로 성장할 가능성을 지닌 학생들을 선발하려는 것입니다. 그 가능성은 단순히 수능 몇 점 또는 내신 몇 점의 점수만으로 파악하기 어렵습니다.

서울대학교가 뽑길 원하는 인재가 보이시나요? '성장할 가능성을 지닌 학생'입니다. 서울대가 원하는 학생은 내신 성적이 1.4인 학생이 아니라, 성장할 가능성을 지닌 학생입니다. 그러니 서울대를 희망한다면 학생부에서 보여야 할 것은 자신의 성장 가능성을 '증명'하는 일입니다. 그 증명은 때로 성적의 상승 곡선이 될 수도 있고, 교과와 비교과에서 심화된 탐구를 통해서도 가능합니다. 본질은 성장할 가능성을 증명하는 것에 있습니다.

물론 서울대의 경우에는 성장할 가능성이 있는 학생의 유형을 몇 가지로 구분하고 있습니다.

그 중 가장 대표적인 유형이 바로 '지적 호기심'입니다. 즉, 성장할 가능성이 높은 학생은 지적 호기심을 가지고 있는 학생이고, 지적 호기심을 지적 성취로 이뤄낸 학생입니다. 그러니 서울대 학종을 위해서 어떤 지적 호기심을 어떻게 성취하는 모습을 보여줄 것인지를 고민하는 과정이 반드시 필요합니다. 안타깝게도 이런 고민을 하는 학생과 부모를 만드는 것은 쉽지 않습니다.

서울대 이야기가 지나치게 높은 이야기라고 생각할 수 있습니다. 하지만, 목표는 높게 잡는 것이 중요하다고 생각하기 때문입니다. 높은 목표와 그에 합당한 행동!!! 제가 무척 강조하고 있는 것입니다. 지방에 산다고, 내신 성적이 낮다고 꿈까지 낮을 이유는 없습니다. 그럼에도 불구하고 높은 목표, 그리고 더 중요한 것은 그 목표를 위한 헌신, 결국 목표를 위한 헌신이 학생의 성장을 만든다고 생각합니다.

기왕에 상위권 대학의 이야기를 하고 있으니, 고려대학교는 학생부 종합 전형으로 어떤 학생을 선발하는지 알아보겠습니다.

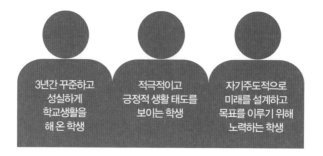

3년간 꾸준하고 성실하게 학교생활을 해 온 학생

적극적이고 긍정적 생활 태도를 보이는 학생

자기주도적으로 미래를 설계하고 목표를 이루기 위해 노력하는 학생

이것만 놓고 보면 서울대학교와 큰 차이가 없어 보일 수 있습니다. 서울대의 인재 상을 좀 단순화 시킨 느낌이 듭니다. 결국 주요 대학에서 생각하는 학생들이 큰 틀에서는 다르지 않다는 점을 보여주는 것입니다. 서울대는 복잡한 인재 상에도 불구하고 '성장 가능성을 지닌 학생'을 선발하고자 했습니다. 고려대도 사실 유사합니다.

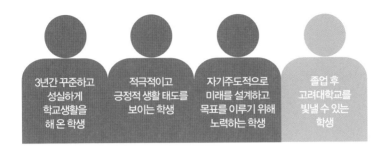

다만, 고려대는 조금 더 선명하게(?!) 표현하고 있습니다. 성장할 가능성을 가진 학생은 고려대를 졸업한 이후에 고려대를 빛낼 수 있을 것이란 선명한 목표도 제시하고 있습니다. 결국 고려대 학종을 준비하기 위해서는 '졸업 후 고려대를 빛낼 수 있는' 이 같은 말의 의미를 해석하고, 공부하는 과정이 필요합니다. 대학은 이에 대한 정보를 충분히 제공하고 있습니다.

입시에 관한 한 전문가가 어찌나 많은지 모르겠습니다. 하지만, 내 자녀의 인생에서 아주 중요한 결정이라는 점을 다시 한 번 생각해주시고, 그 결정이 '공부'하지 않은 상태에서 이뤄지는 것을 경계했으면 합니다. 넘치는 정보, 쉽게 접할 수 있는 정보들이 함정이 되지 않도록 '질문하는 학부모'가 되면 입시는 자연스럽게 성공하게 될 것입니다.

3. 현행 입시제도 '전형별 특징 이해하기'

우리는 앞서 2026 입시 전형의 개괄적인 이야기를 다뤘습니다. 평범한 학생들이 대학을 진학하기 위해 선택할 수 있는 길은 크게 4가지로(실제 실기 전형 등이 있지만) 구분이 됩니다. 수시와 정시로 구분되어지고, 수시에서는 3가지의 루트가 있고, 정시에서는 수능 위주의 전형이 있습니다. 각각의 전형별 특징을 이해하면 보다 명확한 준비가 가능합니다. 다만, 앞서 언급한 바와 같이 전형별 특징을 이해하는 것과 내 자녀에 대한 정보가 일치하는 것이 중요합니다.

2026학년도 입시를 준비하면서 가장 중요한 첫 번째 걸음은 당연히 '주력' 전형을 정하는 것입니다. 자신의 역량과 장점에 맞는 주력 전형을 정하고, 제대로 준비하는 과정이 꼭 필요합니다. 각각의 특징들을 이해한다면, 충분히 준비가 될 것입니다. 다만, 2학년인 여러분들이 반드시 기억해야 할 것은 수시 또는 정시가 아니라는 점입니다. 숱한 상담을 진행하면서 가장 큰 불편함으로 느끼는 것은 수시와 정시를 분리하려는 생각들입니다. 단순하게 생각하면 수험생은 '9번'의 카드를 가집니다. 수시에서 6장의 카드를 사용하고, 정시에서 3장의 카드를 사용할 수 있습니다. 그런데 전략을 준비하는 학생들은 '다른 건 모르겠고' 전략을 사용합니다. '왜 자신에게 주어진 6번의 기회를

버리고, 정시 3번의 기회에 집착하려고 할까요?'

안타깝게도 전형에 대한 이해가 부족하기 때문입니다. 이제부터 여러분께 '9번'의 기회에 대해서 이야기를 해 보겠습니다. 1학년 때의 내신 성적이 어떠하다고 하더라도 우리에게는 여전히 '9번'의 기회가 있습니다. 9번의 기회를 충분히 살릴 때 전략이라는 것이 의미가 있어집니다. 자신이 할 수 있고, 해야 할 일은 다 내려놓고 정시만 준비하겠다고 하는 것은 '인생 역전, 한 방'을 노리는 도박에 불과합니다. 수시파이든, 정시파이든 우리에게는 9번의 기회가 있고, 그 기회를 최대한 살리는 것이 최고의 전략입니다.

수시에서 적정 대학이
정시에서는 꿈의 대학이다.

입시의 가장 기본이 되는 문장입니다. 왜냐하면 수시를 지원할 때의 기준이 대체로 정시에서 어느 정도의 성적이 나오는지를 베이스로 하기 때문입니다. 그러니 수시 6번의 기회는 2026학년도 입시를 준비하는 2학년들에게는 무엇보다 중요합니다. 이 글을 읽고 있는 여러분들은 지금부터 잘 준비하면 얼마든지 원하는 대학을 진학하는 것이 가능합니다. 수시를 준비하는 학생들도 상위권 대학은 수능 최저 학력 기준을 반영하는 대학이 많은 만큼 적극적으로 수능 준비를 하는 것이 필요합니다.

매년 중3 학생들과 고등학생을 위한 대입 계획이 발표됩니다. 중3 학생들에게는 대입 정책의 기본 방향이, 고1 학생들에게는 대입 전형의 기본 사항이 제공되고, 고2 학생들에게는 대입 전형 시행 계획이 제공됩니다. 대입 전형 시행 계획은 대학이 발표하는 자료이기 때문에 매우 중요하기도 하고, 대입 전형을 위한 방향을 가늠할 수 있는 서류입니다. 실제 고3 학생들을 위해 제공되는 모집 요강과 대입 전형 시행 계획은 다소 차이가 있기 하지만, 큰 틀에서는 기본 틀이 일정 부분 유지되는 편입니다. 그러니 대학이 어떤 방향으로 학생들을 선발하려 한다는 방향을 선명하게 보고 학생들은 준비할 수 있다는 장점이 있습니다.

2026 대입 전형 시행 계획은 4월 말에 대학별로 발표가 되었고, 세부적인 내용들을 이후에 계속 살펴볼 것이기 때문에 세부적인 내용보다는 전체적인 방향을 먼저 확인할 필요가 있습니다. 큰 흐름 속에서 자신이 희망하는 대학의 흐름을 이해하는 것이 필요합니다.

2026학년도 입시의 총 모집 인원은 다음과 같이 정리됩니다.

구분	수시 모집		정시 모집		총 모집 인원
	정원 내	정원 외	정원 내	정원 외	
2026	246,644	29,024	65,304	4,027	345,179
2025	242,884	28,597	65,635	3,818	340,934

전국 4년제 대학의 모집 정원은 대체로 34만 명 수준입니다. 2026 학년도 입시에 도전하는 학생들은 2007년생이고, 2007년생은 대략 49만 명 수준입니다. 2024학년도 3월 학력 평가를 응시한 고2 학생은 39만 명 수준입니다. 하지만, 실제 수능에서 재학생 수험생은 줄어들고 N수생은 증가하게 됩니다.

2023년 수험생의 흐름은 다음과 같이 나타납니다.

구분	3월		6월		9월		수능	
학적	재학	졸업	재학	졸업	재학	졸업	재학	졸업
인원	308,815	–	306,203	75,470	284,526	90,381	287,502	157,368
전체 인원	308,815		381,673		384,907		444,870	

의대 증원과 관련된 이슈, 통합 수능, 무전공 전형의 확대, 고려대 논술 부활 등의 교육적 이슈들을 생각해보면 수험생은 다소 늘어날 것으로 보입니다. 결국, 2025학년도 수능에서도 작년과 같은 흐름은 이어질 것으로 보입니다. 경향을 토대로 생각하면, 2026학년도 입시에서는 대략 30만 명의 재학생과 17만 명 수준의 N수생으로 구성될 가능성이 높습니다. 문제는 현재의 흐름상으로는 서울에 있는 대학에 대한 집중도가 지나치게 높다는 점입니다. 결국 수험생의 수, 경쟁률 등과는 다소 무관하게 상위권 대학의 경쟁률은 유사한 형태로 나타날 가능성이 높아진 셈입니다. 입시 전략은 반드시 이를 전제로 세워야 합니다.

전체 모집 인원을 모집 시기별, 모집 전형별로 구분해 보면 2026학년도 입시의 전반적인 성격이 드러나게 됩니다. 현재의 흐름이 어느 정도 반영된 형태로 나타나고 있습니다. 수시 전형은 79.6%에서 79.9%로 미세하게 증가했고, 수능 위주의 정시 전형은 20.1%로 미세하게 감소했지만, 전체적으로 보면 큰 틀에서는 현행 체제를 유지하고 있다는 점을 알 수 있습니다.

구분	전형유형	2026학년도		2025학년도		증감	
		인원(명)	비율(%)	인원(명)	비율(%)	인원(명)	비율(%p)
수시	학생부 위주 (교과)	155,495	45.0	154,475	45.3	1,020	-0.3
	학생부 위주 (종합)	81,373	23.6	78,924	23.1	2,449	0.5
	논술 위주	12,599	3.6	11,266	3.3	1,293	0.3
	실기 및 기타	26,421	7.6	26,421	7.9	-666	-0.3
	수시 소계	275,848	79.9	271,481	79.6	4,367	0.3
정시	수능 위주	63,902	18.5	63,827	18.7	75	-0.2
	기타	5,429	1.6	5,626	1.7	-197	-0.1
	정시 소계	69,331	20.1	69,453	20.4	-122	-0.3
	합계	345,179	100	340,934	100	4,245	0

2026학년도에는 의대 증원과 무전공 확대의 영향이 있긴 하겠지만, 그럼에도 불구하고 큰 틀에서는 이 흐름이 계속 유지된다고 판단하고 준비하고 계획을 세우면 됩니다. 여러 교육적 이슈로 인해 가장 큰 폭으로 변화되는 지점 중 하나는 지역 인재 특별 전형의 확대입니다. 의대 증원 확대와 맞물리면서 확대된 부분도 있는 만큼 관련된 부분을 고민하는 학생들에게는 매우 중요한 부분이 될 것 같습니다. 다

만, 이후에 논의를 하겠지만, 전체 대학에서 의대 증원과 관련해서는 몇 명이 증원이 되든지 현재의 상황을 유지할 가능성이 높습니다.

구분	2026 학년도			2025학년도		
	수시	정시	합계	수시	정시	합계
합계	26,004	774	26,778	23,594	437	24,031

현재의 상황이란 정시 비율 40% 수준, 수시 비율 60% 수준을 의미합니다. 즉, 2,000명이 증원된다고 생각하면 그 중 1,600명은 수시로 증원이 이뤄진다는 의미입니다. 수시로 증가되는 인원 중 일정 부분이 지역 인재에 할당될 것으로 판단됩니다.

상위권 대학으로 진학하는 유의미한 통로 역할을 하는 '논술' 전형도 2028학년도 입시에서 본격적으로 적용될 고교학점제의 영향을 받아 확대될 것으로 보입니다. 실제 2026학년도 전형에서도 논술 전형은 다소 확대되고 있는 추세입니다.

구분	2026 학년도			2025학년도		
	수시	정시	합계	수시	정시	합계
합계	12,499	60	12,559	11,213	53	11,266

특히, 논술의 경우에는 전체적으로 낮은 비율의 선발 전형임에도 불구하고, 높은 경쟁률을 감안한다면 상당수의 학생들에게 큰 영향을 주는 전형임에는 틀림없습니다. 논술 전형의 다소 확대에도 불구하고 최상위권의 논술 경쟁률은 크게 줄어들지는 않을 것입니다.

2026학년도 입시는 또 다른 측면에서 봐야 할 부분이 있습니다. 바로, '학교 폭력 조치 사항'이 의무적으로 반영된다는 점입니다. 학생부 교과 위주 전형에서 112개 대학, 학생부 종합 위주 전형에서는 36개 대학, 논술 위주 전형에서는 25개 대학, 수능 위주 전형에서 109개 대학, 실기/실적 위주 전형에서 91개 대학이 정량적으로 해당 내용을 반영하게 됩니다. 정성적 평가를 반영하는 대학은 교과 전형 7개 대학, 학종 전형 49개 대학, 수능 위주 전형 5개 대학, 실기/실적 위주 전형에서는 10개 대학입니다. 지원 자격 제한 및 부적격을 적용하는 대학은 전체 전형에서 57개 대학입니다. 다양한 기준으로 혼합 평가를 진행하는 대학도 236개 대학입니다. 결국 의무 반영이라는 점을 생각하면 상당 부분 제한이 있을 것으로 생각이 됩니다.

 수시 학생부 교과 전형

먼저, 수시 학생부 교과 전형을 살펴보도록 하겠습니다. 일단 학생부의 내신의 반영 비율이 50%를 넘으면 학생부 교과 전형이라고 부릅니다. 즉, 학생부의 내신 외에도 다른 전형 요소들이 있다는 말입니다. 학생부 교과 전형은 원칙적으로는 정량적 평가를 지향하는 전형입니다. 고교 평준화를 베이스로 각각의 고등학교 간의 내신 차이가 없다는 점을 전제로 선발을 하는 전형입니다. 쉽게 말하자면, 학생부 내신으로 줄을 세워서 합격, 불합격을 결정하는 전형입니다. 대체로 정량 평가를 하는 전형이기 때문에 전년도의 입시 결과가 매우 중요하고, 전년도 입시 결과를 토대로 예측 가능성이 매우 높은 전형이기도 합니다. 3년 정도의 입시 결과를 누적해서 살펴보면 대략 유사한 합격선이 형성이 되는 편입니다. 입결을 확인하기 위해서는 개별 대학의 입학처 홈페이지를 활용해도 좋고, 대입 정보 포털인 '어디가(www.adiga.kr)'를 활용해도 됩니다. 보다 많은 대학을 손쉽게 비교할 수 있습니다.

학생부 교과 전형의 중요한 특징은 내신이 높은 학생들을 위한 전형이라는 점입니다. 전국적으로 보더라도 내신이 높은 학생들의 수는 한정되어질 수밖에 없으니, 기본적으로는 경쟁률이 높게 형성되지 않는 전형입니다. 반면, 대체로 충원율은 높게 나타납니다. 충원율은 모집 인원 대비 추가 합격 인원을 뜻하는 용어입니다. 쉽게 생각하면 충원율 100%라는 말은 모집 인원만큼 추가 합격 인원이 발생했다는 말입니다. 다소 이례적이긴 하지만, 2023학년도 입시에서 한양대 교육학과 지역 균형 발전 전형은 3명 모집에 충원 인원이 36명으로 충원율 1,200%를 기록하기도 했습니다. 높은 충원율을 기록하는 이유는 단순합니다. 수시에 6장의 카드를 쓸 수 있고, 대체로 학생부 교과 전형을 쓰는 학생들이 높은 내신을 베이스로 하기 때문에 중복 합격이 많이 발생하게 되기 때문입니다. 충원율이 높다는 것은 실질 경쟁률이 낮아진다는 의미입니다. 즉, 학생부 교과 전형에 대한 고민을 할 때는 전년도 입결에서 충원율도 충분히 고민해야만 한다는 의미입니다.

학생부 교과 전형은 대학에 따라 다양한 내신을 가진 학생들이 합격하는 전형입니다. 다만, 서울 상위권 대학 등의 학생부 교과 전형은 전국에서 내신이 매우 우수한 학생들만 모이기 때문에 아주 높은 내신을 가진 학생들만 합격을 합니다. 문제는 내신 성적을 가지고 변별하는 것이 한계가 있다는 점입니다. 전국에 2,000개 가 넘는 고등학교가 있다는 점을 생각하면 내신 성적이 높은 학생들의 숫자가 생각보다 훨씬 많다는 점을 알 수 있습니다. 결국 대학의 입장에서는 높은 내신을 가진 학생들의 변별 문제를 해결해야 하고, 이를 위해 이전까지는 대체로 '수능 최저 학력 기준'을 적용하고, '면접'을 실시했습니다.

특히, 수능 최저 학력 기준이 설정되어 있는 대학의 경우에는 수능 최저 학력 기준이 아주 강력하게 작용하는 경우들이 많기 때문에 주의가 필요합니다. 대체로 학생부 교과 전형에서 수능 최저 학력 기준을 달성하지 못하는 학생의 비율이 30% 수준입니다. 생각보다는 훨씬 높은 비율이 수능 최저 학력 기준을 달성하지 못해서 탈락하는 셈이니, 당연히 수능 최저 학력 기준이 적용되는 대학이라면 수능 최저 학력 기준을 달성하기 위한 준비를 해야만 합니다. 더불어 수능 최저 학력 기준을 적용하는 전형에서는 대체로 경쟁률이 낮게 형성되고, 수능 최저 학력 기준이 적용되지 않는 전형은 대체로 경쟁률이 높게 형성되는 경향이 있습니다.

최근 서울의 주요 대학들, 그리고 지방 거점 국립대들에서는 정량적 평가인 학생부 교과 전형에 정성적 요소들을 도입하고 있습니다.

(2028 대입 개편안을 토대로 추측해 보면, 이런 흐름은 지속적으로 증가할 것으로 보입니다.) 이른바 '서류'의 형태로 도입하기도 하고, '정성 평가'라는 형태로 도입하기도 하지만 결국 정량적 평가에 정성적 평가 요소를 더한다는 측면에서는 크게 차이가 없을 것으로 보입니다.

학생부 교과 전형에서 '서류' 혹은 '정성 평가'를 도입하는 것은 새로운 형태의 전형이 생긴 것으로 봐도 됩니다. 학생부 내신을 일종의 '자격 기준'으로 활용하고 있는 셈입니다. 학생부 내신을 정량적으로 반영하는 학생부 종합 전형이 확대되고 있는 셈입니다. 학생부 교과 전형에 정성적 평가 요소를 반영한 대학들의 합격선은 이전의 학생부 교과 전형에 비해서는 확실히 낮은 성적을 보이고 있습니다. 정성적 평가가 어느 정도 힘을 발휘하는 것으로 볼 수 있습니다.

새롭게 생겼다고는 하지만, 실질적으로는 이전에 존재하던 서울대의 '지역 균형' 전형과 유사한 형태를 가지고 있는 셈입니다. 아시다시피, 서울대의 지역 균형 전형은 고교에서 2명을 추천받는 학생부 종합 전형입니다. 문제는 개별 고교에서 서울대에 학생을 추천할 때 사용하는 방법이 당연히 '내신 순'이라는 점입니다. 내신 성적으로 추천을 받고(지원 자격을 제한하고) 학생부로 정성적 평가를 한다는 측면에서 유사한 평가 방식이라고 볼 수 있기 때문에 완전히 새로운 전형은 아닌 셈입니다. 이런 형태의 선발은 꾸준히 확대일로에 있습니다. 고려대와 동국대, 성대를 시작으로 건국대, 경희대, 경북대, 부산대, 한양대로 확대되고 있고, 2026학년도에는 서울시립대 등의 대학이 동참합니다.

학생부 교과 전형에서 유의해야 할 점 중의 하나는 '진로 선택 과목'의 반영 방법이 대학마다 다르기 때문에 수험생들에게 유리하거나 혹은 불리한 점이 발생할 수 있다는 사실입니다. 대체로 진로 선택 과목의 반영 방식은 '대학별 환산 등급', '환산 점수', '가산점 방식', '정성적 평가'로 구분할 수 있습니다. 진로 선택 과목의 반영 방식에 따라서 실제 평가에서는 합격, 불합격에 영향을 미치기 때문에 자신에게 유리한 방식을 반영하는 대학을 찾는 것도 중요합니다.

대학별 성취도별 환산 등급을 적용하는 대학은 광운대, 국민대, 서울과기대, 세종대, 숭실대 등이며, 성취도별 환산 점수로 반영하는 대학은 경희대, 상명대, 서강대, 서울시립대, 연세대, 중앙대 등입니다. 대학마다 반영하는 방식이 다르기 때문에 모집 요강을 반드시 확인할 필요는 있습니다. 그러나 너무 복잡하게 생각할 필요는 없습니다. 실제 원서 접수 시에는 프로그램 상에서 자신에게 유리한 대학이 제시되는 경우가 거의 대부분입니다.

다음은 학생부 교과 전형(정성 평가 반영)을 정리한 표입니다.

대학	선발 방식	최저	대학	선발 방식	최저
건국대	교과 70 +교과정성 30	×	경희대	교과 70 (출/봉 20) + 서류 30	O
서울시립	교과 90 +교과정성 10	O	고려대	학추 90 + 서류 10	O
성균관대	교과정량 80 + 정성 20	O	한양대	내신 90 + 정성 10	O
부산대	교과 80% + 학업역량평가 20%	O			

건국대는 KU 지역 균형 전형으로 428명을 선발하게 되는데, 학생부 교과 정량 평가로 70%, 학생부 교과 정성 평가로 30%를 수능 최저 학력 기준은 적용하지 않고, 일괄 합산으로 선발하게 됩니다. 학생부 교과 정성 평가는 학생부의 '교과 학습 발달 상황'에 대한 정성적 평가를 의미합니다. 즉, 학생부 서류 전체를 의미하는 것이 아니라, 학생부의 '교과 학습 발달 상황' 기록만을 평가 대상으로 한다는 말입니다. 평가 방식 자체는 학생부 종합 전형과 동일하게 다수 다단계 평가 절차가 사용이 됩니다. 건국대가 제시하는 평가 요소는 '학업 역량'과 '진로 역량'입니다. 건국대가 제시하는 학생부 종합 전형의 평가 요소가 학업 역량, 진로 역량, 공동체 역량임을 감안하면, 공동체 역량을 제외한 평가인 셈입니다. 결국 건국대 학생부 교과를 지원하려는 학생들은 학업 역량과 진로 역량에 대한 공부를 해야 하고, 자신의 학생부가 적합한지에 대한 고민을 가져야 합니다.

　건국대의 2024학년도 학생부 교과 전형 결과는 다음과 같습니다.

모집 단위	모집 인원	경쟁률	충원 합격 순위	최종등록자 교과 등급	
				50% cut	70% cut
경영학과	17	9.06	87	1.85	2.04
행정학과	9	14.56	44	1.92	2.03
전기전자공학부	29	11.14	80	1.80	1.89
기계공학부	20	9.70	48	1.89	2.00

　상위권 대학을 목표로 학생부 교과 전형을 준비한다면 교과 등급의

관리가 매우 중요하다는 점을 확실하게 보여주는 지표입니다. 서울 상위권 대학을 진학하기 위해서는 거의 1.X 대의 내신 성적을 유지하는 것이 중요합니다. 건국대가 70% cut에서 2.0 등급이 나오긴 하지만, 이후의 30%를 생각하더라도 그리 큰 차이가 나지 않습니다. 기계 공학부에 최종 등록한 학생 중 10등으로 합격한 학생의 내신 성적이 1.89이고, 14등으로 합격한 학생이 2.0 수준이라는 의미이니 마지막 20등으로 합격한 학생은 내신이 2점 대 초반이라고 예측이 가능합니다.

수능 최저 학력 기준을 적용하는 대학인 고려대는 학생부교과-학교 추천 전형에서 학생부 교과 성적의 반영 비율을 80%에서 90%로 높이고, 서류 반영을 10%로 낮췄습니다. 학생부 교과 반영을 전교과로 설정하고, 학년별 반영 비율이 따로 적용하지 않습니다. 학생부 교과 성적은 교과 평균 등급 점수를 반영하고, 서류는 학생부 종합 평가인 정성 평가입니다.

고려대를 학생부 교과 전형으로 지원하는 학생인 만큼 개별 학교에서는 아주 뛰어난 내신을 가진 학생들이지만, 전국의 많은 고등학교에서 비슷한 수준의 내신을 가진 학생들이 지원한다는 점을 생각하면 내신 자체가 장점이 되긴 어렵습니다. 그런 의미에서 수능 최저 학력 기준이 중요하고, 서류가 중요합니다. 특히, 수능 최저 학력 기준은 (다소 약화되었다고 하더라도) 일반고에서 달성하는 것이 쉽지 않다는 점을 생각하면 수능 준비가 확실하게 되어야 한다는 점은 명확합니다. 이전보다 낮아진 수능 최저 학력 기준으로 인해 실제 합격생들의 내신 성적이 상승할 가능성이 있다는 점도 변수가 될 수 있습니다. 수능 최저 학력 기준을 맞추기 위한 수능 공부에 대해서는 곧 설명을 하겠지만, 현실적으로는 전국 기준에 부합하는 수준의 '공부량'을 채우는 것이 일단 가장 중요합니다.

모집 단위	수능 최저 학력 기준
인문 · 자연계열	국어, 수학, 영어, 탐구 4개 영역 중 3개 영역 등급 합 7 이내 (한국사 4등급 이내)
의과 대학	국어, 수학, 영어, 탐구 4개 영역 중 3개 영역 등급 합 5 이내 (한국사 4등급 이내)

** 탐구 영역은 1과목 반영, 사회 탐구와 과학 탐구 인정

학생부 교과 성적의 반영 비율이 80%에서 90%로 상승했다는 의미가 실제로 내신의 영향력이 조금 더 강화되는 측면이 있긴 하지만, 비슷한 내신을 가진 학생들이 지원한다는 점을 감안하면 역시 서류의 중요성이 높다는 점을 감안할 수밖에 없습니다. 다만, 대부분의 경우에 높은 내신을 가진 학생들이 학교생활을 의미 있게 보냈을 것으로 예상할 수는 있기 때문에 서류에서 엄청난 차이를 보이기는 힘들 것으로 생각이 됩니다. 결국 학생부의 소소한 영역에서의 차이가 합불에 영향을 미치기도 한다는 점을 생각할 수 있겠습니다.

부연하자면, 전국적으로 보면 학생부 내신 1.0을 받는 학생들이 통상적인 생각보다는 꽤 있는 것으로 파악하고 있습니다. 고려대뿐만

아니라 최상위권 대학, 학과에서는 내신 1.0을 받은 학생들끼리 경쟁하기도 합니다. 즉 내신 이외의 변수들이 큰 영향을 미치게 되는 셈입니다.

2023학년도 고려대 학생부 교과 전형의 입결은 다음과 같이 형성됩니다.

모집 단위	모집 인원	경쟁률	충원 합격 순위	최종등록자 교과 등급	
				50% cut	70% cut
경영대학	80	7.7	104	1.49	1.56
신소재 공학부	29	10.07	49	1.52	1.58
전기전자 공학부	32	11.34	62	1.35	1.44
보건환경 융합과학부	30	17.33	26	1.58	1.63
언어학과	6	7.17	2	1.93	2.04
건축사회 환경공학부	12	18.25	17	1.83	1.87

서울의 상위권 대학의 학생부 교과 전형의 입결은 대체로 높게 형성되고 있습니다. 그런 점에서도 고려대도 전체적으로 매우 높은 입결을 보이고 있지만, 수능 최저 학력 기준이 없고, 서류 반영이 없는 대학에 비해서는 다소 70% cut가 낮게 형성되는 모습을 볼 수 있습니다. 이는 서류 반영의 효과로 분석할 수 있는 부분이 있습니다. 특히, 합격 성적대가 낮게 형성된 학과들(인문 계열에서는 언어학과, 자연계열에서는 건축사회환경공학부)을 보면 일반고에서 학교 추천을 받았다

고 생각하기에는 다소 애매한 성적대를 보입니다. 이를 통해 자율형 사립고에서 학생부 교과 전형을 지원하고, 실제로 합격하고 있음을 추론할 수 있습니다. 이전 학생부 교과 전형이 일반고 학생들의 몫이 었다는 것을 생각하면 이례적인 일이긴 하지만, 서류 평가의 반영으로 다소 자연스러운 일이 되어가고 있다고 이해해도 될 것 같습니다.

수능 최저 학력 기준이 설정된 대학들은 수능 최저 학력 기준에 대한 '보수적' 판단이 중요합니다. 이 부분은 계속 강조할 부분이 될 수밖에 없습니다. 대부분의 수험생들은(특히, 2026학년도 입시를 고민하고 있는 고2라면) 자신의 성적이 상승할 것을 '예상'합니다. 아주 긍정적으로 자신의 성적과 노력을 평가하는 경향이 있습니다. 문제는 비슷한 내신 성적대의 학생들이, 그리고 비슷한 수능 성적을 받는 학생들 '모두'가 그 생각을 한다는 점입니다. 결국 생각보다 수능 최저 학력 기준을 맞춘다는 것이 쉽지 않다는 말이 됩니다. 그래서 보수적 판단이 필요하다는 말입니다.

수능 최저 학력 기준을 적용하지 않던 상위권 대학들이 수능 최저 학력 기준을 적용하는 방향으로 선회하고 있긴 하지만, 전체적으로는 이전에 비해 수능 최저 학력 기준이 다소 약화되는 방향을 보이고 있습니다. 서울 시립대는 2025학년도 입시에서 학생부 교과 전형의 수능 최저 학력 기준을 국/수/영/탐 4개 영역 중 3개 영역의 등급 합 7이 었지만, 2026학년도부터는 3개 영역 등급 합을 7로 완화합니다. 그럼에도 쉽지 않다는 점을 꼭 기억하길 바랍니다.

2026학년도 입시에서 부산대는 학생부 교과 전형을 학생부 교과 전형, 지역 인재 전형, 농어촌 전형으로 구분하고 있습니다. 공통적으로 내신 성적(교과)을 80% 반영하고, 학업 역량 평가를 20% 반영하고, 학생부 교과 전형과 지역 인재 전형에는 수능 최저 학력 기준을 적용합니다. 다소 특이한 부분은 2025학년도 입시에서는 학업 역량 평가를 '고등학교 교육 과정 이수 노력 및 적절성 평가'로 규정하고 있는데 반해 2026학년도 입시에서는 학업 역량 평가를 '고등학교 교육 과정 이수 노력 및 모집 단위 학업준비도 평가'로 변경한 부분입니다. 일반적으로 통용되는 학업 역량에 더해 진로 역량도 평가 대상으로 본다는 점이고, 이는 학생부 종합 전형의 평가 요소와 방식을 보다 더 적용한다는 의미로 해석될 수 있습니다.

 수시 학생부 종합 전형

1) 학생부 종합 전형에 대한 이해

수시 학생부 종합 전형에 대해서는 재학생들이 정말 제대로 이해해야 준비가 제대로 된다는 점을 다시 강조합니다. 어설픈 정보를 가지고 준비하면, 좋은 결과를 만들기가 어렵습니다. 지방에 있는 학생들이라면 더 공감할 것 같습니다.

학생부 종합 전형에 대한 설명은 다소 길게 이어집니다. 여러 이유가 있는데, 그 중 가장 중요한 이유는 2026학년 입시를 준비하는 재학생들의 입장을 생각하면 학생부 종합 전형이 대체로 가장 유리한 전형이기 때문입니다. 왜냐하면 다른 전형에 비해 재학생의 합격 비율이 압도적으로 높기 때문입니다. 상위권 주요 대학을 기준으로 봤을때, 두 번째로 많은 학생을 모집하는 전형이기도 하고, 실제로 재학생들의 최종 합격 비율이 80% 이상입니다. 다소 높게 형성되는 대학들은 90% 수준이기도 하니 재학생들에게는 정말 중요한 전형이라고 할 수 있습니다.

학생부 종합 전형은 가장 최근에 형성된 전형이기 때문에 전형에 대한 이해를 하기 위해서는 나름의 공부가 반드시 필요합니다. 기성세대에서 선발하던 방식이 아닌 '낯선' 선발 방식입니다. 이 부분을 제발 제대로 이해해야 합니다. '낯설다' 이 단어를 이해하고 제대로 활용하기 위해서는 '사용 설명서'를 반드시 읽어야 한다는 말입니다. 그런데 문제는 아주 중요한 과정인 자녀의 대학 입시를 준비하면서 사용설명서를 읽고 제대로 준비하는 학부모들이 그리 많지 않다는 점입니다. 그저 언론에서 이야기하는 말을 듣고, 주변의 소수의 경험들을 믿고 그렇다고 생각합니다. 그러면 잘못된 정보를 베이스로 판단을 하고, 전략을 짜는 것이기 때문에 실패할 수밖에 없습니다. 이 많은 오해를 해결하기 위해서는 제대로 된 공부를 하는 것이 중요합니다.

객관식만이 공정하다는 주장은... 안타깝지만 오늘날에는 통용되기 어렵습니다. 어떻게 보면 객관식이 공정해 보일지는 모르지만, 실제로는 매우 심각하게 '기울어진 운동장'에 불과합니다. 과거와는 달리 학생들을 둘러싼 환경이 천차만별이고, 그 환경이 전혀 다른 사회적 자본을 만들어내고 있습니다. 그 차이를 무시하고 객관식만이 공평하다는 주장하는 것은 설득력을 갖기 힘듭니다. 진짜 '공정하다는 착각'에 빠져 있는 것입니다.

조금은 많이 긴 이야기지만, 학생부 종합 전형에 대해 나름 깊이 있는 이해를 토대로 전략을 구상해 봅시다. 2학년이기 때문에 학생부 종합 전형은 안된다고 생각하는 것 자체가 학생부 종합 전형에 대한 이해도가 떨어지기 때문입니다. 일단 공부를 해보고 나면 지금이 왜 학생부 종합 전형을 준비하기 위한 최적의 시간인지를 이해할 수 있을 것입니다.

학생부 종합 전형의 본산인 서울대에서 정의한 내용은 다음과 같습니다.

'학생들의 가능성과 자질은 사람들의 얼굴만큼이나 다양합니다. 따라서 하나의 정형화된 공식과 기계적인 수치는 학생의 다양한 능력을 모두 보여주지 못합니다. 학생이 속한 환경과 학업 동기, 학업에 대한 의지, 열정, 노력과 같은 요소들도 반영할 수 없습니다. 이러한 문제를 보완하기 위해 도입한 종합적인 평가 제도가 바로 학생부 종합 전형입니다. 학생부 종합 전형은 수치로 계산된 성적만을 반영하지 않고, 지원자기 제출한 서류를 바탕으로 학업능력 뿐만 아니라 학업에 대한 노력, 의지, 열정, 적극성, 도전 정신, 발전 가능성 등을 종합적으로 평가하는 학교 교육 기반의 평가 방식입니다.'

오랜 시간동안 숱한 학생들을 학생부 종합 전형으로 대학을 보내면서 느끼는 점은 실제로 우수한 학생들을 잘 뽑는다는 점입니다. 자신만의 우수함을 증명한 학생들, 나름의 계획을 가지고 성장해 가는 학생들을 잘 뽑아갑니다. 더불어 대학이 요구하는 것이 완성되어진 인재라기보다는 성장 가능성을 증명한 인재라는 점도 명확합니다. 결국 우리가 해야 할 것은 학생부 종합 전형에 대한 대학의 선발 기준에 대한 이해입니다. 이 평가 기준을 이해하지 못하면 '금수저 전형'이라고 이야기하고, 각종 오해를 하게 됩니다. 이렇게 생각하게 되면, 현실적으로 재학생들이 대학을 진학하는 가장 유리한 전형이라는 점을 무시하게 되는 셈입니다. 제대로 공부하면 제대로 보일 것이고, 제대로 준비할 수 있게 될 것입니다.

개별 고등학교에서 내신이 정말 우수한 학생들이 실제 학생부 종합 전형에서 많이 떨어지는 편입니다. 불합격의 이유가 '지방'에 있기 때문이 아니라는 점을 꼭 알아주셨으면 합니다. 전형에 대한 제대로 된 '공부'를 하지 않았기 때문입니다. 학생부 종합 전형은 기본적으로는 학생의 역량을 다면적, 종합적으로 평가하기 위한 전형입니다. 저는 학생부 종합 전형을 이렇게 표현합니다.

객관식으로 보여줄 수 없는 역량을 증명하는 전형

물론 객관식 역량이 중요하지 않다는 말을 하는 것이 아닙니다. 객관식 역량도 매우 중요합니다. 하지만, 개인이 가진 역량이라고 하는 것이 '반드시' 객관식 역량만으로 표현될 수는 없다는 점을 강조하는 것입니다. 단순하게 이야기하면, 창의력이 뛰어난 학생을 객관식으로 선발한다는 것은 현실적으로 힘든 부분이 분명이 있다는 말입니다. 학생을 입체적으로 관찰하고 분석하는 과정을 거치는 것이 학생부 종합 전형인 셈입니다.

예를 들어 '창의력'을 측정한다면, 객관식 시험인 내신이나 수능을 통해 측정할 수 없습니다. 개별 학생이 어느 정도의 창의력을 가지고 있는지, 그 창의력을 학교 활동을 통해 어떻게 증명했는지가 중요할 것입니다. 그래서 학생부 종합 전형에서 대학이 가장 중요하게 생각하는 것은 '역량'입니다. 어떤 역량을 어떤 방식으로 증명하는지를 고민하면 나름의 답을 찾아갈 수 있을 것입니다.

그럼에도 불구하고 학생부 내신은 중요한 위치를 차지하기는 합니다. 다만, 그것은 일반적인 오해이지만, 정말 심각한 오류인 '내신 평균'을 보는 것은 아니라는 점을 이해해야 합니다. 2026학년도 입시를 준비하는 재학생들에게 '굳이' 학생부 종합 전형에 대해 이야기하는 이유이기도 합니다. 5학기의 내신을 평균으로 보게 되면, 평균의 함정에 빠지게 됩니다. 그럼에도 많은 교사들이, 학생들이, 학부모들이 교과 내신의 평균을 보는 이유는 그렇게 보는 것이 '편'하기 때문입니다. 하지만, 대학은 내신의 평균에 큰 의미를 부여하지 않습니다. 평균보다는 개별 학생의 내신에서 드러나는 특색이 개별 학생을 판단할 때 더 의미가 있기 때문입니다.

실제로 대학 입시를 고민하고 있는 우리들도 이 평균의 함정에서 벗어날 수 있어야 합니다. 서울의 주요 대학의 학생부 종합 전형에서 합격생들의 평균은 대략 2점대 중반 수준입니다.(대학마다 당연히 다릅니다.) 단순하게 생각해보면, 각 학교의 1점 대 초반 성적 학생들이 있을 터이니, 평균이 2.X가 나오기 위해서는 당연히 3등급의 학생들이 합격을 해야 합니다. 그런데 우리는 평균만 보고 학종을 쉽사리 포기하고 맙니다. 그런 의미에서 진짜 학생부 종합 전형에 대한 공부가 필요하다는 의미입니다.

특히나 고교 학점제라는 타이틀이 적용되는 상황에서 개별 학생들의 선택이 다르게 나타난다는 점을 고려하면 단순한 내신 비교를 생각하는 것은 매우 심각한 오류가 나타날 수밖에 없습니다. 어떤 과목을 선택했느냐에 따라 내신의 결과는 다르게 나올 수 있기 때문입니다. 가장 단순하게는 쉬운 과목을 선택해서 좋은 내신을 받는 것과 어려운 과목을 선택해서 다소 낮은 내신을 받는 것을 비교할 수 있을 것입니다. 어려운 과목을 선택해서 다소 낮은 내신을 받은 것이 더 좋다는 말을 하는 것이 아니라, 그 학생의 선택 과목에 대한 고려가 될 때 개별 학생을 종합적으로 판단할 수 있다는 말입니다.

예를 들어 가장 대표적인 것인 '성적 추이'가 되겠지요? 성적이 상승 곡선을 그리면 반드시 합격한다는 그런 의미가 아닙니다. 특정한 성적 추이를 보이는 학생이 어떤 상황에서 어떤 선택을 했는지를 고려할 때 그 성적의 '의미'를 제대로 이해할 수 있게 된다는 말입니다.

다음은 입시 설명회에서 자주 쓰는 그림입니다. 이를 통해 한번 생각해봅시다.

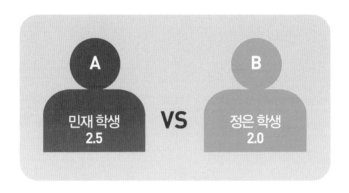

민재는 5학기 평균 내신이 2.5 등급입니다. 반면, 정은이는 5학기 평균 내신이 2.0 등급입니다. 어떤 학생이 더 우수해 보이나요? 아무런 전제 없이 이 질문을 하면 100% 정은 학생이 우수하다고 이야기를 합니다. 내신 성적이 우수하기 때문에 더 우수하다는 단순한 결론입니다. 하지만, 이런 사고방식은 학생부 교과 전형에 해당하는 사고방식입니다. 내신의 우수함으로 줄을 세우는 방식이고, 앞서 언급한 평균의 함정에 빠진 것입니다.

민재 학생과 정은 학생의 실제 성적 데이터를 바탕으로 만든 내신 그래프 입니다.

A. 민재 학생의 성적 데이터

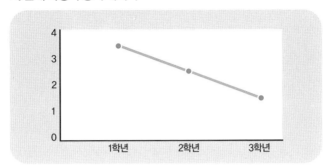

민재 학생의 성적을 살펴보면, 1학년 때 3.8 등급 정도의 내신을 가지고 있었고, 이후 성적이 꾸준히 상승해서(반드시 꾸준히 상승해야 하는 것은 아닙니다) 3학년 때는 1.5 등급 정도의 내신을 만들었습니다. 이 학생은 자신의 우수함을 내신 성적으로 증명 했습니다. 실제 이렇게 내신이 성장하는 과정의 배경에는 학교 활동을 통한 실질적인 지적 성장이 있었습니다.

B. 정은 학생의 성적 데이터

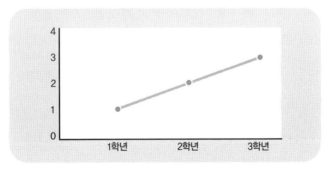

반면, 정은 학생의 성적 데이터를 보면 많이 안타깝습니다. 정은 학

생은 1학년 때 1등급의 놀라운 성적을 보였고, 2학년 때는 2등급을, 3학년에는 3등급을 기록했습니다. 실제로 내가 혹은 내 아이가 정은 학생과 같은 성적 그래프를 그린다면, 무슨 생각이 드시나요?

다시 질문 드리겠습니다. 민재 학생과 정은 학생을 평가해야 합니다. 여러분이라면 어떤 학생을 더 의미 있게 평가하고, 선발하려고 할까요? 평균을 보면 당연히 정은 학생이지만 대체로 민재 학생을 더 선호하게 됩니다. 성장을 나름의 방식으로 증명했기 때문입니다. 다만, 성적을 올린다고 반드시 학종에서 의미 있는 결과를 만들지는 못하지만, 결국 학종에서 보려고 하는 것은 객관식 성적에 담긴 '의미'입니다.

결론적으로 내신만을 보고 민재 학생과 정은 학생의 우수함은 비교할 수 없다는 관점이 바로 학생부 종합 전형의 관점입니다. 학생들의 성적 추이를 제대로 판단하기 위해서는 어떤 과목을 선택했는지, 그 과목의 이수자 수는 어떠했는지, 등급 컷은 어떻게 형성되는지, 심화 과목은 얼마나 이수했는지, 기타 과목의 등급은 어떠한지, 내신 성적의 향상이 실제 학생의 성장에 어떤 영향을 주었는지 등등 무수히 많은 자료들을 살펴봐야 합니다. 학생부의 내신을 포함한 다양한 자료들을 통해 지원자를 '종합적'으로 볼 수 있게 됩니다.

실제 민재 학생은 학생부 종합 전형을 지원한 모든 학교에서 합격을 했습니다. 대학이 민재를 선발한 이유는 다양하겠지만, 확실한 것은 민재의 성적 상승 그래프를 보고 선발한 것은 아니라는 점입니다.

실제 상승의 성적 그래프를 만들었다 해도 떨어지는 학생들도 존재합니다. 그러니 대학이 저 성적을 어떤 식으로 평가하는지를 이해해야 합니다. 당연히 내신 성적 상승은 유리한 점이 될 수 있습니다. 하지만, 반대로 내신 성적에 방점을 둔다면 내신 성적이 항상 우수했던 학생들만 선발이 되어야 하는데, 현실은 '그렇지 않다'입니다. 결국 민재가 어떤 의도를 가지고, 어떻게 공부했는지를 학생부를 통해 증명하는 것이 중요합니다.

학생부의 이런 의미를 이해해야 제대로 준비가 가능합니다. 그래서 자꾸 '공부'가 필요하다는 이야기를 하는 것입니다. 학종에 대한 가장 기본적인 착각 가운데 하나도 결국은 내신에 있습니다. 서울대 등 상위권 대학에 진학하는 학생들의 내신이 워낙에 좋기 때문에 내신 좋은 학생들을 뽑는다는 편견입니다. 잘 생각해보면 상위권 대학에서 내신 좋은 학생들을 뽑는 것이 아니라, 내신 좋은 모든 학생들이 대체로 상위권 대학을 지원하는 것입니다. 결국 상위권 대학을 지원하는 인력풀 자체가 내신이 좋다는 전제에서 출발하고 있는 셈입니다.

2) 학생부 종합 전형 평가 요소에 대한 이해

학생부 종합 전형을 제대로 공부하기 위해서 필요한 것은 무엇일까요? 학원 입시 설명회를 열심히 찾아가서 들어봐도, 유튜버들의 이야기를 알고리즘으로 들어봐도 도대체 이해되지 않는 것들이 많을 겁니다. 실제 상담을 하는 많은 학생, 학부모들이 그런 의문점을 가지고 있습니다. 각자 모두 다른 이야기를 하고 있습니다. 여기서는 이렇게 해야 하고, 저기서는 이렇게 해야 한다고 이야기를 합니다. 문제는 대체로 소수의 사례라는 점입니다. 그러니 그냥 전설로 존재한다는 '엄친아', '엄친딸'의 모습일 뿐입니다.

도대체 선발은 누가할까요? 너무나도 당연한 질문임에도 불구하고, 쉽사리 답이 나오지 않는 이유는 실제로 그렇다고 생각한 적이 별로 없어서입니다. 대학이 선발합니다! 그러니 우리가 고민해야 할 것은 언론의 이야기도, 유튜버들의 이야기도, 학원의 이야기도 아닙니다. 오로지 대학의 이야기를 정확하게 '이해'하는 것이 중요합니다.

단순하게 생각해 봅시다. 여러분이 기업의 사장이라면 어떤 직원을 뽑고 싶을까요? 예전에는 '용모 단정하고~' 이런 식으로 모집 공고를 내긴 했지만, 이제는 구체적인 기업의 필요들이 나열되고 있습니다. 그 기업이 원하고 선발하길 희망하는 직원이 선명하게 제시되고 있다는 말입니다. 그 기업에 취직하고 싶다면, 그 기업이 요구하는 조건을 충족시키는 것이 당연히 필요합니다.

대학도 마찬가지입니다. 학생부 종합 전형을 운영하는 대학들은 대체로 대학에서 선발하기 원하는 인재상을 제시합니다. 여러분이 가길 원하는 그 대학에서 요구하는 '인재'의 모습을 증명하는 것이 필요합니다. 자격 조건을 제시하고 있으니, 이제 그 준비를 제대로 하면 됩니다. 어떤 인재를 원하는지를 공부하고, 그런 인재가 가져야 할 역량을 준비하는 과정이 있으면 됩니다.

학생부 종합 전형에서 대학은 대체로 대학이 원하는 인재를 선발하기 위해 '평가 요소'를 제시합니다. 굳이 우리가 고민하지 않아도 되는 것은 대학이 제시하는 평가 요소가 가장 핵심적인 것이기 때문에 그 요소들을 제대로 준비하면 됩니다. 물론 대학마다 평가 요소가 다르기 때문에 모든 대학을 다 준비한다는 것은 불가능해 보일 것입니다. 하지만, 이 부분도 걱정하지 않아도 되는 것은 대부분의 대학들이 다소 다른 평가 요소를 가지고 있지만, 고등학생이 보일 수 있는 역량에도 어느 정도 한계가 있기 때문에 대학의 평가 요소들이 대체로 중복된다는 점입니다.

단순하게 생각해 보면, 여러 기업들이 직원을 선발하기 위해 다양한 요소들을 제시하고 있지만, 대부분의 경우에는 유사한 역량을 가진 사람을 선발한다는 점입니다. 결국 대학도 그런 기본적인 평가의 수준에서 학생들을 분석하고 평가하게 됩니다. 그러니 보다 본질적인 학생의 역량에 집중하는 것이 필요해 보입니다. 실제로 지도하고 있는 많은 학생들에게 요구하는 것은 실질적인 '성장'입니다. 많은 책을 읽고, 많은 특강을 듣고, 많은 활동을 하게 하지만 본질은 개별 학생의 '성장'에 있습니다. 고등학교 생활에서 성장을 이루는 학생들이 좋은 평가를 받는 것이 당연한 이치입니다.

대학들의 평가 요소들은 다양하게 나타납니다. 서울대의 평가 기준은 '학업 능력, 학업 태도, 학업 외 소양'입니다. 각각을 대표하는 문장이 조금 중요한 의미를 가지고 있습니다.

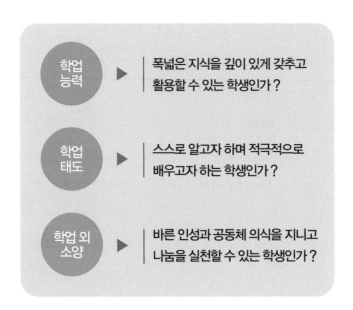

학업 능력	▶	폭넓은 지식을 깊이 있게 갖추고 활용할 수 있는 학생인가?
학업 태도	▶	스스로 알고자 하며 적극적으로 배우고자 하는 학생인가?
학업 외 소양	▶	바른 인성과 공동체 의식을 지니고 나눔을 실천할 수 있는 학생인가?

대학이 지향하는 바를 나름 선명하게 보여준다고 생각합니다. 다만, 학생들과 학부모의 입장에서는 매우 추상적이고 포괄적인 내용으로 보일 것입니다. 여기서 제대로 된 공부가 필요합니다. 대학이 이 부분을 추상적이고, 포괄적으로 표현하는 이유는 '학업 능력'이라고 하는 것 자체가 매우 다양한 스펙트럼을 통해 형성되기 때문입니다.

중요한 것은 그 문장에 대학이 요구하는 '본질'이 담겼다는 점입니다. 학업 태도를 가지고 설명을 해 봅시다. 학업 태도에 대해 대학은 '스스로 알고자 하며 적극적으로 배우고자 하는 학생'을 이야기합니다. 하나씩 질문을 해가면 됩니다. '스스로' 한다는 말의 의미는 학교가 제시한대로, 동아리에서 제시한대로, 선생님이 제시한대로 한다는 의미가 아닙니다. 학교 혹은 교사의 가이드가 있었을지라도 스스로 자신의 지식을 확장해 가려고 노력한다는 의미입니다. 당연히 그런 활동이 학생부를 통해서 '증명'되어야 합니다. '배우고자' 한다는 말의 의미도 이런 맥락에서 질문을 통해 확장해가면 됩니다. 도대체 이 학생이 '무엇을' 배우려고 하고, 그것을 '왜' 배우려고 하는지, 그리고 그 배움의 결과는 어떤 모습으로 '증명'되는지를 궁금해 하는 것입니다. 결국 대학이 제시하는 자료를 보고 다양한 질문을 통해 대학이 요구하는 학생의 모습을 파악할 수 있다는 말입니다.

대학이 제시하는 평가 요소 중에서 개인적으로 매우 중요하게 생각하는 것은 서울 주요 사립 5개 대학이 공동으로 연구해서 발표한 자료입니다. 이 자료는 잘 만들어졌고, 대학의 요구를 정확하게 담고 있습니다. 책자를 읽으면서 연속적인 질문들을 만들어 내는 것이 무엇보다 중요합니다.

검색창에 'NEW 학생부종합전형 평가요소' 라고 치면 다음과 같은 자료가 나옵니다. 이 자료를 다운 받아서 열심히 읽고, 반드시 자신만의 질문을 많이 해 보길 바랍니다. 같은 내용을 읽어도 읽는 사람에 따라서 전혀 다른 결과가 나온다는 점, 알고 있으시죠? 그러니 읽는 것으로 부족합니다. 꼭 '나만의 질문 리스트 만들기' 만들어 보기를 강력히 추천합니다. 많을수록 좋습니다. 그리고 여러분들의 답을 찾아가면 됩니다.

건국대, 경희대, 연세대, 중앙대, 한국외대가 참여해서 공동 연구한 자료인데, 학생부 종합 전형의 평가요소들에 대한 이해와 평가 항목에 대해 제시하고 있습니다. 이 자료를 충분히 검토하고, 질문을 하면 매우 의미 있는 방향성이 나오게 됩니다. 자신만의 방향성을 만들고, 충분히 증명한다면 여러분이 원하는 그 대학이 여러분이 진학하는 대학이 될 것입니다.

'NEW'라고 하는 부분이 일단 중요합니다. 이전 버전이 있다는 말이니까요. 이전 버전에서는 제가 강의를 다니면서 '학인전발'이라고 부르는 평가 요소들이 있었습니다. NEW 버전에서는 '학진공'으로 정리되었습니다. '학인전발'은 '학업 역량, 인성, 전공 적합성, 발전 가능성'을 의미합니다. '학진공'은 '학업 역량, 진로 역량, 공동체 역량'을 의미합니다.

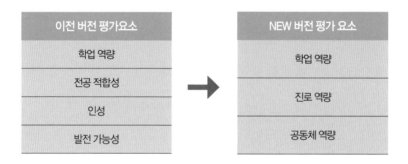

기존의 평가 요소에서 새로운 평가 요소로 변화된 이유를 한 번 고민해볼 필요가 있습니다. 가장 큰 변화는 '전공 적합성'이 없어지고, '진로 역량'이 생겼다는 점입니다. 그러면 실제 대학의 평가요소에서 전공 적합성이 빠진 이유가 무엇일까요?

여러 이유가 있겠지만 가장 중요한 점은 결국 학생, 학부모가 생각하는 '전공 적합성'과 대학이 생각하는 전공 적합성에 차이가 존재하기 때문입니다. 가장 단순하게는 고교 교육과정과 대학의 전공이 다르다는 점이 되겠고, 조금 더 확장하면 대학의 희망 전공에 맞춰 학생들의 활동과 경험이 지나치게 협소하게 되는 문제를 해결하기 위한 선택입니다. 즉, 전공에 국한된 협소한 적합성보다는 계열에 맞는 적합성의 개념으로 확장해서 보다 유의미한 평가를 할 수 있다는 판단인 셈입니다.

학생, 학부모 등이 생각하는 전공적합성은 조금은 '신화(myth)'에 가깝습니다. 전문적인 공부의 결과라기보다는 '아마도 그럴 것'이라는 수준의 이야기입니다. 문제는 자신이 그렇다고 생각하는 것을 대체로 믿고 그렇게 행동하기 시작할 때, 다소 이상한 선택들을 하기 시작한다는 점입니다. 예를 들어, 원자력 분야에 관심을 가지고 있는 학생은 고등학교에서 전공 적합성을 증명하기 위해 어떤 활동을 해야 하고, 어떤 과목을 선택해야 할까요? 전공 적합성을 강조하는 사람들의 주장대로라면 원자력 발전소에 대한 공부를 하고, 관련 동아리를 찾아서 활동하고, 관련 과목을 선택해야 합니다. 하지만, 현실 고등학교에서 그런 활동, 공부, 동아리, 과목이 어느 정도나 가능할까요? 조금만 생각해봐도 전공 적합성이라는 것이 얼마나 말도 안 되는 신화인지를 알 수 있습니다.

그럼 대학은 전공과 관련된 어떤 것을 볼까요? 대체로 '계열 적합성'의 관점에서 이해하면 됩니다. 특히, 대학이 강조하는 지점이 계열에 '적합'한가 보다는 '역량'임을 판단하고 준비하는 것이 더 좋습니다. 결국 대학이 보려는 것은 개별 학생들이 어떤 '역량'을 가지고 있는지, 그리고 그 역량이 어떤 '과정'을 통해서 발현되었는지, 마지막으로 그 역량이 발현된 '결과'입니다. 보다 본질적인 공부에 대한 관심이라고 보면 됩니다.

3) 학생부 종합 전형의 평가 요소

학생부 종합 전형의 평가 요소들을 살펴보면서 학생부 종합 전형에 대한 이해도를 높이려고 합니다. 이후에 이어질 학생부 종합 전형 대비 전략을 충분히 이해하기 위해서는 이 평가 요소에 대한 이해도가 높아야만 합니다. 학생부 종합 전형 평가 요소에 대한 이해도가 높을수록 준비할 수 있는 전략이 많아지게 됩니다.

기본적으로 학생부 종합 전형의 평가 요소에 대한 내용은 앞서 언급한 서울 주요 사립대의 평가 요소를 베이스로 합니다. 연구의 결과물이기도 하거니와 많은 대학에서 차용해서 쓰는 평가 요소이기도 합니다. 대학이 발표한 자료에서 평가 요소는 크게 세 가지로 구성이 됩니다.

'학업 역량, 진로 역량, 공동체 역량'(이하 '학진공')입니다. 앞서 강조한 바와 같이 대학의 입학 사정관과 교수들이 긴 시간을 통해 연구하고 협의한 내용들입니다. 문제는 이 평가 요소를 본 학생, 학부모, 교사들이 자신이 생각하고 있는 대로 받아들인다는 점입니다. 대학이 요구하는 것은 '연구'의 결과물로서의 '학진공'입니다.(깊이 있는 내용을 포함하고 있다는 점을 이해해야 합니다. 단순히 단어에서 드러나는 내용이 아닙니다. 표면적인 내용을 가지고 자꾸 생각을 하면 실패하게 됩니다. 반드시 이 부분을 읽어야 하고, 읽은 내용을 토대로 이 책을 계속 읽어주길 바랍니다!)

대학이 말하는 학업 역량은 대부분이 생각하는 학업 역량과는 다소 다릅니다. 평가 요소로서 제시된 학업 역량은 '학업 성취도, 학업 태도, 탐구력'이라는 평가 항목을 가집니다. 즉, 대학은 평가 요소로서의 학업 역량을 측정하기 위해 학업 성취도와 학업 태도, 탐구력을 확인하겠다는 의미입니다. 평가 요소로서의 학업 역량은 '대학 교육을 충실히 이수하는 데 필요한 수학 능력'으로 규정하고 있습니다. 대학의 입장에서 학업 역량이라는 것은 결국 고등학교의 수준을 제대로 소화할 수 있는 수준의 학생이어야 대학에서도 자신만의 학업을 이어갈 수 있다는 점을 반영하고 있습니다. 대부분의 대학에서 학업 역량을 매우 중요한 평가 요소로 사용하고 있는 이유도 이것 때문입니다. 본질적으로 대학은 우수한 학생들을 선발하려 하는데, 그 우수함이라는 것은 대학에서 자신의 역량을 마음껏 표현할 수 있는 학생이어야 한다는 말입니다.

학업 역량 : 학업 성취도, 학업 태도, 탐구력

이런 의미를 가진 학업 역량이기 때문에 평가를 위해서 학업 성취도, 학업 태도, 탐구력을 확인하려는 것입니다. 여기서 학업 성취도는 대부분의 학생, 학부모, 교사가 생각하는 정량적 평가의 대상인 내신 성적의 어떠함에 해당된다고 볼 수 있습니다. 정량적인 평가가 가능한 영역이지만, 내신 자체를 정량적으로 평가하는 것이 아니라는 점도 중요합니다. 그런 의미에서 대학도 학업 성취도에 대해 '고교 교육 과정에서 이수한 교과의 성취 수준이나 학업 발전의 정도'로 규정하면서, 종합적 학업 능력, 추세적 발전 정도, 희망 전공과의 연계 등을 기본으로 한다고 밝히고 있습니다.

첫 번째로 학업 성취도에 대한 세부 평가 내용을 살펴보면 대학의 요구 사항이 선명하게 보입니다.

- 대학 수학에 필요한 기본 교과목(예: 국어, 수학, 영어, 사회/ 과학 등)의 교과 성적은 적절한가?
  그 외 교과목(예: 예술·체육, 기술·가정/정보, 제2외국어/한문, 교양 등)의 교과 성적은 어느 정도인가?
- 유난히 소홀한 과목이 있는가?
- 학기별/학년별 성적의 추이는 어떠한가?

앞서 매우 강조했던 바와 같이 학생들의 선호가 높은 대학은 당연히 우수한 학생들을 선발하려 할 것이고, 이 우수함은 반드시 내신 성적의 우수함을 의미하는 것은 아니라는 점을 생각하고 다시 한 번 세부 평가 내용을 보면 조금 달리 보이는 지점이 있을 것입니다. 대학은 지원자의 고교 학업 성취도를 통해 지원자가 가진 여러 특성들을 종합적으로 평가하려 한다는 점을 기억해야 합니다. 그러니 상당수의 상위권 대학에서 학업 성취도 자체가 가장 중요한 평가 요소가 되기는 어렵습니다.

더불어 학교별로 선택 과목이 다르다는 점도 고려되어야 하고, 고3 선택 과목들이 진로 선택 과목이라서 내신 중심의 평가가 현실적으로는 매우 제한적이라는 점도 고려되어야 합니다. 또 선택 과목으로 학생들이 나뉘면서 소수 학생들이 선택하는 과목이 많다는 점도 고려되어야 합니다. 결국 내신 성적은 매우 중요한 지표인 동시에 매우 제한적인 지표일 수밖에 없습니다. 학생부 종합 전형이 평가하려는 것은 내신 성적의 무결성이 아닙니다. 실수로 인해 등급이 달라지는 것도 충분히 고려의 대상이 됩니다. 또한 등급을 마치 성적의 모든 것으로 평가하고, 인식하는 것도 매우 심각한 오해입니다. 예를 들어 2등급의 마지막 학생과 3등급의 첫 학생의 실력 차가 엄청나다고 생각하는 것은 성적에 대한 과도한 환상이 존재하기 때문에 발생하는 오해일 뿐입니다.

A 학생과 B 학생의 성적을 비교해봅시다.

구분	국어	수학	영어
A	2	1	2
B	1	2	1

두 학생을 비교하면 "어떤 학생이 우수할까요?" 평가하는 사람에 따라서 다르게 나타날 수는 있겠지만, 평균 등급을 중요하게 생각하는 사람이라면 대체로 B 학생을 더 뛰어난 학생이라고 이야기합니다. 학생부 종합 전형에서 중요한 평가 수단 중의 하나인 동(同) 고교임을 전제로 해서 원점수는 다음과 같이 나타날 수도 있습니다. (실제 이런 극단적인 사례는 아니더라도 유사한 사례들은 매우 많이 존재하긴 합니다.)

구분	국어		수학		영어	
	등급	점수	등급	점수	등급	점수
A	2	86	1	100	2	88
B	1	87	2	75	1	90

자, 다시 질문을 해 보겠습니다. "어떤 학생이 더 우수해 보이세요?" 등급이라고 하는 것은 명확한 한계를 가진 평가 도구일 수밖에 없습니다. 등급을 구분하는 지점이 있기 때문에 어쩔 수 없이 한계가 존재합니다. 그 와중에 등급 평균을 생각하면, 학생의 우수함이라고 하는 것은 부분적으로 보일 수밖에 없습니다. 그런 측면들이 학업 성취도의 영역에서도 충분히 고려된다는 점입니다. 학업 역량을 측정하기 두 번째 평가 항목은 '학업 태도'입니다. 학업 태도는 '학업을 수행하고 학습해 나가려는 의지와 노력'으로 정의할 수 있습니다. 사실, 이 학업 태도라는 평가 항목은 정확하게는 '자기 주도 학습' 역량을 측정하기 위한 항목으로 보입니다. 실제로도 학생부 종합 전형을 준비하는 과정에서 학습 태도는 거의 대부분 자기 주도 학습을 구현해 내는 하는 편입니다. 학업 태도를 평가하기 위한 세부 내용은 다음과 같습니다.

- 성취동기와 목표의식을 가지고 자발적으로 학습하려는 의지가 있는가?
- 새로운 지식을 획득하기 위해 자기 주도적으로 노력하고 있는가?
- 교과 수업에 적극적으로 참여하여 수업 내용을 이해하려는 태도와 열정이 있는가?

세부 평가 문장들을 잘 읽어보면 우리가 준비해야 할 것들이 보이게 됩니다. 실제 대학 교수들과 입학 사정관들의 평가가 이런 문장으로 구성되어 있다면 학생부를 준비하는 입장에서도 이런 역량을 보여줄 수 있도록 구성을 하는 것이 중요합니다. 개인적으로 학업 태도에서 가장 중요하다고 생각하는 문장은 두 번째 문장입니다.

• 새로운 지식을 획득하기 위해 자기 주도적으로 노력하고 있는가?

이 문장은 실질적으로 두 가지를 요구합니다. 학생부에 '새로운 지식'이 등장해야 하고, 이 새로운 지식을 획득하기 위한 '자기 주도적 과정'이 있어야 합니다. 즉, 학교에서, 동아리에서 의무적으로 한 활동이 아니라, 스스로의 '궁금증'을 가지고, 교과서에서 언급되지 않은 혹은 심화된 내용을 스스로 찾아가는 과정이 학생부에 있어야 평가자들이 '학업 태도'가 뛰어나다는 점을 평가할 수 있다는 말입니다.

학생의 본질은 배움에 있습니다. 배움을 위한 최선의 도구는 당연히 독서입니다. 책을 읽는 행위의 중요함이 아니라, 자신이 수업 중에 배운 것, 교과서에서 배운 것을 스스로 확장해 가려면 책을 읽고 생각을 해야만 가능하다는 의미입니다. 또한 학생들은 학업을 수행하고 학습해 나가기 위한 의지와 노력이 있음을 '증명'해야 합니다. 진짜로 '증명'해야 합니다. 그 다음 질문은 당연히 '어떻게' 증명할 것이냐의 문제입니다. 의지와 노력을 증명하기 위해서 필요한 것이 무엇인지에 대해서 질문하면 어떤 방법을 사용해야 할지에 대한 방향이 나올 것입니다.

학업 역량을 측정하기 위한 평가 항목의 세 번째는 '탐구력'입니다. 개인적으로는 탐구력이야말로 대학이 학업 역량에서 보려고 하는 최종적인 강조점이라고 생각합니다. 그러니 학생부 종합 전형을 준비하는 학생들에게는 항상 탐구력을 어떻게 강조할 것인지를 묻습니다. 그 물음에 제대로 된 대답이 나온다면 멋진 결과물로서의 학생부가 완성될 것입니다.

그런데 특히나 탐구력에 대해 학생, 학부모의 오해가 많습니다. 이런 이유로 'New 버전'에서는 이 부분을 명확하게 이야기를 하고 있습니다. 이전 버전에서 대학이 굳이 탐구 활동이라고 명시했던 부분을 '탐구력'으로 수정한 이유에 대해서 깊이 고민해 볼 필요가 있습니다. 이전 버전에서 탐구 활동은 '어떤 대상에 대해 지적 호기심을 가지고 깊고 폭넓게 탐구할 수 있는 능력'이라고 규정을 했습니다. 여기서 이상한 지점이 보이시나요? 탐구 활동이라고 용어를 사용했지만, 대학이 규정한 개념은 '능력'입니다. 즉, 대학은 탐구 활동을 이야기하면서도 활동의 중요성에 대해서 말하지 않았습니다. 많은 학생과 학부모들이 학생부 종합 전형에 대해 이야기를 하면 항상 '어떤 활동'을 해야 하는지를 묻습니다. 심각한 오해입니다! 대학이 요구하는 것은 본질적으로는 '역량'입니다. 즉, 어떤 활동을 했는지 안했는지가 중요한 것이 아니라, 그 활동을 통해 어떤 역량을 증명했는지가 중요한 것입니다.

　대학이 정의하는 탐구력이란 '어떤 대상에 대해 호기심을 가지고 깊게 꾸준히 연구할 수 있는 역량'입니다. 당연히 탐구력은 고차원적인 학업 역량을 보여주는 아주아주 중요한 요소일 수밖에 없습니다. 탐구력에 대해서 명확하게 이해하기 위한 핵심적인 단어는 '깊게 그리고 꾸준히'입니다. 그럼 이 부분에 대한 고민이 있어야합니다. 결국 '어떻게 깊게 와 꾸준히'를 증명할 수 있느냐에 방점이 찍히게 됩니다.

　탐구력을 증명하기 위해서는 학교 활동을 토대로 하는 것이 당연합니다. 학교 활동을 통해 자신의 궁금증을 해결하려는 자발적인 의지가 있는지, 그리고 그 탐구 활동을 통해 이룬 '성과'가 무엇인지를 확인합니다. 성과를 확인한다는 말에 대해서 잘 이해해야 합니다. 탐구의 결과를 보는 것은 맞지만, 그 결과가 반드시 성공일 수는 없습니다. 다양한 실패를 통해 성장하는 결과를 보여주는 것도 아주 중요한 전략이 될 수 있습니다. 결국 대학이 보려는 것은 탐구 활동을 통한 학생의 성장입니다. '깊게, 그리고 꾸준히 탐구'한다는 것은 다양한 실패를 경험한다는 말과 다르지 않기 때문입니다. 그 모든 과정을 통한 '학생의 성장'을 확인할 수 있으면 좋은 평가를 하게 됩니다. 탐구의 기본은 '수업'에 있습니다. 사실 학교 활동의 가장 기본이 수업이기 때문에 수업에서 모든 것이 출발한다고 생각해야 합니다. 학생부 종합 전형은 결국 학생의 학교생활을 통해 학생을 '종합적'으로 평가하려는 전형임을 분명히 인지하고 있어야 합니다. 학생들이 수업을 통해 이전에 알지 못했던 지식을 알게 되고, 이전에 경험하지 못했던 '새로운 세상'을 경험하게 될 것이고, 이는 '지적 호기심'으로 이어지게 될 것입니다. 지적 호기심은 다양한 형태로 발현됩니다. 수업 내용에 연계한 질문이 될 수도 있고, 새로운 문제 해결 방법이 될 수도 있고, 수업에서 생긴 호기심을 확장하기 위한 다양한 학교 프로그램이 될 수도 있습니다.

이런 연장선상에서 대학의 탐구력에 대한 질문은 다음과 같이 구성이 됩니다.

- 교과와 각종 탐구 활동 등을 통해 지식을 확장하려고 노력하고 있는가?
- 교과와 각종 탐구 활동에서 구체적인 성과를 보이고 있는가?
- 교내 활동에서 학문에 대한 열의와 지적 관심이 드러나고 있는가?

탐구력과 관련된 질문들은 모두 매우 중요합니다. 제시된 문장들을 보면서 구체적인 질문을 만들어 내는 것이 중요합니다. 개별 학생의 역량, 탐구 역량 또한 매우 구체적이어야 합니다. 그러니 '구체적 성과'에 대한 고민을 깊게 해야만 제대로 된 탐구가 된다는 점을 꼭 기억합시다. 어떤 방식으로 열정과 지적 관심, 지식의 확장 등을 증명할 것인지에 대해서는 전략 파트에서 자세하게 다루도록 하겠습니다.

개별 학생의 역량을 측정하기 위한 두 번째 요소는 진로 역량입니다. NEW 버전에서의 가장 큰 변화가 바로 '전공 적합성'을 '진로 역량'으로 바꾼 점입니다. 이전 버전의 '전공 적합성'은 사회적으로 용인되는 개념이기에 큰 문제는 없지만, 심각한 오해를 불러오는 단어이기도 합니다. 발표 자료임을 감안하면 다소 불만이 많이 제기 되었던 용어였는데, 수정이 되어 매우 다행스럽게 생각합니다.

전공 적합성에 대한 거부감을 가지는 가장 중요한 이유는 고등학교의 교육이 무엇을 위한 것인가에 대한 고민의 연장선상입니다. 고등학교 교육은 '전문가'를 양성하기 위한 교육이 아닙니다. 굳이 이야기하자면, 좁고 깊게 보다는 넓고 얕게 공부하는 것이 중요하다고 말입니다. 다양한 학문의 영역을 접해보고, 그 다양성에 대한 '이해'할 수 있는 학생을 만드는 것이 필요합니다. 좁고 깊게 전문적으로 파고드는 공부는 당연히 대학에서 만끽 할 수 있는 공부일 것입니다. (사실, 대학교 1학년 학생들의 과목이 '교양'이라는 점만 생각해 봐도 고등학교의 교육이 전문적일 수 없다는 점은 명확합니다.) 그러니 고등학교에서는 '전공'에 대한 고민보다는 '역량' 자체에 대한 고민이 더욱 중요합니다. 그런 고민이 담긴 용어가 바로 '진로 역량'입니다.

진로 역량 : 전공(계열) 관련 교과 이수 노력,
전공(계열) 관련 교과 성취도, 진로 탐색 활동과 경험

진로 역량을 구성하는 평가 항목을 자세하게 이해할 필요가 있습니다. 전공(계열)과 관련된 교과를 이수하려는 노력과 교과 성취도는 당연한 것일 테고, 진로와 관련된 (전공과 관련된 것이 아닙니다!)

활동과 경험이 평가 항목입니다.

입시를 준비하는 관점, 혹은 입시에 성공한 학생들의 학생부를 분석하면, 합격한 학생들의 학생부는 이른바 '전공 적합성'이 있는 것처럼 보입니다. 여기서 심각한 오해가 생깁니다. 일종의 '성급한 일반화의 오류'인 셈입니다. 전형적으로 공부하지 않는 사람들의 인식 패턴입니다. 실제 합격한 학생들은 전공 적합성에 대한 고민을 했다기보다 자신이 관심 있는 분야에 대한 공부의 결과물입니다. 특정 분야에 대한 관심을 가지게 되었고, 그 관심은 관련 분야에 대한 활동의 즐거움으로 이어지게 될 것이고, 그 즐거움이 그 분야에 대한 깊이 있는 탐구로 이어지게 만듭니다. 결과적으로 보면 그 학생이 전공과 관련된 활동만 한 것처럼 보이게 됩니다. 그러나 실제로는 고등학교 생활을 통해서 쉼 없이 '성장에 대한 도전'을 한 것입니다. 전공에 대한 도전이 아니라, 성장에 대한 도전을 이어간 학생들입니다. 그래서 합격한 학생들의 다수 자료들을 보면 전공 적합성이 잘 드러나지 않는 학생들도 많습니다.(냉정하게 생각해보면, 학생들의 선호가 높지 않은 학과들의 경우에는 더 심합니다.)

개인적인 경험을 바탕으로 보다 정확하게는 특정 계열에 대한 우수함으로 평가하는 것이 타당하다고 생각합니다. 즉 전공 적합성보다는 계열 적합성이 더 의미 있는 표현입니다. 전공 적합성이 아니라는 점을 다시 강조하면서, 대학이 '전공'을 보는 것이 아니기 때문에 우리는 보다 폭넓게 준비할 수 있습니다. 사회가 '융합'으로 가고 있고, 융합적 역량을 가진 학생들이 우대받고 있는 요즘, 전공만을 강조하는 것은 시대에 뒤처지는 일입니다. 최근 대학이 무전공 전형이라고 부르는 전형을 확대하고 있는데 다양한 융합적 인재를 기르기 위해서는 보다 폭넓은 시야를 가진 학생이 필요하다는 의미로 볼 수 있습니다.

전공 적합성에 거부감을 가지는 또 다른 이유 중의 하나는 '세상의 많은 전공 분야에 대한 지식이 거의 없는 고등학생이 무엇을 안다고 전공을 정할 수 있을까' 라는 생각에서 시작된 것이기도 합니다. 어떤 직업이 있는지도 잘 모르는데, 자꾸 전공을 정하라고 하는 것은 학생들에게는 또 다른 의미에서 '폭력'이라 할 수 있습니다.

진로 역량을 측정하기 위한 평가 항목의 첫 번째는 '전공(계열) 관련 교과 이수 노력'입니다. 2026학년도 입시를 준비하고 있는 학생들은 2015개정교육과정이 적용되는 학년입니다. 2015개정교육과정에서 학생들에게 중요한 포인트 중의 하나는 전공(계열)과 관련된 과목을 선택할 기회입니다. 선택할 기회가 있는데, 선택하지 않은 학생은 불이익을 받게 될 것이고, 학교에서 관련 과목을 선택할 기회가 없는데, 온라인 교육 과정이나 공동교육과정 등을 통해 이수했다면, 나름의 긍정 평가를 받게 됩니다. 다만, 온라인 교육 과정이나 공동 교육 과정을 이수했다는 활동이 긍정 평가를 받는 것이 아니라, 앞서 언급한 바와 같이 그러한 활동으로 인한 '성장'에 대한 긍정 평가가 훨씬 더 강력합니다. 그러니 공동 교육 과정을 이수했다는 것 자체만으로는 큰 의미가 없습니다.

전공(계열)과 관련된 어떤 과목을 이수했다고 하여 그 학생의 우수함을 담보할 수는 없습니다. 중요한 것은 '왜 학생이 그 과목을 선택했고, 그 과목을 이수하는 동안 어떠한 성장을 이루었는지'를 증명하는 것입니다. 전공(계열) 관련 교과 이수에서 중요하게 생각해야 할 포인트는 '노력'입니다. 학교별로 다양한 상황이 있고, 학생들의 상황 역시 마찬가지입니다. 그 속에서 대학이 보고자 하는 것은 바로 '자기주도적인 노력'입니다. 전공(계열)과 관련하여 학생 스스로 궁금해서 알고자 하는 내용은 무엇이며, 그 궁금증을 해결하기 위해서 그 분야를 더 깊이 공부하면서 어떠한 노력을 했는지 등 이러한 일련의 과정은 학생의 진로 역량과 동시에 학업 역량도 보여줄 수 있습니다.

일반적으로는 그 진로 역량의 끝은 심화 과목이나 전문 교과가 됩니다. 공부를 하다보면 당연히 심화 혹은 전문 교과에 대한 관심이 갈 수밖에 없기 때문입니다. 그렇다고 반드시 심화 과목일 필요가 없다는 점을 이해해야 합니다. 학교에서 전문 교과나 심화 과목을 개설하지 않는 학교도 많은 상황에서 전문 교과나 심화 교과의 이수 여부가 평가의 대상이 될 수는 없습니다. 보통 교과에 대한 이해도가 높지 않은 학생이 전문 교과 혹은 심화 교과를 이수하는 것은 크게 의미가 없습니다. 경쟁적으로 다양화하거나 심화하는 것보다 학생의 성장 단계에 맞는 교과 선택이 의미가 있습니다.

진로 역량을 확인하기 위한 두 번째 평가 항목은 '전공(계열) 관련 교과 성취도'입니다. 교과 성취도를 평가한다는 측면에서 학업 역량의 학업 성취도 평가와 유사점이 있는 것은 분명합니다. 가장 큰 차이점은 진로와 관련된 과목에 있습니다. 실제로 대학에서 진로 혹은 계열과 관련된 과목에 큰 의미를 두는 이유이기도 합니다. 당연히 교과 성취도는 중요할 수밖에 없습니다. 결국 상위권 대학을 지망하는 학생들의 수준 자체가 높기 때문에 성취도는 매우 중요한 요소임에는 틀림없습니다. 그러나 정량적인 평가가 학생부 종합 전형의 모든 것을 반영할 수는 없다는 점은 매우 확실합니다.

대학은 전공(계열) 관련 교과 성취도를 '고교 교육 과정에서 전공(계열)에 필요한 과목을 수강하고 취득한 학업 성취 수준'으로 정의합니다. 평가의 방식 등은 학업 역량 평가와 크게 다를 바가 없습니다. 석차 등급/성취도, 원점수, 평균, 표준 편차, 이수 단위, 수강자 수, 성취도별 분포 비율 등을 평가 대상으로 합니다. 객관식으로 서열화 되는 것이 아니기 때문에 학생부 교과 전형에서 나타고 있는 '교과 정성 평가'와 유사한 형태로 이해해도 됩니다. 특히, 3학년 과목에 대한 고민은 반드시 필요합니다. 3학년 때 대부분의 학생들은 학습 부담을 줄이기 위해 석차 등급이 나오는 일반 선택 과목을 기피하고, 진로 선택 과목이나 교양 과목의 선택을 늘리려고 합니다. 대학의 입장에서는 좋은 평가를 할 수 없는 과목 선택이 됩니다. 다양한 어려움에도 불구하고 전공(계열)에 합당한 과목을 이수하는 것이 훨씬 더 좋은 평가로 이어지게 됩니다. 평가자의 입장에서 생각해 보면, 너무도 당연한 선택입니다. 쉬운 과목을 선택해서 좋은 내신을 받는 것과 내신 불이

익을 감수하고 어려운 과목을 선택하는 것 중에서 어떤 것을 더 의미 있게 평가할 것인지를 생각해 보면 답은 쉽게 나오게 됩니다.

진로 역량을 확인하기 위한 세 번째 평가 항목은 '진로 탐색 활동과 경험'입니다. 개인적으로 진로 역량을 확인하기 위해 가장 중요한 평가 항목이라고 생각합니다. 실제 상위권 대학 진학을 고려하고 있는 학생들은 거의 대부분 앞의 두 평가 항목 요소들을 갖추게 됩니다. 그러니 결정적인 차이는 '진로 탐색 활동과 경험'에서 확실하게 나타납니다. 대학은 진로 탐색 활동과 경험을 '자신의 진로를 탐색하는 과정에서 이루어진 활동이나 경험 및 노력의 정도'로 정의하고 있습니다. 이전에 전공 탐색에서 진로 탐색으로 개념을 확장하면서 보다 선명한 내용을 제시하고 있습니다. 중요한 지점은 '진로를 탐색하는 과정'에 있습니다. 진로를 탐색하는 과정을 어떤 식으로 보여줄 것인가는 매우 중요한 주제입니다. 고등학교에서의 생활을 통해 자신이 진로를 탐색하는 과정을 보여줄 수 있는 여러 방법이 있습니다. 그 과정들을 하나로 꿰어서 보여줄 수 있는지가 관건이 됩니다.

진로 역량, 그중에서도 진로 탐색 활동과 경험을 이야기할 때 제가 주로 예를 드는 현실적인 사례를 이야기 해 보겠습니다. '여러분 각자 다른 색깔의 선글라스를 쓴 상황을 생각해 볼까요?'

짙은 검정색 선글라스를 쓴 사람과 파란색 계열의 선글라스를 쓴 사람은 같은 세상을 보고 있지만, 서로 다른 빛깔의 세상을 보고 있습니다. 한쪽은 어둡게 세상이 보일 것이고, 다른 한쪽은 파란색으로 뒤

덮인 세상이 보일 겁니다. 진로 탐색 활동은 개인적으로는 선글라스를 쓰는 것과 같습니다. 자신의 진로라는 선글라스로 세상을 보고, 평가하는 과정입니다. 개개인의 선글라스에 따라서 세상은 다르게 보일 수밖에 없고, 그것이 어떻게 보이는지에 대해 자신의 경험을 말하는 것이 학생부인 셈입니다. 결국 대학 교수는 그 선글라스의 최종 버전을 쓰고 있는 사람이라고 보면 됩니다. 같은 선글라스를 쓰고 있는데, 다른 이야기를 한다면 합격은 다소 어려운 이야기가 될 것입니다.

'세종의 허리, 가우디의 뼈'라는 책이 있습니다. 여러분께 질문 드리겠습니다. '이 책 저자의 직업은 무엇일까요?' 저자의 직업은…….의사입니다. 저자는 의사라는 선글라스를 가지고 세상을 바라보고, 즉 의사의 관점으로 역사 속 인물을 재해석해서 글을 썼습니다. 이것이 진로 탐색 활동과 경험인 셈입니다.

뇌과학에 관심을 가지고, 질문을 가지고 있는 수빈이에게는 온 세상이 뇌과학과 관련된 것으로 보이기 마련입니다. 그러니 다양한 경험들이 최종적으로 뇌과학으로 귀결이 됩니다. 그 다양한 경험들이 뇌과학이라는 안경을 통해 재해석 되어, 자연스럽게 수빈이의 학교 활동과 독서 활동은 자신의 관심사를 중심으로 재해석되어지고, 새롭게 적용되어집니다. 진로와 관련된 활동들을 통해서 성장을 경험하게 되는 것입니다.

여기서 이런 질문이 가능합니다. '공부하기도 바쁜데, 대학은 왜 다양한 경험을 강조할까요?' 여러 답이 있을 수 있지만, 가장 중요한 이유 중의 하나는 우리 뇌의 작동 방식과 관련이 있습니다. 우리 뇌는 다양한 경험을 통해 '지적 자극'을 받습니다. 즉, 다양한 경험을 가진 학생은 더 다양한 뇌의 자극을 받게 될 것이고, 이는 성장으로 연결될 수 있습니다. 실제로 진로와 관련하여 다양한 경험을 한 학생들은 다양한 관점으로 자신의 진로를 진단할 수 있게 되고, 그 결과 보다 심층적인 결론을 이끌어낼 수 있습니다. 진로와 관련한 그런 의미에서 다양한 경험은 매우 중요한 요소입니다. 하지만 문제는 학교 수업에 학원 공부에 바쁜 고등학생이 '과연 언제 시간을 내어 어떻게 다양한 경험을 할 수 있을까요?' 여기에 대한 답은 바로 합격한 학생들의 학생부에서 찾을 수 있습니다. 합격한 학생들의 학생부에서는 실제로 다양한 경험들이 나옵니다. 정확하게는 다양한 '간접' 경험들입니다. 다양한 간접 경험은 바로 '독서'입니다. 상위권 대학들은 '독서'라는 주요한 수단으로 학생의 다양한 간접 경험의 수준 그리고 진로에 대한 노력의 수준을 가늠합니다. 물론 직접적인 경험에 해당하는 자율 활동, 동아리 활동, 봉사 활동, 진로 활동, 각종 주제 탐구, 과제 연구 등도 중요하지만, 심층적인 진로 활동은 결국 독서를 통해 확장되므로 '독서'가 핵심입니다.

진로와 관련된 활동과 경험을 쌓아가다 보면 분명 궁금한 것이 생깁니다. 그 궁금함을 '해결'하려는 과정이 '노력'하는 과정이 되는 것입니다. 단순하게 생각해 봅시다. '어떤 노력을 할 수 있을까요?' 교사에게 질문하는 것도 노력의 일환이 될 것이고, 수업 시간에 배운 내용을 깊이 있게 공부하기 위해 독서를 하는 것도 노력이 됩니다. 자신이 배운 내용을 토대로 실험을 계획하거나, 계획한 일들을 실천하는 것 역시 노력입니다. 여기서 조금 더 깊이 고민해야 할 것은 '심층성' 입니다. 자신의 노력이 보다 수준 높은 노력이 되어야 한다는 말입니다. 그러기 위해서는 독서를 통해 수준을 끌어올리는 것이 필요합니다.

진로 탐색 활동과 경험을 측정하기 위한 문장은 다음과 같습니다.

- 자신의 관심 분야나 흥미와 관련한 다양한 활동에 참여하여 노력한 경험이 있는가?
- 교과 활동이나 창의적 체험 활동에서 전공(계열)에 대한 관심을 가지고 탐색한 경험이 있는가?

앞서 언급한 내용과 대동소이합니다. 노력한 경험과 탐색한 경험을 강화하고 심화하기 위해서는 그에 합당한 공부의 과정이 필요하고 지적 호기심을 확산시키는 과정이 필요합니다. 그 과정은 대체로 독서를 통해 증명할 수 있습니다. 다만, 여전히 조심스러운 것은 어떤 책을 읽었는지는 중요하지 않습니다. 그 책을 통해 무엇을 배웠는지가 중요합니다. 배움 자체는 활동의 수준으로 이해할 수 있기 때문입니다. 같은 책을 읽었다고 하더라도 전혀 다른 이야기를 할 수 있기 때문입니다. '아는 만큼 보이는' 것이 정상입니다. 특히, 이 말은 진로 역량에서는 매우 중요한 말인데, 진로와 관련해서 아는 만큼 보이는 것은 너무도 선명하기 때문입니다.

학생부 종합 전형의 세 번째 평가 요소는 공동체 역량입니다. 공동체 역량을 대학에서는 '공동체의 일원으로서 갖춰야 할 바람직한 사고와 행동'으로 정의하고 있습니다.

> **공동체 역량** : 협업과 소통 능력, 나눔과 배려,
> 성실성과 규칙 준수, 리더십

공동체 역량은 대부분의 대학에서 다소 낮은 비중을 차지하는 편입니다. 현실적으로는 공동체 역량은 학생부를 통해 파악하기에는 그리 쉽지 않습니다. 공동체 역량에 대해서는 대부분의 학생부가 대학이 요구하는 수준의 이야기를 추상적으로 진술하고 있기 때문입니다. 굳이 이야기하자면, 보통의 학생부에는 나눔과 배려가 뛰어난 학생으로 기술되어져 있고, 성실성을 갖춘 학생들이 학생부 종합 전형을 쓰는 편입니다. 리더십은 상당수의 학생들의 학생부에서 뛰어나다고 기술되어져 있습니다. 결국 거의 모든 학생이 공동체 역량이 뛰어난 것으로 기술되어져 있는 셈입니다.

이렇게 우수함이 '과잉'으로 기록되어진 학생부에서 '입증된 사실'을 찾는 작업을 대학은 해야 합니다. 그래서 지속적으로 '증명'이라는 단어를 사용하는 것입니다. 증명되어지는 공동체 역량에 대한 고민이 이어지면 긍정적인 평가를 받은 학생부가 되는 것입니다. 협업과 소통 능력, 나눔과 배려, 성실성과 규칙 준수, 리더십은 반드시 구체적인 내용으로 구성하는 것이 필요합니다.

예를 들어 상담을 진행했던 상당수의 학생들은 리더십에 대해서 오해를 하고 있었습니다. 대학이 규정하는 리더십은 '공동체의 목표 달성을 위해 구성원들의 상호작용을 이끌어가는 능력'입니다. 이 능력은 도대체 어떻게 증명할 수 있을까요? 오해의 첫 번째는 뭐니 뭐니 해도 역시나 활동에 방점을 찍습니다. 리더십을 증명하기 위해 '학생회장'을 했다는 식입니다. 하지만, 학생회장을 했다는 사실은 리더십을 증명하지 못합니다. 오히려 학생 임원으로 활동하는 동안 구체적인 공동체의 목적이 무엇인지, 그 목적을 달성하기 위해 어떤 활동을 했는지, 그 활동에서는 어떤 어려움이 있었는지를 보여주는 것이 필요합니다. 그 과정에서 실질적인 리더십의 향상을 증명할 수 있게 됩니다. 당연히 회장이 아니어도, 간부가 아니어도 충분히 리더십을 발휘할 수 있습니다. 대학이 보는 것은 회장이라는 타이틀이 아니라 '리더십'입니다. 누가 상호작용을 통해 다른 학생들을 이끌어 갔는지를 본다는 말입니다. 역량 중심의 평가입니다.

- 공동체의 목표를 달성하기 위해 계획하고 실행을 주도한 경험이 있는가?
- 구성원들의 인정과 신뢰를 바탕으로 참여를 이끌어내고 조율한 경험이 있는가?

그래서 평가 항목으로서의 리더십을 확인하기 위한 문장이 이렇게 구성이 되는 것입니다. 계획하고 실행한 과정과 경험을 통해 무엇을 배웠는지, 참여를 이끌어 내기 위해 구체적으로 어떤 조율을 했는지를 보여주는 것으로 개별 학생의 리더십을 확인할 수 있게 됩니다. 대학이 내린 리더십의 정의에도 불구하고 리더십이 구현되는 방법은 엄청 많습니다. 실제 리더십이 형성되기 시작하는 고등학생들은 리더십에 대한 자신만의 정의가 존재하는 편입니다. 숱한 경험을 통해 형성된 리더십 노하우는 다양한 방법을 통해 구현됩니다.

4) 학생부 종합 전형 분석 (2026 입시)

2026학년도 입시에서 학생부 종합 전형은 전년도에 비해 전국에서 0.5%p 상승한 23.6%를 차지하고 있습니다. 인원으로 보면 2,449명이 증가했는데, 전체 전형에서 증가한 숫자와 비율이 가장 높습니다. 전국적으로 보면 미세하게나마 증가했습니다. 학생부 종합 전형을 수도권과 비수도권으로 구분해 보면 수도권에서는 803명이 증가했고, 비수도권에서는 1,646명이 증가한 수치입니다. 수도권에서 수능 위주의 정시 증가 인원이 392명 인 것을 생각하면 상당한 숫자의 증가인 셈입니다.

학생부 종합 전형에 대한 기본적인 이해를 베이스로 각 대학들의 전형을 살펴보면 훨씬 더 많은 것들이 보이게 되고, 준비할 수 있는 것들이 많아지게 될 것입니다. 재학생, 그것도 2026학년도 입시를 준비하는 고2 학생이라면 당연히 가장 유리한 전형을 '제대로' 준비해야 합니다. 2026학년도 학생부 종합 전형의 준비는 지금이라도 시작해야 한다는 점을 다시 한 번 강조합니다.

　2025학년도 6월 모의 평가를 기준으로 N수생은 88,696명(18.7%)이 접수를 했습니다. 근 15년 만의 최대치를 기록했는데, 2012년 88,659명일 때는 전체 수험생이 거의 70만 명 수준이었던 것을 감안하면 확실히 많은 숫자이긴 합니다. 다만, 통합형 수능 이후로 지속적으로 N수생이 증가 추세라는 점을 감안하면 어느 정도 예측이 가능한 수치이긴 했습니다. 특히, 2025학년도 입시에서는 의대 증원 확대와 무전공 전형 확대라는 이슈가 있어서 N수생이 더 증가할 것으로 보입니다. 2025학년도 수능 이후에 의대 입시, 혹은 상위권 대학 입시에 성공한 반수생과 직장인들의 성공담이 학원을 통해 언론으로 흘러가면서 2026학년도에 도전하는 수험생의 증가로 이어지게 될 것입니다. 2025학년도 N수생에게 밀려난 현역 고3들의 재수 도전이 더 증가할 것입니다.

　결국 정시 경쟁은 이전보다 훨씬 더 치열해지고, 점수대는 더 상승할 것이라는 점을 예측할 수 있습니다. 물론 N수를 하는 학생들의 수능 성적이 무조건 좋다고 말할 수는 없지만, 대체로 지금까지의 통계 자료로 볼 때는 정시에서는 N수생의 우세가 확실하게 나타납니다. 많은 N수생의 등장은 어려운 수능으로 이어질 수밖에 없습니다. 2025학년도 수능도 어렵게 출제될 가능성이 높고, 2026학년도 수능은 수능 응시자가 2025학년도 보다 많아질 가능성이 높기 때문에 수능 자체도 변별력 확보를 위해 어렵게 출제될 가능성이 높습니다.

학생부 종합 전형에 대한 분석을 위해 먼저 성균관대학교의 학생부 종합 전형을 살펴보겠습니다.

구분	수시 - 학생부 종합	
	비율 (%)	인원 (명)
2026	36.3	1,507
2025	35.8	1,395
증감	+0.5	112

성균관대학교는 2025학년도에 비해 학생부 종합 전형의 비율을 다소 증가시켰습니다. 2024학년도 전형까지 성균관대학교는 학생부 종합 전형을 계열 모집, 과학 인재, 학과 모집, 기회 균형의 4가지로 구성했었는데, 2025학년도 입시부터 명칭을 바꿔서 융합형, 탐구형, 과학 인재. 기회 균형으로 구분을 했습니다. 선발 방식은 융합형(학생부), 탐구형(학생부, 학생부/면접), 과학 인재(학생부/면접)의 유형으로 선발을 했지만, 2026학년도 입시부터는 융합형과 탐구형은 학생부로 선발하고, 면접형은 성균 인재와 과학 인재로 구성하고 학생부/면접으로 선발합니다. (성균 인재는 자유전공계열로 120명을 선발합니다.) 3년간 전형의 형태를 계속 바꾸는 모습을 보이고 있습니다. 이렇게 전형이 바뀌게 되면 기존의 입시 결과와는 상이한 결과가 나타나기도 합니다.

대체로 대학에서 면접은 단계형으로 선발합니다. 성균관대학교는 학생부 100% 평가로 3배수를 1단계에서 선발하고, 2단계에서는 1단계 성적을 70% 반영하고 면접을 30% 반영합니다. 학생부 종합 전형 전체에서 수능 최저 학력 기준이 없기 때문에 학생부의 우수함이 무엇보다 중요합니다. 일반적으로 면접에서 1단계의 성적을 역전하는 경우도 30% 수준으로 생각합니다. 결국 성균관대학교를 생각한다면 비슷한 수준의 학생부에서 면접이 매우 중요하게 작용한다고 볼 수 있습니다.

성균관대학교의 학생부 종합 전형 평가요소는 '학업 역량(50%), 개인 역량(30%), 잠재 역량(20%)'입니다. 각각의 평가 요소들에 대한 서류 평가 배점이 존재하는데, 보기에도 학업 역량의 중요성이 높게 나타난다는 사실을 알 수 있습니다.

구분	학업 역량 (50%)		개인 역량(30%)		잠재 역량(20%)	
평가 내용	학업 수월성	학업 충실성	전공 적합성	활동 다양성	자기 주도성	발전 가능성
평가 요소 배점	250점	250점	150점	150점	100점	100점

2023학년도 입시 결과를 살펴봅시다. 학생부 종합 전형 계열 모집의 결과는 다음과 같습니다.

모집 단위	학생부 종합(계열모집)				
	모집 인원	경쟁률	충원 합격 순위	최종등록자 교과 성적 학생부 등급	
				50% cut	70% cut
인문 과학 계열	72	17.46	263	2.96	3.31
사회 과학 계열	84	20.74	376	1.88	2.57
자연 과학 계열	71	24.75	290	2.01	2.62
공학 계열	150	14.12	692	2.23	2.92
글로벌 융합	40	16.9	159	2.69	3.28

2023학년도 성균관대학교 학과 모집의 경우 모집 인원이 많은 학과들을 중심으로 살펴보면 다음과 같습니다.

모집 단위	학생부 종합(학과모집)				
	모집 인원	경쟁률	충원 합격 순위	최종등록자 교과 성적 학생부 등급	
				50% cut	70% cut
경영학	77	9.91	177	2.06	2.89
소프트웨어학	35	14.66	175	1.89	2.46
반도체 시스템 공학	30	13.37	198	1.69	2.78
전자 전기 공학부	70	10.36	244	1.87	2.11
건설 환경 공학부	25	10.76	67	2.13	2.76
스포츠 과학	17	17.00	28	2.38	3.39

계열 모집에서는 인문 과학 계열과 글로벌 융합, 학과 모집에서는 스포츠 과학과 등을 제외하면 대체로 2.X 대의 내신 성적을 가진 학생

들이 70% cut에서 확인됩니다. 계열 모집에 비해 학과 모집이 다소 내신 성적대가 높게 형성된다는 점을 알 수 있습니다. 최종 30% 중에서 하위 10%는 대부분의 대학에서 다소 낮은 성적대로 나타나는 경향을 보입니다. 2024학년도 성균관대학교의 과학 인재 전형 등을 포함한 모든 학생부 종합 전형에서 과학고와 영재 학교의 합격생 비율은 14.9% 수준이고, 자율형 사립고는 15.9% 수준입니다. 이공 계열에서 과학 인재 전형 등을 고려하면 실제 일반고 학생들도 2.X 대의 내신으로 합격하는 학생들이 제법 존재합니다.(당연히 그보다 낮은 내신에도 불구하고 합격하는 학생들도 있습니다.)

다음으로 경희대 2026학년도 시행 계획 살펴보겠습니다. 경희대 학생부 종합 전형인 '네오르네상스 전형'을 지원하기 위해서는 대학이 제시하는 인재상에 대한 기준점을 나름 정하는 것이 필요합니다. 대학은 '문화인, 세계인, 창조인'을 인재상으로 제시하고 있습니다.

문화인: 문화·예술적 소양을 바탕으로 다양한 공동체 안에서 삶을 완성해 나가는 책임 있는 교양인으로 성장할 잠재력을 갖춘 자

세계인: 외국어 능력을 바탕으로 지구적 차원에서 타인과 함께 평화를 추구하는 세계 시민으로 성장할 잠재력을 갖춘 자

창조인: 수학과 과학에 대한 재능과 탐구력을 바탕으로 학문 간 경계를 가로지르며 융·복합 분야를 개척하는 전문인으로 성장할 잠재력을 갖춘 자

전형은 1단계 서류 평가 성적과 2단계 면접 평가 성적을 합산하여

총점 순으로 선발합니다. 1단계는 3배수 내외로 선발을 하게 됩니다. 수능 최저 학력 기준은 의예과 · 한의예과(인문 · 자연) · 치의예과 · 약학과에만 적용합니다. 3개 영역 등급 합4, 한국사 5등급 이내입니다.

서류 평가는 성균관 대학과 유사하게 비율을 정해 두었습니다. 다만, 성균관 대학과는 달리 항목별 배점을 두지 않았습니다. 이렇게 거의 대부분의 대학들이 비슷한 평가 요소와 항목들을 사용하지만, 구체적인 내용에서는 다소 다른 양상을 보입니다. 2026학년도 입시를 준비하는 학생들은 반드시 자신이 지원할 대학을 어느 정도 정하고 그에 합당한 준비를 하는 것이 중요합니다.

구분	학업 역량(40%)	진로 역량(40%)	공동체 역량(20%)
평가 내용	학업 성취도 학업 태도 탐구력	전공(계열) 관련 교과 이수 노력 전공(계열) 관련 교과 성취도 전공 탐색 활동과 경험	협업과 소통 능력 나눔과 배려 성실성과 규칙 준수 리더십

경희대 학생부 종합 전형의 입시 결과를 확인하면 다음과 같습니다.

모집 단위	학생부 종합					
	모집 인원	경쟁률	충원 합격 비율	최종등록자 교과 성적 학생부 등급		
				50% cut	70% cut	평균
미디어학과	25	17.8	64.0	1.98	2.08	2.27
국어 국문학과	20	17.0	85.0	2.55	2.69	2.69
기계 공학과	25	19.6	68.0	3.21	4.29	4.06
전자 공학과	24	17.7	62.5	2.05	2.12	2.24

실제 경희대가 발표하는 자료를 유심히 보면, 1등급 대의 내신 성적을 가지고 불합격한 학생들을 많이 볼 수 있습니다. 반면, 3등급 수준의 내신을 가지고 합격하는 학생들도 있습니다. 학생부 종합 전형의 평가에 대한 이해도가 높은 것이 중요하다는 점을 보여주는 중요한 지표가 됩니다. 대부분의 사람들이 인식하는 것처럼 학생부 종합 전형이 깜깜이 전형이라서가 아닙니다. 모든 분야가 그러하듯 전문 분야에 대해서 공부하지 않고, 알지 못하면 깜깜할 수밖에 없습니다. 경희대의 제법 많은 학과에서 지원자 중 최고 내신을 가진 학생들이 불합격을 기록한 것을 볼 수 있습니다. 당연한 질문이 이어져야 합니다. 높은 내신을 가지고 떨어진 이유는 무엇일까요? 그에 대한 답은 학생부 종합 전형 전략에서 보다 자세하게 밝히도록 하겠습니다.

 수시 논술 전형

논술 전형에 대해서는 많은 고민이 있습니다. 가장 큰 고민은 당연히 경쟁률과 관련된 부분입니다. 현재 체제에서는 논술 경쟁률이 지나치게 높게 형성되는 측면이 강하기 때문에 대비를 한다는 것이 쉽지 않습니다. 다소 축소되고, 줄어드는 과정이었던 논술 전형의 모집 인원이 최근 다시 늘어나고 있습니다. 2026학년도 입시에서는 더 증가할 추세라는 점을 감안할 때 특히 수도권 대학을 목적으로 한다면 더욱 철저히 잘 준비해야 할 전형입니다.

최근 입시에서 논술은 증가 추세를 이어가고 있습니다. 2025학년도에는 논술 전형으로 11,266명(3.3%)을 선발했으나, 2026학년도 논술 전형에서는 12,559명(3.6%)을 선발합니다. 증가 인원은 1,293명입니다. 2025학년도 논술 증가 인원이 52명이었던 점을 감안하면 매우 큰 폭으로 증가한 수치입니다. 중요한 지점은 논술 전형의 증가 인원 중 수도권 대학의 증가 인원이 1,160명이라는 점입니다. 2025학년도 입시에서 고려대가 논술 전형을 부활시켰고, 2026학년도 입시에서 국민대가 논술 전형을 부활(230명)시키면서, 서울 상위권 대학에서 논술 전형을 실시하지 않는 대학은 서울대 밖에 없는 셈이 되었습니다.

특히, 2026학년도 전형에서는 의대 논술 확대가 중요한 이슈가 될 것으로 보입니다. 가천대 의대가 논술 전형을 신설해서 40명을 모집합니다. 90명 의대 증원 인원 중 거의 절반을 논술 전형으로 선발합니다. 단대 의대는 14명, 한양대는 8명, 이화여대는 5명을 모집합니다. 아주대 의대는 10명에서 20명으로, 성대 의대는 5명에서 10명, 인하대 의대는 5명에서 12명, 경북대 의대는 7명에서 15명으로 각각 2배 이상 모집 인원을 확대했습니다.

대학의 논술 전형 확대는 다양한 이유가 있지만, 전형의 다양화라는 측면에서는 긍정적인 면이 있는 것이 사실입니다. 현재의 입시 구조에서 내신이 낮은 재학생들은 지원할 수 있는 전형이 제한된다는 문제점이 어느 정도 있고, 이 문제를 논술 전형의 확대가 어느 정도는 해결해 주는 점도 있습니다. 더불어 논술 전형의 확대가 현재 지나치게 높은 논술 경쟁률을 낮추는데 기여할 수 있을 것이라는 기대도 있습니다. 하지만, 논술 전형의 확대로 논술 전형을 준비하려는 학생들이 늘어나는 것은 분명한 만큼 제대로 된 준비가 필요한 전형입니다. 논술 전형의 확대로 경쟁률이 어느 정도 낮아지는 효과가 있다고 하지만 여전히 논술 경쟁률은 지나치게 높다는 점을 반드시 인지해야만 합니다.

논술 전형은 크게 인문 계열 논술 전형과 자연 계열 논술 전형으로 구분할 수 있습니다. 인문 계열 논술은 다양한 형태로 구분되어서 출제가 되지만, 대체로 다음과 같이 구분할 수 있습니다. 가장 많은 유형은 대체로 언어 논술과 언어 논술 + 도표, 그래프 분석이 포함된 논술입니다.

구분	유형 구분
논제 유형	언어 논술 언어 논술 + 도표, 그래프 언어 + 수리 논술 수리 논술 교과 논술 (국어 + 사회 / 국어 + 수학)

자연 계열 논술의 논제 유형은 '수리 논술'로 굳어지고 있는 추세입니다.

구분	유형 구분
논제 유형	수리 논술 수리 논술 + 과학 선택 수리 논술 + 과학 지정 과학 통합 논술 교과형 논술 약술형 논술 언어 논술 및 인문 논술

논술 전형은 대학마다 평가 기준과 출제 방식이 다르고, 전형 요소도 다르게 나타납니다. 논술 100% 반영 대학에서부터 논술 60% 반영 대학까지 있습니다. 대체로 다른 반영 요소는 교과 성적이지만, 출결과 종합 평가를 반영하기도 합니다.

논술 전형을 고려하고 있다면, 매우 높은 경쟁률을 심각하게 생각해야 하고, 두 번째는 수능 최저 학력 기준에 대한 고민을 해야 합니다. 대체로 수험생들의 60% 이상이 수능 최저 학력 기준을 달성하지 못하는 편입니다. 그래서 대부분의 대학에서 실질 경쟁률은 최초 경쟁률의 절반 이하로 나타나는 편입니다. 그러니 수능 최저 학력 기준이 있는 대학의 논술을 준비하기 위해서는 수능 최저 학력 기준을 달성하는 것이 매우 중요하기 때문에 수능 준비에도 소홀함이 없어야 합니다.

2025학년도부터 시작되고 있는 의대 증원 관련 이슈가 있어서 실질적으로 N수생이 증가하고 있는 측면을 감안하면, 논술 전형에서의 경쟁률은 이전의 경향을 반영하여 상승할 것으로 예상할 수 있습니다. 의대 증원과 관련된 이슈의 영향력이 2027학년도 입시까지는 상당한 영향을 미칠 것으로 분석됨에 따라 논술 경쟁률은 2024학년도 경쟁률보다 다소 상승하는 수준으로 나타날 가능성이 높습니다.

2024학년도 논술 전체 경쟁률은 3년째 상승하면서 41,92:1을 기록했습니다. 여러 이유가 있겠지만, N수생 증가와 수능 최저 학력 기준의 완화, 약대를 포함한 의학 계열 쏠림 현상 등이 큰 영향을 미쳤을 것입니다. 2023학년도 입시와 비교하면 경쟁률 상승 대학이 24개이고, 하락한 대학이 11개입니다. 대체로 서울 상위권 대학의 논술 경쟁률이 상승하고 있다는 점을 주목해야 합니다. 전체 경쟁률 속에서 200:1 이상의 경쟁률을 기록한 모집 단위가 19개이고, 100:1 경쟁률 이상의 모집 단위가 전년도 51개에서 71개로 크게 증가했다는 점을 고려하면 경쟁률 상위권 모집 단위를 중심으로 학생들의 지원 쏠림이 나타남을 알 수 있습니다.

대체로 논술 최고 경쟁률은 의예과 나타납니다. 사실 엄청난 경쟁률입니다. 경쟁률 600:1 이상이라니! 인하대 의예과의 경우를 보면 8명 모집에 5,286명이 지원을 했습니다. 실제로 어마어마한 경쟁률입니다. 즉 높은 경쟁률을 보고도 지원한 학생이 엄청 많다는 결론이 나옵니다.

대학	학과	경쟁률	모집 인원
인하대	의예과	660.75	8
성균관대	의예	631.60	5
이화여대	약학전공	489.20	5
아주대	의학	398.20	10
건국대	수의예	378.00	6
경희대	한의예과(인문)	362.20	5
동국대	약학	324.40	5

약대를 포함한 의학 계열이 아닌 논술에서 가장 높은 학과는 전통적인 강호인 한양대 미디어커뮤니케이션 학과이고, 인문 계열에서 항상 높은 경쟁률을 기록하는 편입니다. 인문 계열의 경쟁률 상위 모집 단위는 다음과 같습니다.

순위	대학	학과	경쟁률	모집 인원
11	한양대	미디어커뮤니케이션	283.00	5
12	한양대	정치외교	274.50	4
14	한양대	사회학	237.50	4
16	한양대	관광학부	207.00	4
17	한양대	연극영화(영화)	206.00	4
18	한양대	사학과	197.25	4

한양대가 아닌 학교 중에서 가장 높은 경쟁률을 기록한 인문계열 모집 단위는 한국외대 'Language & AI융합 학부'로 경쟁률은 133.14:1 입니다. 이공 계열을 포함한 경쟁률 순위로 보면 38번째 모집 단위입니다.

자연 계열의 경쟁률 상위 모집 단위는 다음과 같이 나타납니다.
(의학 계열을 제외).

순위	대학	학과	경쟁률	모집 인원
20	서강대	시스템 반도체 공학	198.00	3
30	한양대	컴퓨터 소프트웨어 학부	156.06	16
31	서강대	화공 생명 공학	148.83	12
32	서강대	컴퓨터 공학	144.92	12
33	서강대	기계 공학	142.10	10
34	성균관대	반도체 시스템 공학	140.70	10

대학별로 경쟁률이 가장 높은 대학들을 살펴보면 앞서 본 자료와 같이 한양대가 가장 높게 나타납니다. 수능 최저 학력 기준을 적용하지 않는다는 점이 매우 크게 작용한 것으로 보입니다.

순위	대학	경쟁률
1	한양대	114.55
2	서강대	112.59
3	성균관대	98.396
4	아주대	86.50
5	중앙대	85.03
6	경희대	68.13

논술 전형이 N수생의 주요 수시 카드가 된다는 점을 감안하면, 2026학년도에도 경쟁률이 쉽게 낮아지지는 않을 것입니다. 기왕에 재수와 삼수를 시작하는 N수생이라면 수능 준비로 인한 수능 최저 학력 기준 달성의 자신감 등이 반영될 수밖에 없기 때문입니다. 그런 측

면에서 논술 전형에 대한 재학생들의 지원은 매우 전략적인 접근이 필요합니다. 전략적인 측면에 대한 논의는 이후에 설명하도록 하겠습니다.

정시 전형

수능 위주의 정시 전형은 객관식 역량의 확인이라는 본질에 충실한 전형으로 생각할 수 있습니다. 결국 수능 성적을 통한 서열화가 핵심이기 때문에 전형에 대한 이해라는 측면에서 보면 매우 간결합니다. 객관식 역량의 측정이라는 단순성 때문에 보다 오래, 더 많이 공부한 학생에게 유리한 측면이 있습니다. 실제 수능의 출제 범위가 한정적이기 때문에 그렇습니다. 이런 이유로 수능 위주의 정시 전형에서는 대체로 N수생이 초강세를 보입니다.

실제 성적 데이터를 확인해 보면, 고3 재학생들의 성적이 확연히 하락하는 모습을 볼 수 있습니다. 고3이 되어서 공부를 열심히 할 것이고, 그 결과 성적이 오를 것이라는 통념과는 달리 학력 평가와 모의 평가 성적이 평균적으로 볼 때는 지속적으로 하락하는 추세를 보이는 데이터들이 거의 대부분입니다. 그럴 수밖에 없는 이유 중의 가장 큰 이유는 N수생들이 순차적으로 모의 평가 등에 참여하기 때문입니다. 전년도 수능 이후에 빠르면 1월 혹은 대체로 2월부터 재수를 시작해서 6월 모의평가에 접수한 인원이 최근에는 8만 명 수준입니다. (2025 대수능 대비 6월 모의 평가를 접수한 졸업생의 규모가 최근 10여 년 중에서 가장 많은 88,698명을 기록했습니다. 다만, 실제 응시 인원은 줄어듭니다. 2024학년도 6월 모의 평가의 졸업생 등의 접수 인원은 88,300명이었고, 실제 응시 인원은 75,470명이었습니다.) 이후 9월 모의 평가에서는 '반수생'이라고 부르는 졸업생들이 참여합니다. 이른바 반수생들은 대학을 다니며 1학기 기말고사 끝난 이후인 6월 말쯤에 공부를 시작하기 때문에 9월 모의 평가부터 참여하기 시작하는 편입니다. 대략 1.5만 명이 증가하고, 2025학년도 9월 모의 평가에서는 조금 더 증가할 것입니다.

2024학년도 모의 평가와 수능의 응시 인원 비교

구분	6월 모평			9월 모평			2024 대수능		
	고3	졸업 등	합계	고3	졸업 등	합계	고3	졸업 등	합계
2024	306,203	75,470	381,673	284,526	90,381	374,907	287,502	157,368	444,870

실제 수능에서는 고3 학생들의 응시가 다소 줄어들고, N수생 등의 응시가 급격하게 늘어나는 경향이 있습니다. 6월 모의 평가와 9월 모의 평가에서 성적대를 확인하지 못한 6만 명 정도가 수능에 추가되는 셈입니다. 최근 추세를 생각하면 N수생 등의 비율은 지속적으로 상승하고 있습니다. 2025학년도 수능에서는 더 상승할 것으로 예상이 되고 있습니다. 이렇게 N수생의 비율이 증가한다는 점은 2026학년도 입시를 준비하는 예비 수험생의 입장에서는 달갑지 않은 소식입니다.

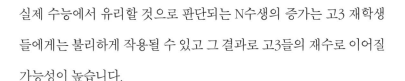

실제 수능에서 유리할 것으로 판단되는 N수생의 증가는 고3 재학생들에게는 불리하게 작용될 수 있고 그 결과로 고3들의 재수로 이어질 가능성이 높습니다.

연도별 재학생과 N수생 등의 추이를 확인하면 다음과 같이 나타납니다.

재학생 및 졸업생 등의 추이

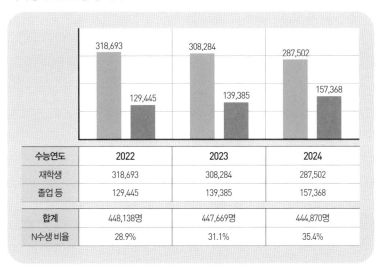

수능연도	2022	2023	2024
재학생	318,693	308,284	287,502
졸업 등	129,445	139,385	157,368
합계	448,138명	447,669명	444,870명
N수생 비율	28.9%	31.1%	35.4%

연도별로 인원과 비율이 증가함을 확인할 수 있습니다. N수생 증가의 원인은 여러 가지가 있습니다. 사실 여러 이유들이 맞물리면서 이뤄진 일이기도 합니다. 첫 번째는 서울 상위권 대학들이 수능 전형으로 40% 이상의 학생을 선발해야 하는 규제로 인해 재수 등을 유발하는 요인이 컸다는 점입니다. 다음으로 보다 본질적인 요소 중의 하나는 통합형 수능으로 수학을 잘하는 학생들이 유리한 수능 형태가

되었다는 점과 약대 학부 선발 등이 큰 영향을 주었습니다. 최근의 의대 증원과 무전공 선발 확대 등으로 인해 더 가속화되는 모습을 보이고 있습니다.

실제 수능에서 재학생과 졸업생 등의 성적 차이가 존재하는지를 살펴봅시다. 단순하게 열심히 공부하면 된다는 생각이 매우 위험할 수 있음을 보여주는 자료입니다.(지금까지 공개된 자료인 2023학년도 수능 성적 기준입니다.)

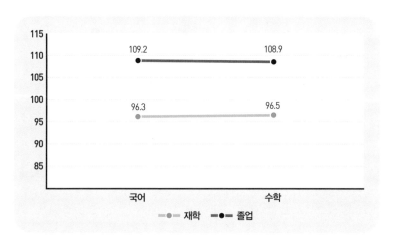

표준 점수를 기준으로 재학생과 졸업생의 전수 데이터를 평균 내보면 그래프와 같이 나타납니다. 수능 위주의 정시 전형에서 졸업생이 재학생보다 매우 높은 성적을 보인다는 점은 명확해 보입니다. 국어와 수학에서의 표준 점수 차이를 합하면 실제 정시 지원에서는 더 큰 차이가 발생합니다.

2023학년도 국어 과목을 기준으로 등급별 비율을 나타내면 다음과 같이 나타납니다.

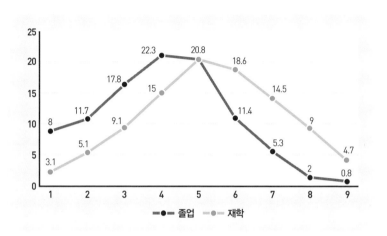

(5등급에서 재학생의 비율은 20.8 재수생의 비율은 20.6입니다.)

당시 고3 수험생이 308,284명이고, 졸업생이 126,161명이었다는 점을 감안해서 계산을 해보면 수능 국어 1등급에서 졸업생의 비율은 대략 52% 수준입니다. 2023학년도 수능 당시와 비교하면 졸업생의 숫자와 비율이 지속적으로 상승하고 있는 상황이기 때문에 1등급에서 졸업생이 차지하는 비율은 일정 부분 상승할 것으로 예상할 수 있습니다.

수학에서는 재학생과 재수생의 차이가 다소 커지고 있습니다. 통합형 수능임을 감안하고 다양한 입시 상황들을 고려할 때 수학을 잘하는 학생들이 재수를 선택하는 것이 보다 유리할 것으로 판단하기 때문입니다.

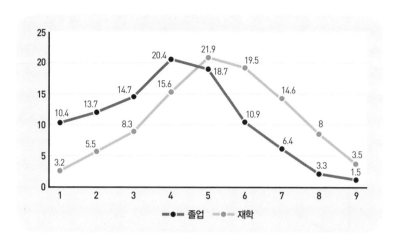

수학 과목에서는 졸업생의 1등급 비율은 56% 수준입니다. 졸업생의 숫자가 많아지는 만큼 비율은 높아지고 있으리라 예측이 됩니다. 최근 수험생 16만 명의 자료를 토대로 진학사가 발표한 자료에 따르면 수학에서 졸업생이 62% 수준을 차지하고 있습니다. 수능 성적을 확인해 보면 표준 점수의 평균, 1등급 비율 등에서 재수생의 선전이 확실하게 보이고 있습니다. 이는 수능 위주의 정시 전형에서 합격한 수험생들의 비율을 봐도 어느 정도 추론이 가능합니다. 서울의 주요 대학에서 수능으로 입학한 수험생 중 졸업생의 비율은 다소 높게 나타납니다.

정시 수능 위주 전형은 객관식 성적의 서열화라는 점에서 학생부 교과 내신과 유사한 점이 있습니다. 그런 점 때문에 학생부 교과 전형에 서류가 반영되는 것과 같은 현상이 나타나고 있습니다. 정시 수능 위주의 전형에서도 서류 혹은 학생부 내신을 반영하는 대학들이 나타나고 있습니다. 다양한 이유가 있겠지만, 개인적으로 매우 긍정적으로 평가합니다. 상위권 대학에서 학교생활에 대한 가이드라인을 어느 정도 제시하고 있다고 생각하기 때문입니다. 수능 위주의 전형들은 대체로 고등학교 생활에 대한 평가 없이 수능 성적만으로 평가하는데, 교육적 측면에서 보면 매우 한계가 있습니다. 결국 일부 사교육에서는 고등학교 자퇴를 부추기는 등의 부작용이 있기도 합니다. 재수생의 정시 독식 문제, 검정고시 출신 학생들의 약진, 공교육 체제의 수호 등의 다양한 이유로 정시에 교과 평가를 처음 반영한 대학은 서울대였습니다.

2023학년도 입학 전형에서 처음 정시 평가를 도입한 서울대의 정시 교과 평가의 핵심은 정시 전형에서 '교과 평가'라는 정성적 평가를 도입하겠다는 것이었습니다. 당시에는 엄청난 이슈가 되었지만, 어느 정도 성공을 한 전형으로 자리 잡고 있습니다. 뒤이어 고려대가 조금 다른 형태로 합류했고, 2026학년도 입시에서는 연세대까지 합류하게 됩니다.

서울대의 교과 평가는 수능 성적만으로 1단계에서 2배수를 선발한 뒤 2단계에서 교과 평가 20%를 반영합니다. 현재의 수능 성적을 고려하면 2배수 선발이라고 하더라도 수능 문항 2문항 이내의 차이일 것입니다. 결국 수능 성적 차이가 크긴 하지만, 어느 정도 역전이 가능하다는 결론이 나옵니다. 이론상으로는 수능 만점자도 교과 평가가 매우 부실하다면 불합격할 수 있게 됩니다. 서울대의 '교과 평가'는 학생부에서 3개의 영역을 바탕으로 정성 평가를 진행합니다. 과목 이수 내용, 교과 성취도, 교과 학업 수행 내용이 그것입니다. 교과 학업 수행 내용은 '과목별 세부 능력 및 특기 사항'으로 평가한다는 점을 고려하면 학생부 종합 전형의 평가 방식을 간략화한 형태로 볼 수 있습니다. 특히, 2026학년도 입시에서 수능으로 서울대를 노리고 있다면 교과 평가에서 '과목 수준'이라는 점을 염두에 둬야 합니다. 학생부 종합 전형에서도 해당되는 이야기이지만, 내신의 성취도 평가가 다소 정량적 평가의 성격을 가진다면, 과목 수준을 고려해서 평가한다는 점은 정성적 평가에 해당합니다. 확률과 통계를 선택해서 1등급을 받은 학생과 미적분을 선택해서 2등급을 받은 학생을 비교한다는 의미로 이해하면 쉬울 듯합니다. 대학의 정성적 평가는 미적분 2등급에 방점을 찍을 가능성이 현저히 높다는 의미입니다.

서울대에 이어 고려대는 2024학년도 입시에서 '수능-교과 우수전형'을 신설하고 427명을 모집했습니다. 수능 위주의 정시 전형에 교과 성적 반영이라는 변수를 두었습니다. 서울대와의 차이는 교과 성적 반영 전형을 따로 두었다는 점이고, 정성 평가가 아닌 정량 평가라는 점입니다. 연세대는 2026학년도 입시 전형에서 학생부 교과 성적을 반영하고, 출결(미인정 출결)을 감점 요소로 활용합니다. 다양한 형태로 반영이 되고 있지만, 고교 생활을 평가에 반영해 고교 교육의 정상화에 일정 부분 기여한다는 장점은 있습니다.

최상위권 대학에서 이런 흐름을 보이는 이유는 수능 위주의 정시 전형이 가진 불평등성이 존재하기 때문입니다. 최근 4년 간 SKY의 정시 합격자 중 61% 수준이 N수생 등으로 나타나고 있고, 정시 합격자 중 서울, 경기 지역 출신이 71% 수준(서울 42%, 경기 29%)에 이른다는 점을 고려했을 것입니다. 그럼에도 불구하고 정시 수능 위주 전형은 객관식 능력이 매우 중요함을 다시 한 번 강조합니다. 전형의 특성이 이미 그러하기에 제대로 된 준비가 필요합니다. 정시 수능 위주 전형의 전략에 대한 이야기를 하면서 이 부분을 다시 언급하도록 하겠습니다.

마지막으로 수능 전형이 갖고 있는 다양한 문제점에 대해 고민해보고자 합니다. AI 시대에 학생들을 평가하는 도구로 수능이 타당하냐는 질문이 가장 큰 의문이 될 것입니다. 또, 수능이 실제 공정하다는 생각에 대해서도 의문을 가질 수 있습니다. 실제 수능의 공정성 문제에 대한 일반인의 인식은 대체로 공정하다는 생각인 것 같습니다. 하지만, 실제 수능 결과를 학교 소재지별로 분석을 해보면 공정성에 대한 심각한 문제점이 드러납니다.

2023 수능 수학 과목을 살펴보면 이런 논란의 의미를 보다 정교하게 분석할 수 있습니다. 물론 공정하다고 하는 것에 대한 사회적 합의가 필요한 지점이라고 생각합니다. '공정함'과 '공정하다는 착각'은 전혀 다른 의미라는 점을 이해해야 공정성에 대한 이야기를 할 수 있을 것입니다.

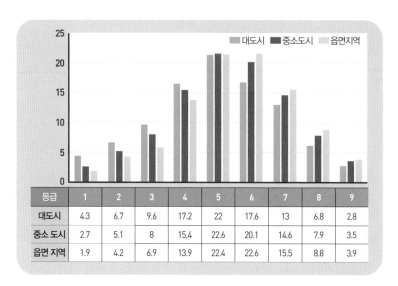

등급	1	2	3	4	5	6	7	8	9
대도시	4.3	6.7	9.6	17.2	22	17.6	13	6.8	2.8
중소 도시	2.7	5.1	8	15.4	22.6	20.1	14.6	7.9	3.5
읍면 지역	1.9	4.2	6.9	13.9	22.4	22.6	15.5	8.8	3.9

1~4등급까지는 대도시 〉 중소 도시 〉 읍면 지역이 명확하게 서열화 되고 있으며 6~9등급까지는 반대로 서열화가 이뤄지고 있음을 확인할 수 있습니다. 결국 현재 수능 체제가 지역별로 차이를 만들고 있음을 알 수 있습니다. 수학 과목의 표준 점수를 비교해 보면, 조금 더 확실합니다.

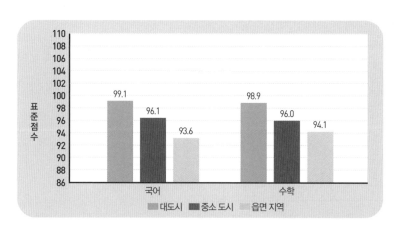

대도시의 수학 표준 점수 평균은 98.9입니다. 중소 도시는 96.0 이고, 읍면 지역은 94.1입니다. 지역에 따라 점수 차이가 상당함을 알 수 있습니다. 보다 자세히 살펴보면 조금 더 심각해집니다. 서울 지역의 표준 점수 평균은 101.7입니다. 수학 표준 점수 평균이 가장 낮은 지역인 강원도의 92.2 와 비교하면 표준 점수 9.5점의 차이인데, 재학생과 재수생의 차이가 12.4 임을 감안하더라도 큰 차이임을 알 수 있습니다. 서울 지역 수험생들의 수학 1, 2등급 비율은 14.9%이고, 1, 2등급의 비율 합이 가장 낮은 충북 지역은 4.3%입니다. 비율상으로도 거의 3배 이상이 차이가 나지만, 실제 숫자는 7,890 여 명과 340 여 명으로 20배 이상 차이가 납니다. 가장 극명한 자료는 2024 의대 정시 등록 현황입니다. 정시로 의대를 등록한 수험생 중 80% 수준으로 나타나고 있고, 울산대와 제주대는 정시 등록자의 100%가 N수생입니다. 2024 정시 의대 등록자들 중에서 서울 지역 고교생이 40% 수준을 보이고 있습니다. 강원도와 충북이 각각 0.5% 임을 감안하면 지극히 불평등한 모습을 보이고 있음을 알 수 있습니다.

실제 수능 성적이 노력의 문제이기 보다는 수험생을 둘러싼 '사회적, 지역적 자본'의 문제임을 알 수 있는 자료이기도 합니다. '열심히 공부'한다는 것이 누군가에게는 당연한 것이지만, 가정의 사회적 자본이 다르고, 지역의 구조적 자본이 다른 누군가에는 당연하지 않다는 점에서 문제가 있습니다. 객관식이 대체로 공정하다는 것이 사회적 통념이긴 하지만, 금수저에게는 매우 유리할 수밖에 없고, 동수저와 흙수저에게는 너무나 요원한 일입니다. 공부를 못하는 이유가 개별 학생이 열심히 하지 않았기 때문이라고 단순하게 생각해서는 안된다는 말입니다. 유사한 재능을 갖고 동급의 노력을 한다고 하더라도 출발선이 너무 다르기 때문에 극복할 수 없는 간극이 있음을 인정할 수밖에 없습니다. 수험생을 둘러싼 사회적, 구조적, 지역적 자본이 다르다는 사실을 인정하고 이를 해결하기 위한 공정한 입시 제도에 대한 고민과 사회적 합의가 절실히 필요합니다.

Chapter **2**

나에게 맞는 스마트한
입시 전략 세우기

1. 전형별 입시 전략 수립하기

2. 당면한 난.처.한. 상황들

3. 사례별 탁월한 학생부(종합) 전략

1. 전형별 입시 전략 수립하기

 수시 학생부 교과 전형 전략

수시 학생부 교과 전형은 앞서 언급한 것과 같이 정량적 평가를 기본으로 합니다. 즉, 고교에서의 내신 관리가 철저히 이뤄져야 한다는 점이 가장 중요합니다. 다만, 대학 수준에 따라 내신 등급이 천차만별이기 때문에 실제 수험생들은 3학년 1학기 내신이 완료된 이후에 자신의 성적에 맞는 대학을 지원하는 것이 일반적입니다.

학생부 교과 전형에 영향을 미치는 요소들은 대학별로 다르게 나타나긴 하지만, 기본적인 베이스는 당연히 교과 내신이고, 단계형으로 설정해서 면접을 두기도 하고, 또 수능 최저 학력 기준이 적용되기도 합니다. 최근에는 학생부 정성 평가가 적용되는 대학들이 늘어나는 만큼 이에 대한 대비도 필요합니다. 학생부 교과 전형에 다소 복잡한 전형 요소들이 반영되는 이유는 현재 고교 내신이 매우 다양하게 해석이 될 수 있기 때문입니다. 특히 고교학점제가 일부 적용되는 상황이라는 점(선택 과목이 어느 정도 다양하게 나타나고 있다는 점)을 감안하면 다양한 전형요소를 통해 고교 내신을 분석하는 것이 필요하다는 대학의 판단은 타당성이 있어 보입니다.

2026학년도 전형에서 서울 주요 대학들은 대체로 수능 최저 학력 기준을 적용합니다. 2024학년도까지 학생부 교과 전형에서 수능 최저 학력 기준을 적용하지 않았던 대학들도 2025학년도 입시부터는 적용하기 시작했습니다. 2025학년도 입시에서 연세대와 한양대가 수능 최저 학력 기준을 적용하기 시작했고, 2026학년도에는 이화여대가 수능 최저 학력 기준을 적용하기 시작하면서 학생부 교과 전형이 없는 서울대를 제외하고 한국외대까지의 모든 대학이 학생부 교과 전형에 수능 최저 학력 기준을 적용합니다. 즉, 서울 주요 대학에 학생부 교고 전형으로 지원하기 위해서는 수능 최저 학력 기준을 준비해야 합니다. 결국 수능의 영향력이 크게 작용을 하는 셈입니다. 2026학년도 입시를 준비하는 고2 학생들에게 학생부 교과 전형은 1학년 내신이 포함된다는 점에서 어려움이 있습니다. 상위권 대학은 앞서 살펴본 것과 같이 1.X 대의 내신 성적이 대부분이고, 이는 1학년 내신 성적도 그 정도 성적을 유지했어야 한다는 말입니다. 중하위권 대학의 경우에는 다소 여유가 있다고 생각하더라도 지금 당장 최고의 내신을 만드는 것이 수시 전형 준비를 위한 기본입니다.

학교나 강연 현장에서 많은 학생들을 만나고 대화하면서 근원적인 심각한 문제를 알게 되었습니다. 실제로 상담을 진행했던 상당수의 학생들은 스스로 열심히 공부하고 있으며 자신이 '최선을 다하고 있는데 그만큼 성적이 안 올라 힘들다'는 말을 주로 합니다. 수많은 상담 경험을 바탕으로 학생들의 이야기를 저는 이렇게 받아들입니다. '본인이 열심히 공부하고 있다고 믿고 있구나.' 이 부분이 매우 중요합니다! 너무나 많은 학생들이 본인은 공부를 진짜 열심히 하고 있다고 착각하는 문제입니다. 바로 '공부 착각'에 대한 문제를 인식하고 제대로 깨달아야 학생들의 고민이 상당 부분 해결 될 수 있습니다. 이런 학생들 중 다수는 실제로 자신만의 '열심'인 경우가 많습니다. 매일 밤늦은 시간까지 학원에서 공부를 얼마나 하는지, 집에 와서도 인강을 또 듣고……. 정말로 중요한 것은 배운 내용을 자신의 것으로 만들어야 하는 시간이 필요한데, 학원에서 보낸 시간과 인강을 들은 꽤 많은 시간을 '공부 시간'으로 '착각'해서 나머지 시간은 쉽니다. 그러면 공부 효과는 반감될 수밖에 없습니다. 결국 수능 최저 학력 기준을 달성하기 어렵게 되겠지요. 학생부 교과 전형에서는 객관적으로 증명 가능한 열심이어야 의미가 있습니다.

학생부 교과 전형을 위한 내신 관리와 수능 최저 학력 기준을 위해서 가장 먼저 고민해야 할 문제가 바로 '공부 착각'에 대한 고민입니다. 학생부 교과 전형을 준비하기 위한 전략의 핵심은 결국 '혼자 공부하는 시간'을 통한 학습량의 절대적인 증가입니다. 일반적으로 학습이라는 말은 '학'과 '습'으로 구성됩니다. '학(學)'은 배운다는 의미입니다. 학생들의 입장으로 이야기하면 학교 수업을 듣고, 학원 수업을 듣고, 인강을 보는 행위가 배움의 1차원에 해당합니다. 문제는 실질적인 학생의 역량은 '습(習)'에 해당됩니다. '습(習)'에 해당하는 한자는 어원상 새가 날갯짓을 익히는 모습을 형상화한 단어입니다. 즉, '습(習)'이라고 하는 것은 배운 내용을 자신이 익혀서 자신의 것으로 만든다는 말입니다. 배움의 심화이고, 완성인 셈이죠.

문제는 상당수의 학생들, 특히 자신이 원하는 성적이 나오지 않는 학생들은 어릴 때부터 '듣는 공부'에 익숙해져 있습니다. 하지만, 우리 뇌는 듣는 것으로는 거의 학습을 하지 못합니다. 익히고 자신의 것으로 재해석하는 과정이 있어야만 아는 것이고, 자신의 지식이 된다는 점은 명확합니다. 듣는 것이 공부라는 일반적인 착각을 가지고 있기 때문에 많은 학생들이 실패를 경험합니다. 그렇게 생각하고, 믿고 있는 학생들에게 공부는 '재능'의 영역으로 인식됩니다. 자신은 수학에 재능이 없고, 공부에 재능이 없다고 말합니다. 하지만 실질적으로는 공부에 대한 접근 방식 자체가 틀렸기 때문에 그런 착각을 하게 되는 것입니다. 오랜 시간 동안 고등학생들을 가르치면서 알게 된 매우 중요한 점은 고등학교까지의 공부는 '재능'의 영역으로 보기 어렵다는 점입니다. 재능보다는 노력의 영역이 훨씬 더 강력합니다.

수현이는 1학년 때 4번의 내신 시험에서 국어와 영어를 모두 만점을 받았습니다. 공부를 아주 잘하는 학생이라고 생각하겠지만, 문제는 수학에 있었습니다. 수학은 1학년 때 가장 잘 본 내신 성적이 3등급이었고, 대부분이 4등급이었습니다. 2학년 때 담임을 맡게 되었고, 수현이와의 상담이 시작되었습니다. 한참을 상담을 하다 보니 뭔가 이상했습니다. 국어와 영어에 대한 놀라운 자신감, 그와 대비되는 수학에 대한 압도적인 패배감. 한참을 이야기하다가 각 과목의 공부 시간을 물어보곤 경악을 했습니다. 공부의 거의 대부분을 국어와 영어에만 쓰고 있었습니다. 자신을 수포자로 이야기하고, 수학적 재능이 없어 수학을 못한다고 강한 어조로 말했습니다. 실상 수현이는 수학 공부를 하루에 1시간도 하지 않고 있었습니다. 아무리 공부해도 성적이 안 오르고, 성적이 안 오르니 재미가 없고, 재미가 없으니 공부하기 싫고, 공부를 안 하니 성적이 안 오르는 그야말로 악순환에 빠진 거죠.

어떻게 해결하면 될까요? 특히 내신의 경우라면 아주 간단한 해결 방법이 있습니다. 수현이와 딜을 합니다. 모든 설득과 협박(??!!)을 동원해서, 학교에서의 모든 공부 시간에는 오로지 수학만 공부하는 것으로 결론을 냈습니다.(물론 책에서는 언급할 수 없는 다양한 장치들이 있었습니다.) 수현이는 2학년 2학기 기말고사에서 처음으로 수학 1등급을 만들어 냈습니다.(중간고사와 합한 최종 학기말 성적은 2등급이었지만요.) 드디어 수학에 대한 자신감이 생기게 된 수현이는 스스로 깨닫게 됩니다. 수학은 재능의 문제가 아니라, 결국 시간과 노력의 문제였다는 것을. 현재 고등학생은 잘하지 못하는 것은 아예 시도를 하지 않으려고 하는 경향이 갈수록 심해지고 있습니다. 어릴 때부터 잘하는 것에 대한 칭찬에 익숙해졌기 때문입니다. 자신이 칭찬받을 수 있는 것에 집중하고, 나머지는 과감하게(!) 포기합니다. 대부분의 경우에는 공부를 잘할 가능성을 가지고 있고, 수학을 잘할 수밖에 없는 재능을 가지고 있습니다. 그럼에도 원래 공부를 못했다거나,

수학을 원래 못한다고 이야기하는 학생들이 사실 많은 편입니다. 그래서 저는 학생들에게는 그 다음 문장을 꼭 물어봅니다.

"수학을 원래 못했어. 알겠어. 그럼 이야기하고 싶은 게 뭐니?"

학생들은 절대 이야기를 하지 않지만, 공부를 원래 못했다고 말하고, 원래부터 수학을 못했다고 이야기하는 학생들의 다음 문장은 당연히 딱 한 문장일 수밖에 없습니다.

"그래서 저는 더 이상 안하려고요."

수학에 대한 재능, 공부에 대한 재능은 당연히 있습니다. 학문의 깊이가 더할수록 그 재능은 더욱 강력해집니다. 수학뿐 아니라 모든 분야가 다 그런 재능이라고 하는 영역이 분명히 있습니다. 숱한 스포츠 스타와 연예인들이 두각을 나타내는 것도 사실 재능의 영역에 속한 것이 맞습니다. 다만, 재능이 온전히 발현되어야 할 상황이 오기 전까지 눈에 보이지 않는 자신만의 노력과 시간이 있었다는 문제입니다. 고등학교 공부가 바로 그런 영역이라고 말 할 수 있습니다. 그러니 더 이상 재능이 없다는 말로 포기하지 말고, 시간과 노력으로 여러분의 재능을 만들면 됩니다.

여러 고등학교를 다니면서 컨설팅 할 기회가 제법 있는 편이라서 많은 학생들을 상담하다 보면 자신이 공부를 못한다고 착각하는 만큼이나 쉽게 만날 수 있는 사례가 '타협'하는 학생입니다. 놀랍게도 많은 학생들은 '공부 타협'을 선언합니다. 현재의 자신의 생활 패턴이 마음에 들기 때문에 굳이 그 패턴을 바꿀 필요성을 느끼지 못합니다. 내신을 위한 적당한 공부와 적당한 숏츠, 적당한 SNS 등으로 자신이 인정할 수 있는 수준의 적당한 내신을 받는 것을 타협하고, 그 적당한 내신에 마음속으로는 만족하면서도 겉으로는 아쉬움을 표현합니다. 동시에 자신은 최선을 다해서 공부했다고 '믿고' 적당히 '자기위안'을 합니다.

얼마 전 컨설팅을 했던 민석이는 전형적으로 그런 감정을 표현하는 학생이었습니다. 경기도의 일반계 고등학교에서 제법 공부를 잘하고 있는 민석이는 놀랍게도 자기 통제가 제법 이뤄지는 학생이었습니다.(시험 기간이 아닌 기간 동안에는 하루 딱 2시간만 공부를 하고 있었습니다.) 적당히 우수한 내신에 만족하고 있었고, 공부와 노는 것의 선을 자신이 생각하기에 적당히 해내고 있었습니다. 다만, 모의고사 성적이 아주 안 좋았습니다. 상담이 진행되는 동안 민석이가 타협한 지점에 대한 이야기가 계속 나올 수밖에 없었고, 불편한 감정을 계속 드러내던 민석이는 결국 중간에 상담을 포기하고 나가버렸습니다. 적당한 타협을 통해서 만들어낸 결과물임을 자신도 알고 있었던 겁니다. 민석이가 많이 했던 말입니다.

> "좋은 대학을 가고 싶지만, 공부를 더 하기는 싫어요."

사실, 가장 충격적인 말은 교실을 나가면서 했던 말입니다. 민석이의 이런 말들이 입시 강의를 하는 저에게는 항상 도전이 되고, 아픔이 됩니다.

" 저는 최선을 다하고 있어요! 여기서 더 어떻게 해요? "

안타깝게도 내신을 베이스로 하는 학생부 교과 전형을 위해서는, 특히 2026학년도 입시를 준비하는 학생들에게 해당하는 전략은 일단 '공부를 하는 것'입니다. 성적을 올리고 싶다는 생각, 세상이 자신의 공부를 방해한다는 생각, 공부에 재능이 없다는 생각 등등의 생각들은 내려놓고, 공부를 하는 것이 정답입니다. 어제 공부하지 않았던 시간, 어제 집중하지 않았던 시간에 대해 분석하고, 그 시간을 조정해서 공부를 해내는 '변화'가 있어야, 내신 성적에도 변화가 생기게 됩니다. 항상 비슷한 내신 성적이 나오는 이유는 항상 비슷하게 공부를 했기 때문입니다. 공부는 '패턴'의 문제이기 때문에, 더 많은 공부 패턴을 만들어야 성적이 상승하게 됩니다. 내신 성적에 변화를 줘서, 상승하는 내신 성적을 만드는 것은 학생부 교과 전형에서도, 학생부 종합 전형에서도 아주 유리하게 작용합니다.

학생부 교과 전형은 일반적으로는 공통 과목, 일반 선택 과목에 이수 단위를 적용한 석차 등급을 등급별 반영 점수로 환산한 점수를 반영합니다. 전과목을 반영하기도 하고, 계열별 과목을 반영하기도 하는 등 대학마다 다소 다른 적용 방식을 선택하지만, 기본적으로 내신 성적 자체의 우수함이 필요합니다. 다만, 진로 선택 과목에 대해서는 대학 자체 기준에 따라 환산 등급, 환산 점수, 가산점으로 반영하거나 정성적인 평가를 반영하기도 하는데, 어떤 기준을 적용하느냐에 따라 유불리가 나타나게 됩니다. 사실 조금 디테일하게 들어가면 매우 복잡한 공식들이 있고, 적용 방식이 있지만, 현재 그 부분까지 신경 쓰기보다는 학습량과 학습 시간을 늘려서 내신 성적 자체를 향상시키는 것에 목적을 두는 것이 더 의미가 있습니다.

앞서 언급한 바와 같이 학생부 교과 전형은 트랙으로 생각하면 지방 거점 국립대가 메인으로 선발하는 전형으로 볼 수 있습니다. 수도권 대학보다는 비수도권에서 선발 비율이 매우 높기 때문입니다. 특히나 의대 증원 이슈와 관련된 큰 변화로 인해 지역 인재 전형 등의 확대가 이뤄지고 있다는 점을 감안해야 할 필요가 있습니다. 2025학년도의 의대 증원을 기준으로 보면 비수도권의 지역 인재 증원이 압도적입니다. 지역 인재 수시 전형이 81% 수준이고, 교과 전형이 무려 69.6%입니다. 이에 대한 치밀한 분석이 필요한데, 이 내용은 다음 장에서 자세히 다루도록 하겠습니다.

학생부 교과 전형에서는 진로 선택 과목의 적용 방식에 대한 이슈가 있긴 합니다. 전체 진로 선택 과목을 반영하는 대학이 있기도 하고, 3개 이하의 과목을 반영하는 대학도 있고, 진로 선택 과목을 반영하지 않는 대학도 있습니다. 하지만 실질적인 영향력이 엄청 강력하다고 말하기는 다소 어려우므로 세부적이고 디테일한 내용은 고3 때 대학을 지원하면서 살펴보면 됩니다. 실제 지원 프로그램에서 대부분 유불리를 적용해서 추천해 주기 때문에 굳이 지금 계산을 해보거나 적용을 해보는 노력이 크게 의미가 있진 않습니다. 단순하게 생각하면, 지금 내신 성적을 올리는 것이 지원할 수 있는 대학이 결정되기 때문에 최고의 전략인 셈입니다.

학생부 교과 전형의 또 다른 중요한 문턱은 앞서 언급한 바와 같이 수능 최저 학력 기준입니다. 사실 대부분의 대학이 학생부 교과 전형에 수능 최저 학력 기준을 적용하고 있기 때문에 다양한 분석이 가능하지만, 본질적으로는 수능 최저 학력 기준을 달성하기 위해 수능 공부에 많은 시간을 쏟아야 한다는 점입니다. 실제 일반고에서 대학을 진학하는 가장 의미 있는 수단 가운데 하나는 '높은 내신을 바탕으로 수능 최저 학력 기준을 달성'하는 것입니다. 결국 2026학년도에는 더욱 수능 최저 학력 기준의 중요성이 높아진다고 생각해야 됩니다.

사실 수능 최저 학력 기준을 대학이 어떤 식으로 설정하느냐에 따라 전형의 경쟁률이 큰 편차를 보입니다. 당연히 수능 최저 학력 기준이 낮을수록 경쟁률이 높아지는 현상이 일반적입니다. 수능 최저 학력 기준을 충족한 학생들의 경쟁률을 '실질 경쟁률'이라고 보면 되는데, 학생부 교과 전형을 포함한 거의 모든 전형에서 실질 경쟁률은 (매우) 낮게 형성되는 편입니다. 수능 최저 학력 기준을 충족하지 못하는 학생의 비율은 당연히 대학마다 다르게 나타나고, 설정된 수능 최저 학력 기준의 수준에 따라 다르게 나타나지만, 학생부 교과 전형에서는 대체로 30% 수준으로 파악되고 있습니다. 생각보다 높은 비율입니다. 다양한 이유가 있지만, 전략적으로 생각하면 수능 최저 학력 기준을 쉽게 충족할 수 있다고 생각하는 수험생의 비율이 생각보다 높다는 의미이기도 합니다. 2026학년도 수시 전형을 지원할 때는 2025년 9월입니다. 6월 모의 평가의 성적과 9월 모의 평가의 성적을 기반으로 최종 결정을 하게 되는데, 대체로 수험생들이 자신의 현재 기준보다 높은 수능 최저 학력 기준을 선택합니다. 남은 기간 동안 수능 성적을 올릴 수 있다는 나름의 '확신' 때문입니다. 원서 접수 이후 2개월 정도 지나고 수능이 진행되는데, 그 2개월 동안 수능 성적으로 2개 등급 올릴 수 있다고 생각합니다. 문제는 수시 원서를 쓴 거의 대부분의 학생들이 그렇게 생각한다는 점입니다. 체감상 2개월 동안 수능 성적을 1등급 이상 올리는 수험생은 9% 이하이고, 2개 등급을 올리는 학생은 2% 수준이 안 됩니다.(실제 다양한 통계 자료들을 확인하면 이보다 낮게 나타납니다.) 현실적으로 수능 등급을 올린다는 것이 쉽지 않다는 것을 객관적인 통계자료에서 알 수 있습니다. 그러니 전략적으로 생각하면 수시 지원을 할 때 수능 최저 학력 기준은 최대한 '보수적'으로 판단하는 것이 필요합니다. 보수적이라는 표현은 현재 자신의 모의고사 성적을 기준으로(대체로 6월 모의 평가를 기준으로) 충족할 수 있는 수능 최저 학력 기준에 해당하는 대학을 3개 정도는 써야 한다는 말입니다. 나머지 3개는 조금 더 도전적으로 써도 됩니다. 현재 2학년인 여러분이 선택할 수 있는 최대한은 수능 최저 학력 기준의 충족 기준점을 높이는 것입니다.

학생들에게 현실적인 이야기를 하면 대부분의 학생들은 받아들이지 않습니다.(고2의 경우는 더더욱 높은 확률로 인정하지 않습니다.) 고등학교 3년 간 내신 성적이 상승하는 비율이 다소 낮아서 10% 안쪽이라고 이야기를 하면,

"제가 바로 그 10%에 속합니다."

라고 이야기를 합니다. 문제는 모든 학생들이 그렇게 대답한다는 점입니다. 모든 학생들이 강력하게 성적이 상승하길 희망한다는 점을 다시 강조합니다. 그 강력한 염원 중에서 10% 내의 학생들만이 성적을 올릴 수 있는 이유는 남다른 '선택'을 했기 때문입니다.

학생부 교과 전형은 정성적인 평가 요소와 면접 등의 요소들이 다분히 있지만, 그럼에도 정량적인 평가를 기본으로 합니다. 개인적으로는 내신 성적을 '자격 기준'으로 표현합니다. 개별 대학의 내신 합격선을 확인하면 그 대학에 학생부 교과 전형으로 지원을 할 수 있는 자격을 주는 셈입니다. 일단은 자격을 가져야만 원서를 쓸 수 있다는 말이니까요. 특히나 다양한 평가 요소를 가진 학생부 교과 전형의 성격을 생각하면 자격 기준으로서의 역할은 점점 더 강화되는 셈입니다.

정량적인 평가를 기본으로 한다는 말은 어느 정도 예측 가능성이 있다는 의미입니다. 일반적으로 3년 정도의 입결을 확인하면 어느 정도의 예측이 가능합니다. 물론 2026학년도 학생부 교과 전형의 입결은 의대 증원과 무전공 전형의 확대 등의 영향으로 이전과는 다소 다

른 면이 있을 것입니다. 그럼에도 불구하고 기본적으로는 이전 입결로 어느 정도의 선을 예측할 수 있다는 점이 정량적 평가로서의 학생부 교과 전형의 가장 큰 장점입니다. 예측 가능성이 높다는 말은 안정적 지원이 가능하다는 말이고, 그 결과는 중복 합격으로 나타나게 됩니다. 단순하게 생각하면 6번의 수시 지원 기회를 가진 상위 내신의 학생은 여러 대학에 합격한다는 말이기도 합니다. 중복 합격은 충원 합격률의 상승으로 이어지기 때문에 학생부 교과 전형은 대체로 충원 합격률이 높게 나타납니다.

입결을 확인하기 위해서는 개별 대학의 입학처 홈페이지를 확인하는 방법이 있지만, 개별 대학에 따라 입결을 홈페이지에 입결을 올리지 않는 대학도 있습니다. 일반적인 경우는 대입 정보 포털인 '어디가(www.adiga.kr)'에서 확인합니다. 거의 모든 대학들의 입결이 등록되기 때문에 활용하시면 됩니다.

학생부 교과 전형은 학생부 교과를 100% 활용하는 대학들이 존재합니다. 기본적으로는 고교 내신을 100% 활용하는 전형이지만, 앞서 언급한 바와 같이 공통 과목, 일반 선택 과목, 진로 선택 과목에 대한 적용과 비율 등의 변수가 있습니다.

학생부 교과 전형에서 면접을 활용하는 경우는 교과 내신과 면접을 일괄 전형으로 선발하는 경우도 있지만, 대체로 단계형을 활용합니다. 단계형은 고교 내신으로 1단계에서 일정 배수를 선발하고, 2단계에서 면접을 활용하는 방식입니다. 면접이 있는 전형에 지원하기 위해서는 기본적으로 면접에 대한 준비가 필요합니다. 특별한 준비라기보다는 기본적인 발표 연습이 가장 우선적으로 필요합니다. 면접에서 가장 중요한 요소 중 하나는 '기본적인 의사 전달 역량'입니다. 학생부 교과 전형에서 실시하는 면접은 학생부 기반 면접보다는 제시문 기반 면접으로 실시되기도 하고 사전 질문지를 활용하는 방식이 활용되기도 합니다. 대체로 학생부 교과 전형의 면접은 학과와 관련된 전공 관련 역량, 인성 등을 평가합니다. 면접 시간은 5~10분 내외이고, 면접 반영 비율은 20%~50% 수준이긴 하지만 대체로 30% 수준 내외입니다.(대체로 3배수의 모집으로 이뤄지는 편이니 면접에서 충분히 역전이 가능합니다.)

단계형 면접에 대한 이야기를 하다보면 항상 궁금해 하는 부분이 2단계 면접에서 뒤집는 비율에 대한 궁금증입니다. 단계형인 경우에 1단계에서 내신 100%로 3배수를 선발하고, 2단계에서 1단계 내신 성적 70%, 면접 30%로 선발하는 것이 일반적이긴 합니다. 그럼 1단계에서 내신 성적으로 3배수 끝자락에 위치한 학생의 합격 가능성은 어느 정도일까를 궁금해 하는 것이죠. 사실상 '가능한가요?' 라는 질문이 많긴 합니다. 하지만 앞서 언급한 부분을 잘 이해해 보면, 내신 100% 선발이라고 할 때 3배수까지의 내신 성적 차이가 그리 크지 않다는 점을 생각하면 면접에서 뒤집을 수 있는 가능성도 어느 정도 있는 셈입니다. 개인적인 경험을 토대로 생각하면 대체로 30% 내외 수준입니다. 그러니 내신이 70% 합격선보다 다소 낮은 학생이라도 1단계를 통과하면 어느 정도의 가능성을 예상할 수 있고, 면접을 잘하는 것으로 어느 정도까지는 회복이 될 수 있다는 말입니다. 다만, 오해하면 안 되는 지점은 면접을 단순히 말 잘하는 것으로 생각하면 안 됩니다. 주변에서 흔히 듣는 이야기 중의 하나는 말을 엄청 잘하는데 면접에서 불합격했다고 이상하다고 말하는 이야기입니다. 면접을 지나치게 단순화하면 이런 오해가 발생하게 됩니다. 대학이 면접을 통해 보려고 하는 것은 말을 잘하는 학생이 아니라는 점을 꼭 기억하시고, 지금부터 제대로 된 소통방식으로 학교 활동을 해 나가면 도움이 될 것입니다.

최근의 학생부 교과 전형은 앞서 살펴본 바와 같이 정성적인 요소들이 어느 정도 반영되고 있습니다. 2026학년도 학생부 교과 전형에서는 고려대가 서류 평가를 반영하는데, 고려대의 서류 평가는 기본적으로 학생부 종합 전형의 평가 요소와 유사합니다. 교과 충실도 70%와 공동체 역량 30%를 반영합니다. 정성 평가의 요소가 아주 강한 셈입니다. 다만, 고려대는 20%였던 서류 평가의 비중을 10%로 낮췄습니다. 학생부 교과 성적의 영향력이 커진 것처럼 보이지만 실제로 큰 차이는 없을 것으로 보입니다. 서울 시립대는 2026학년도 학생부 교과 전형에서 정성 평가를 일부 도입했습니다.(교과 80, 진로 10, 교과 정성 10) 이외 다른 대학들의 경우, 정성 평가를 반영할 때 대체로 '교과 학습 발달 상황'을 중심으로 합니다. 교과 학습 발달 상황에는 교과 이수 현황, 교과 성취도, 세부 능력 및 특기 사항이 표시됩니다. 이 항목을 통해 경희대는 학업 역량과 진로 역량을, 성균관대는 학업 수월성과 학업 충실성을, 서울시립대는 학업 역량(학업 성취도, 진로 및 전공 분야 탐구에 적합한 교과 이수 및 학습 등)을 평가합니다. 결국 정성적 평가 요소가 들어가는 학생부 교과 전형을 준비하기 위해서는 자격 기준으로서의 내신 성적을 만들어야 하고, 학생부를 통해 자신의 우수함을 '증명'해야 합니다. 증명의 방법은 학생부 종합 전형에서의 증명 방법과 차이가 거의 없으므로 학생부 종합 전형의 증명 방법으로 설명하도록 하겠습니다.

학생부 교과 전형의 일반적인 전략에 대한 이야기를 마무리 하면, 결국 학생부 교과 전형의 본질은 고교 내신의 우수함을 검증하려는 과정입니다. 최고의 전략은 당연히 철저한 내신 성적의 관리입니다. 반드시 공부 시간과 공부량의 증가를 '실천'해 주길 바랍니다.

수시 학생부 종합 전형 전략

학생부 종합 전형에 대한 전략에 대한 이야기를 하자면 끝도 없이 말씀 드릴 수 있습니다. 개인적으로는 학생부 종합 전형의 가능성을 높이 평가합니다. 사실 대부분의 전략은 '학생 개별 맞춤 전략'이라고 말씀 드릴 수 있습니다.

학생부 종합 전형을 '개인적으로 정의' 내리는 방식입니다. 인간은 본래 각자 다양한 역량을 가지고 있는 존재입니다. 현재의 수능 위주의 입시 체제는 개별 학생이 가진 우수한 역량을 객관식으로만 측정하는 구조이므로 한계가 있을 수밖에 없습니다. 이런 점을 보완하기 위해서는 개별 학생이 가진 역량을 '입체적으로 증명'하는 과정이 필요하고, 이 증명을 위해서 전략이 반드시 필요합니다. 학생부 종합 전형은 수험생이 가진 역량을 '종합적'으로 '입체적'으로 파악하기 위한 전형입니다. 그렇기 때문에 입시학원의 전략, 학부모의 전략이 아니라 실질적으로 학생이 전략의 주체가 되어야 합니다.

앞서 전형에 대한 분석에 언급한 바와 같이 서울에 있는 대학을 중심으로는 학생부 교과 전형의 비율이 상대적으로 낮고, 학생부 종합 전형의 비율은 상대적으로 높습니다. 반면, 비수도권의 대학들은 학생부 교과 전형의 비율이 상대적으로 높고, 학생부 종합 전형의 비율이 상대적으로 낮습니다. 그런 의미에서 2026학년도 입시를 제대로 준비하기 위해서는 주력 지역을 어디로 정할 것인지에 대한 고민이 어느 정도는 필요합니다. 전략의 출발점은 당연히 목표 설정입니다.

이른바 SKY 대학의 2026학년도 전형 구조를 살펴봅시다.

대학	학생부교과	학생부 종합	논술	수능 위주
서울대	-	2,178	-	1,323
연세대	484	1,058	339	1,471
고려대	653	1,535	342	1,565
합계	1,137	4,771	681	4,359

주요 전형이 수능 위주의 정시 전형과 학생 종합 전형임을 알 수 있습니다.

지방 거점 국립대들을 살펴봅시다.

대학	학생부교과	학생부 종합	논술	수능 위주
부산대	1,504	1,140	322	1,538
경북대	2,088	1,664	538	979
전북대	2,207	552	-	1,109
합계	5,799	3,356	860	3,626

주요 전형이 학생부 교과 전형과 수능 위주 정시 전형, 학생부 종합 전형임을 알 수 있습니다. 전체 지방 거점 국립대는 학생부 교과 > 학생부 종합 > 수능 위주 정시 형태로 나타납니다. 결국 어떤 트랙을 준비하느냐에 따라 준비해야 할 요소가 다소 다르게 나타남을 알 수 있습니다.

학생부 종합 전형을 준비하기 위한 다양한 전략들이 존재할 수 있는데, 핵심은 대학이 선발하길 원하는 학생에 대한 기본적인 이해입니다. 이 부분은 앞서 전형에 대한 설명에서 충분히 말씀 드렸습니다. 전형에 대해 바르게 이해해야만 가고자 하는 대학을 목표로 전략적으로 입시를 잘 진행할 수 있습니다.

많은 사람들이 학생부 종합 전형을 이야기할 때 '깜깜이' 전형이라고 이야기를 합니다. 어떤 학생이 선발되는지 '도통 알 수가 없다'는 의미입니다. 그런데 참 아이러니하게도 학생부 종합 전형에 대한 공부를 조금만 하더라도 '깜깜'할 수가 없습니다. 공부하지 않은 분야를 어떻게 알 수 있을까요? 공부하지 않았는데 미적분을 풀 수 있을까요? 당연히 못 풉니다. 미적분이라는 전문적인 분야는 반드시 공부해야만 알 수 있습니다. 그런데 학생부 종합 전형은 학생들이, 교사들이, 언론이, 학부모들이 공부를 하지 않았는데도 알 수 있다고 이야기를 합니다. 정말 안타까운 이야기입니다.

작년 근무하는 학교의 제자인 미주의 입시 지도를 하면서 '장내 미생물'에 대해서 공부를 했습니다.(참고로 제 전공은 '일반사회'입니다.) 미주의 관심 분야는 장내 미생물이 뇌 세포에 미치는 영향에 대한 것이었습니다. 미주의 심화 공부를 위해서는 끊임없는 질문이 이어져야 하는데, 개인적으로 이 분야는 너무 생소한 분야라서 질문을 할 수가 없었습니다. 개념들과 용어와 수식이 지나치게 '깜깜'했습니다. 분명히 한글인데……. 왜 깜깜할까요? 당연히 그 분야를 공부하지 않아서입니다. 나름 열심히 공부하고 예리한 질문을 쏟아냈고, 미주는 그 질문에 답하기 위한 나름의 공부를 열심히 해야만 했습니다.

모르는 분야는 공부를 해야 알 수 있고, 학생부 종합 전형에 대해서도 마찬가지입니다. 평가 기준을 모르는데 '어떻게 준비할 수 있을까요?'

공부하면 대비가 됩니다. 학생부 종합 전형의 평가는 무려 교수와 입학 사정관이 진행하는 전문적인 분야입니다. 그런 전문 분야를 공부를 하지 않고 바라보니 당연히 깜깜할 수밖에요! 2026학년도 학생부 종합 전형을 준비하는 고2 학생이라면 지금 당연히 학생부 종합 전형을 공부해야 합니다. "반드시, 아니 제발요!"

1학년 때의 내신이 발목을 잡는다고 생각해서 학생부 종합 전형을 쉽게 포기하는 학생들이 매우 많습니다. 이런 학생들을 실제로 많이 만나는 편입니다. 심지어 제가 근무하고 있는 학교에서도 이런 학생들이 많습니다. 오랜 시간 학교 학생들의 학생부 종합 전형 준비를 위해 심혈을 기울이고 있고, 실제 합격생들의 80% 이상이 학생부 종합 전형으로 합격한 학생입니다. 그럼에도 여전히 1학년 내신 때문에 학종을 준비하지 못한다고 말합니다.

얼마 전 상담한 희원이의 이야기입니다. 희원이는 2026학년도 입시를 준비하는 고2 학생이고, 1학년 내신이 4등급 정도입니다. 1학기 중간고사가 끝난 이후의 상담에서 희원이는 이렇게 말했습니다.

중간고사를 망했어요.
학생부 교과는 이미 불가능하고
내신 때문에 도저히 학생부 종합은 안 될 것 같아요.
그러니 오늘부터 정시 파이터를 하려고요.

2024학년도 입시에서 1학년 때 비슷한 성적대의 학생인 찬희의 성공 전략에 대해 이야기를 해줬지만, 이미 마음을 굳힌 상태라서 설득이 안 되었습니다. 학부모까지 와서 이야기를 한 터라 진행하고 있는 프로그램에서 하차하도록 정리해 주면서 몹시도 씁쓸했습니다. 희원이가 결국 저런 생각의 흐름을 만들어 내기까지 걸린 시간은 어느 정도일까요? 실제 사고의 흐름을 따라가 보면 엄청 짧은 시간에 결정했다는 것을 알 수 있습니다. 사고의 흐름에 '특정한 정보'가 끼어 들어갈 여지가 별로 없으니까요. 매우 단순한 판단에서 출발했습니다. 내신이 망했으니 정시로 가야한다. 정시 전형에 대한 정보가 반영될 시간도 없이 결정이 순식간에 이뤄진 것입니다. 휴~ 너무나 아쉽게도 말입니다.

학생부 종합 전형에 대한 공부를 해야 한다는 점은 이런 면에서 명확합니다. 전형에 대한 정보가 선명하면 자신이 무엇을 할 수 있는지에 대한 행동 패턴도 선명해지게 됩니다. 그런 구체적이고 선명한 정보가 없으니 아주 쉽고 단순한 사고의 흐름에 따라 생각을 하고, 짧은 사고의 흐름의 결과대로 행동을 하게 됩니다. 결과는 안타깝게도 실패할 가능성이 매우 높습니다. 정시 파이터를 하겠다고 선언을 했으면, 학습량을 어마어마하게 늘여야 하는데, 희원이는 프로그램 하차 이후에 공부를 하는 모습을 거의 볼 수가 없었고, 휴대폰을 아주 열심히 하는 모습을 보였습니다.

제가 희원이에게 사례로 이야기했던 찬희에 대한 이야기를 좀 해 보도록 하겠습니다. 전략이라고 하는 측면에서 보면 거의 최고의 전략을 세운 학생 중 한 명이었습니다. 실제로 찬희는 세운 전략대로 행동한 학생이기도 합니다. '행동'했다는 점이 무척 중요합니다. 입시에 성공하는 학생들은 대체로 '행동'을 하는 학생이고, 실패하는 학생들은 대체로 '생각만' 하는 학생입니다.

찬희의 1학년의 학생부는 내신 성적과 비교과 영역 모두 의미 있게 볼만한 내용이 없었습니다. 내신 성적이 국수영 각각 4등급의 학생이었습니다. 다만 경제에 대한 관심을 가진 학생이었고, 학생부의 내용은 대체로 매우 추상적인 우수함에 대한 언급이었습니다. 추상적인 우수함에 대해서는 매우 심각하게 학생부 전략에서 고민해야 할 지점입니다. 내신 4등급 이하의 학생들의 학생부에도 '우수한' 학생이라는 표현이 매우 많습니다.

" 매우 많습니다! "

내신 4등급의 학생이 우수하지 않다는 말이 아니라, 내신 4등급의 학생이 우수한 무언가를 가지고 있다면, 그것을 구체적으로 '증명' 해야 한다는 말입니다. 입학 사정관과 교수의 입장에서 개별 학생은 자신이 평가하는 많은 학생들 중의 하나일 뿐이고, 심지어 개별 학생을 직접 보는 것이 아니라 학생부라는 '글'로 만납니다. 그러니 4등급의 학생이 우수하다면 그 학생의 우수함을 구체적으로 설명해 줘야 그 학생의 우수함에 대해서 알 수 있게 됩니다. 실제로 그 우수함이 인정되면 2단계 면접을 통해서 그 우수함을 실제로 확인하려고 합니다. 하지만, 그런 기록이 없다면, 학생부 종합 전형을 쓰는 모든 학생이 사실상 우수하다는 표현이 기록되어 있으니 구별되기가 불가능합니다. 사실 많은 경우의 학생부는 여기에서 실패를 합니다. 단순하게 나열된 추상적 우수함은 다른 학생들에게도 거의 동일하게 유사한 표현으로 기록이 되어져 있습니다. **학생부는 개별 학생의 학생부여야 좋은 평가를 받게 됩니다.** 우리의 학생부가 아니라, 찬희의 학생부여야 한다는 말입니다.

찬희의 1학년 학생부도 아무 증명이 없는 평범한 학생부였습니다. 비교과의 내용도 그렇고, 교과 세특의 내용도 특별히 주목할 만한 이야기가 있진 않았습니다. 4등급의 내신에도 불구하고 다소 특이한 지점은 경제를 무척이나 좋아한다는 정도였습니다. 2학년 경제 수업 시간과 비교과 활동에서 처음 만난 찬희는 나름의 우수함을 장착한 학생이었습니다. 내신 성적이 다소 부족하긴 하지만, 몰입의 정도와 나름의 추진력이 돋보이는 학생이었습니다. 다만, 내신이 4등급이라는 사실에 주눅이 들어 있었습니다. 2학년 초에 교내 인문계열 대표 프로그램인 '지식인의 서재' 활동을 시작했는데, 찬희의 터닝 포인트 중의 한 곳이었습니다. 지식인의 서재라는 프로그램은 연간 8명의 각 분야 최고의 지식인을 초빙해서 특강을 진행합니다. 각 분야의 최고 전문가들로 우리의 서재를 채우겠다는 야심찬 포부를 가지고 시작한 프로그램이었는데, 아주 놀라울 만큼 잘 진행되고 있는 프로그램이었습니다. 개별 고등학교에서 만나기 힘든 어마어마한 지식인들이 초빙되는데, 학생 주도의 초빙 프로젝트를 진행하기 위해 다양한 기획 방법을 운영하고 있습니다. 찬희는 경제 세미나 팀에 소속되어 활동을 시작하면서 지식인의 서재 세계관을 만드는 프로젝트를 함께 시작했습니다. 지식인의 서재 유니버스 창조라는 목적을 가지고, 지식인의 서재 전용 화폐를 만들고, 지식인의 서재 생태계를 구축하는 작업을 함께 했습니다. 특히, 화폐 발행을 위한 화폐 시스템을 제안하는 등 지식인의 서재 세계관의 경제 파트를 담당하게 되었습니다. 이 과정에서 경제에 대한 지식이 매우 구체적으로 그리고 매우 깊이 있게 성장하고 발전함과 동시에 경제 공부를 중심으로 학습량이 폭발적으로 증가하기 시작했습니다. 찬희의 학생부 2학년 자율 활동 내용 중 일부입니다.

'지식인의 서재'에 참여하여 '경제' 특강을 통해 배운 경제학 지식을 적용해 보고자 프로그램 내 화폐 시스템 운용을 제안함. 기획 과정에서 '자본주의 사용 설명서'를 읽고 시장 플랫폼 및 구성 요소 설계에 대한 아이디어를 제시하였으며, 통화량 관리와 소득 재분배 역할을 담당하여 시스템 운영.

실제 찬희의 활동들로 기록되어져 있고, 이런 활동의 심화 활동들이 계속 이어지고 있는데, 여기서 찬희 학생부의 가장 본질적인 장점이 등장합니다.

' 궁금해 하고, 공부하고, 물어보기 '

찬희의 학생부에는 이 단어들이 지속적으로 등장합니다. 화폐 시스템을 운영하면서 총수요의 부족으로 인한 문제가 발생했을 때, 관련 문제를 해결하기 위해 '돈이란 무엇인가'를 시청하고, 시청한 내용을 토대로 문제의 본질에 대한 토론거리를 제공하는 활동을 통해 실시간으로 똑똑해지는 모습을 보여 주었습니다. 화폐 시스템의 실제 구현 과정을 통해 경제학 이론이 현장에서 어떤 식으로 변화될 수 있는지를 배워갔습니다. 당연히 이 내용을 교과 세특을 통해 '증명'했습니다.

여기서 학생부 종합 전형을 위한 최고의 전략을 하나 제시하자면, 증명의 방법 가운데 가장 중요한 것은 '교차 검증'입니다. 교과와 비교과의 연계를 통한 자신의 역량 증명이 핵심입니다. 단순하게 생각하면, 많은 학생, 학부모, 교사들이 학생부의 영역을 교과와 비교과로 구분합니다. 학생부 종합 전형에 대한 이해가 부족하기 때문입니다. 두 영역이 군이 분리해야 할 필요가 있을까요? 교과에서 드러난 역량은 비교과에서도 당연히 드러나게 됩니다. 교과든 비교과든 '학교 생활'이라는 공통점 속에서 출발합니다. 즉 교과와 비교과는 모두 개별 학생의 고등학교 생활을 보여주므로 군이 구분할 필요가 없습니다.

앞서 언급했던 'NEW 학생부 종합 전형 평가 요소' 책자에서 학업 역량 평가 요소 중의 하나인 탐구력을 평가하는 문장은 다음과 같습니다.

- 교과와 각종 탐구 활동 등을 통해 지식을 확장하려고 노력하는가?
- 교과와 각종 탐구 활동에서 구체적인 성과를 보이고 있는가?

대학의 입장에서 평가하려는 본질은 탐구력입니다. 그 탐구력이 교과에는 있고, 비교과에는 없다는 것은 상식적으로 말이 안 됩니다. 그래서 대학의 표현은 '교과와 각종 탐구 활동'입니다. 그것이 교과든 비교과든 '지식을 확장'하고 '구체적인 성과'를 보이는 것이 중요하다는 말입니다. 결국 본질은 지식의 확장과 구체적 성과에 있는 셈입니다.

대학이 학업 역량에 대해 가지는 개념을 굳이 형상화 하자면, 다음과 같은 형태로 나타나게 될 것입니다.

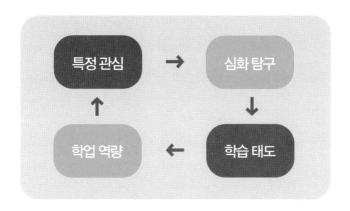

특정 분야에 대한 관심은 대부분의 학생들이 가지고 있는 특징입니다. 중요한 것은 관심이 아니라, 관심을 깊이 있는 분야로 끌고 가는 능력입니다. 그 분야를 깊이 알고 싶다는 생각이 실제의 행동으로 이어지는 것이 중요합니다. 안타깝게도 현대 사회의 많은 고등학생들은 자신을 둘러싼 세상에 대한 궁금증을 깊게 끌고 가지는 못합니다. 왜냐하면 지금 당장 처리해야 할 정보들이 너무 많아서 오래 생각할 시간이 없기 때문입니다.

학생부 종합 전형의 전략을 위해서는 이 부분이 해결되어야 합니다. 특정 관심을 심화 탐구로 이어가기 위해서 질문하고, 생각하는 시간이 반드시 필요합니다. 사실 특정 분야에 대한 질문을 학생이 스스로 만들어 내는 것도 힘들어 할 수 있습니다. 바로 이 부분이 교사와 학부모가 엄청난 도움을 줄 수 있는 지점입니다. 질문을 해주고, 그 질문에 대한 답을 찾아가도록 인도할 수 있다면 최상의 전략이 될 것입니다. 그런 사고의 깊이가 있는 학생이 많지 않기 때문에 대학은 학생부 종합 전형을 보고 그런 학생들을 선발하려고 합니다. 궁금증을 가지고 깊이 있는 탐구를 하는 학생들은 학습 태도가 완전 바뀌게 됩니다. 학습 태도가 완전 바뀌게 된 학생의 학업 역량은 말할 것도 없이 상승하게 됩니다.

찬희는 이런 측면에서 고교 생활을 겪으면서 성장할 수 있는 학생의 무한한 가능성을 보여준 학생입니다. 실제 경제 분야에 대한 관심을 아주 수준 높은 분야로 끌고 들어갔고, 그 과정에서 숱한 질문과 의문을 해결해 나갔습니다. 그러다 보니 당연히 학습 태도가 말할 수 없이 좋아졌습니다. '아주 단기간'에 말입니다. 2학년을 지내는 동안 찬희의 성장은 정말 눈부셨습니다. 실제 그런 내용이 학생부에도 아주 충분히 담겨 있습니다.

의문점이 해결될 때까지 질문하고
수업 중 다루지 않은 사잇소리 현상에 대한 궁금증을 가지고
공식 도출 원리를 교사에게 질문하는 등
게임 이론을 접한 후 팃포탯의 수열화 가능성에
호기심을 가져, '협력의 진화'를 읽고
순차 게임에 흥미를 가지고 '미시 경제학'을 읽고,
시장 진입 게임을 가정하고 수업 내용 중 다른 단원과의
연계성에 관한 부분을 늘 고민하는 관련 서적을 찾아
학습 내용을 확장시키려는 열의가 높고
국민 소득 계정 항등식을 이변수함수로 해석하는 과정에서
어려움을 겪고 교사와 다양한 소통을 하는 과정에서

2학년 한 해 동안의 성장에 방점을 찍은 것은 연말에 학교에서 진행한 'FTA 데이터를 활용한 계량 경제학 아카데미'이었습니다. 찬희는 이 아카데미를 통해 계량 경제학의 개념을 이해하고, 아카데미 내에서 진행한 프로젝트를 잘 수행하기 위해 계량 경제학에 대한 공부를 엄청 열심히 했습니다. 프로젝트 발표 때에는 계량 경제학 교수로부터 회귀 분석에 관한 탁월한 역량을 보여 주었다는 극찬을 받기도 했습니다. 이 모든 과정에서 찬희의 학생 태도는 갈수록 탁월해졌고, 성적은 수직 상승을 했습니다. 공부하는 과정 전체를 좋아하는 학생으로 변화되었습니다. 대학의 기준으로 보면 학업 역량이 압도적으로 우수한 학생이 되었습니다.

3학년이 되기 전 마지막 선택 과목에 대한 고민을 하면서 찬희에게 '미적분'을 선택할 것을 요구했습니다. 인문계열 학생에게 미적분을 요구한 초유(!!!)의 사태였습니다. 한동안 고민을 하던 찬희는 목표 대학 수정에 대한 요구를 받아들이며 미적분을 선택했습니다. 어떤 선택 과목을 선택해야 하는지에 대한 고민을 여기서 아주 잘 보여준 것입니다. 선택 과목을 선택하는 기준에 대해서는 뒷부분에서 따로 이야기를 하도록 하겠습니다. 3학년이 된 찬희는 2학년의 성장을 계속 이어갔습니다. 자신의 실패와 실수에 대해 돌아보며 성장하려고 노력하는 모습을 지속적으로 보여주었고, 학업 역량을 키웠습니다.

'내가 배우고 싶었던 미시경제'를 읽고
'지식인의 서재—경제' 특강에 참여하였고, 정보 비대칭으로 인해
사회 전체의 효율이 저하되는 사례를 바탕으로
해당 문제를 해결하기 위해 '매칭'를 읽고

평소 주변의 문제를 경제학적 관점에서 해결책을 찾고는 했으며,
특히 최근 학급 문제와 관련하여 '게임 이론'을 읽고
도미넌트 균형과 내쉬 균형 이론의 현실 적용 방안을 고민하면서
학급 내 스탠딩 책상이 부족한 상황에 적용하여

거시경제변수를 설명하기 위해 미분방정식에 대한
이해가 필요하다고 판단하여 '미분방정식 입문'을 학습하고

찬희는 3학년 1학기 내신 성적을 국어 1등급, 미적분 1등급, 확률과 통계 1등급을 받았습니다! 그것도 여러 과목에서, 놀랍죠? 2학년 12월에 미적분을 선택하고, 숱한 이과생들과의 경쟁에서 당당히 1등급을 만들어 낸 것도 놀랍고, 1학년 4등급의 학생이 3학년 1등급의 학생이 될 수 있다는 사실도 놀랍고 기특할 따름입니다. 찬희는 자신의 역량을 훌륭하게 증명했고, 서울대학교 경제학과에 수시로 합격을 했습니다.

여기서 하나의 질문을 해볼까요? 여러분이 평가자라면 찬희의 1학년 4등급이 의미가 있다고 생각할까요? 찬희는 과거의 자신을 이겨내고 지금도 열심히 성장 중입니다. 그럼 앞으로의 찬희는 당연히 더 성장할 것으로 기대되는 학생이 됩니다. 잠재력이 뛰어나고, 가능성이 충만한 학생으로 평가받게 됩니다. 단순히 내신이 상승 곡선을 만든다고 우수함을 인정받는 것이 아닙니다. 실질적인 성장을 증명하는 것이 반드시 필요합니다.

학생부 종합 전형에 대한 평가를 진행할 때 가장 쉬운 방법이 있습니다. 바로 내신 평균으로 이야기하는 것입니다. 실제로 지금까지 만난 거의 대부분의 학생, 학부모, 교사들은 대체로 내신 평균으로 이야기를 했습니다. 왜냐하면 그게 가장 편하니까요. 편하고 쉽게 생각하면 우리의 뇌는 성장과 발전을 선택하지 않습니다. 그러니 조금 더 깊게 고민하고 질문하는 연습을 해야 합니다. 그래야 우리의 뇌가 보다 의미 있는 잠재력을 찾아내고 연마합니다.

chapter 2 | 나에게 맞는 스마트한 입시 전략 세우기

학생들에게 항상 쉬운 선택과 어려운 선택 중에서 어려운 선택을 하는 것을 '연습'하라고 말합니다. 왜냐하면 공부를 한다는 것은 어려운 선택을 하는 것인데, 공부를 잘한다는 것은 그런 어려운 선택을 계속해야 한다는 말입니다. 어려운 선택을 평소에 연습하지 않으면 공부를 선택하지 않게 됩니다. 쉬운 선택이 있는데, 굳이 어려운 선택을 할 이유가 없기 때문입니다.

내신 평균을 바라보는 것은 편리하고 쉬운 선택이지만, 찬희와 같은 학생들을 찾을 수 없습니다. 찬희의 잠재력과 역량은 실수와 실패를 통해 얻어진 것들입니다. 제대로 되지 않는 것들에 대한 도전을 통해 잘하기 시작한 것입니다. 그러니 다시 한 번 강조하고자 합니다. 내신 평균을 보는 것이 아니라, **개별 학생의 성장에 진심으로 집중해야** 합니다. 학생부 종합 전형을 통해 어떤 성장의 루트를 보여 주었는지는 매우 중요합니다. 성장의 루트를 따라가는 것만으로도 학생의 성장을 어느 정도 예측할 수 있습니다. 특히 개인적으로는 학생부 종합 전형을 준비시키면서 가장 중요하게 생각하는 것은 독서입니다. 독서에 대한 개인적인 지론이 있습니다.

독서 목록은 그 사람의 지적 역량을 정확하게 보여준다.

실제로 오랜 시간 동안 숱한 학생들을 지도하면서 느낀 본질적인 문장이기도 합니다. 학생들은 딱 자신의 수준에 맞는 책을 읽습니다. 반대로 이야기하면 자신의 수준에 맞는 책을 통해 즐거움을 느끼게 된다는 말이기도 합니다. 초등학교 학생이 이해하기 힘든 책을 읽는 (?) 놀라운 영재는 실제 영재일 수도 있겠으나 대다수의 학생들은 그냥 읽기만 하는 것입니다. 이해하지 못해도 책은 읽을 수는 있으니까요. 고등학생이 읽는 책의 수준은 높아질 수밖에 없고, 그 내용을 제대로 파악하지 못하면 안타깝게도 학생부의 내용이 수준 높게 나올 수가 없습니다.

많은 학생부를 보면서 느끼는 불편함 중의 하나입니다. 고등학생이 읽기 어려운 책을 읽었다고 학생부에 기록이 되어 있는데, 독서 내용 수준이 너무 낮으면 독서를 한 것으로 보기 어렵습니다. 대학의 입장에서는 어떤 책을 읽었다고 중요한 것이 아니고, 그 책을 어떻게 읽었는지가 훨씬 중요합니다. 어려운 책을 폼으로 읽고, 이해하지 못했다면 무슨 소용이 있겠습니까. 독서의 본질은 이해에 있고, 그 이해의 수준은 읽는 사람의 지적 역량에 달려 있습니다. 그런 의미에서 개별학생의 독서 역량을 극대화시켜주는 방법이 바로 제가 학교에서 학생들에게 끊임없이 질문하는 것입니다. 그 질문을 하기 위해서 저도 같이 책을 읽습니다. 온갖 책들을 읽고, 독서한 내용을 듣습니다. 그리고 질문합니다. 그 질문이 학생의 성장을 돕는 최고의 열쇠입니다.

찬희도 그런 독서의 과정을 거치면서 똑똑해진 학생입니다. 읽고, 궁금해 하고, 함께 질문을 만들고, 만든 질문을 공유하고, 그 질문의 답을 찾아가는 활동을 반복합니다. 그 과정을 반복하다보면 지식을 받아들이는 뇌의 학습 신경망이 정교해지고, 발전하게 됩니다. 그렇게 되면 다른 공부들을 쉽게 받아들이게 됩니다. 인문 계열 학생이 선행 학습 없이 미적분을 1등급 받게 된 이유입니다. 진짜 공부란 어떤 것인지에 대해 고민을 던져주는 지점이라고 생각합니다.

이 글을 읽고 있는 2학년 학생들에게도 도전이 되었으면 합니다. 찬희가 엄청 특별한 학생이 아니라, 계획을 '실천' 했던 학생이라는 점을 다시 한 번 강조합니다. 공부를 해야 한다고, 성적을 올려야 한다고 생각만 하지 말고, 스스로 '실천'을 해 나가는 것이 바로 최고의 학생부 종합 전형 전략입니다.

학생부를 통한 학생 개개인의 '실천의 사례'를 만드는 것은 학생과 교사 모두에게 도전적인 과제이며 동시에 훌륭한 방법임에는 틀림없습니다. 다만, 이 부분에 대해 항상 가지고 있는 가장 큰 고민은 '실천과 활동'의 구분이 모호하다는 점입니다. 대부분의 고교에서 이뤄지는 이른바 비교과라고 불리는 행동들은 실천의 범주라기보다는 활동의 범주에서 끝이 납니다. 설령 학생부에 그 내용이 입력된다고 하더라도 그다지 의미 있는 것으로 보이기가 어렵습니다. 왜냐하면 대학은 활동을 보는 것이 아니라, 그 '활동을 통한 학생의 성장'에 주목하기 때문입니다. 개인적으로는 '성장이 드러나는 활동'을 실천이라는 단어로 사용합니다. 그러니 학생의 실천은 그 실천이 이뤄지기까지의 놀라운 공부와 계획과 설계가 있어야만 실천의 의미가 있습니다.

다른 측면으로 이야기하자면 활동은 무수히 많지만, 그 활동을 통해 성장을 어떤 방식으로 증명할 것인가가 핵심입니다. 얼마 전 지방으로 강의를 가던 중 교복을 입은 고등학생들이 쓰레기를 줍는 봉사 활동을 하고 있는 장면을 봤습니다. (교사라는 직업 때문인지 어디를 가던 학생들이 눈에 너무 선명하게 보입니다. 심각한 직업병입니다.) 걸어서 지나가던 터라 그들의 투덜거리는 대화를 우연히 듣게 되었습니다. 원하지도 않는데 억지로 해야 하는 쓰레기 줍는 동아리 봉사 활동에 대한 불만을 토했고, 학생들은 쓰레기를 줍는 척을 한동안 하더니 거의 빈 봉투를 들고 학교로 들어갔습니다. 그럼 여기서 질문 드리겠습니다. "학생부의 그 봉사 활동은 어떻게 평가가 될까요?" 그 학생들의 학생부에는 동아리 봉사 활동의 일환으로 쓰레기 줍는 활동이 기록될 것입니다. 어쩔 수 없이 봉사 활동을 해야 했던 학생들은 아마도 공동체 문제에 대한 고민을 학생부에 담지는 못했을 것입니다. 그러면 학생부의 대체적인 내용과 봉사 활동이 서로를 증명하지 못하는 결과를 보입니다. 즉 학생의 고민의 지점과 활동이 전혀 다르게 나타난다는 말입니다. 그런 류의 봉사 활동은 필요 없다고 말씀 드리는 것은 아닙니다. 저 역시 학생부의 봉사 시간을 반드시 대학 입시에 반영해야 된다는 입장입니다. 만약 그 동아리 봉사 활동을 했던 학생들 가운데 어떤 학생이 봉사 활동을 중요시하는 의미를 부여했다면, 학생부의 다른 영역에서도 그러한 모습을 발현했을 것입니다. 공동체 안에서의 봉사와 희생이라는 측면에서 그 학생이 학생부를 통해서 자신을 증명한다면 좋은 평가를 받을 수 있습니다. 결국 특정 행동과 활동의 문제가 아니라, 그 활동을 통해서 어떤 역량을 증명할 수 있느냐의 문제이고, 이 문제는 결국 학생부의 여러 항목이 교차 검증을 통해서 증명될 수 있음을 보여줍니다.

학생부 종합 전형 전략이라는 측면에서 고민하면 학업 태도에서 핵심적으로 보여주고 증명해야 할 것은 바로 '연결성'입니다. 학업 태도라 함은 개별 학생의 '태도'에 의미를 두는 것입니다. 개별 학생의 태도는 한 과목에서만 발현되는 것이 아니라 다양한 과목과 학교 활동과 긴밀히 연결되어 자연스럽게 표출됩니다. 즉 전략의 핵심은 학생부의 여러 영역과의 연결성 속에서 자신의 '태도'를 증명하는 것입니다. 이러한 연결성을 통해 개별 지원자들의 학업 역량과 학업 태도를 확인할 수 있습니다. 학생부 종합 전형을 준비하기 위한 중요한 전략 가운데 하나는 결국 이런 연결성을 학생부에서 어떤 방식으로 구현할 것인가에 있는 셈입니다.(왜냐하면, 평가하는 교수들은 대체로 이런 태도를 가지고 공부를 한 사람들이기 때문입니다!)

앞서 언급한 찬희 학생의 이야기로 설명을 해 보겠습니다. 찬희는 경제 파트 특히 계량 경제학에 깊은 호기심과 관심을 가지고 있는 학생이었습니다. 그 학생의 학생부는 자신이 배운 모든 학문들이 경제로 연결되어지는 지점을 찾아냅니다. 마치 '계량 경제학'이라는 선글라스를 끼고 세상을 보는 듯, 찬희의 세상은 온통 경제학으로 연결되어 보입니다. 어떤 영역을 배우게 되더라도 그 영역과 자신이 호기심을 가지는 영역의 교집합이 보일 수밖에 없습니다. 이 지점이 바로 지식과 개념의 외연이 확장되는 통섭적 사고의 출발점이 됩니다. 교수들이 환호할 수밖에 없는 부분입니다.

여기서 중요한 점을 하나 짚고 가겠습니다. 최근 고교에서 급속하게 확산되고 있는 이른바 '진로 세특'은 이런 의미에서 볼 때 좋은 평가를 받기는 어렵습니다. 실질적인 학생의 성장과 발전이 아니라 진로와 관련된 활동에 대한 언급이 대부분이기 때문입니다. 단순하게 생각해 봅시다. 예를 들어 의사를 진로로 생각하는 것은 우수한가요? 당연히 아닙니다. 진로와 관련된 활동에 대한 오해가 진로와 관련된 세부 능력 및 특기 사항으로 이어지는데 매우 1차원적인 사고입니다. 모든 세특을 진로와 관련된 내용으로 채운다는 것은 그만큼 치열한 지적 호기심과 지적 고민이 없다는 반증이 되기도 합니다. 영어에서 갑자기 의사가 되기 위해 공부한 내용이 나옵니다. 아무 개연성 없이 튀어나온 내용은 평가자를 당황시킬 수밖에 없습니다. 개인적으로 숱한 학생부를 보고 평가해주지만, 아직도 여전히 당황하고 있습니다.

대학 교수는 학생부에 적힌 글로 학생을 만납니다.

실천에 대한 이야기의 끝판왕은 개인적으로 자기소개서에 있습니다. 지금은 거의 대부분의 전형에서 없어졌습니다만, 한참 자기소개서가 입시에서 활용될 때, 학생들의 실천을 유도하는 강력한 방법으로 활용을 했었습니다. 개인적으로는 학생부 종합 전형이 학생들이 가진 역량을 드러내기 매우 좋은 전형이라고 생각하고 있고, 자기소개서는 자신에 대해 진지하게 생각해보지 않는 청소년들에게 자신을 돌아볼 수 있는 매우 중요한 기회를 준다고 생각합니다. 자기소개서를 쓰는 과정을 통해 자신의 역량을 매우 강력하게 각성하는 학생들이 엄청 많았습니다. 힘들지만, 그 힘듦이 학생들의 '자아 형성'에 지대한 영향을 주고, 엄청난 성장을 이뤄낼 수 있도록 도울 수 있었습니다.

개인적으로 만나서 상담을 해 주는 많은 고등학생의 문제점 중의 하나는 자신의 눈부신 장점을 잘 모른다는 점이었습니다. 사실 그럴 수 있습니다. 개인에게는 그런 행동들이 습관적으로 그렇게 행동해 오던 것들이라 엄청난 장점이 된다고 생각해 보지 않았을 수도 있습니다. 자신이 지금까지 살아오면서 경험하고 생각한 모든 것들이 쌓이고 쌓여서 행동으로 습관으로 만들어지게 됩니다. 개인적으로 성경에서 가장 좋아하는 말씀입니다.

모든 것이 합력하여 선을 이루느니라 (롬8:28)

물론 여러 의미로 해석되어질 수 있는 구절이긴 하지만 개인적으로는 자신이 쌓아왔던 것들이 다음 선택으로 이어지게 된다는 의미로 해석을 해 봅니다. 지금까지 살아오면서 쌓았던 경험과 생각들이 보다 나은 선택을 할 수 있도록 이끌어줄 수 있다는 말입니다. 자신이 생각으로 결정한 선택 사항들을 실제 '선택'으로 행동해야 성공할 수 있습니다. 학생들이 학교에서 하는 행동들은 대부분 그런 조그마한 선택들을 쌓은 결과물입니다. 때로는 매우 섬세한 학생도, 때로는 매우 추진력 강한 학생도 있습니다. 개별 학생이 가진 장점들은 반드시 자신이 가진 또 다른 장점과 더불어 시너지를 만들어 내게 됩니다. 그런데 대부분의 학생들은 그 시너지를 잘 파악하지 못합니다. 학교 현장에서 제가 실제로 느끼기에는 학생부의 연결성의 문제가 아니라, 각 학생의 '인생의 연결성' 문제로 인식됩니다. 아마도 청소년기라는 공사 기간을 지나는 중이라서 그런 단절이 생기는 것 같습니다. 여하튼 그 개인의 경험과 생각의 단절을 연결시킬 수 있는 기회로 자기소개서를 매우 의미 있게 활용할 수 있었습니다. 결국 자기소개서는 '개인의 성장'에 포인트가 맞춰져 있기 때문입니다. 고등학교에서의 성장, 인생에서의 성장 등 자신의 성장에 대한 분석이 핵심입니다. 그래서 학생들에게 3학년이 되면 꼭 자기소개서를 쓰도록 지도했습니다. 그 과정을 통해 '자신'을 보다 선명하게 바라볼 수 있게 하고 무엇보다 자신의 장점을 발견하고 그 장점을 극대화시킬 수 있는 실천을 요구합니다. 바로 그런 실천이 3학년 1학기 학생부를 진짜 의미 있게 만들어 줍니다. 자기소개서에 대해서는 여전한 아쉬움을 가지고 있습니다. 여담이지만, 저에게 있어서 매우 진지한 고민이기도 합니다. 하나의 질문을 드려 보겠습니다.

여러분이 A라는 회사에 취직하고 싶어서
지원서를 내려고 하는데, 그 회사에서는
평판 점수를 활용해서 채용을 결정한다고 합니다.

즉, 여러분의 주변 사람들에게 여러분에 대해 물어보고
그 내용을 토대로 여러분에 대해 평가를 진행한다고 합니다.
" 이 방법 어떻게 생각하세요? "

실제 나에게 던져진 질문이라고 생각하고 같이 고민하며 답을 찾아 봅시다. '참 이상하지요? 평판, 중요하지만 지원한 사람의 이야기를 직접 듣는 것도 중요하지 않을까요?' 제 3자의 평가에 의해서 채용이 결정된다는 것은 실상 위험합니다. 심지어 공정하지도 않습니다. 학생부에 대한 평가가 이와 동일하게 진행되는 셈입니다. 제 3자인 교사들에 의해서 개별 학생의 능력이 평가된다는 점에서는 분명히 이를 보완할 수 있는 장치가 있어야 합니다. 물론 자기소개서로 인한 다양한 문제점들이 있을 수 있습니다. 반대 의견도 많이 있을 수 있습니다. 하지만 본질적으로 평가를 받는 사람이 자신의 이야기를 다른 사람을 통해서만 간접적으로 할 수 있는 상황이 그리 정상적인 것으로 보이지는 않는 것은 사실입니다. 보완이 필요한 지점이라고 저는 생각합니다.

실천에 대한 이야기를 했으니, 이번에는 새로운 영역에서의 도전에 대해 이야기를 해보겠습니다. 학생부 종합 전형을 위한 다양한 전략들이 있다고 했고, 때로는 남다른 실천이 학업 역량과 진로 역량을 증명하기도 합니다.

희서는 전형적인 노력형 학생이었습니다. 1학년 1학기 내신 등급은 국1, 수5, 영4 등급, 2학기 내신 등급은 국1, 수4, 영3 이었습니다. 수학과 영어의 다소 낮은 내신에도 불구하고 자신의 가능성을 개척하기 위해 무던히도 열심히 활동하던 학생이었습니다. 1학년의 학생부 내용은 크게 중요한 내용도 없었고, 희서의 특성이 그리 드러나지 않았습니다.

'넥스트 소사이어티'를 읽고 모둠원들과
정보 사회, 미래 사회 변화 예측을 토론한 후,
마케팅 전략의 발전 방향을 탐구

다른 학생들의 학생부와 유사한 내용이 기록되어져 있습니다. 다만 특이한 부분은(**사실 이 부분이 가장 중요합니다. 자신의 특성과 관련된 활동이 하나씩은 다 있습니다.**) '보다 나은 세상'에 대해 나름의 고민과 활동이 있다는 점이었습니다. 그러나 안타깝게도 그것을 구체화하지는 못했습니다. 단순한 호기심의 영역이었던 마케팅 부분에 대한 다소 뜬금없는 내용들이 있었습니다. 항상 학생들에게 강조하는 말입니다.

<blockquote>
대학이 보려고 하는 것은 '지적 호기심'이지
'호기심'이 아닙니다.
</blockquote>

많은 학생들은 자신의 단순한 호기심을 학생부에 기록합니다. 크게 의미가 없습니다. 중요한 것은 호기심이 아니라, 그 호기심을 해결해 나가는 과정입니다. 호기심을 호기심으로 그냥 두거나 검색 몇 번이면 알 수 있는 수준으로 학생부에 기록하는 것은 자신의 '지적 성취'를 제대로 보여줄 수 없습니다. 좋은 평가를 받기 힘들다는 말입니다. 1학년 때의 학생부에 기록된 희서는 호기심이 더 이상 성장하지 못하고 멈춰 있는 학생으로 보였습니다.

마케팅 분야에 관심이 있어 심리학을 배워 보고자 ~
마케팅 기법의 고도화에 대한 탐구 ~
진로 체험 활동에서 책 '마케터의 일'을 읽고, 세계 최대 인터넷
쇼핑몰 경영자의 강연을 통해 초개인화 시대의
디지털 마케팅 전략을 이해하고 마케팅 본질을 깊이 고민함

희서가 본격적인 활동을 시작한 시기는 2학년이었습니다. 낮은 수학 내신에 대한 불안감과 부족한 학습량에 대한 고민을 2학년의 '전공 탐구 아카데미'라는 프로그램을 통해 어느 정도 해결한 이후에는 엄청난 성장을 만들어 갔습니다. 아카데미에서의 다양한 학습법 특강과 팀별 프로젝트 등을 통해 자신이 하고 싶은 일을 하기 위해 지금 무엇을 해야 하는지를 인지하기 시작했습니다. 호기심의 영역이었던 '마케팅'이라는 세부 영역에서 벗어난 전체적인 것들을 봐야 하고 공부해야 하는 경영학을 목표로 설정하고 제대로 된 공부를 시작했습니다. 대부분의 학생들이 분야를 정하고 세부적인 영역을 탐구하는 것과는 다소 다른 방향입니다. 추상적으로 생각했던 세부 영역에서 자신이 관심 있는 분야로 범위를 확장한 케이스입니다. 실제 탐구의 과정은 1학년에 비해 훨씬 디테일하고, 수준이 높아졌습니다. 탐구의 재미를 알게 되면, 그만큼 학습 시간이 증가하게 되고, 당연히 내신 성적은 상승하게 됩니다. 경영과 공동체에 대한 고민이 본격적으로 분출되기 시작했고, 그 과정에서 만나는 다양한 문제들을 해결하기 위해

노력하는 모습을 보였습니다. 가장 독보적인 것은 '문제해결력'을 구체화하고, 그 속에서 성장을 만들었다는 점입니다. 1학년 때 학생부를 통해 어느 정도 보여주었던 '보다 나은 세상'을 구체화할 수 있는 활동을 같이 기획하고 '행동'했습니다.

학급회의에서 친구들의 의견이 잘 조율될 수 있도록
접착 메모지를 활용한 소통방식을 도입하여
효과적인 의사소통이 가능하도록 기획함
경제 교과 시간에 배운 행동경제학 이론을 활용하여
학교 화장실이 항상 지저분한 상태인 이유를 분석
교과서 수업내용 중에서 세상을
더 나은 곳으로 만드는 방법을 학습
자신이 배운 지식을 사회 속에서 실천해 보고자
녹색 소비 교육과 민주 시민 의식 함양을 위한
학교 협동조합 설립에 대한 팀별 탐구 활동을 진행함
탐구 내용을 토대로 학교운영위원회에
학교 협동조합 설립 안건을 발표함

공동체에 대한 다양한 활동 계획과 실천을 토대로 자신의 역량을 검증하는 과정을 거쳤다는 것을 확인할 수 있습니다. 문제점을 인지하고, 그 문제점을 해결하기 위한 과정을 실천을 통해 증명했습니다. 특히 공동체 구성에 약한 고리가 될 수 있는 사회적 약자 문제에 대한 관심을 지속적으로 표현했고, 자신이 탐구의 깊이를 학생부를 통해 증명했습니다. 3학년이 되어서는 사회적 약자에 대한 관심을 구체화하기 위한 팀별 프로젝트를 '전공 탐구 아카데미'에서 진행했는데, 다양한 논의를 통해 포커스를 시각 장애인에 두고 팀별 탐구를 진행했습니다. '시각 장애인의 보행 편의 증진을 위한 점자 블록 개선 방안'이라는 최종 보고서를 작성했는데, 이 보고서를 작성하기 위해 구청을 중심으로 팀원들이 동서남북으로 1km를 걸으며, 점자 보도블록 전수 조사를 진행했습니다. 한 번 더 강조합니다! 이런 활동을 한 것도 중요하지만, 더 중요한 것은 왜 했고, 어떤 성장을 이루었느냐에 방점이 찍힙니다. 팀장이었던 희서는 최종 보고서를 통해 전체 점자 블록 중 71%만이 기준에 적합함을 분석했고, 관련된 내용을 구청 홈페이지에 건의해서 개선에 대한 확답을 받았고, 개선 내용을 최종 확인했습니다. 당연히 이 활동은 학생부에 그대로 기록이 되었습니다. 아래의 사진은 실제 보고서에 포함된 사진 자료입니다.

대학의 입장에서 이 활동은 앞서 희서가 고민하고 있던 내용을 확정적으로 증명해 주는 자료가 됩니다. '보다 나은 세상'을 고민하고 있는 희서가 자신의 생각을 구체화하고 실천까지 이어지는 장면을 보여 주고 있으니까요.

희서는 3학년 1학기를 국2, 확통2, 영어1의 내신으로 마무리 지었습니다. 자신의 노력을 증명한 희서는 고려대 경영학과에 2024학번으로 입학을 했습니다. 팀 활동을 같이 진행했던 학생 중 다른 한 명의 학생도 고려대 보건정책관리학부에 입학을 했습니다.

고려대 경영학과에서 요구하는 학생은 다음과 같은 학생입니다.

창의성과 도전 정신을 갖춘 학생
다른 사람들과 어울리고 소통하는 것을 좋아하는 학생
공부 뿐 아니라 다양한 경험을 하고자 하는 학생

희서는 다양한 경험과 소통, 창의성을 토대로 자신이 원하는 대학에 적합한 인재임을 실천을 통해 스스로 증명했습니다.

개인적으로는 이런 학생부 종합 전형의 전략은 어떤 학생이든 해낼 수 있다고 생각하는 편입니다. 이제까지 몰랐다면, 이제 알았으니 도전은 여러분의 몫입니다. 자신이 느끼는 불편함을 해결해 가는 과정을 통해 자신의 우수함을 증명할 수 있습니다. 지역의 문제도 좋고, 학교의 문제도 좋고, 학급의 문제도 좋습니다. 불편하고, 이상한 모든 것에 대한 '탐구'를 시작합시다. 그 탐구의 결과가 '활동과 실천'으로 이어지면 됩니다. 각종 숏츠와 SNS 등과 멀어지기만 한다면, 여러분에게 주어진 시간은 충분합니다. 바로 지금 여러분이 해야 하는 선택입니다.

학생부 종합 전형의 다양한 전략은 앞서 언급한 바와 같이 숱한 형태로 나타날 수 있습니다만 본질적으로는 '개인의 우수함에 대한 증명'입니다. 이 본질에 대한 고민을 하지 않으면 좋은 내신을 가지고도 탈락을 하게 됩니다. 때로 우수함의 본질에 대한 내용이 '인재상'이라는 형태로 밝히기도 합니다. 대학의 인재상과 학과별 인재상 등이 존재하기도 합니다. 대학이 제시하는 인재상은 대부분의 경우에 매우 추상적으로 나타납니다. 글로벌 역량을 가진 학생이라든지, 질문할 줄 아는 학생이라든지, 문화인 등의 형태로 표현됩니다. 엄청 추상적이고 매우 포괄적인 의미를 담고 있는 단어를 사용해서 읽다보면 과연 저런 학생이 있긴 할까라는 생각이 들기도 합니다. 그러나 대학이 최대한 인재상을 추상적으로 표현하는 이유는 유사한 역량을 가진 다양한 학생들을 선발하기 위함입니다. 구체적으로 제시하게 되면 그에 해당하는 정해진 학생들만 선발해야 하기 때문입니다. 예를 들면, 거의 대부분의 대학들이 '창의성이 뛰어난 인재'를 선발하길 원합니다. 대학이 창의성이 뛰어난 인재의 구체적인 유형을 제시했다고 생각해 보면, 좀 문제가 생깁니다. 창의성이란 결국 생각의 틀을 뛰어넘는다는 의미인데, 구체적 제시는 틀에 가두는 작업이니 창의적 인재는 선발할 수가 없게 됩니다. 그래서 대학은 매우 추상적인 단어들로 인재상을 제시합니다. 입학을 원하는 우리가 해야 할 일은 그 추상적인 단어로 표현된 인재상을 보여줄 수 있는 구체성입니다. '어떻게 그런 모습을 구체적으로 보여줄 수 있느냐'가 또 다시 증명의 영역인 셈입니다.

고려대 입학처 홈페이지에 있는 학교 안내 코너에는 전공 안내라는 영역이 있습니다. 고려대의 다양한 전공을 안내해주는 곳입니다. 개인적으로 가장 관심 있어 하는 학문 영역인 심리학이 고려대에는 심리학부로 존재합니다. 고려대 심리학부에서는 고려대 심리학부에 딱 어울리는 학생을 다음과 같이 제시합니다.

- 나는 인간에 열정적 호기심, 인간을 이해하는 차가운 이성 그리고 인간을 사랑하는 뜨거운 가슴을 가지고 있다.
- 나는 문과 과목과 이과 과목 모두 좋아한다.
- 나는 다른 사람의 이야기를 잘 들어주고 그들의 어려움에 공감하는 방법을 알고 있으며 이에 관해 앞으로 더 배우고 싶다.

개인적으로는 첫 번째를 매우 좋아합니다. 제가 던지는 질문은 다음과 같습니다.

" 열정적인 호기심, 차가운 이성, "
뜨거운 가슴은 어떻게 해야 교수들이 알 수 있을까?

그 부분에 대해 학생들에게 동일하게 질문을 합니다. 질문을 받았으니 그에 대한 답은 고려대 심리학부를 가고 싶은 학생들이 찾아와야 합니다. 구체성은 너무 당연한 이야기겠죠? 다시 한 번 강조할까요. 평가자들은 **"학생부에 적힌 글로 수험생을 읽습니다."**

문과와 이과 과목을 모두 좋아하는 학생을 꼽는 이유는 최근의 심리학의 흐름 때문입니다.

최근 심리학은 학문의 경계가 급격히 확장되고 있습니다. 대체로 심리학을 생각할 때 떠오르는 이미지가 고려대가 제시하는 세 번째 유형입니다. 최근 심리학의 영역은 그림과 같이 확장되고 있고 확장된 일부분을 개인적으로 정리한 그림입니다.

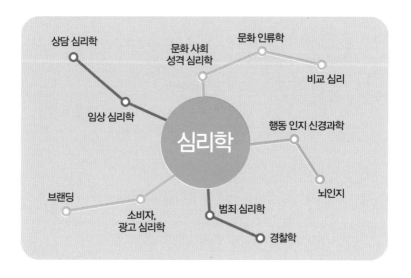

이와 같이 심리학의 영역을 구분해가는 것도 학생들의 진로 역량에 포함이 될 테고, 그 중 자신이 관심이 가는 분야를 집중적으로 탐구하는 것은 더욱 강력한 진로 역량이 될 수 있습니다. 최근 심리학은 AI의 급속한 발달과 맞물리면서 성장하는 학문 영역입니다. 인간은 어떻게 사람을 인지하고, 지식을 습득하는가에 대한 관심을 가지는 이유는 그런 방식으로 AI를 교육시키기 위함이기도 하고, AI와는 다른 인간 본연의 모습을 더욱 견고하게 만들기 위함이기도 합니다. 이렇게 길게 설명한 이유는 바로 '진로 역량'에 대한 고민 때문입니다. 자신이 무언가에 관심이 있다는 것은 다른 사람이 모르는 무언가를 알게 된다는 의미입니다. 그럼 자연스럽게 질문이 생기고, 탐구가 이뤄집니다. 그 과정을 거치면서 학생은 이전과 달리 더욱 '똑똑' 해집니다.

학생들의 학생부를 보면 아주 단순하게 심리학 연구원이라고 기록이 됩니다. 지향점이 선명하지도, 공부하고자 하는 영역도 불분명합니다. 그러니 학생부의 방향성이 안 잡힙니다. 무엇을 해야 할지 어떤 것을 공부해야 할지 고민하기 시작합니다. 학년이 올라가도 시작 단계에 머물러 있습니다. 심화된 진로 역량을 키우지 못합니다. 그 이유는 필요한 탐구의 과정을 거치지 않고 있어서입니다. 특정 분야에 대한 관심이 있다면 그 관심을 증폭시키고 심화시키는 과정은 반드시 필요합니다. 지식의 톱니바퀴처럼 말입니다.

고등학생은 이 지식의 톱니바퀴를 통해 자신의 지식을 확산하고 똑똑해집니다. 물론 반드시 이 방법을 거치는 것은 아니지만, 가장 범용성이 있는 형태이긴 합니다. 가장 중요한 출발점은 당연히 '지적 호기심'입니다. 어떤 분야를 궁금해 하고, 그 분야에 대한 궁금증은 어떻게 해결할 것인지에 대한 마스터 플랜이 있어야만 합니다. 그 계획이 없으면, 궁금함은 그냥 묻히게 됩니다. 그런 학생이 열정적 호기심, 차가운 이성, 뜨거운 가슴을 가질 수는 없습니다.

심리학에 관심을 가지고 있는 학생이라면, 심리학에 대한 공부를 하고, 이를 통해 심리학의 여러 분야를 알게 됩니다. 심리학에서 배운 여러 개념들과 용어들로 세상이 새롭게 보이기 시작합니다. 당연히 그런 변화가 학생부에 기록될 수 있도록 노력해야 합니다.

학과에 대한 깊은 관심과 공부를 통해 대학에 진학한 매우 신기한 (!!) 케이스를 소개하려 합니다. 소개할 학생은 혜정이와 연서라는 학생입니다. 혜정이와 연서는 3학년 때 같은 반이었고, 게다가 같은 대학, 같은 학과에 진학했습니다. '서울대 영어영문학과!' 이 사례를 이야기하면 모두들 놀라워합니다. 하지만 그리 놀라운 일도 아닙니다. 단순하게 생각해 보면 평가하는 교수들이 개별 학생이 동 고교의 같은 반인지에 대해서는 신경을 쓰지 않을뿐더러 정확하게는 '평가의 대상'이 아닙니다. 즉, 같은 반이라는 이유가 불리하게 작용할 근거가 없다는 말입니다.

혜정이와 연서가 같은 학과를 쓰게 된 것은 학생들의 성장 과정과 관련이 있습니다. 개인적으로는 대학을 높이기 위해 학과를 낮추는 것을 좋아하지 않는 편이라서 함께 진학을 준비하는 학생들은 가능하면 자신이 원하는 학과에 맞는 것을 추천합니다. 개인의 성장을 중요하게 생각하는 학생부 종합 전형의 특성상 어쩔 수 없는 부분이기도 합니다. 한 가지 주의해서 전략을 고민했으면 하는 부분은 혜정이의 내신은 1.6X 였고, 연서의 내신은 2.6X 라는 점입니다. 내신 자체에 포커스를 둘 필요는 없습니다. 어차피 개별 고등학교의 내신은 학교마다 다른 의미로 해석될 수 있으니까요. 다만 중요하게 생각해 볼 부분은 1차적으로는 내신의 차이가 크다는 지점만 생각해 봅시다. 두 학생의 성장 과정을 살펴보면서 중요한 전략에 대한 이야기를 하겠습니다.

혜정이의 이야기로 먼저 시작해 보겠습니다. 혜정이는 1학년 때 외교 영역에 깊은 관심을 가지고 있었고, 국제기구에서 일하고 싶어 하는 학생이었습니다. 다양한 학교 프로그램에 참여하면서 자신의 우수함을 일찍이 드러내기 시작했습니다. 자신이 관심 있는 분야가 외교, 국제기구와 같은 분야라서 자신만의 궁금증을 해결하기 위한 활동들을 잘 설계를 했습니다. 동아리 활동으로 모의 유엔 활동을 하며 자신의 진로를 더욱 견고하게 만들었습니다.

> 난민 문제와 관련된 토론에 참여하여 '글로벌 스탠다드'의
> 입장에서 본 난민에 대한 주제 발표를 통해 난민에 대한
> 학생들의 인식 개선에 크게 기여하였음 (1학년)

체인지 메이킹 프로그램에 참여하여 국제 사회와 지역 사회의
문제를 '유엔-지속 가능한 발전 목표'와 연결시켜
교실에서 적용 가능한 '동행' 프로젝트를 기획함 (2학년)

국제기구에 대한 관심을 가지고 탐구를 하던 와중에 영미 문화에 대한 관심이 깊어지게 되었고, 영미 문화권에 대한 다양한 독서 활동을 통해 자신의 역량을 업그레이드하기 시작했습니다. 특강과 관련 탐구가 그 방향으로 심화되기 시작했습니다. 상대적으로 외교와 정치 영역의 비중이 줄어들었으나 학생의 관심사가 이동했고, 그 진로에 맞는 깊이 있는 공부가 중하다는 결정을 한 사례입니다. 진로의 변경이 학생들에게는 어떤 손해도 없다고 생각하면 됩니다. 진로를 변경하는 것이 중요한 것이 아니라, 그 진로 변경이 어떤 성장을 만들어 냈는지가 중요하기 때문입니다.

| 국제 기구 종사자 ▶ | 영미 문화 연구원 ▶ | 영미 문학 전문가 |

개인적으로는 3년 간 진로가 계속 바뀌는 학생을 더 선호하는 편이긴 합니다. 최소한 3개의 영역을 깊이 아는 융합적 학생으로서의 역량이 훨씬 더 의미 있는 역량이 될 수 있기 때문입니다. 사실 바꾸지 말라고 해도 바뀌는 것이 '정상'이라고 생각하기도 합니다. 특정 분야를 잘

모르던 1학년 학생이 그 분야를 공부하고 더 많이 알게 되면 보다 구체적인 목표가 생기는 것이 정상입니다. 그러면 진로가 바뀌는 것이 자연스럽습니다. 몰랐을 때와 공부해서 알게 되었을 때는 완전 다르니까요. 혜정이의 경우처럼 국제기구 종사자라는 막연한 진로에서 자신이 좋아하는 영역을 영미 문화로 확정짓고, 영미 문학의 아름다움에 빠지게 됩니다. 혜정이는 학교에서 저와 진행한 프로그램들 속에서 매년 책을 10여 권을 읽었는데, 그 책의 목록만 보면 확실히 진로가 바뀐 것이 보입니다. 교과 세특에서 자연스럽게 자신의 진로 변경이 보이게 됩니다. 영미 문화의 근원에 대한 탐구 과정에서 영어 고전들을 확실히 많이 읽게 되었고, 그런 분야에 대한 질문도 많이 했습니다. 답변을 찾고 만들기 위해 혜정이는 다양한 고전들을 열심히 읽었고, 자신의 진로 방향에 대한 고민이 깊어졌습니다. 영어 고전들을 원서로 읽어 내면서 혜정이는 영미 문학에 매료되었습니다. 영어로 표현되는 문학적 아름다움이 제대로 번역되지 못하거나, 제대로 전달되지 못하는 상황에 안타까움을 느낄 정도로 영미 문학에 대한 이해도가 높아졌습니다. 3학년 때의 상담을 통해 영어 영문학과로 방향을 설정했고, 나름의 목표도 선명하게 만들어 냈습니다.

또 다른 케이스인 연서는 1학년 때 진로가 혜정이와 동일한 국제기구 종사자였습니다. 구체적으로 물어보는 몇 번의 상담 과정을 통해 유네스코(UNESCO) 대한 관심을 가지고 다양한 탐구와 활동을 진행했습니다. 동아리 활동도 유네스코였고, 각종 캠페인 등을 열심히 진행하는 학생이었습니다. 1학년의 활동 과정을 통해 국제기구에서의 활동이 가진 한계에 대한 고민들이 좀 많았었고, 급격히 관심이 정치 외교 영역으로 이동이 되었습니다. 국제적인 이슈에 대한 나름의 대안을 고민해 보는 탐구와 정치 쟁점에 해결 방안을 고민하는 탐구 등에 깊은 관심을 가지게 되었습니다. 2학년 팀 독서의 책이었던 '왜 세계의 절반은 굶주리는가'(장 지글러)라는 책이 큰 영향을 줬습니다. 자신의 관심 분야가 변화하면서 국제기구 종사자이긴 하지만, 유엔 난민 기구(UNHCR)로 진로 방향이 변경되면서 관련 활동들에도 큰 변화가 생겼습니다. 2학년 말에는 연서가 연간 탐구한 내용을 토대로 자신이 원하는 분야에 대해 깊이 있는 탐구를 진행하면서 '노암 촘스키'에 대한 과제를 주고, 질문의 방향을 잡았습니다. 3학년 때는 노암 촘스키 류의 도서를 통해 영어가 가진 매력에 훨씬 더 깊게 빠지게 되었고, 권력으로서의 언어가 가지는 힘에 대한 고민을 학생부에 담아내기 시작했습니다.

수시 원서와 관련된 많은 이야기들이 있지만, 진로를 중심으로 학생부를 작성한 내용에 대해 알려드리겠습니다. 사실 두 학생은 전혀 다른 학과로 갔습니다. 무슨 말이냐면, 혜정이는 영미 문학에 대한 깊은 이해를 가지는 전문가가 되기 위해 '영문학과'로 방향을 잡았고, 영어라는 언어가 가진 매력에 깊이 빠져 있던 연서는 영어학이라는 분야의 전문가로 성장하길 원했기 때문에 '영어학과'로 방향을 잡았습니다. 실제로는 같은 학과이긴 하지만, 사실 두 학과가 묶여져 있는 학과이기도 합니다. 어문계열 학과뿐만 아니라 거의 모든 학과들이 큰 단위로 같은 학과로 묶여 있지만, 깊이 들여다보면 다른 분야들이 많이 있습니다. 앞에서 만났던 심리학과의 그림을 생각해 보면 더 쉽게 이해가 될 거라 믿습니다.(참고로 서울대 영어영문학과에는 26명의 교수가 있고, 그 중 영어학을 전공으로 하는 교수는 9명, 영문학을 전공으로 한 교수는 17명입니다.)

두 학생의 전략에서 가장 중요한 부분이 파악 되셨나요? 학과에 대한 기본적인 공부가 반드시 필요합니다. 자신이 무엇을 좋아하고, 자신이 생각하는 분야가 어떤 것을 공부하는 분야인지를 알아야 제대로 된 공부가 됩니다. 대학은 이 과정을 '진로 역량'이라고 표현합니다. 영어니까 조금 쉽게 생각할 수 있지만, 예를 들어 노어 노문학과를 생각하고 있는 학생들은 고등학교에서 무엇을 해야 할까요? 서어 서문학과를 생각하는 학생들은요? 이런 식으로 질문을 하다보면 자신만의 학생부 종합 전형 전략이 나오게 됩니다. 고등학교의 교육과정을 생각하면 러시아어나 스페인어를 공부하는 것이 쉽지 않습니다. 심지어 관련 문학 작품들도 생각보다 그리 많지 않습니다. 그럼 도대체 어떻게 '진로 역량'을 보여줄 수 있을까요? 이런 질문들을 통해 자신만의 길을 만들 수 있습니다.

학생부 종합 전형은 결국 학생의 우수함을 증명해야 합니다. 증명하는 방법은 다양하게 나타나지만, 가장 대표적인 것은 결국 학교 수업과의 연관성입니다. 교과 수업과 자신의 경험을 '연계'하는 것이 가장 좋은 활동입니다. 배운 것을 지식으로 끝나지 않도록 현실에 적용하고 문제점을 찾아보고 개선 방안을 찾는 모든 것이 결국 '지적 성취'가 됩니다. 이런 지적 성취가 만들어지기 위해서는 독서를 통한 사고의 확장 과정이 있어야 합니다. 앞에서 언급한 학생들의 공통점입니다. 학생부 종합 전형에 대한 다양한 이야기들, 기가 막힌 학생부 컨설팅이라고 광고하는 정보의 혼란은 이루 말할 수 없이 넘쳐납니다. 이렇게 하면 된다고 말하는 모든 것은 '본질'이 아닙니다. 본질은 고교 생활을 통한 성장입니다. 편법을 쓰고, 배운 것처럼, 읽은 것처럼, 이해한 것처럼 하는 이러한 것들은 성장으로 이어지지 않습니다. 그런 학생들은 대학을 가더라도 쉽게 무너집니다. 대체로 학생부 종합 전형으로 대학을 진학한 학생들의 대학 생활 만족도와 충실도가 높은 편입니다. 고등학교 때의 경험들이 대학으로 이어지면서 자신만의 성장 통로를 만들어 가기 때문이라고 개인적으로는 분석합니다.

최근에 유행처럼 번지고 있는 '이런 탐구를 하면 유리하다', '이런 책을 읽어야 한다' 등의 문구에 귀가 솔깃해 집니다. 그러나 이런 말은 편법에 지나지 않습니다. 좋은 대학을 가고 싶은 마음에 혹 할 수 있지만 본질에서 벗어나면 성공할 가능성은 더욱 희박해진다는 사실을 알아야합니다. 자신의 궁금함이 우선입니다. 그럼 자신만의 이야기가 학생부에 기록이 됩니다. 유일무이한 학생부가 만들어지면 좋은 결과는 따라옵니다.

학생부 종합 전형은 정성적인 평가가 이뤄집니다. 대학별로 다른 평가 요소들이 있고, 그 평가 요소에 대한 구체적인 질문과 공부가 필요합니다. 그런 공부를 통해서 개별 학생의 학생부가 구체성을 가지게 됩니다. 그 구체성은 당연히 개별 학생이 가진 역량을 증명하는 것이어야 합니다. 지방에서 이런 강의를 하다보면 제일 많이 듣는 말이 있습니다.

'저희 학교는 그렇게 안 해요'

맞습니다. 제가 이야기하는 전략을 설계하고 있다면, 진학 결과가 아주 좋아졌을 것입니다. 제가 근무하는 학교도 이런 프로그램을 통해 학생의 역량을 끌어올리면서 진학 결과가 아주 좋아지고 있습니다. 그런 이야기를 하는 학생, 학부모, 교사가 있음에도 여전히 지방에 더 많은 강의를 다니는 이유는 학교의 문제가 다가 아니기 때문입니다. 대학은 학교를 평가하는 것이 아니고, 제한된 여건 속에서, 한계가 있는 고등학교의 상황 속에서 개인이 어떤 '선택'을 했는지를 봅니다. 결국 여러분이 다니고 있는 학교에는 그런 활동이 없고, 어떤 한계가 있을 수 있지만, 중요한 것은 그 한계를 넘어서기 위한 한 명의 노력입니다. 그 노력이 학생부에 보이면 긍정적인 평가가 이뤄집니다. 그러니 환경에 매이지 말고 그 환경 속에서 성장을 만들 수 있는 방법을 고민합시다. 학생부 종합 전형은 그런 학생들에게 긍정적인 평가를 합니다. 학생부 종합 전형의 전략에 대한 이야기를 마무리하면서 가장 중요한 이야기를 하려합니다.

'아름답다'의 어원에 대해서는 다양하게 이야기를 할 수 있습니다. 첫 번째는 '알음(知)'에서 온 것이라고 보는 의견으로 아는 것이 아름다움의 본질이라고 보는 견해이고, 두 번째는 '아름(抱)'에서 온 것으로 보는 의견으로 두 팔로 껴안을 수 있는 양을 의미하는 것으로 품에 안을 수 있는 것이 아름다운의 본질이라고 생각하는 견해입니다. 세 번째는 '아(私)'답다 즉 아름다움의 본질을 '나답다'로 보는 의견입니다.

'아름답다' 어원을 다 동원해서 설명해도 부족함이 없는 학생부가 '아름다운 학생부'입니다. 학생부는 지원자 스스로의 학교생활을 통해 보여주는 '자신다움'이고, 이 자신다움은 당연히 '앎'에서 나타납니다. 앎으로 세상을 포용하는 것이 바로 대학이 선발하려고 하는 인재의 본질적인 모습입니다. 앞서 소개했던 모든 선배들의 학생부는 이 토대 위에 있습니다. 자신의 앎을 위해 노력하고, 그 앎 속에 공동체를 품고, 그 앎을 통해 자기다움을 만들어 가는 학생들이었습니다. 그 모든 과정이 '성장'의 과정임을 말할 필요도 없을 것입니다. 고등학생은 고등학교의 과정을 통해 당연히 성장합니다. 그 성장이 어떤 모습인지를 학생부를 통해 증명하는 것입니다.

> 더 많은 공부를 통해 자신다움을 확장하고,
> 지식을 확장해서, 더 많은 세상의 이야기를 안을 수 있는
> 인재임을 학생부를 통해 증명하는 것이
> 학생부의 가장 탁월한 모습일 것입니다.

214

학생부 종합 전형의 전략에 대한 고민을 하는 여러분이든, 수시를 포기하고 정시를 준비하겠다고 생각하는 여러분이든 청소년의 시기를 아름다운 성장으로 마무리할 수 있길 바랍니다. 그 아름다운 성장을 위해 생각보다 많은 선생님들이, 친구들이, 부모님이 응원하고 있다는 사실도 함께 꼭 기억했으면 합니다.

수시 논술 전형 전략

논술 전형의 전략에 대해서는 따로 책을 한 권을 써야 하는데, 학생부 종합 전형의 전략처럼 지면의 한계가 워낙에 분명한지라 핵심적인 전략에 대한 고민들을 담아 보겠습니다. 논술 전형의 전반적인 특징에 대해서는 앞서 언급한 내용들을 참고하면 큰 의문은 없을 듯합니다. 논술을 준비하기 위해서 가장 핵심적인 것은 논술 역량과 수능 최저 학력 기준입니다. 내신을 반영하는 대학이 소수 있긴 하지만, 실질적인 내신 반영 비율은 내신 5등급 정도까지는 매우 낮은 수준이기 때문에 큰 영향력을 발휘하기는 어렵습니다.

2026학년도 논술 전형은 전반적으로 증가 추세라고 이야기했습니다. 논술 전형을 신설한 대학도 증가했고(강남대, 국민대, 서경대), 인원도 증가(1,293명)했습니다. 최근 경향으로 보면 수도권 대학을 중심으로 논술의 반영 비율이 꾸준히 증가하고 있습니다. 전반적인 논술 전략을 위해서는 다시 강조하지만 수능 최저 학력 기준에 대한 보수적 판단입니다. 논술에서 수능 최저 학력 기준이 다소 감소 추세를 보이고 있기는 하지만 그럼에도 여전히 강력한 영향력을 행사하고 있다는 점을 꼭 기억해야 합니다. 개인적으로는 2학년인 여러분들이 논술 준비하는 것에 대해 찬성하지는 않습니다. 여전히 가능성이 있는데 굳이 지금부터 논술을 준비할 이유는 없기 때문입니다. 그럼에도 전략적인 고민에 대한 준비를 하겠다는 학생들을 위해서 '보수적 판단'을 이야기합니다. 고3이 되면 공부만 할 것 같고, 모든 시간을 바쳐서 공부에 집중할 것 같지만, 여러분 학교의 고3들을 보면 그렇지만은 않다는 사실을 알게 될 겁니다.

현직 교사로 25년이 넘는 시간 동안 학생을 지도하면서 알게 된 중요한 사실은 학생들의 공부 패턴이 잘 바뀌지 않는다는 사실입니다. 대부분의 학생들은 고교 생활 3년 간 자신의 성적을 바꾸지 않습니다. 바꾸지 못하는 것이 아니라, 바꾸지 않습니다. 바꿀 생각이 있다면 행동을 바꿔야 하는데 행동을 지속적으로 바꾸는 학생이 그리 많지 않습니다. 결국 딱 공부한 만큼만 공부합니다. 즉 고3이 되어도 대부분의 학생은 안타깝게도 고1, 2때의 패턴처럼 공부를 합니다. 물론 고3이 되는 3월에는 조금 더 공부를 합니다. 하지만 고3이라는 긴장감과 부담감이 그리 오래가지 못합니다. 자신의 패턴이 아니기 때문에 쉽게 지치게 되고, 쉽게 피곤해집니다.(고3들이 항상 피곤하다는 말을 입에 달고 사는 이유이기도 합니다.) 결국 대부분의 고3들은 고3때의 성적이 고등학교에서 가장 낮습니다. 내신은 제외하고, 모의고사와 학력평가를 보면 그렇게 나타납니다. 이렇게 말하면 대부분의 고2 학생들은 항상 이렇게 말합니다.

" 쌤, 지금보다 성적이 더 떨어지는 건 불가능해요! "

안타깝고, 놀랍게도 대부분의 고3들은 그 불가능한 것을 무척 잘해냅니다. 그러니 제발 논술의 수능 최저 학력 기준은 최대한 보수적으로 판단해야 합니다. 실제 현재까지 상황을 분석해 보면 수능 최저 학력 기준을 충족하지 못하는 학생의 비율이 거의 60% 이상입니다. 수능 최저 학력 기준이 다소 완화되고 있으니 충족률은 다소 높아지겠지만, 여전히 높게 나타날 수 있습니다. 수능 최저 학력 기준이 낮아진다는 말은 더 많은 학생들이 지원할 가능성이 높아진다는 말이기도 합니다.

고3이 수시 원서 접수 할 때쯤 교무실에서 학생과 담임선생님의 신경전을 항상 볼 수 있습니다. 수험생은 열심히 공부해서 수능 성적을 올릴 수 있으니, 수능 최저 학력 기준을 높여서 원서를 쓰겠다는 말을 하고, 담임교사는 경쟁률과 성적 추이를 보면 어려우니 조금이라도 하향해서 쓰자고 말합니다. 실제 논술 관련 수시 원서 상담을 진행하는 거의 대부분의 학생은 자신의 노력을 과잉 진단합니다. 남은 기간을 생각하면 수능에서 1, 2등급쯤은 쉽게 올릴 수 있다고 합니다. 한 개인의 인생에서 제법 중대한 결정을 해야 하는데 제대로 된 데이터를 가지고 판단하는 것이 중요합니다. 데이터 없이 감으로 원서를 쓴다면 결과가 좋을 수 없습니다. 2026학년도 건국대의 수능 최저는 인문 계열 2합 5이내입니다. 한 예로, 건국대를 논술로 지원하려는 학생들은 9월에 원서를 쓸 때 6월 모의 평가를 기준으로 2합 7정도의 학생들입니다. 남은 기간 동안 어떻게든 2개 등급을 올리겠다고 주장합니다. 문제는 6월 모의 평가 이후 방학을 포함해서 3개월 동안 성적이 오르지 않고, 거의 대부분 떨어진다는 사실입니다. 수능까지 2개월 남은 기간 동안 올릴 수 있었다면 왜 6월 모의 평가 이후에 올리지 못했을까 라는 의문점이 항상 듭니다.

논술과 관련된 전략에 대한 이야기를 할 때 가장 많이 듣는 이야기가 학원과 관련된 이야기입니다. 사교육에 대한 이야기는 여기서 다룰 이야기는 아니라서 일단 넘어가겠습니다. 다만, 입시든, 공부든 본질을 이야기한다면 선발권을 가진 쪽의 이야기를 우선적으로 듣는 것이 중요합니다. 누가 어떤 의도를 가지고 선발하느냐를 알아야 제대로 된 대비를 할 수 있을 것입니다. 그것이 회사든, 대학 입시든 본질은 동일합니다. 그러니 사교육에 대한 고민을 하기 전에 대학은 논술에 대해서 어떤 이야기를 하고 있는지를 반드시 확인해야 합니다. 논술을 시험하는 대학은 대체로 논술 전형에 대한 자세한 안내를 합니다. 모의 논술도 진행하고, 예상 답안도 제시합니다. 출제진들의 해설 강의도 많은 대학들이 제시합니다. 즉, 자료라는 측면에서 생각해 보면 충분히 다양한 자료들이 제공됩니다. 더불어 논술이 선행 학습을 포함하느냐를 확인하기 위해 매년 '선행 학습 영향 평가 보고서'를 제출하도록 되어 있습니다. 그 자료를 한번 보면 대체로 논술에 대한 기본적인 개념들이 생기게 됩니다. 따로 '논술 가이드북'을 발간하는 대학들도 있습니다. 혹시 지원하려는 대학이 논술 가이드북을 출간하지 않는다면 유사한 유형의 대학의 논술 가이드북이라도 반드시 참고해야 합니다.

대학의 자료가 가장 중요하다고 이야기하는 이유 중의 가장 큰 이유는 거의 대부분의 대학이 출제 경향을 유지하기 때문입니다. 특별한 이유가 없는 한 대학의 출제 유형이 바뀌지 않는 편입니다. 혹시 출제 경향과 유형을 바꿀 때는 모의 논술 등을 통해서 꼭 공지를 합니다. 그러니 논술 시험을 준비하기 위한 최고의 전략 가운데 하나는 당연히 기출 문제를 통한 출제 경향을 파악하는 것과 대학이 요구하는 수준의 논리 구조를 만드는 것입니다. 논술 전형은 대학별로 어느 정도의 유형이 정해져 있고, 비슷한 유형의 대학들이 존재하기 때문에 실제로 논술 전형을 지원할 때는 논술 문제가 유사한 대학을 지원하는 것이 일반적인 전략입니다. 그래서 유형별 적합도가 어느 정도 있다는 점에 착안해서 자신이 어떤 유형이 조금 더 편안하게 받아들일 수 있는지 확인하는 과정이 있으면 좋습니다. 개인적으로는 3학년 3월 학력 평가 이후에 유형 적합도를 판단하기 위한 논술 시험을 진행합니다. 가장 좋은 건 4년 전 기출 문제입니다. 최근 3년간의 기출 문제는 반복적으로 풀어 보아야 되기 때문에 4년 전 기출을 선호하는 편입니다.

한양대가 얼마 전 공개한 2025 논술 가이드북에서는 합격생의 답안을 공개했습니다. 매우 이례적인 일이긴 합니다. 논술 전형에 대한 신뢰도라는 측면에서는 매우 긍정적인 현상임에는 분명합니다. 한양대의 논술 가이드북에는 출제 의도와 문제 해설이 먼저 제시됩니다. 평가 기준과 문항 출제 근거 등이 제시되고, 지난 해 합격한 학생의 답안이 예시 답안으로 제시되었습니다. 자연 계열과 인문 계열 합격생들의 답안이 제시되었기 때문에 준비하는 입장에서는 매우 선명한 지향점이 생긴 셈입니다. 자연 계열은 사실 정답이 거의 정해진 수학 문제인 셈이기 때문에 사고 과정이나 방식이 어느 정도는 예측 가능합니다. 하지만, 인문 계열 논술은 다양한 정답이 가능하고, 그만큼의 평가도 가능한 측면이 있습니다.(여담이지만, 그래서 자연 계열의 답안은 '예시 답안'이 되고, 인문 계열 답안은 '우수 답안'으로 표시가 된 것입니다.)

한양대 논술을 준비한다면 매우 좋은 아이템이 생긴 셈입니다. 대학이 요구하는 사고방식을 익힐 수 있기 때문입니다. 우수 답안을 잘 활용하는 것만으로도 인문 논술에서는 매우 좋은 평가를 받을 수 있습니다. 자연 계열 논술과 다르게 인문 계열 논술은 실제 '대박'이 어느 정도 존재하기도 합니다. 먼저 인문 계열 논술의 절대 법칙이 있습니다. 문제를 반드시 풀고, 직접 답안을 작성해야만 합니다. 상당수의 학생들이 논술 문제를 풀 때, 머릿속으로 생각하고 정리하는 경향이 있습니다. 인문 계열 논술은 반드시 답안을 '끝까지' 작성해야 합니다. 그래야 실수를 선명하게 볼 수 있습니다. 인문 계열 논술의 핵심은 사고의 과정이라고 생각하면 됩니다. 주어진 제시문에 대한 분석을 통해서 사고의 과정을 답안으로 풀어내는 것입니다. 문제를 풀고 자신의 답안을 완성했다면, 우수 답안과의 비교가 필요합니다. 구체적이고, 분석적인 비교를 하면 훨씬 도움이 됩니다. 우수 답안에서 반복적으로 사용된 단어를 분석해서 자신이 반복적으로 사용한 단어와 비교해 보는 등의 구체적 분석과 비교가 필요합니다. 이후에는 우수 답안을 따라서 적어보는 것도 좋습니다. 따라 적는 것이 중요한 것이 아니라, 따라 적는 과정을 통해서 답안의 사고 과정을 익히는 것이라고 생각하면 됩니다. 이런 물음에 어떤 식의 사고 과정이 필요한지를 익히게 되면 유사한 유형의 문제가 나왔을 때 비슷한 사고 패턴을 만들 수 있게 됩니다. 논술을 시행하는 대학들은 대체로 모의 논술을 진행합니다. 모의 논술은 대체로 우수 답안이 제시되는 편이니, 다른 대학의 우수 답안을 통해 사고 패턴을 연습하는 것도 좋은 연습이 될 수 있습니다.

이공 계열은 대학에 따라 수리 과목이 달라집니다. 주로 상위권 대학들은 수학 전과목(수학, 수학1, 수학2, 미적분, 확률과 통계, 기하)을 포함합니다. 그러니 상위권 대학의 자연 계열 논술을 생각하고 있다면, 실제 학습량이 엄청나게 증가합니다. 문제 자체도 상당히 수준 높게 나오기 때문에 철저한 공부기 필요합니다. 논술이라고 쉽게 갈

chapter 2 | 나에게 맞는 스마트한 입시 전략 세우기

수 있을 것이라고 생각한다면 큰 오산입니다. 다만 선행 학습 영역을 출제할 수 없다는 조건이 명확하기 때문에 고등학교에서의 수학을 제대로 공부하면 됩니다. 실제 수능 점수와의 상관관계도 매우 높게 나타납니다.

2026학년도 논술이 어떤 방향으로 전개될 것인지에 대한 고민의 여지는 분명히 있긴 하지만, 높은 경쟁률을 유지할 것으로 보입니다. 논술 전형의 규모가 확대되는 만큼 논술로 유입되는 수험생이 증가할 것이고 더불어 의대 논술도 증가되는 만큼 전체적인 규모가 확대될 것입니다. 그럼 결론은 딱 하나, 제대로 알고 준비해야 합니다. 전형이 요구하는 본질에 집중해야 합니다. 명백한 것은 논술 전형에도 소수의 학생들이지만 합격생들이 존재한다는 점입니다. 결국 성공하는 선택이 있고, 실패할 수밖에 없는 선택이 있다는 말입니다.

성공하는 사람들은 성공하는 선택을 하고
실패하는 사람들은 실패할 수밖에 없는 선택을 한다.

 ### 정시 수능 위주 전형 전략

앞서 정시 수능 위주의 전형에 대한 설명에서 어느 정도 감을 잡았을 것으로 생각합니다. 개인적으로는 정시 수능 위주 전형은 재학생들이 선택할 수 있는 전형 가운데에서 가장 진학하기 어려운 전형임에는 분명합니다. 특히 2026학년도까지는 N수생 집단이 매우 많을 수밖에 없는 상황이기에 더욱 그러합니다. 이렇게 어려운 정시 수능 위주의 전형을 준비하기 위해서는 당연히 엄청난 전략이 필요합니다. 정시 수능 위주의 전형을 준비하기 위한 최고의 전략은 바로 하루 15시간 이상 공부만 하는 것입니다. 말이 되냐고 생각하겠지만, 실제 재수 학원에서 재수하는 하는 학생들은 거의 대부분 이 정도의 공부 시간을 채웁니다.(당연히 공부하는 학생들만!) 재수 학원의 모든 학생이 공부를 열심히 하는 것은 아닙니다. 실제 재수해서 성적이 상승하는 비율이 생각만큼 그리 높지는 않습니다. 막연히 성적이 오르겠지 하고 도전하는 학생들이 많기 때문입니다. 앞서 언급한 바와 같이 공부는 패턴의 문제이고 뇌의 신경망과 관련된 문제이기 때문에 재수한다고 성적이 오르지는 않습니다. 이전에 하지 않던 시간들을 공부가 채우기 시작할 때 변화가 발생하는 것입니다.

최근 강남의 유명 재수 종합반에서 재수를 하는 졸업생을 만났습니다. 6월 모의 평가 후에 마음을 정리하고, 심리적인 안정을 찾기 위해 나를 찾아왔다고 하며 학원에서 보내는 일상을 들려주었습니다. 자신이 다니는 학원은 유명한 만큼 엄격한 관리를 받고 있어서 학원 내에서는 대화하면 벌점을 받는다고 합니다. 그러면서 고등학교 때 그렇게 했으면 좋았을 걸 웃으면서 말을 했습니다. 공부 시간이 철저히 통제되고, 외출도 부모의 전화가 있어야만 가능한 무시무시한(!) 관리를 받고 있다며 해맑게 웃는 졸업생과의 대화는 제게 많은 여운을 남겼습니다.

정시에서 성공하기 위해서 어느 정도의 학습량이 필요한가에 대해서는 여러 이야기를 할 수 있겠지만 개인적으로는 필요한 만큼 하면 된다고 생각합니다. 자신이 지원하길 희망하는 대학의 수준에 맞게 공부량을 조절하면 됩니다. 최상위권 대학을 생각한다면, 그에 맞는 공부량을 채우면 됩니다. 다만, 하루 15시간의 공부량은 상위권 대학 기준입니다. 정시로 상위 15개 대학까지의 2026학년도 모집 인원은 의학 계열을 포함하면 대략 24,000명 수준입니다. 수능 응시생을 48만 명으로 예상하면 5% 수준입니다. 즉 정시로 15개 대학에 진학하기 위해서는 수능 성적으로 상위 5% 수준이어야 합니다. 상위 5%가 되기 위한 공부량이 어느 정도일지를 고민해 보면 15시간이라는 현실적인 공부 시간이 나옵니다. 실제 상당수의 재수생들이 재수 종합 학원에서 14시간을 공부하고 있습니다.(식사 시간 포함)

2024년 5월에 3수를 고민하고 있는 수현 학생을 상담했습니다. 지방에 소재한 대학을 다니고 있는 수현이는 고3 때의 실수를 만회하기 위해 재수를 결심했다고 이야기하면서 재수를 통해 현재 다니고 있는 대학을 진학했고, 3수를 해서 서울에 있는 대학을 진학하고 싶다고 이야기를 했습니다. 개인적으로는 자신이 목표로 하는 대학을 위한 도전은 언제든 좋다고 생각하고 있기에 좋은 선택이라고 인정해 줬습니다. 이후에 재수할 때의 이야기를 한참을 듣고 난 후에 재수를 실패할 수밖에 없었던 이유를 이야기를 해줬습니다. 3수를 하겠다면 주말부터 공부를 시작해야 하기 때문에 주말 새벽 6시에 기상 문자를 보내도록 요구했습니다.

모든 공부는 항상 '지금' 시작해야 합니다. 일단 1학기가 진행 중이니 주말에만 문자를 보내도록 이야기를 했는데, 결국 상담 이후 첫 주말에 기상 문자가 오지 않았습니다. 대학 생활의 달콤함이 공부에 집중할 수 없는 이유가 되기도 하고, 대학을 위해 그렇게까지 해야 하는 건가라고 생각하고 있을 겁니다. 하지만 수능에서 좋은 점수를 받기 위해서는 요구되는 최소한의 공부량이 존재합니다. 일정 수준의 공부량을 채우지 못하면 좋은 점수를 받는 것은 어렵습니다. 수현이가 희망하는 대학은 결국 5%의 학생이 갈 수 있는 대학입니다. 현실적인 고민이 없다면 갈 수 없는 대학인 셈입니다.

학원을 다니면 성적이 오르고, 재수를 하면 수능 성적이 오를 것이라고 상상하는 것만으로는 절대 성적이 오르지 않습니다. 남다른 노력이 없는 한, 많은 사람들이 선망하는 대학을 간다는 것은 요원할 뿐입니다. 그러니 2026학년도 정시 전형을 준비하려고 생각하고 있다면 그에 합당한 선택을 해야 합니다.

얼마 전 박지성 선수의 영상을 잠시 본 적이 있습니다. 한국 축구 선수들끼리 이야기를 나누는 장면이었는데, 정말 핵심적인 이야기를 했습니다.

" 대부분의 한국 선수들이 다 그래.
내가 고등학교에 가서도 '유럽 가고 싶은 사람?' 하면
90% 이상을 손을 들어.
그중에 '영어 공부하는 사람?' 아무도 안 들어!
유럽은 가고 싶은데 영어 공부는 안 한대
어떡하라는 거야?
유럽에서 뛰는 선수들이 많으니까 유럽에 갈 수 있다는
생각을 하잖아 그러니까 꿈을 꾸는 거고
그러면 미리 준비를 해야지 "

어찌 이리 제가 하고픈 말을 하는지, 깜짝 놀랐습니다! 결국 성공의 원리는 어느 분야든 똑같습니다. 충격적이지 않습니까? 유럽은 가고 싶은데 영어 공부를 안 하면 그런 기회가 왔을 때 놓칠 수밖에 없습니다. 수능도 똑같습니다. 수능을 잘보고 싶고, 좋은 대학은 가고 싶은데, 공부는 하기 싫다는 심리는 성공하기 힘듭니다. 박지성 선수는 유럽으로 가는 선수가 되기 위해 노는 것과 영어 공부를 하는 것 중에 선택을 한 것입니다. 우리 모두에게는 지금 그 선택지가 동일하게 주어졌습니다. 수능을 준비하길 원하는 '선수'들에게 묻고 싶은 이야기입니다. '무엇을 포기할 수 있나요?'

미리 준비를 하는 사람은 성공할 수밖에 없는 선택을 하고, 꿈만 가진 사람은 실패하는 선택을 합니다. 성공을 위해서는 힘든 선택을 해야 합니다. 수능으로 성공하고 싶다면 그에 합당한 선택을 해야 합니다. 일찍 일어나는 선택을 해야 하고, 각종 영상을 보는 선택을 하지 말아야 합니다. 그런 선택을 하지 않는데, 자신이 원하는 목표를 달성

할 수는 없습니다. 박지성 선수는 정말 좋아하는 축구를 위해 자신이 싫어하는 보양식, 재미없는 기본기 반복 훈련, 소통하기 위한 영어 공부 등을 해냈습니다. 비단 박지성 선수뿐만 아니라 수능에 도전하는 모든 수험생들에게도 해당이 되는 사항입니다.

수능 고득점 전략에 대해서는 숱한 학원들이, 강사들이, 앱들이 이야기를 하고 있지만 공부의 본질은 앞서 이야기를 한 것처럼 학(學)에 있는 것이 아니라, 습(習)에 있습니다. 그러니 학교 수업이든, 학원 수업이든, 인강이든 배우는 모든 내용을 자신의 것을 만드는 과정을 최대한 많이 확보하는 것이 관건입니다. 통상적으로 많이 보고 들으면 익숙해집니다. 여기서 학습의 심각한 함정이 하나 생깁니다. 사람들은 보고 들어서 익숙해진 것을 자신이 안다고 착각합니다. 실제로는 알지 못하는데, 안다고 '생각'하게 된다는 말입니다.

올해 2월, 추운 새벽에 출근하기 위해 버스 정류장으로 향하다가 엄청 웃긴 장면을 봤습니다. 이른 아침 새벽 6시경 60대 정도로 보이는 남성분이 버스 정류장에서 요즘 유행하는 커다란 블루투스 헤드폰을 끼고, 휴대폰으로 영상을 보면서 슬릭백(slickback)을 하고 있었습니다. 당연히 이 분은 슬릭백을 '매우' 못했습니다. 최근 유행하는 영상을 보다가 생각보다 쉬워 보여서 자신도 할 수 있을 것 같아서 시도한 것으로 보였습니다. 본인은 아니라고 우길지 모르지만, 사실 많은 학생들이 이 분과 같은 행동을 합니다. 공부를 저런 식으로 하는 것을 꼬집는 것입니다. 심리학에서는 이것을 '유창성 착각'이라고 합니다.

유창성 착각은 눈으로 보기 쉬운 것을 실제로도 쉽게 할 수 있다고 잘못 생각하는 것을 말합니다. 근래 학생들에게서 매우 쉽게 발견되는 학습 오류입니다. 숱한 학생들이 열심히 공부한다고 주장하지만, 실제로는 공부를 못하는 가장 근본적인 이유입니다.

　인강을 들으면 강사들이 문제를 아주 '쉽게' 풉니다. 강사들이 아주 쉽게 풀기 때문에 그 문제를 쉽다고 인식하고, 그 문제를 이해했다고 생각하게 됩니다. 하지만, 습(習)과 학(學)은 다릅니다. 과거와는 다르게 오늘날 학(學)은 상대적으로 쉽고, 익숙합니다. 학생들은 어릴 때부터 학(學)을 반복합니다. 쉬운 것을 배울 때는 한번 들어도 알 수 있고, 두어 번 들으면 실제 이해도 됩니다. 이런 습관들이 쌓인 학생들은 공부를 배우는 것으로 생각합니다. 열심히 배우는데 결국 머릿속에 남은 것은 없습니다. 단순히 입력된 그런 정보는 아쉽게도 뇌가 알아서 필터링을 합니다.

　고등학생이 배우는 교과목 내용들은 결코 쉽지 않습니다. 고교 교육 과정, 혹은 수능에서 요구하는 수준은 고난도의 사고 과정을 가지고 있어야 하는데, 너무 쉽게 공부를 하려고 하다 보니 실패를 합니다. 이해하기 쉬운 인강을 찾지만, 이해하기 쉬운 인강은 그만큼 잊어버리기도 쉽습니다. 공부는 모르는 것을 배우는 과정이기 때문에 힘든 것이 정상이고 이해되지 않아야 합니다. 그것을 이해하기 위해 노력하는 과정이 공부입니다. 수능에서 좋은 성적을 만들기 위해서는 당연히 이런 유창성 착각으로부터 자유로워야 합니다. 쉽게 될 거라는 생각을 하지 말고, 앞서 언급한 것처럼 혼자 공부하는 시간을 최대로 확보해야 합니다.

최근 고3인 민지를 상담했습니다. 민지는 1, 2학년의 내신이 낮게 나와서 논술과 수능으로 대학을 가겠다고 2학년 말에 선언을 하고 제가 운영하는 프로그램에서 나갔고, 강남의 유명한 학원의 윈터 스쿨에 들어갔습니다. 4등급의 내신이었던 민지는 윈터 스쿨에 다녀온 이후 3학년 1학기 내신 성적을 5등급을 받았습니다. 기말고사 이후 아주 어려운 기회를 만들어서 상담을 했습니다. 윈터 스쿨 이후에 공부를 조금 하다가 다시 공부를 하지 않는다는 말을 듣고는 휴대폰을 확인했습니다. 대부분 성적이 안 나오는 학생은 반드시 다른 무언가에 집중하고 있습니다.

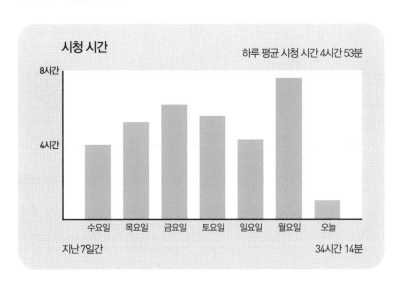

민지의 유튜브 앱에서 확인한 평균 시청 시간입니다. 다시 한 번 말

하지만, 고3입니다. 하루 평균 4시간 53분의 시간을 다양한 영상을 보는 데 사용을 합니다. 이런 학생이 공부를 잘할 수 있을까요? 당연히 그럴 수 없습니다. 사실 공부를 할 수 없는 엄청난 이유들이 민지에게 있습니다. 반면 현실적으로 생각하면 민지는 공부를 잘할 수밖에 없는 다양한 환경을 가지고 있습니다. 심지어 머리도 '아주' 좋습니다.

한참을 이야기하다가 저의 유튜브 앱 화면을 보여주었습니다.

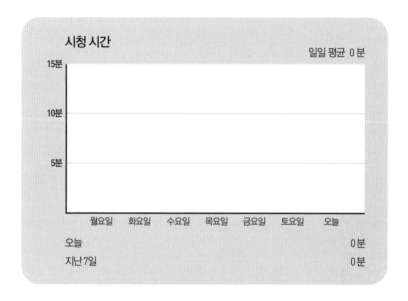

이 화면을 보여주면 학생들은 반응은 항상 똑같습니다. 말도 안 된다고, 어떻게 이렇게 살 수 있냐고 이야기를 합니다. 저에게는 너무나도 당연한 일상이 학생들에게는 불가능한 일로 보일 수 있습니다. 하지만 굳이 영상을 봐야 할 이유가 무엇인지에 대해 생각해 보면 그럴 이유가 없습니다. 굳이 말한다면, 세상에 재밌는 일이 얼마나 많은데 굳이 화면 속에서 재밌는 일을 찾아야 할 이유가 없기 때문이기도 합니다. 민지는 상담 후에 휴대폰과 패드를 저에게 맡기고 '진짜 공부'를 시작했습니다. 지난 1주일 간 민지의 눈빛은 상당히 많이 회복되었고, 앞으로도 조금씩 더 성장할 것으로 보입니다. 엄청 힘든 시간이겠지만, 자신의 선택에 합당한 행동을 하는 이상 성장할 것입니다.

책의 처음에 언급했던 하빈이를 다시 소환해 보겠습니다. 휴대폰과 패드는 저에게 맡기고, 진짜 공부를 시작했습니다. 2023년 10월 상담일 이후 학교를 안가는 모든 날에는 기상 문자를 6시 반에 보냈고 (오늘까지도) 하루 공부 시간을 압도적으로 늘려가고 있습니다. 이후 상담이 몇 번 있었지만, 지속적인 자기 설득을 잘 해내고 있습니다. 일반고 내신 6등급이고, 한 달 학원비가 거의 300만 원이었던 학원도 슬림하게 정리하고, 혼자 공부하는 시간이 늘고, 공부하려는 의지도 키우면서 2024년 6월 모의 평가에서 국2, 수3, 영2의 성적을 만들었습니다. 9월 모의 평가에서는 조금 더 성적이 상승할 것으로 기대하고 있습니다. 사실 가능할까 싶은 성적이겠지만, 그만큼의 노력이 있었고, 그만큼의 눈물이 있었고, 그만큼의 지독함이 있었기에 가능한 이야기입니다.

정시 전형을 대비하기 위한 전략은 사실 학생부 교과 전형을 준비하는 만큼이나 단순합니다. 그만큼의 공부가 일단 필요합니다. 학생들과 이야기를 하다보면 가장 많이 듣는 이야기 중의 하나가 '효율적인 공부'입니다. 맞습니다. 필요합니다. 하지만, 냉정하게 말하면 효율적인 공부는 그 효율성이 의미 있을 만큼의 시간을 투자한 학생들에게 해당되는 이야기입니다. 많은 학생들은 효율성이 필요할 수준까지 공부량을 채우는 것이 우선입니다. 수능 만점 받은 학생들이 이야기하는 '충분히 자고~~'라는 이야기는 일정 수준 이상의 공부량을 채우고, 그만큼의 학습 패턴을 만든 이후에 의미 있는 이야기입니다.

의대 증원과 관련된 이슈, 무전공 전형의 확대 이슈 등을 고려해볼 때 실제 N수생의 증가는 기정사실입니다. 즉 수능 상위권 학생들이 다수 포진할 가능성이 높다는 점은 수능 문항의 어려움으로 이어질 가능성이 높습니다. 의대 증원으로 인한 N수생의 폭증 등의 영향이 여전히 변수로 작용할 2026학년도 입시에서 수능은 상위권의 변별이라는 문제가 있기 때문에 어렵게 출제될 수밖에 없는 상황입니다. 2025학년도 수능도 별반 다르지 않을 것으로 예상 됩니다. 실제 2026학년도 의대 증원은 지역 인재의 확대로 나타나고 있습니다. 2024학년도의 입시와 비교하면 지역 인재 전형에서 2배 이상의 인원이 증가하게 되는 셈입니다. 하지만 문제는 2025학년도 수준의 수능 최저 학력 기준이 적용된다면 지역 인재 전형의 미달이 제법 높은 수준으로 나타날 것으로 예상이 된다는 점입니다. 상당수의 경우에 수능 최저 학력 기준을 달성하지 못할 가능성이 높다고 판단되기 때문입니다. 수시에서 충원하지 못한 인원들은 정시로 이월된다는 점을 생각하면 실질적으로 지방 의대의 정시 확대를 어렵지 않게 예상할 수 있습니다. 실제 2025학년도 입시 결과도 그런 형태로 나타나게 될 것입니다.

입시를 준비하는 학생들은 어려운 수준의 수능이 될 것이라 예상하고 마음을 단단히 먹고 그에 합당한 수능 준비를 하면 됩니다. 어떤 전략으로 정시를 준비할 것인지에 대한 명확하고 구체적 계획이 있다면 정시 전형을 선택하는 것도 아주 멋진 전략이 될 것이라고 생각합니다.

2. 당면한 난.처.한. 상황들

대학 입시라는 큰 과제 앞에 많은 학생, 학부모들이 좌절을 경험합니다. 대체로 '난생 처음 한번' 경험하는 일이기 때문입니다. 그리고 지금까지 만난 대부분의 학생과 학부모들은 별로 준비되지 않은 상태였습니다. 학생은 '열심히 했는데도 안 되는 걸 어쩌라고' 하소연하고, 부모는 '자기 인생이니 열심히 하고 있는 줄 알았지' 한숨을 내뱉습니다. 대부분의 일이 그렇듯 준비가 안 된 상황에서 문제를 만나게 되면, 어처구니없는 실수를 '반복'하게 됩니다. 특히 내 아이의 인생이 걸렸다고 생각하는 순간 아주 당황스러운 행동을 하게 됩니다.

우리에게 닥친 이 난처한 상황들을 해결하기 위해서는 항상 그렇듯 '본질'에 충실한 것이 중요합니다. "대학 입시의 본질은 무엇일까요?" 그 답은 분명합니다. 대학 입시의 본질은 학생의 우수함에 있습니다. 그렇다면 '우수함'을 가지기 위해서는 무엇을, 어떻게 해야 할까요?

최근 'The Magic Star'라는 마술사 오디션 프로그램을 본 적이 있습니다. 그 프로그램에서 한 마술사가 카드 마술에서 엄청난 손기술을 보여 주었습니다. 공연이 끝난 후 평가단의 한 연예인이 하루에 얼마나 연습하는지를 물어봤습니다. 숱한 마술사들 중에서 유독 그 마술사에게만 그 질문을 한 이유는 그 마술사가 유독 손이 빨랐던 탓이었습니다. 마술사의 대답이 난처한 상황에 있는 여러분에게 꼭 해주고 싶은 이야기입니다.

> 눈을 뜨면, 바로 카드를 손에 쥡니다.
> 잠잘 때 외에는 손에서 내려놓지 않습니다.
> 연습이라고 부를 만한 것은 10~12시간을 합니다.

사실, 모든 성공한 사람들의 공통점일겁니다. 그들도 모두 난처한 상황에 직면했을 테고, 그 난처함을 극복하기 위해 나름의 길을 찾은 것입니다. 눈을 뜨면 카드를 손에 쥐고 잠 자는 시간 외에 카드를 늘 손에서 놓지 않았다는 것은 자신의 재능을 극대화시키기 위해 본인이 할 수 있는 최대한의 노력과 연습을 했다는 것을 말합니다. 그의 진정성 있는 향상심은 존경받을 만한 가치가 있다고 생각합니다. 공부도, 대학 입시도 이와 다를 바 없습니다. 개인적으로는 노력하면 성공한다는 말을 사용하지 않습니다. 노력한다고 해도 얼마든지 실패할 수있고, 노력이 성공을 담보하는 세상이 아님을 잘 알고 있습니다. 중요한 것은 노력해서 성공하는 것이 아니라, 노력해서 자신의 능력을 개발하는 것입니다. 이전에는 엄두도 내지 못했던 기술들을 수많은 실수와 실패의 과정을 경험하면서 작은 성공을 만들어 가며 성취감을쌓았기에 열정적으로 마술에 매진할 수 있었던 그 사람처럼 입시를준비하는 학생들 역시 그와 같은 과정을 거쳐야만 합니다. 그래야 우

리 안에 있는 능력이 개발될 것이고, 그 과정을 통해 우리는 난처한 상
황을 '난.처.한'으로 바꿀 수 있게 됩니다.

 ## 수시 vs 정시

수험생들과 학부모들이 당면한 가장 난처한 상황 중 하나는 수시
와 정시의 선택에 관한 것입니다. 숱한 학생과 학부모들과의 상담 가
운데서 가장 많이 듣는 이야기 중의 하나는 수시는 망쳤으니 정시를
준비하겠다는 말이었습니다. 오늘도 지나가던 2학년 학생이 복도에
서 큰 소리로 저에게 정시로 대학을 가겠다고 '선언'을 했습니다. 수시
는 가능성이 없으니, 정시 준비를 하겠다는 뜻입니다. 하지만, 2026학
년도 입시를 준비하는 모든 학생들과 학부모들에게 꼭 이야기하고 싶
은 것은 수시와 정시는 취사선택의 문제가 아니라는 말입니다. 정확
하게는 '수시 & 정시'입니다. 수시와 정시는 별개의 문제가 아닙니다.
입시와 관련된 언론 등에서 수시와 정시를 자꾸 양자택일의 문제로
몰고 가는 경향이 다분하지만 실제로는 그렇지 않다는 것을 확실하게
알아야 합니다. 정시를 선택한다는 말은 수시 6번의 기회를 포기한다
는 말입니다. 여기서 하나의 질문이 가능합니다.

" 굳이? "

'주어진 기회를 포기하고, 정시 3번의 기회에 모든 것을 걸겠다고?' 하는 것은 다소 왜곡된 정보로 인해 발생하는 문제입니다. 그러니 앞서 언급한 바와 같이 사고의 흐름에 어떤 문제가 있는지, 판단의 근거가 된 정보가 무엇인지에 대해 조금 더 면밀하게 생각해 볼 필요가 있습니다.

수시를 포기한다고 이야기하는 모든 학생, 학부모들의 공통점은 내신 성적 때문입니다. 하지만, 앞서 열심히 살펴 본 것처럼 내신이라고 하는 것에 대해 편향된 정보를 가지고 판단하게 되면 모든 가능성이 차단될 수밖에 없습니다. 학생부 종합 전형에 합격하는 학생들의 상당수는 3학년 1학기 때 내신 성적을 올린 학생들입니다. 내신이 상승세를 보인다고 모두 합격하는 것은 아니지만, 3학년 1학기 내신 성적을 올린 학생들이 유리한 것은 사실입니다. 그러니 지금 당장 내신 성적에 대한 고민을 시작해 봅시다. 1학년 내신을 망친 것에 대한 후회를 할 때가 아니라, 현재의 내신 성적을 '최고'로 만들기 위한 고민을 해야 할 때입니다. 내신 평균을 보는 것이 아니라는 것을 다시 한 번 강력하게 강조합니다.

2026학년도 입시를 준비하는 모든 학생들에게 꼭 하고 싶은 (특히 정시를 준비한다고 주장하는 학생들에게) 이야기가 있습니다. 대부분의 학생들은 해당 학교에서 1등급을 받고 있는 학생들을 넘사벽이라고 생각합니다. 절대 이길 수 없다는 점을 강조합니다. 하지만, 여러분이 다니는 고등학교는 전국의 2,000여 개의 고등학교 중의 하나입니다. 전국 고등학교에는 심지어 1.0의 내신 성적을 만드는 학생들이 많이 있습니다. 그런 재학생들의 넘사벽이라도 수능에서 N수생에게 경쟁이 되기 어렵다는 점은 앞에서 데이터를 통해 어느 정도 증명을 했습니다. 그러니 여러분의 주장은 이상한 결론이 나오게 됩니다. 예를 들자면, 배드민턴 지역 예선에서 좋은 결과를 만들지 못한 선수가 전국 체전 혹은 국가 대표 선발전에서 메달을 따겠다는 포부를 밝히는 것과 마찬가지입니다. 자, 국가 대표가 되겠다고 선언을 하고 있으니……. 연습량이 어마어마해야겠죠? 하지만 정시로 대학을 가겠다고 선언한 고등학생 중 정시에 진심인 학생들은 그리 많지는 않습니다. 정시를 준비하면 안 된다고 말하는 것이 아닙니다. 정시를 준비하기 위해서는 앞서 언급한 것과 같이 하루 최소 12~15시간을 공부해야 합니다. 그래야 정시에서 경쟁력이 생기게 됩니다.

그럼 다음과 같은 의문이 당연히 들 수밖에 없습니다.

'그 정도의 공부량으로 내신을 준비하면 어떻게 될까?'

당연한 질문입니다. 그 정도의 시간을 공부하는 학생이 개별 고등학교에서 몇 명이나 될까요? 실제로 그렇게 많지 않습니다. 그러니 정시를 준비하겠다는 각오로 내신을 준비한다면, '대박'의 결과가 나오지 않을까요? 그럼 수시를 준비하지 않을 이유가 무엇일까요?

대학 입시 전형 중에서 재학생에게 절대적으로 유리한 전형은 학생부 종합 전형입니다. 상당수의 대학들은 학생부 종합 전형에서 선발하는 학생의 상당 부분을 재학생으로 선발합니다. A 대학의 입시 결과를 분석해보면 학생부 종합 전형의 지원자 중에서 졸업생의 비율은 30% 수순이지만, 최종 합격자들 중에서 졸업생은 비율은 10% 수준입니다. 즉, 학생부 종합 전형에서는 재학생이 압도적으로 유리하다는 말이 가능합니다. 그런 유리한 전형을 포기하고, 데이터 상으로도 이미 불리한 전형인 정시를 준비하겠다는 것은 전략이라는 측면에서 볼 때 실패할 확률이 높습니다. 수시를 포기하고 정시를 목표로 삼는 것에는 다양한 이유가 있겠지만, 앞서 언급한 내용들을 충분히 읽었다면, '수시 & 정시'라는 말의 중요성을 이해했을 것이라 생각합니다.

전략이라고 말할 때 가장 기본적인 것 중의 하나가 자신이 활용할 수 있는 모든 자원을 최대한 활용하는 것입니다. 수시에서 다소 변수로 이야기할 수 있는 것은 '논술'입니다. 정시를 고민하고 있는 학생들도 대체로 논술을 함께 준비하는 것이 일반적이긴 합니다. 이럴 경우에도 역시 '수시 & 정시'이긴 합니다. 논술은 앞서 언급한 바와 같이 경쟁률에서 이미 어려움이 많습니다. 그럼에도 어쩔 수 없다고 생각하는 학생과 학부모들이 있긴 합니다. 자기들의 생각을 '믿는' 사람들에게는 진심 어린 말로도 설득하기가 참 어렵습니다. 믿는다는 행위는 이성적인 판단의 영역이 아니기 때문에 설득이 될 수 없기 때문입니다. 자신의 결정이 '믿음'에 근거한 것인지, 이성적 판단에 근거한 것인지에 대한 질문에서 시작점을 잡아봅시다.

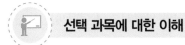

선택 과목에 대한 이해

선택 과목과 관련하여 정말 난처한 상황들을 많이 경험했을 것으로 생각합니다. 도대체 어떤 과목을 선택해야 하는지에 대한 고민이 많았고, 여전히 있을 것입니다. 이 난처한 상황들을 해결하기 위해서는 당연히 공부가 필수입니다. 난처한 상황을 '난.처.한'으로 해결해 봅시다.

2015개정 교육 과정에서 선택 과목은 매우 중요한 의미를 가집니다. 어떤 과목을 선택하느냐는 개별 학생이 어떤 진로를 고민하고 있고, 어떤 역량을 중시하는지를 직접적으로 보여줄 수 있다는 측면에서 매우 중요한 요소입니다. 선택 과목의 중요성은 대체로 학생부 종합 전형과 관련되어 있으며, 학생부의 내용을 정성적으로 반영하는 일부 학생부 교과 전형과도 매우 밀접한 관련을 가지고 있습니다. 선택 과목에 대해서도 대학 역시 매우 정성스레 고민을 하고 있는 지점입니다. 그럼에도 불구하고 잘못된 선택을 하는 경우들이 많은데, 그이유는 잘못된 정보를 가지고 있기 때문입니다. 대학이 선택 과목을 입시 평가에 반영하고, 우리가 선택 과목에 대한 고민을 하는 이유는 선택 과목이 학생의 '성장'과 밀접한 관련을 가지고 있기 때문입니다. 그 부분을 이해해야 정확한 과목 선택이 가능해집니다.

2015개정 교육과정에서는 본격적인 고교학점제가 적용되는 2025년 고교 입학생들에 비해서는 과목 선택권이 엄청 넓지는 않습니다.

그럼에도 학생들의 과목 선택은 매우 중요한 의미를 지니고 있습니다. 대학의 입장에서는 고등학생의 지적 수준과 지적 호기심을 확인할 수 있는 아주 중요한 지표 중의 하나입니다. 앞서 언급한 표현을 다시 사용합니다.

> 어떤 과목을 선택했는지는
> 그 학생의 지적 수준을 그대로 보여준다.

독서를 과목으로만 바꿨습니다. 그럼에도 아주 말이 됩니다. 실제 어떤 과목을 선택했는지는 학생이 무엇을 궁금해 하는지, 그리고 그 궁금함의 방향과 내용이 정확한지를 확인할 수 있는 근거 자료가 되기도 합니다.

단순하게 생각해 보면, 쉬운 과목을 선택해서 좋은 내신을 받은 학생과 어려운 과목을 선택해서 다소 낮은 내신을 받은 학생 중 대학은 어떤 학생을 선호할까요? 조금 더 구체적으로, 공학 계열을 준비한다고 학생부에서 주장한 학생이 지구과학 I 을 선택해서 1등급을 받은 상황과 화학 II 를 선택해서 2등급 혹은 3등급을 받은 상황을 생각해 봅시다. 어떤 과목을 선택한 학생이 더 의미 있는 평가를 받게 될까요? 다양한 변수들이 존재(선택 과목 학생 수 등)하긴 하지만, 대체로 화학 II 를 선택한 학생들이 더 좋은 평가를 받게 됩니다.

내신을 정량화하는 학생부 교과 전형과는 전혀 다른 이야기입니다. 학생부 종합 전형에서는 화학 II 선택자에 대한 매우 간단하지만,

예측 가능한 중요한 질문을 던집니다.

'어려운 화학Ⅱ를 내신의 불리함을
알고 있음에도 불구하고 선택한 이유가 뭘까?'

이 질문에 교과 세특으로 응답하면 자신의 우수함을 증명할 수 있게 됩니다. 무조건 어려운 과목을 선택해야 한다는 말이 아니라, 자신의 성장 곡선 안에서 화학Ⅱ가 의미 있음을 증명하는 것이라고 생각하면 됩니다. 물론 대체로 어려운 과목을 선택한다는 것을 보다 깊이 있는 지식을 습득할 준비가 된 학생으로 판단되어질 수도 있습니다.

검색창에 '선택 과목 안내서'라고 치면 상당히 많은 종류의 안내 책자들이 나옵니다. 실제로 대학에서 선택 과목에 대한 많은 안내를 하고 있기도 합니다. 어떤 학과를 진학하기 위해서는 어떤 과목을 선택하는 것이 '유리'하다는 엄청난 전설이 전해지기도 하고, 어떤 학과를 진학하기 위해서는 특정한 과목을 반드시 선택해야 한다는 신화가 전해지기도 합니다. 당연히 일부분 맞는 말입니다. 정확하게는 이렇게 해석되어야 합니다. 특정 학과를 선택했다면, 그 분야에 대한 관심이 있다는 말이고, 그 분야에 관심이 있다면 그 분야에 해당하는 과목을 선택하는 것이 너무 당연합니다. 결국 그 과목을 선택해야만 하는 것이라기보다는 그 과목을 선택하는 것이 합리적이라는 말입니다. 선택 과목에 대한 이야기를 할 때 항상 조심해야 할 부분이지만, 대부분의 경우에 무시하거나, 지나치게 의미를 부여해서 실패하는 선택을 하게 되는 경우가 있습니다. 바로 진로 변경으로 인한 선택 과목 문제입니다. 기본적으로 고등학생은 진로를 언제든 변경할 수 있습니다. 항상 강조하는 것처럼 공부를 하다보면 더 관심이 생기는 분야가 나오기 마련입니다. 대학은 당연히 이 부분을 긍정적으로 평가합니다. 해당 분야에 대한 공부를 하지 않는 학생들에 비해 의미 있는 결과물이 도출되기 때문입니다.

서울대의 경우를 한번 보겠습니다. 거의 처음으로 제시를 한 대학이기 때문에 나름의 의미를 가집니다. 그리고 서울대의 자료를 해석하면 상위권 대학이 학생을 평가하는 나름의 기준들이 매우 선명하게 보입니다. 서울대는 '전공 연계 교과 이수'를 2024학년도 입시부터 제시하고 있습니다. 실제는 3페이지 분량이지만, 요약하자면 다음과 같습니다.

> 대학이 선택 과목을 통해 확인하려고 하는 것은 그 선택 과목을 선택한 이유일 것입니다. 다양한 이유가 있고, 그 다양한 이유에 합당한 증명이 있으면 인정됩니다. 우리가 고민할 지점은 당연히 증명의 영역입니다. 쉬운 과목처럼 보여서 선택했다는 말은 의미가 없고, 실질적으로는 낮은 평가를 받을 수밖에 없습니다. 모든 '성장'은 쉬운 선택에서 나오기는 어렵기 때문입니다. 다른 학생들이 하는 선택을 그냥 따라하는 것보다는 자신만의 학습 과정을 증명하는 것으로 생각하면 됩니다.

어떤 과목을 선택했느냐 보다는 왜 선택했고,
어떤 성장을 만들었는지가 더 중요합니다.

특히, 부분적이나마 고교학점제를 적용하고 있다는 점에서 선택 과목은 더욱 중요해집니다. 예를 들어, 학교에서 개설하지 않은 과목을 온라인 수강이나 공동 교육과정 수강을 통해 이수할 수 있습니다. 여기서도 평가는 유사하게 나올 수밖에 없습니다. 학생부의 많은 내용들과 자신이 이수한 과목의 연결점이 없다면 좋은 평가는 어렵습니다.

기본적으로 학교 개설 이외의 과목을 수강하는 경우는 긍정적인 평가의 대상이 됩니다. 왜 그 과목을 '굳이' 선택했는지를 생각하면, 당연히 '지적 호기심'이 있기 때문에 나름의 불편함과 어려움을 감수한 것으로 평가한다는 말입니다. 다만, 그 결과의 수준이 낮다면 당연히 좋은 평가를 받기 어렵습니다. '성적'의 이야기는 당연히 포함됩니다. 하지만, 성적만의 이야기는 아닙니다. 선택 과목에 대한 평가에서 중요한 역할을 담당하는 것은 당연히 '교과 세특'입니다. 교과 세특을 통해 선택의 이유와 성장에 대한 증명을 하는 것이 더 의미 있습니다. 열심히 학교 개설 이외의 과목들을 수강하는 학생들을 만나지만, 실질적인 성장을 이뤄내지 못하는 경우들이 더 많았습니다. 그럴 바에는 오히려 학교 개설 과목을 성실히 이수하는 것이 훨씬 더 의미 있습니다. 많은 시간과 노력을 들여서 난처한 상황을 만나게 될 수도 있습니다. 대학이 보고 평가하려는 것은 그 학생의 겉모습이 아니라, 실질적인 성장입니다. 역량이 뛰어난 우수한 학생이 경쟁력이 있다는 점을 다시 한 번 강조합니다.

 의대 정원 증원

2024년에 가장 큰 사회적, 교육적 이슈는 뭐니 뭐니 해도 의대 증원 이슈입니다. 워낙에 큰 이슈이기도 하지만, 입시라는 측면에서는 더 큰 의미가 있기에 관련된 난처한 상황들에 대해서 고민해보도록 하겠습니다. 2025학년도 입시에서 가장 강력한 이슈 중의 하나인 의대 정원 관련 이슈는 여전히 어떤 식의 결론으로 나타날지는 알 수 없으나, 2026학년도 입시에서도 여전히 의대 증원 관련 정책이 그대로 추진될 것이라는 전제로 두고 이야기를 해보도록 하겠습니다. 2026학년도 입시에서 의대는 2025년보다 증가한 1,932명 증원으로 계획을 세운 상태입니다. 치의예과는 인원 변동이 없고, 한의예(2명), 수의예과(17명), 약학과(6명)이 감소하게 됩니다.

과	수시	정시	계
의예	3,376	1,572	4,948
치의예	432	198	630
약학	1,058	686	1,744
수의예	329	150	479
한의예	531	196	727
합계	5,726	2,802	8,528

2025학년도에 이어 2026학년도에 의대 증원이 가시화되면서 최상위권 학생들의 변동 폭이 크게 증가하는 결과로 나타날 것으로 보입니다. 최상위권의 모집 인원이 순수 증가로 나타나고 있기 때문에 순차적인 변화가 예상이 되고 있는 상황입니다. 근본적으로는 전반적인 합격선의 하락으로 자연스럽게 나타날 것입니다. 다만, 어느 정도의 하락이냐가 관건이 될 것입니다. 어느 정도의 하락으로 이어질 것인지에 대해서는 2025학년도 입시 결과가 분석되어야 알 수 있습니다. 워낙에 변수가 많은 상황이기 때문입니다. 다만, 가장 큰 변수가 되는 것은 2025학년도에 수능 등으로 의대 입시를 준비한 졸업생 혹은 20대 초중반 의대 수험생들의 향방입니다.

의대를 제외한 다른 의약학 계열에서는 큰 변화가 없으니, 의대 증원을 조금 더 자세하게 다뤄보도록 하겠습니다.

수도권의 2025학년도 의대 정원은 다음과 같이 나타납니다.

대학	인원
서울대	137
연세대	112
한양대	110
경희대	111
고려대	112
가톨릭대	96

대학	인원
중앙대	87
이화여대	76
성균관대	112
아주대	113
인하대	123
가천대	137

비수도권의 2025학년도 의대 정원은 다음과 같습니다.

대학	인원
전북대	171
전남대	165
부산대	163
충남대	158
경북대	157
원광대	157
순천향대	154
조선대	152
경상국립대	142
충북대	126
계명대	125
동국대(w)	124
가톨릭관동대	115
울산대	110

대학	인원
건국대(글)	110
을지대	106
한림대	104
연세대(미)	104
인제대	104
고신대	103
영남대	103
동아대	102
건양대	102
강원대	91
대구가톨릭대	82
단국대(천)	82
제주대	72

2025학년도 의대는 전년 대비 1,497명이 증가한 4,610명을 모집

합니다. 학생부 교과 1,577명, 학생부 종합 1,334명, 논술 및 기타 207명, 수능 1.492명입니다. 2025학년도 입시에서는 수시 모집이 전체의 67.6%를 차지하고 있습니다. 수시 중 학생부 교과 34.2%, 학생부 종합 28.9%, 논술 3.9% 등입니다. 수시에서 1,166명이 증가했고, 정시에서는 331명이 증가했습니다. 주목해야 할 부분은 역시 수능 위주의 정시 전형으로 선발하는 인원이 331명이라는 점입니다. 즉, 많은 이슈에도 불구하고 의과대학들은 수시로 학생들을 선발하려는 성향이 더 강하게 나타난다는 점을 이해해야 합니다. 그 이유 중 가장 큰 이유는 의대 증원이 비수도권을 중심으로 이뤄지고 있기 때문입니다. 비수도권 대학들이 우수 학생의 선점을 위해 수시의 비율을 늘리고 있는 상황을 생각하면 당연히 예측된 결과입니다.

이슈가 되는 부분은 지역 인재 전형입니다. 지역 인재의 선발 규모는 1,913명으로 전년도에 비해 80% 증가했습니다. 이중 수시의 모집 인원은 1,594명으로 전년도(749명)에 비해 거의 두 배로 증가했습니다. 문제는 수시로 선발하는 지역 인재 전형의 95% 정도가 수능 최저 학력 기준을 적용하고 있다는 점입니다. 수능 최저 학력 기준이 다소 높게 제시되고 있다는 점을 감안하면 미충족에 대한 고민도 어느 정도 타당합니다. 수능 최저 학력 기준은 '3개 영역 합4'를 요구하는 전형의 인원수가 가장 많고, 다음으로는 '3개 영역 합5'로 높은 기준을 요구하고 있음을 알 수 있습니다. 다소 높게 설정된 수능 최저 학력 기준을 지역 인재를 지원하는 수험생들이 어느 정도 충족할 수 있을 것인지가 큰 관건이 될 것이고, 이는 2026학년도에도 유사하게 적용될 가능성이 있다는 점을 감안해서 준비해야만 합니다.

결국 2025학년도 입시에서 의대 관련 이슈가 정리되고 나면 입결의 흐름이 나타나기 시작하겠지만, 지금은 다소 혼란스러운 상황입니다. 이런 모든 상황 속에서 가장 큰 변수는 N수생 유입인데, 의대를 목표로 하는 수능 성적 상위권의 N수생 증가를 감안하면 2025학년도 수능은 다소 어렵게 출제될 것입니다. 이로 인해 수능 최저 학력 기준을 충족하지 못하는 학생들의 수가 증가할 것이고 이어서 미충원 인원의 증가는 정시 인원의 증가로 예측의 어려움을 더하고 있습니다.

2026학년도 의예과는 학생부 교과 전형 34개 대학, 학생부 종합 전형 36개 대학, 논술 9개 대학으로 모집을 하게 됩니다. 학생부 교과 전형 실시 대학의 사례를 살펴보겠습니다. (지역인재 전형 제외)

대학	전형명	모집인원	전형 방법 및 특징	수능 최저 학력 기준
고려대	학교추천	18	학생부교과90+서류10	국, 수, 영, 탐(1) : 4합 5, 한 4 이내
가천대	학생부우수	15	학생부교과100	국, 수(미/기), 영, 과(2) 중 3개 영역 각 1
인하대	지역균형	26	학생부교과100	국, 수, 영, 탐(2) 중 3개 각 1
전북대	일반학생	30	학생부교과100	국, 수(미/기), 영, 과(2) : 4합 5 이내

각 대학의 2024학년도 입결을 살펴보겠습니다.

대학	모집 단위	인원	경쟁률	충원 합격순위	최종 등록자 교과 성적 학생부 등급	
					50% cut	70 % cut
고려대	의과대학	18	23.44	24	1.06	1.08
가천대	의예과	5	25.2	3	1	1
인하대	의예과	9	9.4	12	1.08	1.10
전북대	의예과	19	18.5	19	1.26	1.28

2026학년도 의예과 학생부 교과 전형이 2024학년도 인원보다 많은 수가 증가한다고 하더라도 내신 성적의 70% cut가 엄청나게 낮아질 가능성이 그리 높지는 않습니다. 다만, 현재의 수준보다는 확실히 낮아질 것을 예상할 수 있고, 실제 비수도권의 의대는 수능 최저 학력 기준을 충족한다면 보다 낮은 내신도 가능할 것으로 예상이 됩니다. 반면, 수도권의 의대는 증원이 적은 만큼 합격선의 변화는 거의 없을 것으로 예상됩니다.

학생부 종합 전형에서 지역 인재 전형을 제외한 학생부 종합 전형의 사례를 살펴보겠습니다.

대학	전형명	모집 인원	전형 방법 및 특징	수능 최저 학력 기준
한림대	학교생활 우수자	49	1단계(5배수) : 학생부100 2단계 : 1단계70+접30	국, 수(미/기), 영, 과(2) 중 3개합 4 이내 (영어 포함 시 영어 1등급)
충남대	일반	25	1단계(5배수) : 학생부100 2단계 : 1단계66.7+면접33.3	국, 수(미/기), 영, 과(2) 중 수학 포함 3개합 5 이내
서울대	일반전형	50	1단계(2배수) : 학생부100 2단계 : 1단계50+구술·면접50	없음

연세대	활동 우수형	45	1단계(4배수) : 학생부100 2단계 : 1단계60+면접40	국, 수(미/기), 과1, 과2중 1등급 2개(국/수중 1개 포함), 영어3, 한4 이내

각 대학의 2024학년도 입결을 살펴보겠습니다.

대학	모집 단위	인원	경쟁률ᴣ	충원 합격순위	최종 등록자 교과 성적 학생부 등급	
					50% cut	70 % cut
한림대	의예과	21	21.81	11	1.17	1.20
충남대	의예과	19	10.79	21	1.11	1.13
서울대	의예과	39	8.03	0	1.04	1.11
연세대	의예과	42	11.33	21	1.12	1.18

학생부 종합 전형에서는 다소 변수가 있긴 하지만, 아주 높은 내신과 높은 수능 최저 학력 기준을 요구한다는 점에서는 학생부 교과 전형과 대동소이합니다. 다만, 많은 대학들이 2단계 면접이라는 큰 변수가 있습니다. 실제 1.0의 내신을 받는 학생들이 전국적으로 어느 정도 수준으로 매년 존재한다는 점을 감안하면 면접의 영향력이 매우 높다는 점도 알 수 있습니다.

2025학년도 입시에 이어서 논술 전형은 다소 확대되고 있습니다. 2026학년도 입시에서 가천대(40명), 단국대(천)(13명), 이화여대(5명), 한양대(8명)가 의예과 논술을 신설했습니다. 의대 논술 전형의 확대는 의대 정시를 준비하고 유입되는 졸업생들의 주요 통로가 될 수 있다는 점에서 경쟁률은 오히려 상승할 수도 있다는 점을 유의해야 합니다. 근래에 의대 입시에서 3수생 이상의 이른바 '장수생'들이 늘어나고 있는 추세를 볼 때 경쟁률은 상승할 것으로 예상합니다.

대학	전형명	모집 인원	전형 방법 및 특징	수능 최저 학력 기준
한림대	논술	40	논술100	국, 수(미/기), 영, 과(2) 중 3개 각 1등급
충남대	논술(AAT)	15	논술70+교과30	국, 수, 영, 탐(2) 중 탐구 포함 3개 합 4 이내
서울대	논술우수자	20	논술80+교과20	국, 수, 영, 탐(2) 4개 합 6 이내
중앙대	논술	18	논술70+교과20+출결10	국, 수, 영, 탐(2) 4개 합 5, 한국사 4 이내 (영어 반영 시 1, 2등급 통합하여 1등급 처리)
연세대	논술우수자 (창의인재)	15	논술100	국, 수(미/기), 과1, 과2 중 3개 1등급, 영어 2, 한국사 4 (동일과목 I + II 불가능)

최근 언론의 기사들을 보면, 매우 많이 놀랍습니다. 의대 증원 이슈가 있고, 그 이슈를 상업적으로 잘 활용한 기사들이 매우 많습니다. 이런저런 기사들을 종합하면,

지금이 의사가 될 절호의 기회야.
너도나도 의대를 갈 수 있으니 지금 학원을 등록하자.

실제로 학생들의 움직임이 증가하고 있는 것도 사실입니다. 의대 성적이 하향할 것이라는 이야기도 나옵니다. 언론에서 과하게 반응하면 할수록 실질적인 경쟁률은 높아지고 그만큼 의대 진학은 힘들어질 것입니다. 쉽게 될 거라는 생각을 하지 않는 것이 전략입니다. 정말 단순하게 생각하면, 전체 수험생의 규모에 따라 달라지겠지만, 대략 1%가 안 되는 학생들이 의대에 진학하게 됩니다. 그러니 결코 쉬울 리가 없습니다. 다만, 지역 인재 전형을 중심으로 해서 변수들이 다소 있습

니다만 그 가능성을 생각하고 입시를 준비하는 것은 전략이라고 말할 수 없을 정도로 민망합니다.

의예과의 정시에 대해서는 최상위의 학생들에 해당된다는 점을 감안하면 등급을 어떻게 받았느냐의 문제가 아니라, 수능에서 틀린 문제의 개수를 따지는 것이 더 의미가 있을 것입니다. 다만, 정시 전략은 기본적으로 3번의 기회가 있고, 각 군이 가지는 특성을 감안해야 한다는 점에서 전략적인 선택이 필요합니다. 근래에 제공되는 각종 예측 프로그램들이 매우 정확한 자료를 제공한다는 점을 감안하면 충분히 예측 가능하다는 점을 강조하고 싶습니다. 각 군별 수능 영역별 반영 비율과 수능 활용 지표, 전형 방법과 가산점 그리고 SKY 대학의 학생부 내신 반영(**정성, 정량**)에 대한 다양한 변수가 있다는 점을 감안하면 유불리를 따지는 것은 어렵지 않을 것으로 예상됩니다.

2025학년도 의대의 전형별 비율을 살펴보면, 학생부 교과(**34.6%**) 〉 수능 위주 정시 (**31.9%**) 〉 학생부 종합 (**29.5%**) 〉 논술 (**4%**)입니다. 2026학년도 의대의 전형별 비율도 수시 38.6%, 정시 31.4%로 거의 유사하게 나타납니다. 결국 의대 증원이 실질적으로는 지방 지역 인재 전형의 순증으로 이어졌다는 점을 확인할 수 있습니다.

의대를 진학하기 위해 어떤 선택을 할 것인가의 문제는 2026학년도 입시를 준비하는 모든 학생들에게 매우 민감하고 어려운 문제임에는 분명할 것입니다. 하지만, 이 난처한 상황에서 오히려 즐거운 마음으로 준비할 수 있는 것은 실제 의대 증원이 이뤄졌고, 이 증원이 다른 영역을 줄이는 것이 아닌 순수한 증가이기 때문에 이전에 비해 의대 진학이 재학생들에게 더 쉬울 수 있다는 점입니다. 그것이 수시이든 정시이든 이전보다 진학 가능성이 높아진 만큼 '난.처.한' 전략을 응원합니다.

 무전공 전형 확대

사실 2025학년도 입시와 2026학년도 입시에서 가장 큰 이슈가 된 부분은 의대 증원으로 모든 입시 이슈가 집중되는 면이 있지만, 수험생의 입장에서 더 민감한 문제는 무전공 전형(전공 자율 선택제)의 확대이고, 실질적인 파급 효과는 매우 강하게 나타날 것입니다. 무전공 전형의 확대는 'zero-sum'이라는 매우 난처한 상황들이 발생하게 됩니다. 무전공 전형의 확대는 모집 인원의 순증이 아니라, 다른 학과에서 모집 인원을 빼서 만들어야 하기 때문에 거의 모든 학과의 입결이 변화하게 됩니다. 결국 모든 대학, 모든 학과에서 입시의 예측 가능성이 다소 떨어질 수밖에 없습니다. 2025학년도 입시에 비해서는 2026학년도 입시가 훨씬 예측 가능성이 높긴 하지만, 그럼에도 여전히 이전에 비해 예측 가능성이 떨어지는 것은 어쩔 수 없는 일입니다.

전체 대학의 무전공 확대는 2025학년도에 평균 25% 수준입니다. 이 부분에서 서울 주요 대학과 중하위권 대학의 입장이 조금 다릅니다. 서울 주요 대학들은 무전공 전형의 확대에 다소 조심스러운 입장이라서 전체적으로 낮은 수준으로 설정을 했고, 중하위권의 대학들은 30% 수준으로 설정을 했습니다. 그럼에도 불구하고 평균적으로 25%의 수준이라는 점이 중요합니다. 그만큼 기존 학과들의 정원이 줄어들었다는 점을 생각하면, 광범위하게 입결에 영향을 미친다는 점을 알 수 있습니다. 무전공 전형이라고 이야기하지만, 정확한 개념과 의미는 '전공 자율 선택제'입니다. 완전 새로운 것이 아니라 기존에 대학들이 서서히 확대하고 있었던 이른바 자유 전공, 계열 모집 등을 체계화한 것으로 보면 됩니다. 무전공 전형은 대체로 유형1과 유형2로 구분을 합니다.

무전공 전형의 유형1은 대체로 이전의 전형 체계에서는 자유 전공으로 통칭하던 전형으로 생각하면 됩니다. 대학 전체에서 거의 대부분의 학과를 선택해서 갈 수 있는 유형입니다. 진정한 의미에서의 전공 자율 선택제라고 할 수 있습니다. 다만 이 유형에 대한 대학의 고민은 학생들이 학과를 선택하는 시점인 2학년에서 특정 학과로의 쏠림이 발생하는 문제입니다. 대부분 이공 계열로의 쏠림이 발생할 것으로 예측되기에 인문 계열 학과들의 정원에 심각한 문제가 생길 수도 있습니다. 그래서 대체로 대학은 유형2를 더 선호하는 편이긴 합니다. 유형2는 이전 전형 체계에서는 계열 모집을 생각하면 됩니다. 특정 계열로 지원하고, 그 계열 안에서 학과를 선택하도록 합니다. 이를 통해 유형1이 가지고 있는 다소 치명적으로 나타날 수 있는 문제를 사전에 방지할 수 있다는 점에서 대학의 선호도가 높습니다.(참고로 2025학년도 입시에서 유형1은 전국적으로 68개 교에서 14,000명 수준으로 선발을 하고, 유형2는 57개 대학에서 22,000명 수준으로 선발합니다.)

건국대를 예를 들어 살펴봅시다. 건국대는 KU자유전공학부(유형1)로 308명, 단과대 자유전공학부(유형2)로 422명을 선발합니다. 총 730명을 확보하기 위해 모집 단위 통합과 폐지를 결정했습니다. 사회과학대학의 융합인재학과(38명), 글로벌비즈니스학과(28명)를 폐지했고, 컴퓨터공학부(143명)는 100명으로 감소했습니다. 상당수의 대학들이 이러한 선택을 할 것으로 이미 예측되고 있었습니다.

2025학년도 입시에서 서울 주요 14개 대학의 무전공 유형1의 선발 인원은 3,000명 수준입니다. 14개 대학 전체 모집 인원의 6% 수준입니다. 전형별로 보면 정시 선발이 절반인 50% 수준이고, 이후로 학종, 교과, 논술 순입니다. 서울 상위권 대학의 상황과 학생 선발 추이를 생각해보면 정시 비율이 50% 수준을 넘는 것이 다소 이례적이긴 합니다. 사실, 여기에도 대학의 큰 고민이 있긴 합니다. 대학의 입장에서는 전형별로 봤을 때 학생부 종합 전형으로 입학한 학생들의 학교 충실도가 가장 높게 형성되는 편입니다. 그러니 무전공 전형 확대로 학과의 인원을 줄여야 하는 상황에서 학교에 대한 충실도가 높은 유형인 학생부 종합 전형을 줄이는 것은 매우 부담스러운 상황입니다. 그러니 상대적으로 대학에서의 이탈률이 높게 나타나는 전형인 정시 전형의 비율이 높아진 것으로 생각이 됩니다. 더불어 무전공 전형으로 입학한 학생들이 2학년 때 자신이 원하는 전공으로 갈 수 있다는 가능성이 있으니 이탈하지 않을 수도 있을 것이라는 희망적인 기대도 존재할 것입니다.

전형별로 특징적인 부분이 있긴 하지만, 전형의 특징을 생각하면 무전공 전형의 확대로 가장 큰 변동성을 보이는 것은 아마도 학생부 종합 전형일 것으로 보입니다. 무전공 전형의 확대로 인해 기존 학과들의 입결에서 학생부 교과 전형과 정시 전형은 다소 하락이라는 결론이 나겠지만, 학생부 종합 전형은 유형1과 유형2에서 다른 결과들이 나타날 수 있기 때문입니다. 2026학년도 입시를 준비하는 입장에서도 준비 방법이 다소 다를 수 있다는 점은 매우 중요한 포인트이긴 합니다.

학생부 종합 전형에서 이른바 '진로 역량'이라고 부르는 평가 기준이 대학의 입장에서는 대체로 '계열 적합성'이라는 내용으로 인지된다는 점을 생각하면, 유형2는 기존의 학생부 종합 전형과 큰 차이점이 없을 것입니다. 반면, 무전공 전형 유형1에 대해서는 계열 적합성보다는 '역량' 자체에 포커스를 두는 평가가 이뤄질 가능성이 높습니다. 즉 유형1에서는 진로 역량이라고 부를 만한 포인트가 없을 것이고, 진로 역량을 제외한다면 학생부 평가에서 학업 역량에 대한 평가가 더 강력하게 나타날 수밖에 없을 것입니다. 실제 대학들도 이런 방향으로 평가의 방향을 잡고 있습니다. 유형1에서는 진로 역량의 평가 비율을 줄이거나 없애고 있고, 대신 자기 주도 학습 역량과 같은 평가 요소들을 도입하고 있습니다. 결국 학생부에서 어떤 역량을 보여줄 것인지가 관건이 될 수 있습니다. 이런 점을 감안하면, 학업 역량에 방점을 찍게 될 유형1의 입결이 진로 역량을 어느 정도 감안하게 될 유형2의 입결보다 다소 높게 나타날 가능성이 있고, 이를 감안한 전략을 지금 준비한다면 보다 유리할 수 있게 됩니다.

전체적인 입시 트렌드를 생각해 보면 2025학년도 입시에서는 신설 학부라는 점이 변수로 작동해서 다소 모험적인 시도들을 하는 학생들이 있을 것입니다. 어떤 결과들이 나올지 알 수 없다는 점에 착안한 도전입니다. 그런 데이터가 2026학년도 입시에서는 어느 정도 자리 잡게 될 것이고, 예측 가능성이 높아질 것으로 기대가 됩니다.

무전공 전형이라고 하더라도 전형별로 생각해 보면 앞서 언급한 틀에서 크게 벗어나지 않습니다. 그러니 준비 전략이라고 하는 것도 실질적으로는 유사하게 나타나게 될 것입니다. 그러니 이런 난처한 상황들 속에서 전략적인 준비를 해나갈 수 있길 바랍니다. 준비된 학생들은 '준비'하는 선택을 합니다.

 ## N수생 증가

근래 입시에서 가장 큰 변수 중의 하나는 N수생의 증가라고 이야기할 수 있을 것 같습니다. 다양한 이유가 있긴 하지만, 통합형 수능 이후로 증가일로에 있는 N수생의 숫자는 현재 수능이 수학을 잘하는 학생들에게 유리한 구조라는 점이 가장 큰 이유 중의 하나입니다. 학문으로서의 수학 과목의 중요성이 이렇게까지 있어야 될까라는 의구심은 교사라는 직업을 가진 이후로 항상 있어 왔던 질문입니다. 수학적 사고력, 수리적 판단 등등의 이야기를 할 수 있고, 중요한 문제이긴 하지만, 현재 대입을 놓고 생각해 보면 과도하게 객관식에 치우친, 혹은 과도하게 수학에 치우친 면이 강합니다. 객관식 시험으로서의 수능의 사명은 끝난 것이 아니냐는 의구심을 지울 수 없는 이 상황을 생각하면, 조속한 변화가 있어야 될 것입니다.

AI 시대에 인간이 할 수 있는 것에 보다 집중할 수 있는 교육적 허용이 필요합니다. 개인적으로는 '질문할 줄 아는 학생'을 가장 이상적으로 보고 있는데, 질문을 할 줄 아는 학생이 되기 위해서는 폭넓은 사고의 과정이 반드시 필요합니다. 이 말을 다른 말로 풀어보자면 그런 폭넓은 사고를 할 수 있는 시간적, 사회적 여유가 있어야 한다는 말이기도 합니다. 정답 이외의 어떤 것도 용납하지 않는 지금의 교육적 현실 속에서 '질문할 줄 아는 학생'은 요원하기만 합니다.

이런 고민이 이어지는 이유는 갈수록 증가하는 N수생 때문이기도 합니다. 안타깝게도 상위권 대학, 학과들의 합격생 중에 3수생, 4수생이 꾸준히 증가하고 있다는 점은 더욱 이런 고민을 심화시킵니다. 중위권 대학을 진학하고, 반수해서 상위권 대학으로, 상위권 대학에서 3수해서 최상위권 대학으로 진학하려는 학생들과 그것을 요구하고, 부추기고, 용인하는 사회적 분위기 속에서 '수능의 종언'을 말한다는 것은 쉽지 않습니다.

이른바 최상위권 대학인 SKY를 진학하고도 다시 수능을 준비해서 의대를 가고, 의대에 들어가서도 다시 반수를 해서 수도권 의대를 진학하려고 하는 일련의 과정들을 통해 우리 사회가 당면한 본질적인 문제에 대한 고민이 이어지기도 합니다.

교육부와 대교협이 2022년 통계를 토대로 발표하는 자료인 '중도 탈락 학생 현황'을 살펴보겠습니다. (중도 탈락 학생 비율 = 전체 재적 학생 중 중도 탈락 학생 비율)

대학	전체 재적	중도 탈락 학생(비율)
서울대	21,286	412(1.94%)
연세대	27,270	822(3.01%)
고려대	26,766	897(3.35%)
계	75,322	2,131(2.83%)

전년도 중도 탈락 학생이 1,971명(2.60%)임을 감안하면 확실히 꾸준히 증가하고 있는 추세임은 분명합니다. 중도 탈락의 유형은 다양하게 나타납니다. 미등록, 미복학, 자퇴, 학사 경고등입니다. 서울 주요 대학에서 자퇴의 비율은 대체로 70% 중후반 수준입니다. 여러 이유가 있겠지만 최상위권 대학에서 자퇴 등의 인원이 매우 높은 수준으로 발생하는 가장 큰 이유는 의대 진학 혹은 더 나은 학과로의 이동을 위한 것으로 추정됩니다. 실제 전체 중도 탈락 학생들 현황뿐만 아

니라 신입생의 경우를 따져보면 꾸준히 중도 포기가 증가하고 있다는 점에서 이런 추론이 가능합니다. 한동안은 이런 증가 추세가 계속 될 것으로 보입니다. 여러 이유들이 있지만, 일단은 수능 성적으로 대학을 들어간 상위권 학생들 중 이공 계열 학생들이 인문 계열 학과를 진학한 비율이 생각보다 높게 나타나고 있다는 점을 생각하면 이런 추론이 가능해집니다. 일단 현역에서 학과와 무관하게 높은 대학을 진학하고, 한 번 더 도전해서 대학과 학과를 높이겠다는 개인으로서는 매우 합리적인 선택을 하고 있기 때문입니다. 적성에 맞지 않는 학과를 포기하고, 수능에 다시 도전하는 학생들이 증가할 것으로 예측되기 때문입니다. 서울 주요 대학들의 자퇴생 중에서 이공 계열 학생의 비율은 대체로 70% 수준을 넘어서는 것으로 나타납니다. 다만, 인문 계열 학생들의 비율이 높은 이유는 상대적으로 이공 계열 학생들의 이른바 '문과 침공'으로 인문 계열 학과를 진학하고 있다는 점에서 이해할 수 있습니다.

서울 상위 14개 대학에서 중도 탈락 학생은 대략 1만 명 수준입니다. 약 3% 넘는 학생들이 중도 탈락을 선택하고 있는 셈입니다. 문제는 지방 거점 국립대에서의 중도 탈락 학생은 9천 명 수준으로 비율은 4%를 넘고 있다는 점입니다. 서울 주요 대학을 포함하여 지방 거점 국립대까지 전 방위적으로 나타나고 있습니다.

N수생의 증가와 더불어 가장 큰 문제는 N수생들의 성적입니다. 현재 의대 이슈 등으로 인해 수능으로 유입되는 학생들의 가장 기본적

인 공통점은 수학 성적에 대한 자신감입니다. 최상위권에 도전하는 학생들의 공통점이기도 합니다. 그러다보니 현실적으로 재학생과 졸업생의 성적 차이가 많이 나는 편입니다.

앞서 살펴봤던 그래프를 다시 소환해 봅시다. 2023학년도 수능 성적을 재학생과 졸업생으로 구분해서 살펴보면 다음과 같이 나타납니다.

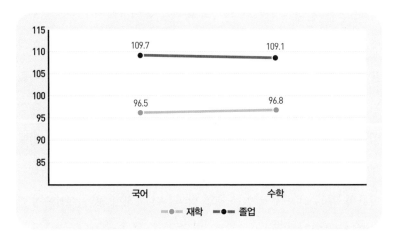

전체 수험생의 표준 점수 평균이 상당한 차이를 보인다는 점을 알수 있습니다. 몇 년 간의 자료를 분석해도 유사하게 나타납니다. 굳이 이야기하자면, N수생의 도전이 '일상화'되고, '정례화'되고 있다는 말이기도 합니다. 상위권 대학이 정시에서 대체로 표준 점수를 반영한다는 점을 감안하면 각 과목의 점수 차를 합한 표준 점수의 차이는 상당한 차이라는 점을 알 수 있습니다. 결과적으로 이런 흐름이 2026학년도에서는 조금 더 강화될 것으로 보입니다. 의대 이슈 등으로 인해 많이 유입된 N수생, 그로 인해 현역 고3이 원하는 결과를 얻지 못하게 될 가능성이 높아졌다는 점을 생각하면 졸업 후 다시 도전이 증가할 수밖에 없는 셈입니다. 올해 의대 증원 이슈는 다소 급박하게 추진된 면이 있지만, 2026학년도 입시에서는 의대 증원 규모가 2025학년도보다 크고, 꾸준한 준비를 할 수 있다는 점에서 유입되는 졸업생과 장수생들이 조금 더 증가할 수 있음을 감안해야 합니다. 수능에서 졸업생들의 비중은 2024학년도에서는 35% 수준이었습니다. 통합 수능 이후 꾸준히 증가하고 있는 추세입니다. 2025학년도 수능에서는 이 비율이 조금 더 증가할 것으로 예상되고 있습니다.

2024 수능을 준비했던 학생들의 응시 현황은 다음과 같이 나타납니다.

구분	3월 학평	6월 모평		9월 모평		수능	
인원	308,815	381,673		374,907		444,870	
졸업	재학	재학	졸업	재학	졸업	재학	졸업
인원		306,203	75,470	284,526	90,381	287,502	157,368

3월 학력 평가는 재학생들로만 시험이 진행됩니다. 이후 6월 모의 평가에서는 졸업생이 처음 유입되면서 전국 단위에서는 첫 실력을 검증할 수 있게 됩니다. 6월 모의 평가에 유입되는 졸업생의 규모는 대체로 7.5만 명 수준입니다. (2025학년도 6월 모의 평가의 지원자도 유사하게 형성될 것으로 보입니다.) 9월 모의 평가 이후에는 재학생이 줄고, 졸업생이 증가하게 됩니다. 실제 수능에서는 35% 수준의 졸업

생이 수능에 참여합니다. 여기서 가장 고민되는 부분이 바로 재학생의 성적 추이입니다. 기본적으로 수능은 반복 학습이 유리할 수밖에 없는 시험이고, 그런 측면에서 재수생들에게 유리한 성적 분포가 나타나게 됩니다. 재수생의 유입이 증가하게 되면 상대적으로 재학생들의 성적이 하락하게 된다는 점을 고려하면, 3학년 현역 재학생들은 그들의 기대와는 달리 한 해 동안 전반적으로 성적의 하락을 경험하게 됩니다. 재학생들의 성적이 전반적으로 하락 경향을 보이는 이유는 재학생과 재수생의 학습량과 학습 시간의 차이에서 단순하게 측정할 수 있습니다. 재학생은 3학년을 보내면서 수시를 준비하는 시간들이 많고, 재수생들은 수능에 거의 올인을 하기 때문에 학습량의 차이는 어쩔 수 없는 부분이 있습니다. 다만, N수생의 수능 유입 증가에 대해서 매우 공포스러운 반응을 보이는 것은 개인적으로는 반대입니다. N수생의 유입은 '상수'입니다. 더 이상 변수라고 보기 어렵다는 말입니다. 변수는 대응하는 것이 쉽지 않지만, 상수는 대응 가능합니다. 2학년을 지나는 동안 충분히 대응할 수 있는 시간이 있다는 말이기도 합니다.

3. 사례별 탁월한 학생부(종합) 전략

 학종이어야 한다고?

2026학년도 입시를 준비하는 학생들에게 항상 하는 이야기는 지금이라도 학생부 종합 전형을 준비하라는 말입니다. 어떤 경우라고 하더라도 학생부 종합 전형은 재학생을 위한 최고의 전략이 될 수 있습니다. 확실한 것은 지금 당장 최고의 노력을 하겠다는 자신만의 다짐을 실행할 때만 가능합니다. 냉정하게 이야기하자면 열정적인 노력이 없다면 어떤 전형도 효과가 없습니다. 앞서 언급한 바와 같이 결국 상위권을 진학하는 학생들의 비율은 정해진 상황이고, 개별 수험생이 그 수준이 되느냐 되지 못하느냐의 문제입니다.

전형별 특징을 이해하고 나면 어떤 전형이 재학생에게 유리한지는 선명합니다. 심지어 1학년의 내신이 마음에 들지 않는 학생들이라면 대안은 학생부 종합 전형일 수밖에 없습니다. 학생부 종합 전형의 사례별 성공 전략을 통해 우리는 보다 나은 전략에 대한 고민을 공유할 것입니다. 이 사례를 소개하면서 가장 하고 싶은 이야기는 결국 '가능'하다는 말입니다. 자신이 원하는 대학을 진학하기 위한 제대로 된 공부를 해낸다면 결국은 가능하게 될 것이라는 사실을 믿고 시작해야 합니다. 많은 학생들을 상담을 하면서 느끼는 불편함은 그것이 '가능' 할 것이라는 생각을 하지 않고 노력만 하는 많은 학생들이 많았다는 사실입니다. 가능할 것이라고 믿어야 우리의 뇌가 그에 합당한 사고의 과정을 만들어갑니다. 의구심을 가질 때 뇌는 제대로 작동하지 못합니다. 그러니 학생부 종합 전형의 사례별 전략을 읽기 전에 스스로에 대한 확실한 믿음을 가지고 시작했으면 합니다. 이 사례들은 개인적으로는 매우 강한 '애정'을 가지고 학생들과 함께 만들었습니다. 그러니 이 사례를 '그냥 그럴 수 있구나'라고 생각하지 않았으면 합니다. 개별 학생이 가진 가능성과 능력을 개발하는 과정, 그 속에 담긴 성장을 향한 열망 등이 제대로 전달될 수 있기를 바랍니다. 대학 입시는 매우 중요한 교육의 과정이며, 이 교육의 과정을 통해 학생은 12년간의 학생 생활을 성공적으로 완성할 수 있다고 믿고 있습니다. 이 사례와 전략을 통해 자신에게 딱 맞는 멋진 자신만의 전략을 완성할 수 있길, 그리고 더 바라기는 이 과정들을 통해 더 놀라운 성장을 경험하길 바랍니다.

대학마다 다르긴 하지만, 대체로 학생부 종합 전형에서 재학생의 합격 비율이 아주 높게 형성됩니다. 서울에 있는 상위 대학 중 하나인 A 대학의 경우에는 학생부 종합 전형의 지원자 중에 N수생의 비율은 30% 수준입니다. 반수와 재수에 대한 사회적 낙인이 없어지고, 오히려 보다 높은 대학을 위해서는 당연한 과정이라고 생각하는 사회적

분위기 속에 반수와 재수가 확실히 증가하게 되었고, 학생부 종합 전형에서 자기소개서가 없어지면서 부담감이 줄어든 졸업생들의 지원이 늘어난 것이 주요한 원인들입니다. 졸업생의 지원은 증가하고 있는 중이지만, 최종 합격생의 비율은 크게 늘지 않습니다. A 대학의 경우, 학생부 종합 전형 최종 합격자 중 졸업생의 비율은 10%입니다. 반대로 이야기하면 재학생의 합격 비율이 매우 높게 나타난다는 말입니다. 학생부 종합 전형을 재학생들이 매우 적극적으로 준비해야 하는 이유입니다.

앞서 학생부 종합 전형을 제대로 이해하기 위해서 학생부 종합 전형에 대한 '진짜' 공부가 필요함을 강조했습니다. 제대로 공부를 하면 안보이던 것이 보이게 된다는 평범한 진리가 대학 입시에서는 더 중요하게 작동합니다. 안다고 착각하지 말고, 이해했다는 착각을 하지 말고, 직접 말해보고, 설명해 보는 과정이 반드시 필요합니다. 대학 입시에서 실패하는 사람들은 대체로 추상적인 목표를 가지고, 추상적으로 공부한 사람들입니다. 추상성에 기반을 두었으니 무언가를 바꿀 수가 없습니다. 모든 변화의 출발점은 '구체성'에 있습니다. 학생부 종합 전형에 대한 구체적인 공부, 학생에 대한 구체적인 분석 등 구체성을 가진 정보들이 모일 때, 우리가 원하는 결과물을 만들 수 있게 됩니다.

학생들과의 숱한 상담의 과정을 거치면서 전국의 수많은 학교의 학생부를 보고 있습니다. 나름의 강점이 있는 학교들이 있고, 아쉬움이 있는 학교들도 있지만, 학생부의 본질은 '학생의 활동'에 있다고 생각합니다. 어떤 상황에서도 학생이 자신만의 결과를 만들기 위해 노력한 과정이 기록되기만 하면 좋은 평가를 받게 됩니다. 현재 학생부에서 가장 중요한 요소이면서 동시에 거의 대부분의 분량을 차지하는 것이 '교과 세부 능력 및 특기 사항' 기록입니다. 학생부의 다른 요소들이 제한되면서 남아 있는 학생부의 항목의 중요성이 더 높아지고 있는 상황임을 감안하면 이른바 '교과 세특'의 중요성은 말할 수 없이 높습니다.

문제는 교과 세특의 구성에 대한 고민이 없는 학생부가 많다는 점입니다. 기본적으로 학생부는 개별 학생을 위한 기록이어야 합니다. 개별 학교의 학생부, 혹은 동아리 학생부는 크게 의미가 없습니다. 대학이 학생부 종합 전형에서 평가하고자 하는 것은 그 고등학교에서, 그 동아리에서 활동을 하고 있는 개별 학생입니다. 그러니 학생부의 기록은 당연히 개별 학생의 이야기로 구성되어야 하고, 좋은 평가를 받는 학생부는 기본적으로 개별 학생의 구체적 행동이 담긴 학생부가 될 수밖에 없습니다.

학생부 종합 전형에 대한 앞선 공부를 배경으로 더 궁극적이고, 더 본질적인 내용을 공부하면 당연히 다른 학생과는 다른 '구체적 행동'을 하게 될 것이고, 그 기록이 우수함의 기본이 됩니다. 대학의 입장에서 이야기해 보자면, 평가할 내용이 있는 학생부가 되는 것입니다.

" 자신의 역량을 증명하기 위해 무엇을 하고 있나요? "

대학이 여러분 모두에게 묻는 질문이고, 여러분이 학생부를 구성할 때 가장 중요하게 생각해야 할 원칙입니다. 어떤 역량을 어떻게 증명할 것인지, 그 역량이 자신에게 어떤 의미를 가지는지를 고민하면 됩니다. 그리고 그런 고민들은 당연히 학생의 실질적인 성장으로 이어지게 됩니다.

개인적으로는 여러 운동을 좋아하는 편이지만, 특히 배드민턴을 엄청 좋아합니다. 단순하게 생각해 봅시다. 배드민턴을 치기 시작하고, 여러 스킬들을 배우게 됩니다. '열심히' 배드민턴을 칠 수 있겠지만, 실제 배드민턴 실력은 엄청나게 성장하지는 못합니다. 자신에게 부족한 부분을 확인하고, 어떤 스킬을 배워야 하는지를 알 때 실력이 크게 상승합니다. 보다 더 강력한 스매싱을 하고 싶다면, 스매싱 역량을 키우기 위한 훈련이 필요합니다. 대체로 이런 경우에 레슨(!)이 필요합니다. 여기서 중요한 부분이 있습니다. 스매싱 역량을 키우기 위해 레슨을 받다보면 안 쓰던 근육을 쓰게 되기 때문에 엄청 '고통'스럽습니다. 그 고통을 버티고 연습을 하게 되면 더 강력한 스매싱을 할 수 있게 됩니다. 역량을 키우기 위한 '준비'의 과정이 필요하고, 그 과정을 '반복'할 때 성공을 위한 신경망 혹은 근육이 완성되어지는 것입니다.

모든 성장에는 이런 과정이 동반됩니다. 학생부 종합 전형을 준비하는 과정도 이와 다르지 않습니다. 역량을 증명하기 위해서는 자신에게 필요한 것이 무엇인지를 알아야 합니다. 요즘의 이야기로 하면 '메타 인지'입니다. 자신이 무엇을 알고 있고, 무엇을 모르고 있는지를 구분할 때 공부를 잘할 수 있게 됩니다. 아는 것처럼 느끼고, 이해했다고 생각하는 것이 오늘날 고등학생이 공부에서 실패를 경험하게 되는 중요한 이유 중 하나입니다.

학생부 종합 전형을 준비하는 과정은 실제 학생이 '똑똑'해지는 과정과 다를 바가 없습니다. 지식의 확산 과정을 증명하는 것이 핵심이기 때문입니다. 지식의 확산 과정을 거친 학생들은 똑똑해집니다. 객관식 한 문제를 더 맞혀서 더 높은 내신을 받는 것과는 다른 문제이기도 합니다. 똑똑해진 학생들은 대체로 내신 성적이 상승하면서 자신의 역량의 다른 측면을 '자기 주도 학습'으로 증명합니다. 학생부 종합 전형에 대한 제대로 된 공부를 하겠다는 생각이 들었다면 이제 본격적인 사례를 통해 자신만의 전략을 만들어 봅시다.

 7학종 합격 전략

학생부 종합 전형을 학생들과 함께 진행하면서 가장 눈부시게 성장하고 발전한 학생 중 한 명은 최근에 대학을 진학한 예슬이입니다. 예슬이는 오랜 교사 생활 속에서도 손에 꼽을 만큼 창의성을 가진 정말 독특한 학생이었습니다. 다양한 재능을 가지고 있었고, 그 재능에 합당한 노력파이기도 했습니다. 함께 진행했던 다양한 활동들 속에서도 대체로 새로운 시도와 접근이 의미 있게 적용되었던 학생이기도 합니다. 즉 '자기 나름의 해석'을 토대로 '자신만의 공부의 과정'이 있었습니다. 예슬이가 스스로 공부하고 방향을 잡고 이해한 내용을 토대로 하였기에 항상 '멋진 적용'이라는 결과를 만들 수 있었습니다.

예슬이는 이공 계열 학생임에도 불구하고 다양한 주제에 대한 관심을 가지고 있었고, 그만큼의 질문을 가진 학생이었습니다. 자신의 궁금증을 다양한 통로를 통해 해결해 가는 모습을 보였는데, 그 내용들을 한번 살펴보겠습니다.

예슬이는 분명한 자기의 목표가 있었고, 그 목표를 위한 '헌신'도 기꺼이 감내하는 학생이었습니다. 1학년 때 예슬이의 목표는 건축, 도시 설계였고, 그 목표를 위해 몇몇 활동들을 적극적으로 참여했습니다. 앞서 항상 강조한 것과 같이 자신의 목표 분야에 대한 관심과 탐색이 매우 중요합니다. 예슬이는 그 부분에 있어서는 매우 준비된 학생이었습니다. 기억해야 할 한 가지 중요한 지점은 뚜렷한 자신의 진로가 있다면 그 진로를 '심화'시키는 것이 필요합니다. 진로와 관련된 '활동'이 아니라, 진로와 관련된 '역량'이 포인트이니, 그 역량을 심화시키는 과정을 학생부를 통해서 증명해가는 것이라고 생각하면 됩니다.

개인적으로 매우 아쉽게 생각하는 점은 전국의 다양한 고등학교의 학생부를 보면서 근래 가장 애매하게 평가하는 것, 이른바 '진로 세특'이라고 부르는 것입니다. 포인트를 '진로'에 맞추려고 하니, 교과 세특 내용이 해당 교과와 전혀 관련이 없는 내용으로 채워집니다. 대학이 보려고 하는 것과 완전 다른 방향인 셈입니다.

> 탄소발자국을 줄이면서 친환경적인 소비를 할 수 있는
> 방법을 익히고 업사이클링 프로젝트 활동을 진행하며,
> 폐 페트병 속에 모래, 숯 등을 집어넣고 입구를 천으로 막아
> 정수기로 사용하는 아이디어를 냄

무슨 과목 교과 세특일까요? 놀랍게도 '영어'입니다. 자신의 진로와 관련된 내용이라고 생각하고 교과 세특을 채우기 위한 활동을 나름 했지만, 전형적인 '진로 세특'으로 좋은 평가를 받긴 힘듭니다. 학업의 과정에서 충분한 개연성을 확보하는 것이 매우 중요합니다. 지식의 확장은 그런 개연성에서 출발한다는 것을 이해해야 자신이 할 수 있는 것들이 보이기 시작합니다.

예슬이의 고교 생활은(실제로 좋은 평가를 받는 학생들 대부분의 고교 생활은) 충분한 개연성을 가지고 자신의 탐구를 이어갑니다. 중요한 것은 그 개연성의 깊이가 학년이 올라갈수록 깊어져야 한다는 (심화되어야 한다는) 점입니다. 결국 그 과정을 통해서 '성장'이 이뤄지는 것입니다. 예슬이의 1학년 활동들을 살펴보면 다소 추상적이고, 명확한 학습의 깊이가 보이지 않습니다. 1학년이니까 진로와 관련된

학습의 수준이 낮은 것은 당연할 수 있습니다. 그래서 1학년 때는 오히려 넓고 얕게 학습을 하는 것이 더 의미도 있고, 더 설득력도 있습니다. 어딘가에서 들은 '전공 적합성'이 반드시 1학년 때부터 시작해야 할 필요성은 없습니다.

" 넓고 얕게 시작해서 좁고 깊게 "

학생부를 구성하는 좋은 방법 중의 하나입니다. 개인적으로는 학생부 종합 전형을 준비하는 가장 좋은 전략이라고 생각하기도 합니다. 실제 지도하는 학생들의 상당수는 이 전략을 활용합니다. 다양한 학생들을 다양한 방식으로 성장시키는 것이 중요하다고 생각하기 때문에 전략은 당연히 천차만별이지만, 기본적인 스토리 라인은 대부분 유사하게 형성됩니다.

1학년 자율 활동에서 가장 눈에 보이는 활동은 인문학 캠프 활동입니다. 넓고 다양한 분야에 대한 관심과 '사람'에 대한 이해를 키울 수 있는 활동이었습니다. 사실 거의 대부분의 분야가 그러하듯 건축이라는 분야도 '사람'에 대한 이해가 필수적입니다. 의도치 않았지만, 자신이 관심이 있는 분야를 자연스럽게 찾아가고 있었던 셈입니다. 다른 영역들은 매우 통상적인 1학년 학생들의 동아리, 진로 활동, 교과 세특의 내용을 보였습니다.

예슬이의 성장은 2학년 때 본격적으로 이뤄졌습니다. 학교 활동에서 획기적인 전환점이 생겨났고, 학생부의 방향성과 깊이도 2학년 때부터 의미 있는 것으로 나타나기 시작했습니다. 자신이 가진 다양한 재능을 학교 활동을 통해 드러낼 수 있는 프로그램에 참여했고, 공부로 연결시킬 수 있는 다양한 방법을 시도한 시기이기도 합니다. 예슬이의 다양한 재능 가운데 개인적으로 가장 좋아했던 재능은 그림과 관련된 것이었습니다. 자신이 배우고 있는 것들을 다양한 그림으로 표현하고 연결시킬 줄 아는 능력이 있었고, 예슬이는 이 능력을 자신의 학습에 매우 효율적으로 사용하기 시작했습니다.

2학년 때 처음으로 예슬이의 독창적인 그림을 보고 저는 신선한 충격을 받았습니다. 자신이 듣고 있는 수업의 내용을 그림으로 연결하여 정리한 것이 매우 인상적이었습니다. 많은 학생들이 다양한 방식으로 자신의 지식을 구조화합니다. 사실, 어떤 특정한 방법이 유의미하다고 이야기할 수 없습니다. 다만, 중요한 것은 '어떤 방식'이든 자신만의 지식을 구조화 하는 방식을 유형화시키는 것이 매우 유리하다는 점은 꼭 이해해야 합니다. 예슬이는 어떤 내용이든 그림으로 표현하는 것을 좋아해서 시도해 본 것이었는데, 학문적으로 보면 본인이 배운 내용을 자신만의 방법으로 구조화한 것으로 볼 수 있습니다. 듣고 배운 내용을 자신만의 방법으로 익히고 있으니 이해가 잘 될 수밖에 없습니다. 그렇다고 모든 학생들이 이와 같은 방법으로 성공할 수는 없습니다!

사회적으로 성공한 사람들, 공부를 잘해서 원하는 대학에 입학한 학생들 등 저마다 자신만의 '성공하는 공부법'을 영상으로 공개하고

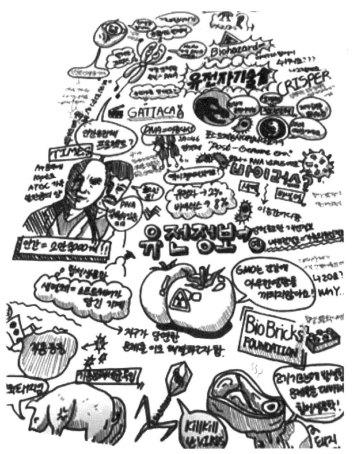

〈예슬 학생이 고 2 때 그린 삽화 '지식의 구조화'〉

있습니다. 대체로 기본적인 내용은 유사하지만, 구체화하는 방식은 각각 다르게 나타납니다. '유명한 그 사람'의 공부법이 나에게는 통하지 않을 수도 있습니다. 공부를 잘하고 싶은 '진심'이 있으면 본인에게 맞는 효율적인 방법이 찾아지기 마련입니다. 예슬이는 당시에 배우는 것에 진심이었기에 나름 자신만의 방법을 찾아가고 있었던 것입니다.

자신이 듣는 특강 내용을 나름의 지식의 구조화 과정을 거쳐서 '소화'해 내는 모습을 쌓아가기 시작하면서 실시간으로 똑똑해지고 성장하는 모습이 확연히 보였습니다. 2학년에서의 이런 활동들이 예슬이의 성장을 견인한 셈입니다. 많이 듣고, 많이 보고, 많이 경험하면서 끊임없는 '지적 자극'을 만들어간 셈입니다. 다양한 경험, 특히 새로운 경험을 통한 지적 자극은 예슬이가 배우고 있는 많은 영역에서 연쇄 반응을 가지고 왔고, 탐구의 수준들을 끌어올리는 결정적인 역할을 했습니다.

'뇌와 정신질환'을 통해 현대인들의 스트레스 문제에 대한
경각심을 느끼고, 건축물을 활용한 공간치료 및
가상공간을 활용한 스트레스 해소 방안에 대해

'건축은 그것이 속한 사회의 영향을 받아 변한다.'라는
도서 내용을 토대로 건축이 사회를 바꿀 수 있는지에 대한
의문을 가짐. 평소 관심있는
인권이나 사회적 약자 이슈등을 공학적으로 해결

카오스 발표회에서 '컴퓨터 시뮬레이션으로 구현한
가상 우주' 특강을 통해 가상공간의 개념을 건축학에서의
공간의 개념과 연결하여 생각해보고, 메타버스 시대의
건축가의 역할에 대한 탐구

1인 가구의 증가로 인해 발생할 수 있는
다양한 사회 문제를 분석하고, 이를 해결하기 위한 방안으로
공유주거의 형태를 제안하고 주거형태의 변화를 통해
다양한 사회 문제 제기

자율 활동, 동아리 활동, 진로 활동 등을 통해 자신의 탐구 방향과 관심 분야에 대한 탐구에 대해 보여주는 것이 필요합니다. 다만, 학생부에서 이 부분이 한정된 글을 사용할 수밖에 없는 공간임을 인지해야 합니다. 해당 내용에 대한 증명은 당연히 '교과 세특'에서 이뤄져야 합니다. 우수하다는 주장만 하고, 그 증거가 없다면 좋은 평가를 받는 것은 어렵습니다.

'삼각함수, 푸리에 급수를 활용한 건축에서의 노이즈 캔슬링'을
주제로 댐과 같은 수공 구조물과 건축물 시공,
도로변 등에서 발생하는 큰 소음을 노이즈 캔슬링 기능의 원리인
상쇄간섭의 파동을 이용하여 상쇄시키는 연구에 대하여
탐구하며, 푸리에 변환과 오일러 공식 고찰 (수학 I)

'극한 개념을 활용한 실내 공간 절약을 위한
이중 접이식 문의 자취방정식'이라는 주제로 이중 접이식 문과
일반문의 끝이 그리는 자취방정식을 극한과 미분계수를 이용해
직접 구하여 그 과정에서 생긴 의문점을 해결 (수학II)

수업 중 유체 역학에 대한 소개에 관심을 가지고
탐구를 하였으며, 연속방정식과 베르누이법칙에 대해서 조사 후,
심화 연구 시간에 적용
건물이 받는 여러 가지 힘과 주변의 환경,
특히 바람과 관련하여 안정한 건물을 만든
예시들을 탐구하였고, 이를 토대로 학교에서의 바람의 세기를
측정해 바람 지도를 만들어 분석 (물리 l)

예슬이는 2학년부터 다양한 교과에서 탁월한 탐구의 내용을 보여 주었습니다. 사실 거의 대부분의 교과에서 이런 탐구 역량이 드러나고 있고, 자신의 관심 분야에 대한 뛰어난 과제 집착력, 특히 이 과정에서 교사와의 뛰어난 상호작용의 과정을 보여 주었습니다. 개인적으로 가장 완벽한 전략인 셈입니다.

수업을 하시는 선생님은 나의 대학 진학을 위해 나를 돕는 분이다.

이런 생각이 명확하면 도움을 제대로 받을 수 있습니다. 자신의 주변 환경을 제대로 활용하는 것이 모든 성공의 주요 요인 중의 하나이고, 당연히 최고의 전략입니다. 주어진 환경을 제대로 활용하지 못하는데, 성공하는 것은 쉽지 않은 일입니다. 대부분의 경우에 재학생들이 만날 수 있는 최고의 지성인이 교사라는 점을 생각하면 우리의 모든 지식의 확장은 학교에서, 교사를 통해 이뤄지는 것이 가장 편리합니다. 그러니 학생부 종합 전형을 위한 최고의 전략을 잊지 마세요.

그냥 질문하기는 의미가 없습니다. 학생부 종합 전형에서 성공한 선배들은 공통적으로 '공부하고 질문하기'를 실천한 학생들입니다. 질문을 많이 하는 것도 중요하지만, 공부하고 질문해서 수준 높은 질문을 던지는 것이 성장을 위한 최고의 전략 중 하나입니다.

예슬이는 특히 그림에 재능이 있기도 해서 '바람 지도'가 더 의미가 있었습니다. 각자 자신이 잘하는 것을 극대화할 수 있는 전략을 쓰는 것이 제일 좋습니다. 더불어 예슬이의 가장 강력한 역량은 **자신이 배운 내용을 실제 자신의 생활에 끊임없이 적용**해 보는 것입니다. 자기 지식으로 만들기 위한 노력입니다. 지식의 적용은 자연스럽게 지식의 확장으로 이어지게 됩니다.

로그함수를 이용한 데시벨의 표현과 활용을 주제로
탐구를 진행하며, 거리에 따른 데시벨의 차이를 수학적으로
확인하고, 김포 공항 등 소음 대책 지역의 형태를
구체적 데이터를 통해 분석하였으며, 이를 바탕으로
학교에서 진행되는 영어 듣기 평가 시의 소음 영향을 계산하여
소음 지도를 제작함. (수학과제탐구)

파이썬과 라이브러리를 이용해 공공 데이터를 분석하여
데이터에서 읽을 수 있는 다양한 현상에 대해 관심을 갖고,
지하철 노약자 장애인 편의시설 현황 데이터를 분석하여

총 121개의 역 중 실질적인 장애인 이동권을 보장하지
못하는 역이 약 25개 존재함을 확인하고 이 문제를
해결하기 위한 탐구를 진행하여 자신의 해결 방법을
시청 홈페이지에 게재함 (프로그래밍)

2학년에서의 탐구 과정을 통해 충분한 내공을 쌓은 예슬이는 3학년 학교생활을 매우 정밀한 설계도로 완성했습니다. 확실한 심화의 과정과 고민의 과정을 보여주는 것으로 '발전 가능성'이 뛰어난 학생임을 스스로 증명을 했습니다.

본인의 영상이나 계정을 특정 사람이 보게 될 확률에 대해
알아보고자 동영상 플랫폼 이용자수, 연령대별 시청자 수,
연령대 별 누적 조회 수 등의 데이터를 바탕으로 조건부확률과
이항분포, 정규분포를 이용해 확률을 계산
실생활에서 비롯된 호기심과 창의력을 배운 지식을
적극 활용해서 문제를 모델링하고 해결

현대 사회에서 모든 사람이 직업, 신체적 제약, 나이 등에
구애받지 않고 인간으로서 함께 어우러질 수 있는 공간을 만들어
'사회의 미'를 지키는 건축물들이 필요하다는 자신의 생각을
토대로 학교의 공간 중 급식실 입구 앞, 복도, 학교 공터의
구조적 문제점과 소재의 단점 및 이를 보완하기 위해 탐구함.
자신의 아이디어를 구체화하여 수경 재배 수직 텃밭 설치,
공터에 앉을 수 있는 계단 설치

'감히, 아름다움'을 읽고 건축과 도시의 본질적인 아름다움이란 무엇인지 대해 고민하며, '사회의 미'와 도시 및 도시를 이루는 '건축의 미'가 상호작용한다는 자신의 생각을 구체화함

본인 주변의 문제나 사회 문제에 관심이 많아, 장애인 이동권에 대한 관심을 바탕으로 〈최단 경로 알고리즘을 이용한 장애인 이동권 문제 분석 및 개선〉을 탐구하며, 지하철 역사의 승강기 설치 현황 등을 조사, 문제 해결 방안 모색

예슬이의 다양한 '지도' 활동은 나름의 지식 구조화를 보여준다는 점에서 매우 의미 있는 활동이었고, 실생활 관련한 다양한 문제의식도 매우 정교해짐을 확인할 수 있습니다. 개인적으로 예슬이의 미적분 과목 교과 세특을 매우 좋아했습니다. 주제에 대한 공유와 질문 등을 통해 수준 높은 이야기를 만들 수 있었고, 접근 방법도 매우 창의적이었습니다.

건물 주변의 공기 흐름을 분석하기 위한 방법으로
건축물의 표면 거칠기와 바람 순환 관계를 해석하는
논문을 접하게 되어, 이 개념을 적용하여
'디지털 트윈 S map 데이터와 적분을 활용한
건축물의 표면 거칠기 추정 및 도시 열섬에
미치는 영향'이라는 주제로 탐구하며, 적분 개념을 활용하여
표면 거칠기 값을 계산하고 바람 순환으로 인한
열섬 현상을 해석, 행정 구역별 평균 온도를 조사하여
학교 근처와 여의도를 비교하여 표면 거칠기와
평균 온도가 유의미한 관계임을 설명함 (미적분)

문제 해결을 위해 학습한 지식을 기반으로
탐구하고자 하는 의지와 그 탐구를 수행하는 역량이 뛰어남.
확률분포와 연속확률변수에 대해 배우면서
버스 기다리는 시간, 급식실에서 대기하는
시간이 너무 길다는 문제의식을 갖고
급식 대기 시간을 확률변수로 설정하여 분석하고
급식시스템의 개선을 주제로 탐구하였음 (확률과 통계)

"타자와 나, 레비나스의 철학론"이라는 주제로 발표
배운 내용을 토대로 친구와 가족 관계를 설명하고
특히, 건축물이라는 하나의 공간에도 타자론에 근거해서
사람 간의 이해와 소통, 관계라는 명제를
독창적으로 추론해 냄 (철학)

청계천 모형을 만들어 물높이 센서와 모터들을 이용해
일정 물높이 이상이 되면 배수 시스템이 작동하고 진입로를
차단하며 경고등을 켜는 등의 안전 시스템을
실제로 제작하여 일상에서 봐 온 문제점을 3가지(진입로 차단,
경고등, 배수 시스템)의 요소들로 구분하여 해결하는
과정에서 문제 해결력이 돋보임 (인공지능과 피지컬 컴퓨팅)

예슬이는 이 모든 역량들을 근거로 수시에서 7개의 학생부 종합 전형을 쓰고(서울대, 연세대, 고려대 2, 성균관대 2, KAIST), 7개 모두 합격했습니다. 다만, '7학종 합격'이라는 이야기를 들을 때 생각하는 그 내신이냐고 생각하면, 예슬이의 학생부 성적은 다소 애매합니다. 대체로 내신 성적이 오르는 것이 유리하다고 생각하고, 실제로 내신 성적이 상승한 학생들의 합격 비율이 높기는 합니다. 하지만, 유리하다는 말이지 항상 그런 학생들만 합격하는 것은 아닙니다. 고등학교 내신 성적의 하락 이유가 선명하고, 타당한 이유가 증명되어지면 내신 성적 자체의 하락이 문제가 되지는 않습니다.

3학년 1학기 성적이 유독 하락한 것을 볼 수 있습니다. 사실 다양한 이유가 있고, 이에 대한 증명을 학생부를 통해서 했기 때문에 우수함을 여러 대학으로부터 인정받을 수 있었습니다. 내신 성적의 중요성이 떨어진다는 말이 아니라, 대학의 입장에서 보면 고등학교의 내신

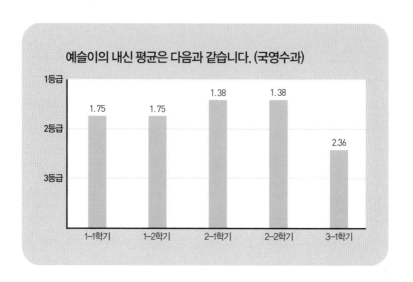

예슬이의 내신 평균은 다음과 같습니다. (국영수과)

성적을 절대적인 것으로 생각하지 않는다는 점을 이해하는 것이 필요합니다. 다양한 경로를 통해 자신의 우수함을 증명하는 것이 관건입니다. 그러니 제발, 내신 시험 망쳤다고 포기하지 말고, 자신만의 길을 찾았으면 합니다. 자신의 우수함을 가장 잘하는 사람은 절대적으로 자기 자신입니다.

물론 학생들 가운데 자신의 역량을 제대로 파악하지 못하는 경우도 있습니다. 개인적인 경험으로는 대부분의 경우에 객관식 성적으로 자신의 가능성을 판단하는 경우입니다. 내신 성적에 함몰되기 보다는 자신을 보다 객관적으로 봐줄 수 있는 사람의 도움을 받으면 자신의 길을 제대로 찾을 수 있습니다. 본질은 자신 속에 있는 우수함을 발견해서 성장, 발전 시켜 나가는 것입니다.

예슬이의 평균 추이에도 불구하고 7개 대학에서 모두 선발하려고

했다는 점을 다시 강조합니다. 앞서 언급한 바와 같이 학생부 종합 전형을 내신의 '평균'으로 평가하면 다소 이상한 결과가 나온다는 점은 명확합니다. 다양한 학생들을 소개하면서 항상 강조하는 부분은 '성장'이 포인트라는 점입니다. 그것이 지금 이 책을 읽고 있는 2학년 학생이라도 동일합니다. 멋진 도전의 시작은 항상 '변화'를 만드는 것입니다. 어제와 다른 오늘을 만들기 위해 변화를 선택하면 우리의 성장은 시작될 것입니다. 예슬이가 보여준 성장의 과정을 모든 학생들이 똑같이 따라할 수는 없습니다. 하지만, 중요한 것은 자신의 지적 호기심을 그냥 그대로 두지 않으려는 노력이 중요하다는 점을 말하고 싶습니다. 모든 전략의 핵심은 누군가가 만들어 주는 것이 아니라, 스스로 질문하고 그 질문에 대한 답을 찾기 위해 책을 읽고, 질문하고, 고민하는 과정이 필요합니다. 그 과정을 통해 여러분 속의 놀라운 가능성이 폭발하게 됩니다.

자신만의 색깔이 입혀진 학생부를 만드는 것이 중요합니다. 세상 어디 없는 '나만의 학생부'에는 나의 궁금함과 나의 관심, 나의 질문들이 포함되기 마련입니다. 그 스토리를 통해 교수와 입학 사정관을 설득하는 작업의 과정을 거치는 것입니다.

" 여러분의 학생부는 어떤 색인가요? "

두 번째 만나볼 학생은 경영과 심리, 마케팅에 많은 관심을 가지고 있다고 주장했던 인문 계열의 평범한 학생인 진영이의 사례입니다. 진영이의 사례에서는 아주 중요한 포인트가 하나 있습니다.

진영이의 1학년 자율 활동에서는 크게 돋보이는 부분이 없었고, 진로 활동에서는 경영과 마케팅 활동을 베이스로 한 데이터 리터러시 특강, 전공별 인문학 교실 등 학교에서 이뤄지는 다양한 진로 활동에 적극적으로 참여한 모습을 보였습니다. 특이하게도 동아리 활동이 '의료 봉사 동아리'였습니다. 진영이와의 첫 상담 때 한참 이야기를 했던 부분이기도 합니다. 개인적으로는 학생이 선택한 것에 대한 이유를 반드시 확인합니다. 단순하게 왜 선택했는지를 넘어서 계속 질문을 하는 편입니다. 표면적으로는 단순하게 선택한 것처럼 보이겠지만, 보다 본질적인 질문으로 가면 대체로 자신의 관심사들이 드러나는 편입니다. 그래서 학생의 이런 다소 독특한 선택들에 대해서는 반드시 제대로 된 '의미를 부여'해 줍니다. 그러면 생각보다 매우 선명한 방향이 나오게 됩니다. 뒷부분에서 이 동아리 활동이 어떻게 활용되는지를 확인할 수 있을 것이니 선택의 의미에 대한 고민을 공유할 수 있길 바랍니다.

진영이의 경우도 2학년부터 상담을 시작하고 같이 고민을 했던 학생이기 때문에 1학년에 비해서는 2학년이 훨씬 더 체계적이고 방향이 잘 잡혀 있는 편입니다. 2학년에 들어가면서 진영이는 자신의 1학년 경험들을 토대로 사회학이라는 학문에 깊이 빠져들었습니다. 공정으로서의 정의에 대한 관심과 사회적 불평등에 대한 관심을 가지고 관련 내용들을 매우 적극적으로 파고 들기 시작했습니다. 교내 특강 프로그램을 통한 지식의 확장 과정이 잘 드러났고, 국제 정치라는 분야에 대한 수준 높은 관심과 지적 탐구도 있었습니다. 1학년 동아리를 연속해서 진행하는 학교의 특성으로 인해 2학년에도 의료 봉사 동아리를 지속했는데, 동아리 활동을 통해 '의료 격차 문제 개선'을 탐구하는 과정을 매우 구체적으로 증명했습니다. '불행은 어떻게 질병으로 이어지는가'(네이딘 버크 해리스) 책을 읽으면서, 의료의 공공성에 대한 고민과 대안으로서의 의료 협동조합에 대한 탐구를 진행했고, 이를 위한 '연대와 협력'이라는 사회적 합의에 대한 고민을 다양한 측면에서 증명했습니다.

매체 비평문 쓰기에서 영화 매체를 선택하여
'기생충'이라는 영화에 대해 비평하며, 자본주의의 폐해와
이에 따른 주거 불평등, 빈부 격차의 실상을 보여주며
능력주의 사회와 사회적 계급의 잔존에 대한 비판을
확연한 공간적 대비와 촬영 기법의 차이,
계단을 통한 계층 구조 등 (언어와 매체)

세계 국가 간의 빈부 격차의 심화현상을 나타내는
그래프에서 로그의 성질에 대한 내용을 탐구하며,
콩고와 우리나라의 경제 성장을 비교하면서 급격한
GDP 상승을 표현하기 위해 X축을 로그축으로 함 (수학 I)

세상을 더 나은 곳으로 만드는 방법에 대한
수업 내용을 토대로 '사회적 계급에 따른 백신 불평등'에 대한
에세이를 작성하고, 발표함. 의료 격차와
의료 기반 시설 부족이라는 분석을 통해 개별 문장의
완성도가 높고, 영작 능력이 뛰어남 (영어 독해와 작문)

환경 개선이라는 말보다 실천을 위한 고민을
'학교 협동조합 건립'을 추진하기 위해 실질적인 협의체를
만들며 진행하고 있으며, 학교 협동조합의 타당성과
경제적 효율성, 이윤 보고서 등을 제출함 (경제)

사회적 약자에 대한 깊은 관심을 가지고, 사회 보장 제도의
정치적 함의에 대한 탐구를 하였으며, 특히 저소득층의
생존권 보장 특히, 의료 복지 사각 지대에 대한
궁금증을 해결하기 위해 '완벽한 보건 의료 제도를
찾아서(마크 브릿넬)'을 읽음 (정치와 법)

'공존의 방식'이라는 제목으로 주거 복지 정책의
다양화와 관련 정책 조사, 자립 지원 대상 청소년들의
주거 공간 마련을 위한 '스쿨 투 홈'이라는
가상 회사 설립의 아이디어를 구체화함 (진로와 직업)

환경 문제의 긍정적 외부 효과에 대한 수업 후
자신이 긍정적 외부 효과의 주체가 되어야 함을 인지하고,
'지구 닦는 황 대리(황승용)'를 읽고, 플로깅 관련 내용을 읽고,
실천하기 위해 교내 플로깅 관련 단체를 만들기 위해
SNS를 활용하여 플로깅 일기장을 개설하여
교내 플로깅 추진(경제)

2학년 교과 세특에서 다양한 주제에 대한 관심과 문제 해결력을 확인할 수 있습니다. 2학년 진영이가 가지고 있는 가장 강력한 역량 중의 하나는 '실천력'이었습니다. 구상하고, 계획하고, 실천하고, 피드백을 통해 성장의 고리를 만들어 가는 활동을 지속적으로 보여주고, 증명했습니다. 수업의 내용을 다양한 활동으로 연결하고, 다양한 활동을 다시 수업으로 끌고 와서 학습하고, 고민하는 과정을 반복했던 것입니다.

이런 과정들이 3학년에서는 조금 더 심화되어 갑니다. 전체적인 방향이 보다 선명하게, 그리고 보다 깊게 잡혔습니다. 진영이는 사회적 문제에 대한 해답을 찾아가는 과정으로서의 '연대와 협력'에 대한 고민을 확장해 나가기 시작했습니다.

'우리 아이들 : 빈부격차는 어떻게 미래 세대를
파괴하는가(로버트 퍼트넘)'과 '나 홀로 볼링 : 사회적 커뮤니티의
붕괴와 소생 (로버트 퍼트넘)'의 책을 읽고,
사회적 자본에 대한 차등을 데이터를 통해 확인 (진로활동)

통계의 오류에 대한 수업 내용 중 정치와 법에서 배웠던
구조적 불평등에 대한 의문점을 가지고,
'불공정한 숫자들—통계는 어떻게 부자의 편이 되는가'를 읽고,
통계 자료에서 발생하는 오류의 유형에 대해 이해하고,
국세청 근로 소득 데이터를 기반으로 사회적 불평등을
추정한 기사의 문제점 지적 (확률과 통계)

이주 노동자에 대한 수업 후 외집단에 대한
혐오와 반감에 대한 의문점을 가지고, 프리기야 아가왈의
'편견의 이유'라는 도서와 섬너의 이론, 사회 정체성 이론을
바탕으로 ~ 법무부 출입국, 외국인 정책 통계 월보 등의
통계 자료를 활용 (사회 문화)

'시각 장애인의 보행 편의 증진을 위한
점자 블록 개선 방안'을 주제로 팀 프로젝트를 하며
탐구를 위해 구청을 중심으로 1km 이내 모든 점자 블록을
조사하였으며, 점자 블록의 기준 적합률이 71.7% 수준에
불과함을 확인하고, 구청에 개선을 건의함

사회학 영역에서의 자신의 관심이 연대와 협력을 중심으로 발전, 심화되는 모습을 보여 주었고, 정부 정책의 당위성을 실제 데이터를 통해 검증하는 과정을 통해 자신의 우수함을 증명했습니다.

다소 놀라운 진영이의 내신 평균은 다음과 같습니다.(국영수사)

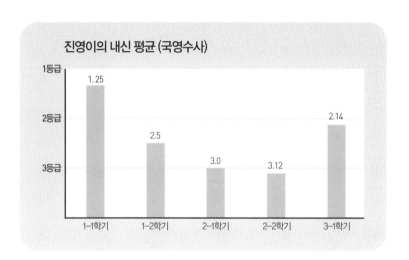

성적의 요동폭이 큰 학생이긴 합니다. 전 과목 전체 내신 평균은 2.5 정도였습니다. 진영이의 가장 큰 문제점은(사실, 거의 대부분의 학생들의 문제점이긴 하지만) 학습량이 압도적으로 많지는 않았다는 사실입니다. 정확하게는 학습할 시간은 정해두고, 노는 시간도 정해둔 학생이었습니다. 그러다보니 2학년 때 문제가 발생하게 되었습니다. 활동의 재미를 알게 되고, 자신이 좋아하는 분야가 확정된 이후에 관련 도서를 읽고, 생각하고, 탐구하는 시간을 공부해야 하는 시간을 '빼서' 진행을 했습니다. 특히, 2학년에 성적이 요동을 친 이유입니다. 놀아야 하는 시간을 우선적으로 배정을 하고 그 다음 자신이 그나마 재밌어하는 활동에 집중하다 보니 실질적인 공부량이 줄어들게 되었습니다. 많은 학생들이 이런 행동을 하는 편입니다.

학생부 종합 전형을 준비한다고 말하면서 활동만 열심히 하는 학생들은 절대 좋은 결과가 나오지 않습니다. 앞서 언급한 것처럼 대학은 본질적으로는 우수한 학생들을 선발하고 싶어 합니다. 활동을 많이 한 학생이라고 우수한 학생이 아닙니다. 활동을 통해 역량을 증명한 학생이 우수한 학생입니다.

자신의 진로 분야라고 생각하는 영역이 정해지면 학습량이 더 늘어나야만 합니다. 진영이는 이 문제로 심한 어려움이 있긴 했지만 뒤늦게 3학년 때 정신을 차린 케이스입니다. 이 부분에서는 또 상당한 노하우가 있어야 합니다. 찐한(!!) 상담 후에 진영이는 정상적으로 활동과 학습을 병행할 수 있게 되었습니다.

학생부 종합 전형의 전략에 대한 고민을 할 때 가장 중요한 팁을 하나 드리자면, 항상 구분해서 듣고 있는 이른바 '교과와 비교과'는 잘못된 표현이고, 잘못된 생각입니다. 학습과 활동을 분리해서 생각하면 곤란합니다. 학습과 활동은 반드시 같이 일어나게 됩니다. 교과와 비교과 모두 '고교 생활'입니다. 둘의 영역 구분은 학생부라는 서류를 이해하지 못하는데서 생기는 오류입니다.

진영이의 학생부를 통해 우리가 하나 더 짚고 넘어가야 할 부분은 학생의 교과 성적의 변동폭이 크다는 것이 무조건 약점으로 작용하지는 않는다는 점입니다. 결국 대학이 보려는 것은 그 성적을 만들기 위한 노력의 과정에서 보여준 지원자의 우수함입니다. 객관식 실력이라고 하는 것은 그때그때의 컨디션에 어느 정도 좌우될 수밖에 없다는 점도 고려의 대상입니다. 그리고 더 중요한 것은 고교 생활에서의 변화를 '인정'한다는 점입니다. 엄청난 시기를 보내고 있는 청소년의 특성을 평가에 어느 정도 반영하는 것은 너무도 당연합니다. 평가의 본질은 '학생의 우수함에 대한 증명'입니다.

그럼 여기서 질문 드리겠습니다. "과연 진영이는 어느 대학, 어떤 학과에 지원했을까요?" 진영이의 고교 생활을 바탕으로 한 최종 선택은 고려대 보건 정책 관리학부입니다. 앞의 이야기들이 자연스럽게 연결이 되나요? 학생부에 진영이가 만들어 둔 스토리 라인을 생각하면 진영이를 위해서 준비된 학교와 학과로 딱 연결이 됩니다.

고려대 보건 정책 관리학부에서 공개하는 '이런 학생 보건 정책 관리학에 딱!'에서 요구하는 학생은 다음과 같습니다.

- 대학 사회와 관련된 여러 교과목이 나랑 딱 맞는다.
- 남을 돕고 싶은 따뜻한 마음이 있다.
- 국제 사회에서 무언가 나만의 일을 하고 싶다.
- 나에게는 다양한 인문학적 소양이 있다.
- 세상을 건강하고 아름답게 바꾸고 싶은 욕구가 있다.

'딱!!!! 진영이 이야기입니다.'

대학이 뽑고 싶은 학생 그 자체임을 학생부의 내용을 통해 충분히 증명했습니다. 여기서 중요하게 생각해야 할 것은 진영이가 원래 이 학과에 관심을 가지고 준비한 것이 아니라는 점입니다. 자신이 관심 있는 분야를 공부하고, 탐구해가면서 길을 찾았습니다. 앞서 언급한 '의료 봉사 동아리'에 개인적인 관심을 가지고 활동을 했던 이유이기도 합니다. 자신의 관심을 그냥 흘려보내는 것이 아니라, 찾고, 질문하고, 깊이 탐구하는 과정을 통해서 자신만의 '합격 루틴'을 만들어 가고 있었던 것입니다. 결국 진영이가 쌓았던 '고교 생활(교과+비교과)'이 진영이의 진로 역량을 완벽하게 증명하고 있다는 점이 중요합니다.

교사로서 개인적으로 학생의 성장을 함께하는 시간들이 행복한 경험이 될 수 있는 이유는 이런 학생들이 많기 때문입니다. 온갖 미사여구를 사용하고, 없는 능력을 만드는 '억지 학생부'가 아니라, 진짜 학생이 좋아하고, 고민하고 생각해서 성장을 만들어 내는 학생부는 대학으로부터 좋은 평가를 받을 수밖에 없습니다.

사례별 학생부 종합 전형 전략을 통해 강조하고 싶은 학생부 종합 전형 필승 전략은 당연히 '학생의 성장'입니다. 거짓으로 만들어지는 성장의 모습이 아니라, 실질적인 성장을 경험하고 그 경험을 통해 다른 학생들에 비해 더 밀도 높은 시간을 보내는 학생들입니다. '시간의 농도'가 차이가 나기 때문에 성공할 수 있게 됩니다. 이런 케이스들을 이야기하면 항상 받는 질문이 있습니다.

> " 내신도 준비하고, 비교과도 해내고, 정말 뛰어난
> 학생들이기에 가능한 거 아닌가요? "

당연히 답은 '아니요'입니다. 대부분의 학생들은 평범한 학생들입니다. 그 평범한 학생들이 공부를 통해 자신의 가능성을 '확인'하는 과정이 있었을 뿐입니다. 자신이 무언가를 하면 결과가 바뀐다는 '효능감'이 아주 중요하게 작용합니다. 더불어 실질적인 성장을 이루어 낸 학생들은 공부 자체에 대한 몰입감과 집중도가 매우 높게 나타납니다. 당연히 다른 학생들과는 '다른 시간대'를 보낼 수 있습니다.

학생부 종합 전형에 대한 이야기를 마무리하면서 꼭 이야기하고 싶은 것이 있습니다. 안타깝게도 대부분의 학생들은 자신이 '쉬고 놀아야 할 시간'을 먼저 정해둡니다. 학생들의 시간 관리의 1순위입니다. 나머지 시간들을 가지고, 공부 시간을 세팅합니다. 그러니 공부 시간은 늘 부족합니다. 반면에 입시에 성공하는 학생들은 시간 관리의 1순위가 공부가 되는 학생들입니다. 그래서 이런 질문이 가능합니다.

> " 공부를 위해 무엇까지 포기할 수 있나요? "

이 질문을 끊임없는 하는 학생은 자신이 원하는 대학을 충분히 갈 수 있습니다. 무엇을 포기할 것인지가 정해지면 삶은 매우 단순해집니다. 공부 시간을 먼저 정해두고 나머지 행동들을 결정하는 행동을 할 때 성적이 변화하고, 자신이 원하는 대학을 진학할 수 있게 됩니다.

그 성공의 경험들을 학생부 종합 전형을 준비하는 과정을 통해 얻을 수 있기 바랍니다. 앞서 언급한 모든 선배들의 경험이 부디 여러분의 삶에 큰 변화의 순간을 만들 수 있기를 바랍니다.

Chapter 3

대학 입시 트렌드 분석

1. '2026 대입 선발 계획' 트렌드

2026 대입 선발 계획 분석

2026학년도 입시에서는 전체 모집 인원이 소폭 증가했고, 2025학년도 입시에서의 선발 기조를 유지하고 있습니다.

구분	2026	2025	증감
인원	345,179	340,934	+4,245

전반적으로 보면 수시 모집이 2022학년도 입시 이후 지속적으로 증가하는 추세를 유지하고 있습니다. 2025학년도 수시 비중이 79.6% 에서 2026학년도 수시 비중이 79.9%로 아주 미세하게 증가했습니다. 전체적인 트렌드로 생각하면, 수도권 대학의 정시 비율은 유지로 나타나고 있고, 지방 대학들을 중심으로 수시의 비율이 꾸준히 증가하는 추세를 보이고 있습니다.

전체적인 전형별 모집 인원을 정리하면 다음과 같이 나타납니다.

구분	전형 유형	2026		2025		증감
		인원	비율	인원	비율	인원
수시	교과	155,495	45.0	154,475	45.3	1,020
	종합	81,373	23.6	78,924	23.1	2,449

구분	전형 유형	2026		2025		증감
		인원	비율	인원	비율	인원
수시	논술	12,559	3.6	11,266	3.3	1,293
	실기 등	26,421	7.6	26,816	7.9	-395
수시 소계		275,848	79.9	271,481	79.6	4,367
정시	수능	63,902	18.5	63,827	18.7	75
	실기 등	5,429	1.6	5,626	1.7	-197
정시 소계		69,331	20.1	69,453	20.4	-122
합계		345,179	100	340,934	100	4,245

학생부 위주 전형은 3,648명 증가했는데, 비수도권 소재 대학의 증가 인원이 2,594명입니다. 이중 학생부 교과 전형이 948명, 학생부 종합 전형이 1,646명입니다. 논술 위주 전형은 1,293명 증가했는데 그 중 수도권 소재 대학에서 1,160명이 증가했습니다.

2026학년도 수능은 2025년 11월 13일(목)에 실시합니다. 이후 주요 일정은 아래와 같습니다.

구분		일정
수시	학생부 작성 기준일	2025.8.31.(일)
	원서 접수	2025. 9. 8.(월) ~ 12.(금)
정시	학생부 작성 기준일	2025.11.30.(일)
	원서 접수	2025.12.29.(월) ~ 31.(수)

일정을 간략하게나마 이야기하는 이유는 지금 시점을 기준으로 남은 시간을 계산하고 준비하라는 의미이기도 합니다. 주어진 시간에 최선을 다하기 위해서는 반드시 전략적 선택이 필요하고, 그 전략을 세우는 시기는 '지금'이 가장 최적의 시기입니다. 수시와 정시에 대한

고민을 바탕으로 자신에게 주어진 시간을 점검하는 것에서부터 시작해야 합니다.

군사 용어로 사용되는 'end state' 라는 용어가 있습니다. 군사 작전을 통해 달성해야 할 최종적인 상태를 지칭하는 용어인데, 전략에 대한 이야기를 할 때 가장 중요한 요소 중의 하나입니다. 수시 혹은 정시의 결과를 'end state'로 설정한다면, 최종적인 상태에 도달하기 위해 시간을 역산하면 지금 해야 할 일들이 결정됩니다. 현 단계에서의 확실한 행동 패턴을 정할 수가 있게 됩니다. 단계별로 'end state'를 설정한다면 보다 쉽게 목표를 달성할 수 있습니다.

2026 대입 트렌드 분석

2026학년도 입시의 가장 큰 트렌드로 볼 수 있는 것은 당연히 의대 증원의 확대입니다. 2025학년도 입시에서 증가된 인원을 넘어선 인원이 선발됨에 따라 2025학년도 입시의 변화가 조금 더 심화되는 방향으로 나타나게 될 것입니다. 다만, 앞서 언급한 바와 같이 실제 의대 증원의 경우는 순증이기 때문에 이전보다 의대 진학이 확실히 쉬워지는 면이 있습니다. 하지만, 그럼에도 여전히 의대, 혹은 의학 계열 전체로 보면 큰 변화라고 보기에는 무리가 있습니다. 2025학년도 입결이 확인되는 시점에서 알 수 있겠지만, 언론에서 이야기하는 것과 같은 엄청난 변화는 나타나기 힘듭니다. 다만, 연쇄 효과 자체가 없다는 말은 아닙니다. 당연히 합격선이 어느 정도 떨어지는 것으로 나타납니다. 의대 증원에 대한 내용은 이어서 자세하게 설명하도록 하겠습니다.

두 번째 트렌드는 이른바 무전공 전형의 확대입니다. 무전공 전형(전공 자율 선택제)은 2026학년도에 조금 더 확대됩니다. 아무래도 2028학년도 대입 전형을 생각하면 대학의 입장에서도 준비를 해야하는 측면이 있기 때문에 자연스럽게 진행이 되고 있는 것 같습니다.

대학	모집 단위		
	모집 단위명	수시	정시
경희대	자율 전공학부 (교과/학종/논술/정시 가군)	43	29
고려대	자유 전공학부 (교과/학종/논술/정시 가군)	59	35
국민대	무전공(자유/인문/자연/예체능) (정시 가/나)		828
동국대	열린 전공 학부 (인문/자연) (교과 / 정시 다군)	100	129
서강대	AI기반 자유 전공학부 (학종 / 교과 / 정시 다군)	15	35
서울대	자유 전공학부 (학종 / 정시 나군)	74	49
서울시립대	자유 전공학부 (교과 / 학종 / 정시 가군)	17	13
성균관대	자유 전공 계열 – 신설 (학종 / 교과 / 논술 / 정시 가군)	170	110
숭실대	융합특성화 자유 전공 (학종 / 교과 / 정시 다군)	22	34
한양대	인터칼리지(학부 / 인문 / 자연) (교과 / 학종 / 논술 / 정시 다군)	190	60

2026학년도 전공 자율 선택제 모집 단위 (일부)

다만, 2026학년도 전형 계획이 확정된 것으로 보기엔 다소 무리가 있습니다. 2025학년도 입시의 여파가 있어서 다양한 변수가 작용하게 될 것으로 보이고, 결국 무전공 전형은 2025학년도 입시보다는 증가할 것으로 예상이 됩니다. 어느 정도의 규모로 증가할 것인지에 대한 논의는 여전히 혼란스럽지만, 30% 수준까지 배정될 수도 있습니다.

문제는 앞서 논의한 바와 같이 무전공 전형의 확대가 수험생의 입장에서는 파급 효과가 크기도 하지만, 전형 결과에 대한 예측이 다소 어려운 점이 있다는 점입니다. 무전공 전형의 확대로 인해 결국은 학과 모집이 줄어들어야만 한다는 점이 가장 큰 변수가 됩니다. 몇몇 대학에서 나타나는 현상과 같이 학과 자체가 없어지기도 할 것이고, 대학 내의 논란도 심화될 수 있습니다.

하지만, 그럼에도 추진이 된다는 전제로 어떤 전략을 짤 것인가에 대한 고민은 매우 깊어질 수밖에 없습니다. 그나마 다행인 것은 2025학년도에 무전공 전형의 확대가 이뤄졌다는 점입니다. 참고할 만한 데이터들이 있기 때문에, 2026학년도 입시에서 무전공 전형이 조금 더 확대된다고 하더라도 어느 정도는 예측 가능한 범주가 될 것입니다.

입시 결과의 예측 가능성과는 별개로 2026학년도 입시를 준비하는 고2 학생들에게 중요한 것은 제대로 준비를 하는 것입니다. 현장에서 오랜 시간 동안 학생들의 입시 지도를 하면서 느끼는 점은 대학 입시 정책은 참 많이 변화한다는 점입니다. 언론에서는 매년 숱한 변화들에 대해서 이야기하면서 '어렵다'는 공포를 확신시킵니다. 실제로

2026학년도 입시는 매우 어렵습니다. 다만, 강조하고 싶은 것은 매년 입시가 어려웠다는 점입니다. 사실, 모든 입시는 어렵습니다. 특히, 더 어렵다고 이야기하고 싶겠지만, 입시에 직면한 모든 수험생은 '매우' 어렵기 마련입니다.

그러니 교육 정책의 숱한 변화와 정책 변화에 대한 유불리는 따지는 모든 행동은 매우 중요합니다. 하지만, 개인적으로 더 중요한 것은 '학생의 학습량'입니다. 입시 불패의 최고의 카드는 여러분이 어떤 상황에도 흔들리지 않고 자신의 길을 만드는 것입니다. 무전공 전형이 엄청난 변화를 유발하겠지만, 수험생은 거기서 불안을 느낄 필요가 없습니다. 놀라운 사실은 학과 모집이든, 무전공 선발이든 학생의 모집 정원이 줄지 않는다는 사실입니다. 결국 그 모든 변화에도 대학은 '준비된' 학생을 선발합니다.

수능으로 준비된, 교과로 준비된, 학종으로 준비된, 논술로 준비된 학생을 선발한다는 말입니다. 어떤 전형으로 준비할지를 결정했다면 자신의 역량을 증명하기 위한 최적의 노력이 필요합니다. 교육 정책의 변화 때문에 불합격하는 학생의 비율은 절대 높지 않습니다. 지금의 변화에 너무 민감하게 반응할 필요 없습니다. 모든 교육 정책의 변화에도 불구하고 대학은 특정 학생을 '선발'합니다. 여러분이 그 특정 학생일 될 수 있는 역량을 증명하기만 하면 됩니다. 흔들리지 않으면, 불안해하지 않으면 그 역량을 증명할 길을 찾을 수 있게 됩니다.

세 번째 생각할 수 있는 트렌드는 첨단 학과의 증원입니다. 2024학년도부터 시작된 첨단 학과의 순증은 2025학년도 입시에서 의대와 더불어 많이 확대되었습니다. 첨단 학과에 대한 대학과 정부의 증원 추세는 당분간 유지될 것으로 보입니다. 2025학년도 입시에서 첨단 학과는 1,145명이 증가했습니다. 수도권 대학(12교)에서 569명, 비수도권 대학(10교)에서 576명을 증원했습니다.

수도권		수도권 이외 지역	
대학	인원	대학	인원
서울대	25	경북대	113
연세대	60	부산대	112
고려대	57	충남대	36
성균관대	22	전북대	75
경희대	33	전남대	20
이화여대	33	경상대	67
세종대	63	고려대(세)	50
서울과기대	40	순천향대	70
덕성여대	10	창원대	4
아주대	67	한밭대	29
인하대	53		
한양대(에)	106		
계	569	계	576
총계		1,145	

첨단 학과 증원이 결정된 주요 대학들이 첨단 학과를 베이스로 학과를 신설하고 있다는 점에서 입결의 변화가 예고된 상태입니다. 스마트 시스템학과(**서울대**), 지능형 반도체전공(**연세대**), 인공 지능학과(**고려대**), 양자 정보학과(**성균관대**) 등의 신설 첨단학과들이 어느 정도 수험생들로부터 지지를 받게 될 것인지에 따라 큰 변화가 발생할 수도

있을 것으로 보입니다. 실제 선호도가 다소 높고, 미래 전망이 높다는 점에서 개별 대학에서 높은 입결을 보일 것으로 예측되고 있는 상황이기도 합니다.

네 번째 트렌드는 수능 최저 학력 기준의 완화 추세입니다. 과도한 수능 최저에 대한 부담감으로 인해 전체적으로는 수능 최저 학력 기준이 완화되고 있는 추세를 보이고 있고, 2026학년도 입시에서도 그 추세는 일정 부분 계속될 것으로 보입니다. 수능 최저 학력 기준에 대해서는 앞에서 충분히 강조했습니다. 다만, 수능 최저 학력 기준이 완화되는 추세에 있다는 말이 수능 최저 학력 기준을 충족하기 쉬워진다는 말로 오해되지 않았으면 합니다. 완화되고, 그만큼 쉬워지는 것은 맞지만, 쉬워지는 만큼 지원자가 증가하는 것도 사실이고, 그로 인해 수능 최저 학력 기준을 충족하지 못하는 학생들의 비율도 거의 유사하게 나타날 것으로 예상이 됩니다. 결국 수능 최저 학력 기준을 쉽게 생각하는 수험생들이 수능 최저 학력 기준을 충족하지 못할 가능성은 여전히 높습니다.

더불어 고려해야 할 것은 수능에 유입되는 졸업생들의 비중이 꾸준히 상승하고 있다는 점이고, 이 말은 수능 최저 학력 기준 충족을 위한 등급을 받기가 쉽지 않다는 말이기도 합니다. 특히, 의대와 계약 학과를 포함하는 첨단 학과를 생각하고 재수와 반수를 결정하는 학생들은 대체로 모의고사 성적이 좋다는 점을 감안하면 수능 최저 학력 기준이 다소 낮아지는 추세에 있다고 하더라도 수능 최저 학력 기준 충족이 쉽지 않다는 점은 명확해 보입니다.

전체적인 입시 추세를 생각해 보면, 서울 소재의 대학들이 수능 최저 학력 기준을 설정하는 비율이 높습니다. 서울 소재 대학을 지원하는 학생들의 내신 수준이 매우 높다는 점을 감안하면 매우 중요한 전형 요소라는 점을 알 수 있습니다.

다섯 번째 트렌드로 이야기할 수 있는 것은 아마도 2025학년도 입시가 정리되고 나면 강력한 이슈로 작동할 가능성이 높은 필수 과목 폐지와 관련된 이야기입니다. 2025학년도 6월 모의 평가 결과를 분석해 보면, 과학 탐구 I 의 응시자가 모두 감소하고 있다는 점을 통해 과학 탐구를 포기하고 사회 탐구로 이동하는 이른바 '사탐런'이 증가하고 있음을 확인할 수 있습니다. 다만, 무조건 사회 탐구로 이동하는 것이 능사일 수는 없습니다. 사회 탐구를 선택한다는 것은 그만큼 선택의 폭이 좁아진다는 면이 있습니다. 결국 엄청난 파급 효과를 이야기하기는 어려운 주제이긴 합니다. 다만, 언론에서는 항상 그래왔듯이 소수의 성공 사례를 매우 많이 이야기하면서 이슈화 할 것으로 예상이 됩니다. 이런 이슈화가 성공하게 되면 2026학년도 입시에서는 다소 '사탐런'이 더 증가할 수는 있겠지만, 그럼에도 여전히 한계는 존재할 것으로 보입니다.

2025학년도 입시에서 선택 과목을 제한하거나, 필수 이수 과목을 지정한 대학들이 다소 줄어들고 있는 추세이긴 합니다. 특히, 이 문제는 수능 최저 학력 기준의 설정과도 매우 관련이 높습니다. 2026학년도 입시에서는 고려대, 서울시립대 등이 수능 최저 학력 기준에서 필수 지정 과목이 없어지기도 합니다. 다만, 모든 대학이 그렇지는 않다는 점을 기억하고 전략을 수립해야 합니다. 학생부 종합 전형을 준비하기 위해서는 당연히 선택해야 할 과목이기도 하거니와 정시에서는 여전히 다수의 대학들이 해당 과목에 가산점을 부여하고 있습니다.

전략적인 측면에서 생각해 보면, 선택 과목 제한 혹은 필수 이수 과목을 지정한 대학들이 있는 한 지원 폭이 줄어든다는 점을 감안해야 합니다. 입시를 준비하면서 하나씩 포기하는 순간 지원할 수 있는 영역이 점점 줄어들게 됩니다. 이런저런 장단점을 따지기 보다는 본질적으로 학습량을 더 늘리는 것을 추천합니다.

2026 과목 지정 및 가산점 부여 (서울 주요 대학 중 일부)

대학	수능 최저 학력 기준 과목 지정		정시 과목 지정 및 가산점		
	미적분/기하	과학탐구	미적분/기하	사회탐구	과학탐구
경희대					가산점(자연) 4점
고려대					가산점(자연) 3%
서울대	지정(자연)	지정(자연)	지정(자연)		지정(자연)
서울시립대				가산점(인문) 3%	가산점(자연) 3%
성균관대					가산점(자연) 5%
연세대	지정(자연)	지정(자연)		가산점(인문) 3%	가산점(자연) 3%
중앙대				가산점(인문) 5%	가산점(자연) 5%

특이한 지점은 사회탐구에 대한 가산점을 부여하는 대학들이 어느 정도 나타나고 있다는 점입니다. 정시에서 이공 계열 수험생들의 교

차 지원, 이른바 **'문과 침공'**에 대한 대응 전략이라고 생각하면 될 듯합니다. 개인적으로는 이공 계열 수험생들이 정시로 교차 지원을 하고, 이탈하는 비율이 생각보다 높게 나타나고 있다는 점에서의 대응 방안으로 분석을 하고 있습니다. 이공 계열 학생을 선발하지 않았다면 해당 대학을 졸업할 가능성이 높았을 학생이라는 점을 생각해 보면 다소 애매한 상황이긴 합니다.

다만, 사회 탐구와 확률과 통계에 대한 가산점은 개인적으로는 통합 수능 시작부터 필요하다고 계속 이야기했던 부분이긴 합니다. 통합형 수능이 가진 한계가 워낙에 명확하기 때문에 이를 보완하기 위한 작업이 어느 정도 필요하다고 판단했기 때문입니다. 실제로 사회 탐구 가산점이 어느 정도는 대학의 요구를 충족시킬 수 있을 것으로 분석됩니다.

여섯번째 트렌드는 최근 이슈가 되었던 학교 폭력 조치 사항에 대한 내용입니다. 대입 전형 전반에 의무 반영이 되면서 어느 정도 영향력을 보일 것으로 예상이 됩니다. 학교 폭력 조치 사항을 반영하는 방법은 정량 평가, 정성 평가, 지원 자격 제한 및 부적격 처리, 혼합 평가로 구분이 됩니다. 학교 폭력 조치 사항을 반영하는 방법에서 볼 수 있듯이 대학마다 다른 방법을 각각의 전형에 적용해서 사용하기 때문에 개별적인 확인은 반드시 필요합니다. 가장 많이 적용이 되는 전형은 당연히 객관식 평가가 위주가 되는 학생부 교과 전형과 수능 위주의 정시 전형입니다.

성균관대학의 사례를 살펴보겠습니다.

전형	조치 사항	반영 방법
전 전형	1호	전형별 기준 총점의 10% 감점
	2~9호	전형 총점 0점 처리

성균관대학교는 학교 폭력 조치 사항 1호(**서면 사과**) 외의 모든 조치 사항을 0점 처리로 적용을 합니다. 즉, 성균관대학교의 모든 전형에서 2호 이상의 처분을 받은 학생은 선발하지 않겠다는 점을 분명히 하고 있는 셈입니다. 지원 자격은 있으나, 지원이 아무런 의미가 없는 셈입니다. 하지만, 1호 처분도 사실상 극복이 어려울 것으로 분석이 됩니다. 전형별 총점에서 10% 감점은 사실상 극복하기 어려울 것으로 보입니다. 예를 들어 학생부 종합 전형의 전형 총점은 1,000점이고, 10% 감점은 100점이 감점된다는 말입니다. 대부분의 합격선을 생각하면 지원 자체가 의미없을 것으로 보입니다. 이화여대와 한국외대 등은 1호 처분만 받아도 지원이 불가합니다. 학교별 확인이 반드시 필요한 이유입니다.

의대 증원 이슈 정리

2024년에 사회적으로 가장 큰 논란이 되고 있는 '의대 증원'과 관련된 이슈는 2026학년도에는 어떤 방향으로 결정될지 알 수 없지만, 현재 발표된 자료를 토대로 분석을 하고 대안을 고민하는 것이 필요할 것으로 보입니다.

구분	2026				계
	수시		정시		
	인원	비율	인원	비율	
의예	3,416	68.6	1,562	31.4	4,978
치의예	432	68.6	198	31.4	630
약학	1,058	60.7	686	39.3	1,744
수의예	329	68.7	150	31.3	479
한의예	531	73.0	196	27.0	727
계	5,766	67.1	2,792	32.9	8,558

2025학년도 입시에서 의예과는 1,493명이 증가해서 4,581명을 선발했습니다. 이어 2026학년도에는 397명을 더 증가시켜 총 4,978명을 모집하게 됩니다. 이전의 의학 계열 전체 규모와 유사한 수준으로 증가한다는 점을 고려하면, 순수 인원 증원으로 인해 그만큼 의학계

열을 진학하기 쉬워진 것은 맞습니다. 다만, 아무리 쉬워진다고 하더라도 전체 48만 명의 수험생 수준을 생각하면 1% 수준이라는 점을 반드시 감안해야 합니다.

2026학년도 의대 대학별 모집 인원

대학	인원	대학	인원	대학	인원	대학	인원
가천대	130	중앙대	86	을지대	100	부산대	200
가톨릭대	93	한양대	110	충남대	200	영남대	120
경희대	110	가톨릭관동	100	충북대	200	울산대	120
고려대	106	강원대	132	경북대	200	인제대	100
서울대	135	연세대(미)	100	경상대	200	원광대	150
성균관대	120	한림대	100	계명대	120	전남대	200
아주대	120	건국대(글)	100	고신대	100	전북대	200
연세대	110	건양대	100	대구가톨릭	80	조선대	150
이화여대	75	단국대(천)	120	동국대(w)	120	제주대	100
인하대	120	순천향대	150	동아대	100	계	4,978

의예과를 제외한 치의예과, 약학과, 수의예과, 한의예과의 변화는 크지 않기 때문에 의예과를 중심으로 분석해 봅시다. 전체 전형을 분석해 보면, 앞서 언급한 바와 같이 지역 인재 전형의 확대가 가장 두드러진 특징입니다. 지역 인재 전형의 확대는 비수도권은 26개 교에서 63.4%(2,247명)로 확대됩니다. 2025학년도 입시에 이어 많은 확대가 이뤄지고 있기 때문에 이전에 비해 어쩔 수 없이 전반적인 입시 결과가 낮아질 것으로 예상이 됩니다. 상당수의 지역 인재가 학생부 교과 전형으로 이뤄지고 있어서 학생부 교과 전형으로 선발되는 인원이 35.4%(1,761명)입니다. 전체 수시가 68.9% 수준임을 감안하면 수시의

절반 이상의 인원이 학생부 교과 전형으로 선발되는 구조입니다.

뒤이어 정시 전형으로 1,562명(31.4%)을 선발합니다. 서울에 소재한 대학들의 정시 비중이 40%를 넘지만, 서울 이외의 모든 의대들이 정시 비율이 40% 수준 미만으로 선발하고 있고, 대구 경북지역의 대학에서 정시 선발의 비율은 20% 보다 낮은 수준입니다.

학생부 종합 전형으로 1,443명(29%)을 선발하고, 논술 전형으로 212명(4.3%)를 선발합니다. 전체적인 모집 인원의 구조를 보면 수도권과 비수도권의 모집이 다소 다르게 나타난다는 점을 확인할 수 있고, 이 부분에서 지원하고자 하는 대학에 대한 고민을 많이 반영해야만 한다는 점이 선명하게 나타납니다.

2026학년도 의대 전형별 모집 인원 (대학별, 일부)

대학	유형	인원	비율(%)	대학	유형	인원	비율(%)
부산대	학종	46	23	서울대	학종 – 지균	39	28.9
	교과	17	8.5		학종 – 일반	50	37
	지역인재	46	23		정시(나) – 일반	29	21.5
	논술	22	11		정시(나) – 지균	10	7.4
	정시(나) 수능	32	16	경희대	학종	25	22.7
	정시(나) 지역 인재	32	16		지역 균형	15	13.6
인하대	학종	42	35		논술	15	13.6
	교과	26	21.7		정시(나)	55	50
	논술	12	10	전남대	학종	16	8
	정시(가)	40	33.3		지역 인재	126	63
한림대	학종	49	49		정시(가) – 일반	24	12
	지역 인재	18	18		정시(가) – 지역인재	30	15
	정시(나)	30	30				

수도권 의대들에서는 "수능 〉학생부 종합 〉논술 〉학생부 교과"
순으로 모집이 이뤄지고, 비수도권에서는 "학생부 교과 〉수능 〉학생
부 종합 〉논술" 순으로 모집이 이뤄지고 있습니다. 결국 수도권 의대
는 수능과 학생부 종합 전형의 선발이 80% 수준이고, 비수도권에서
는 학생부 교과 전형이 45% 수준을 보이는 셈입니다.

비수도권 지역의 26개 교에서 지역 인재로 선발하는 인원은 3,542
명 중 2,247명으로, 비수도권 전체 모집 인원의 63.4%에 해당이 됩니
다. 지역 인재의 비율이 가장 높은 대학은 전남대와 원광대로 80%의
모집 인원을 지역 인재 전형으로 선발하고, 한림대는 100명의 선발
인원 중 21명을 지역 인재로 선발해서 가장 낮은 비율을 보이고 있습
니다. 전체적인 분석을 토대로 하면, 수도권 의대와 비수도권 의대가
다소 다른 방향으로 선발이 이뤄진다는 점을 알 수 있습니다.

세부적인 전형 계획들을 살펴보면, 2025학년 대비 변화를 선택한
대학들이 있습니다. 성균관대와 아주대, 부산대 등은 학생부 교과 전
형을 신설하는 등의 변화를 예고했고, 동아대와 이화여대, 조선대 등
은 학생부 종합 전형을 신설했습니다. 연세대가 추천형 16명을, 추천
형 8명과 일반형 8명으로 분리 모집을 하고, 고려대는 학생부 교과 전
형인 학교 추천 전형에서 서류 반영의 비율은 20%에서 10%로 하향
조정했습니다. 성균관대는 탐구형을 폐지하고, 면접형(성균인재)을 신
설합니다. 대학별로 전형에 큰 변화가 있거나 세부적인 내용 변경이
있으므로 각 대학의 전형을 잘 알아야 합니다.

그럼에도 한 가지 짚고 넘어가야 할 것은 수능 최저 학력 기준에 대한 내용입니다. 의학 계열의 수능 최저 학력 기준은 가장 높은 수준을 유지하고 있고, 2026학년도 의대 입시에서는 수능 최저를 적용하는 대학이 다소 늘어나는 추세입니다.

대학	전형명	전형 방법 및 특징	수능최저학력기준
경희대	지역균형	교과/비교과70 +교과종합평가30	국, 수, 영, 탐(2) 3합4, 한5
고려대	학교추천	학생부교과90 + 서류10	국, 수, 영, 탐(1) 4합5, 한4
성균관대	학교장추천	학생부100 (정량 80 + 정성20)	국, 수, 영, 탐(2) 3합4 (수학포함), 한4
연세대(미)	교과우수자 (추천형)	학생부교과80 + 면접20	국, 수(미/기), 영, 과1, 과2 4합6 (영2, 한4)
	교과우수자 (일반형)	학생부교과80 + 면접20	국, 수(미/기), 영, 과1, 과2 4합5 (영2, 한4)
강원대	미래인재 II	1단계(3배수) : 학생부100 2단계 : 1단계60 + 면접40	없음
단국대 (천안)	DKU인재 (면접형)	1단계(3배수) : 학생부100 2단계 : 1단계70 + 면접30	국, 수(미/기), 영, 과(2) 3합5 (수학포함)
서울대	지역균형	1단계(3배수) : 학생부100 2단계 : 1단계70 + 면접30	국, 수(미/기), 영, 과(2) 3합7

대체로 비수도권의 의대 선발이 지역 인재를 중심으로 한 선발이 이뤄진다는 점을 감안하면, 수능 최저 학력 기준의 충족 여부가 가장 중요한 기준이 될 것입니다. 최상위권 전형인 만큼 수능에서도 그만큼의 역량을 보여 주어야 합니다. 수능 공부를 위한 학습량을 반드시 본격적으로 늘려야만 합니다. 2025학년도 대입에서 유입되는 졸업생

의 숫자와 비율이 만만치 않다는 점, 수능 최저 학력 기준 달성을 방해하는 요소로 작용하고 있는 '사탐런' 등이 큰 변수가 될 수 있습니다. 더불어 졸업생의 비율을 감안해서 수능의 난도가 전반적으로 상승하고 있다는 점도 고려해야 합니다. 2025학년도 6월 모의 평가 분석 결과를 보면, 수학의 표준 점수 최고점이 152점입니다. 상당한 수준의 난도로 2022학년도 통합 수능 도입 이래로 가능 높게 나타났습니다. 그럼에도 불구하고 만점으로 추정되는 표준 점수 최고점을 받은 수험생이 697명이었습니다. 변별력 확보를 위해 2024학년도 수준의 난도는 최소한 유지되어야 할 것으로 분석되는 이유이기도 합니다.

난도가 높은 상태를 유지한다는 점은 수능 최저 학력 기준 충족의 변수가 작용할 가능성이 높습니다. 무엇보다 비수도권에서의 의대 증원으로 인해 가장 중요한 지점이 수능 최저 학력 기준의 충족 여부가 될 가능성이 압도적으로 높아진 셈입니다. 다소 긍정적인 예측을 하자면, 2025학년도 입시 결과를 토대로 비수도권 의대에서 수능 최저 학력 기준을 다소 하향 조정해야 한다는 흐름이 나타날 수 있다는 지점입니다. 2025학년도에서 비수도권 의대들의 수능 최저 학력 기준이 다소 높게 설정된 부분이 있다는 점을 감안하면, 2026학년도 입시에서는 다소 완화의 형태로 나타날 가능성이 높은 셈입니다. 하지만, 그런 추세를 기대하고 학습량을 늘리지 않는 것은 실패를 예약하는 행동입니다. 모든 상황에서 최선의 전략을 선택하고 실행하는 것이 중요합니다.

의대 전체의 경쟁률 측면에서 보면 큰 변동이 없이 꾸준한 상태를 유지하고 있긴 합니다. 다만, 2025학년도 의대 증원과 관련해서 어느 정도까지 의학 계열 전체의 경쟁률이 상승할지는 예측하기 어려운 면이 있으나, 앞서 언급한 바와 같이 지원할 수 있는 수험생의 집단이 엄청나게 증가하기는 어려운 구조입니다.

의대 수시 전체 경쟁률은 2022학년도 이후 다소 줄어드는 추세를 보이고 있었습니다. 2024학년도 수시 전체의 경쟁률은 30.55 : 1 이었는데, 논술의 경쟁률이 과도하게 반영된 결과이긴 합니다. 전형별로 구분해 보면 2024학년도에 학생부 종합 전형의 경쟁률이 20.0 : 1을 기록하면 상승 추세를 보이고 있습니다. 여러 이유들이 있긴 하지만, 학생부 종합 전형에 대한 졸업생들의 전반적인 지원 상승 추세와 관련이 매우 높은 것으로 판단됩니다. 특히, 학생부 종합 전형에서 자기소개서가 사라지면서 지원에 대한 부담이 감소한 것이 가장 큰 요인으로 분석할 수 있습니다. 이런 추세를 생각해 보면, 2025학년도와 2026학년도에서 재수생의 증가와 맞물리면서 의대의 학생부 종합 전형 경쟁률은 다소 상승할 것으로 보입니다. 다만, 수도권 의대의 경쟁률은 상승하겠지만, 지방 의대의 경쟁률은 의대 증원의 효과로 다소 하락할 것으로 보입니다.

학생부 교과 전형의 경쟁률은 꾸준히 하락 추세를 보이고 있습니다. 2024학년도 경쟁률은 11.2 : 1을 기록하고 있습니다. 2025학년도 지방 의대의 지역 인재 전형을 생각해 보면 졸업생들이 대거 증가하면서 다소 경쟁률이 상승할 것으로 분석됩니다. 2026학년도 학생부 교과 전형에서는 의대 증원으로 인한 지방 의대 졸업생 변수가 다소 감소하면서 전체적으로 하락 추세를 이어갈 것으로 보입니다.

논술 전형에서 의대의 경쟁률은 근래 고공 행진을 이어가면서 의대에 대한 극한의 선호를 보여주고 있습니다. 2024학년도 전체 논술 경쟁률은 258.6 : 1을 기록했습니다. 2023학년도에 비해서는 다소 하락했지만, 주요 대학 논술의 대학별 경쟁률은 여전히 매우 높음을 알 수 있습니다. 2024학년도 최고 경쟁률은 인하대 의예과로 660.7 : 1 이었고, 다음은 성균관대 의예과로 631.4 : 1을 기록했습니다. 경쟁률 3위는 성균관대 약학으로 580 : 1의 경쟁률을 기록했고, 5위는 아주대 의학과로 398.2 : 1의 경쟁률을 기록했습니다. 인하대 의예는 8명 모집에 5,286명, 성균관대 의예는 5명 모집에 3,157명이 지원을 했으며 지원 자체의 경쟁률이 매우 높다는 점을 확인할 수 있습니다.

논술에서는 '실질 경쟁률'이 중요합니다. 특히, 의대의 경우처럼 높은 수능 최저 학력 기준을 제시하게 되면, 일반적으로 충족 비율은 낮아지게 됩니다. 2024학년도 인하대 의예과의 경우에 가장 높은 경쟁률을 기록했음에도 불구하고 실질 경쟁률은 71:1 수준을 보였습니다.

대학별 의학 계열 논술 경쟁률

대학	모집	최초 경쟁률	실질 경쟁률
경희대	한의예(인문)	362.2	62.2
	의예	187.6	73.3
	약학	176.5	34.4
	치의예	138.9	46.9
중앙대	의학부	203.4	44.5
	약학부	176.6	24.0
인하대	의예	660.7	71.1

　　2024학년도 의대 정시 평균 경쟁률은 6.63 : 1을 기록해서 전년도와 유사한 경쟁률을 기록했습니다. 서울권 9개 의대는 3.63:1, 경인권 3개 의대는 16.20:1로 나타났고, 수도권으로 묶으면 4.89:1의 경쟁률을 보이고 있습니다. 반면, 비수도권 27개 의대는 7.76:1의 경쟁률을 보였습니다. 정시에서의 경쟁률은 비수도권 의대가 다소 높게 나타나지만, 수시에서의 경쟁률은 수도권이 61.33:1, 비수도권이 18.05:1의 경쟁률을 보이고 있어서 수시와 정시의 온도차가 크게 나타나는 편입니다. 2025학년도 의대 증원으로 인해 의대 입결에서는 다소 큰 변화가 생기긴 할 것으로 보이지만, 여전히 의학 계열 전체를 놓고 봐도 2% 안쪽의 이야기라는 점을 다시 한 번 강조합니다.

3. 첨단 학과 트렌드

첨단 학과는 정부가 첨단 분야의 인재 양성을 위해 관련 학과의 입학 정원을 대폭 확대하면서 입시에서 중요한 변수로 떠오르고 있습니다. 의대 증원과 관련한 이슈가 워낙에 강하다 보니 오히려 주목을 덜 받는 경향이 있긴 하지만, 상위권 대학 혹은 학과를 노리는 학생들에게는 대단히 메리트 있는 학과임에는 분명합니다. 물론 첨단 학과로 진학한 후에 반수 등의 문제점이 지속적으로 발생하고 있긴 하지만, 그럼에도 매우 중요한 이슈가 되어야 하고, 미래 먹거리라는 측면에서는 중요한 학과임에는 분명합니다

계약 학과 분석

첨단 학과 관련 분야도 지속적으로 넓어지고 있고, 관련 기업들과의 연계도 나름 활발하게 진행되고 있는 편입니다. 전통적인 첨단 학과인 반도체 학과를 비롯해서 인공 지능, 소프트웨어, 통신, 에너지, 신소재, 미래차, 로봇, 바이오 등으로 확산되고 있습니다. 다양한 방면

에서 첨단학과가 증원되고 있는 추세이고, 그중에서도 중요하게 다뤄지는 학과는 이른바 '계약학과'들입니다.

계약 학과는 대학이 국가, 지자체, 기업 등과 일정한 계약을 맺고 학위 과정을 운영하는 학과들을 통칭합니다. 계약 학과도 종류가 많은 편이긴 하지만, '채용 조건형' 계약 학과 그중에서도 '취업 연계형' 계약 학과를 지칭하는 경우가 일반적입니다. 취업 연계형 계약 학과는 대학에서 특정 기업과의 업무 협약을 통해 대학 졸업 후 해당 기업에 취업을 보장하는 형태입니다. 학과마다 다른 형태이긴 하지만, 대체로 대학 등록금 제공, 해외 연수 등의 혜택을 주는 것이 일반적입니다. 계약 학과들의 전체적인 모집 인원을 확인해 보면 학생부 종합 전형의 비율이 63% 수준으로 가장 높게 나타나고 있습니다. 계약 학과에서 유독 학생부 종합 전형의 비율이 높은 것은 다양한 이유가 있긴 하지만, 해당 학과를 졸업한 이후에 채용된다는 계약학과의 특성에 기인하는 부분이 큽니다. 전형 설계에서 어느 정도 이 부분을 감안한 것으로 추론을 해볼 수 있습니다.

최근의 계약 학과 정시 입시 결과를 확인해 보면 가장 큰 포인트 중의 하나는 충원율이 대체로 높아지고 있다는 점입니다. 최상위권의 계약 학과인 연세대 시스템반도체공학과는 2024학년도 정시 모집에서 전년도보다 충원율이 높아진 220%를 기록했고, 고려대 반도체공학과도 전년도에 비해 상승한 충원율 100%를 기록했습니다.

2026 주요 대학 취업 연계형 계약 학과

대학	모집 단위	기업	교과	학종	논술	실기	수능	합계
고려대	반도체공학	SK하이닉스		20			10	30
	스마트모빌리티	현대자동차		30			20	50
	차세대 통신	삼성전자		20			10	30
서강대	시스템반도체공학	SK하이닉스	3	14	3		10	30
성균관대	반도체시스템공학	삼성전자		45	5		20	70
	지능형소프트웨어	삼성전자		30	5		15	50
숭실대	정보보호	LG U+		8		4	8	20
연세대	시스템반도체공학	삼성전자	20	43	12		25	100
	디스플레이 융합공학	LG디스플레이	5	14	4		7	30
한양대	반도체학	SK하이닉스	6	22	4		8	40
가천대	클라우드공학	카카오 엔터프라이즈	7	7	7		9	30
경북대	모바일공학전공	삼성전자		5	15		10	30
POSTECH	반도체공학	삼성전자		40				40
DGIST	반도체공학	삼성전자		25			5	30
GIST	반도체공학	삼성전자		25			5	30
KAIST	반도체시스템공학	삼성전자		95			5	100
UNIST	반도체공학	삼성전자		35			5	40
합계			41	478	55	4	172	750

해당 학과들의 2025 수시 모집 전형을 간략히 살펴보겠습니다.

대학	모집 단위	전형명	모집 인원	전형방법	수능 최저
고려대	반도체공학	학업우수형	10	서류 100	국수영과 4합 7, 한 4
		계열적합형	10	서류 100 (5배수) 1단계 50 + 면접 50	
서강대	시스템 반도체공학	지역 균형	3	교과 90 + 출결 10	국수영탐 3개 각 3, 한 4
		일반	14	서류 100	
		논술	3	논 80 + 교과 10 + 출결 10	국수영탐 3합 7, 한 4
성균관대	반도체 시스템공학	탐구형	10	서류 100	
		과학인재	30	학생부 100 (7배수) 1단계 70 + 면접 30	
		논술우수	10	논술 100	국수영탐탐 3합 5
연세대	시스템 반도체공학	추천형	20	교과 100	국수 (미/기) 과 (2) 수포함 2합 5, 영 3, 한 4
		활동우수형	38	서류 100 (4배수) 1단계 60 + 면접 40	국수 (미/기) 과 (2) 수포함 2합 5, 영 3, 한 4
		논술	12	논술 100	
KAIST	반도체 시스템공학	창의도전	20	서류 100	
		학교장 추천	10	서류 100	
		일반	60	서류 100 1단계 40 + 면접 60	

2025학년도 입시에서 의대가 증원되면서 계약 학과들이 지대한 영향을 받을 가능성이 높아지고 있습니다. 다만, 의대의 영향을 받는 것은 당연하게 최상위권 계약 학과의 경우들입니다. 중위권의 계약 학과는 의대 증원과 첨단 학과 증원으로 큰 영향을 받지 않을 것으로 보입니다. 그런 점을 감안하면 계약 학과는 해당 분야에 대한 깊은 관심과 적성이 있는 학생들에게는 매우 중요한 선택지가 될 것입니다.

첨단 학과 분석

계약 학과 이외의 첨단 학과에도 많은 관심을 가질 필요가 있습니다. 미래의 먹거리라는 전제로 이야기를 하는 이유는 결국 해당 산업이 이후에 산업 전체에서 매우 중요한 역할을 할 것으로 기대하고, 그만큼의 투자가 이뤄질 것으로 기대되는 영역이기 때문입니다.

첨단 학과는 2024학년도에 수도권 10개 대학 19개 학과 817명, 비수도권 12개 대학 31개 학과 1,012명이 증원되었고, 2025학년도 입시에서는 수도권 569명, 비수도권 576명으로 1,145명이 증원되었습니다.

chapter 3 | 대학 입시 트렌드 분석

2025 수도권 대학 첨단 학과 증원

대학	모집 단위	분야	증원
서울대	스마트시스템 과학 전공	스마트팜	25
고려대	스마트 보안학부	사이버 보안	15
	인공지능학과	인공지능	42
연세대	지능형반도체 전공	차세대 반도체	35
	첨단 컴퓨팅학과	인공지능	25
성균관대	양자정보학과	양자	22
경희대	미래정보디스플레이학부	차세대 디스플레이	33
이화여대	인공지능데이터사이언스학부	인공지능	33
세종대	콘텐츠소프트웨어학과	증강 · 가상현실	28
	지능정보융합학과	사물인터넷	35
서울과기대	지능형반도체전공	차세대 반도체	40
덕성여대	AI신약학과	바이오 헬스	10

대학	모집 단위	분야	증원
인하대	반도체시스템공학과	차세대 반도체	28
	이차전지융합학과	이차전지	25
아주대	첨단신소재공학과	첨단 신소재	25
	미래모빌리티공학과	미래 자동차	42
한양대 에리카	지능정보양자공학전공	항공 · 드론	33
	바이오신약융합학부	바이오 헬스	73
합계			569

2025 비수도권 첨단 학과 증원

대학	모집 단위	분야	증원
부산대	의생명융합공학부	바이오 헬스	20
	반도체공학전공	차세대 반도체	8
	나노메카트로닉스공학과	차세대 반도체	7
	광메카트로닉스공학과	차세대 반도체	8
	재료공학부	첨단 신소재	12
	고분자 공학과	첨단 신소재	9
	유소재시스템공학과	첨단 신소재	8
	산업 공학과	인공지능	9
	전자공학전공	차세대 통신	11
	컴퓨터공학전공	사물 인터넷	12
	나노에너지공학과	에너지 신산업	8
경북대	기계공학부	지능형 로봇	19
	의생명융합공학부	바이오 헬스	30
	금속재료공학과	첨단 신소재	13
	신소재 공학과	첨단 신소재	9
	컴퓨터학부	인공지능	22
	전자공학부	인공지능	20
전북대	전자공학부	차세대 반도체	30
	신소재 공학부	차세대 반도체	20

대학	모집 단위	분야	증원
전북대	컴퓨터인공지능학부	인공지능	20
	양자시스템공학부	에너지 산업	5
전남대	빅데이터융합학과	빅데이터	20
충남대	정보통신융합학부	차세대 통신	36
경상대	항공우주공학부	항공·드론	67
창원대	지능로봇융합공학과	지능형 로봇	4
고려대(세)	지능형 반도체공학과	차세대 반도체	50
한밭대	인공지능소프트웨어학과	인공지능	29
순천향대	바이오의약학전공	바이오 헬스	35
	탄소중립학과	에너지 신산업	35
합계			576

2025학년도 입시에서 첨단 학과는 수시 모집에서 교과로 4,249명, 학생부 종합 전형으로 3,053명, 논술 전형으로 646명, 실기 등으로 51명을 선발해서 총 7,999명을 선발합니다. 정시로 2,590명을 선발하기 때문에 전체 첨단학과 모집 인원은 10,589명을 선발합니다. 2025학년도 첨단 학과 증원이 다소 급하게 이뤄진 관계로 2026학년도 대입 시행 계획에는 전체 요소들이 모두 반영되지는 않은 것으로 보입니다. 다만, 첨단 학과 증원이 2024학년도에 이어서 2025학년도에도 이뤄지고 있다는 점을 감안하면 2026학년도 입시에서도 다소 증원될 가능성이 있습니다. 증원이 연속되면서 어느 정도 입시 결과를 예측할 수 있다는 점은 장점이 될 수 있고, 순수하게 인원이 증가한다는 측면에서 수험생들에게는 더 좋은 기회가 될 수 있을 것으로 기대됩니다. 첨단학과와 관련된 충분한 준비와 전략을 만드는 것이 필요합니다.

첨단 학과에 대한 준비와 전략에 대해 책에 소개하고 싶지만, 디테일한 영역이라서 강의에서 소개하는 것으로 하고, 간략하게 이야기를 해보겠습니다. 개인적으로는 서울대에 개설되는 스마트팜 분야에 대한 기대가 큰 편입니다. 첨단 기술로서의 스마트팜이 주목을 받는다는 점도, 그리고 우리 사회에 매우 중요한 기술로 자리매김할 것으로 기대되기 때문입니다. 해당 학과를 진학하기 위해서 필요한 학습과 전략을 준비한다면 훨씬 더 의미있는 결과를 만들 수 있을 것입니다. 진로 역량을 평가하는 대학의 입장에서는 수험생의 '관심'과 '깊이'가 중요합니다. 더불어 그 관심과 깊이가 창의성과 연결된다면 최고의 학생으로 평가받게 됩니다.

예를 들어, 세계 최대 가전·IT 전시회인 'CES 2024'에서 우리나라의 스마트팜 기업이 자체 개발한 핵심 기술인 '에어로포닉스(Aeroponics)'를 활용한 모듈로 최고 혁신상을 수상했습니다. 이 기업이 가진 기술의 핵심은 공기 중 수분을 물로 바꿔 실시간으로 물을 자체 생산하는 장치인데, 세계 최초 공기주입식 스마트팜 모듈입니다. 이 분야의 기술에 깊은 관심을 가진 학생이라면 당연히 궁금한 부분이 있을 것입니다. 실제 이 모듈에서 식물들은 공기 중에 뿌리를 그대로 드러내고 있습니다. 이에 대한 분석과 탐구가 이어진다면 자신의 관심과 깊이를 충분히 보여줄 수 있게 될 것입니다. 이 기술은 사막 지역의 농업 솔루션 제공이라는 단순한 수준을 넘어서 인류가 우주 개척 시대를 열기 위해 가장 중요한 요소 중의 하나를 해결해 가고 있다는 점에서 매우 의미 있는 기술이 될 것입니다. 이런 기술 혹은 이런 분야에 대해 대단히 낯설게 느껴질 것입니다. 당연합니다. 하지만, 관심이 있으면 이런 기사들이 '보이게' 됩니다. 자신의 진로 분야에 대한 수준 높은 관심과 깊이 있는 탐구는 충분한 '지적 호기심'을 만들어낼 수 있게 되고, 진로 역량을 증명할 수 있는 가장 좋은 전략이 된다는 점을 다시 한 번 강조합니다.

4. 전공 자율 선택제 트렌드

   무전공 전형에 대한 이해

2025학년도 입시와 관련된 여러 이슈들 중에서도 개인적으로는 가장 큰 파급 효과를 보여주는 것이 이른바 '무전공'(전공 자율 선택제) 전형의 확대입니다. 의대 증원, 첨단학과 증원과는 다르게 무전공 선발 비율 확대는 'zero-sum'이라는 점에서 거의 모든 모집 단위에서 변화를 야기하게 됩니다. 무전공 전형의 도입과 확대 등에 대한 다양한 의견이 존재할 수 있지만, 현재 2026학년도 입시를 준비하는 학생, 학부모들은 대안에 대한 고민이 더 중요합니다. 어떤 식으로 준비할 것인지, 트렌드는 어떻게 되고 있는 것인지에 대한 고민을 통해 변화하는 입시에 대한 전략을 수립하는 것이 필요합니다.

우리나라의 대학 입시는 매년 많은 변수들을 가지고 있었습니다. 정책과 대학의 변화 등에 일일이 반응하는 것은 지나친 에너지 소모일 뿐입니다. 다양한 변화에도 불구하고 대학이 선발하려는 학생의 유형은 크게 바뀌지 않는다는 점에 집중하면 됩니다. 무전공 전형의 확대라는 트렌드에서도 이 원칙은 변하지 않습니다. 대학이 이런 류의 선발을 확대하는 본질적인 이유는 결국 그 과정에서 보다 우수한 학생을 선발할 수 있는 '가능성'을 봤기 때문입니다. 그 가능성이 어떤 방향인가에 대해서만 체크한다면 준비는 크게 어렵지 않습니다. 지금까지 해왔던 학습과 키웠던 역량이 전형 엉뚱하게 작용하지는 않습니다.

한 예로 서울대는 2024학년도 입시부터 이른바 '전공 연계 교과 이수'를 제시하고 있습니다. 전공 연계 교과 이수는 학생이 진학을 희망하는 학과에서 전공 분야 학문을 공부하는데 기초 소양이 되는 과목을 말합니다. 서울대는 전공 연계 교과 이수를 제시하면서, '핵심 권장 과목'과 '권장 과목'을 이야기했습니다. 핵심 권장 과목은 해당 전공, 분야에서 필수 연계 과목, 권장 과목은 해당 모집 단위를 수학하기 위해 배우기를 추천하는 과목으로 제시합니다. 전공 연계 교과 이수는 자격 기준은 아니지만, 평가에 반영합니다. 무전공에 대한 이야기를 하다가 '전공 연계'에 대한 서울대의 이야기를 가지고 온 이유는, 가장 많이 받은 질문이 있기 때문입니다.

'서울대 자유 전공 혹은 광역 모집에서는
전공 연계 과목이 뭘까?'

이 질문에 대한 답은 "선발의 본질에서는 거의 변화가 없다" 입니다. 아래의 표는 자유 전공 학부와 공과 대학 광역 선발에서 제시한 내용입니다.

2025학년도 서울대 전공 연계 교과 이수

자유전공 학부	핵심 권장 과목	권장 과목
	–	미적분, 확률과 통계

공과 대학 광역	핵심 권장 과목	권장 과목
	미적분, 확률과 통계	기하

무전공 전형(**전공 자율 선택제**)는 2026학년도에서는 지금보다 다소 더 증가할 것으로 보입니다. 가장 큰 영향 중의 하나는 무전공 전형의 확대로 인해 기존 학과의 학생 선발이 줄어들고, 없어지는 학과들이 존재할 것이라는 점입니다. 다만, 현재 발표된 2026 대입 시행 계획에는 이와 관련된 내용이 100% 반영된 것으로 볼 수는 없고, 내년에 전형 발표에서 보다 확대된 내용이 적용될 것으로 보입니다.

무전공 전형의 확대가 입시 결과에 어떤 영향을 미칠 것인지는 올해 입시가 마무리되고 나면 어느 정도 예측이 가능할 것으로 보입니다. 다만, 일반 학과 모집의 합격선은 모집 인원의 감소에 따라 상승하게 될 것입니다. 가장 큰 이슈가 되는 것은 무전공 모집의 합격선이 어느 정도 형성될 것인가에 대한 것입니다. 다행히도 2026학년도에서는 2년 치의 입시 결과를 통해 훨씬 더 예측 가능성이 높아진다는 점입니다.

무전공 전형 사례 분석

2025학년도 무전공 전형은 다음과 같이 모집이 됩니다.

구분	2025학년도	2024학년도
수도권(51교)	29.5% (25,648명)	7.7% (7,518명)
국립대(22교)	26.8% (12,287명)	4.5% (2,407명)
계	28.6% (37,935명)	6.6% (9,924명)

무전공 전형의 유형1 (모든 전공 중 자율 선택, 일부 학과 제외, 대체로 자유 전공)과 유형2(계열, 단과대 내에서 자율 선택, 대체로 계열 모집)로 구분되는데, 거의 대부분의 대학에서 유형1에 비해 유형2의 비율이 높게 나타납니다. 대학의 입장에서 보면 유형1은 아무래도 다양한 문제들을 야기시킬 수 있는 범위가 넓어지기 때문에 계열 내 모집을 더 선호하는 편입니다.(참고로 유형1은 11%, 유형2는 17% 수준입니다.)

서울의 상위권 주요 대학들은 모두 무전공 전형을 운영하고 있고, 11개 대학은 2025학년도에 신설했습니다. 그만큼 서울 상위권 대학에서 변동성이 크게 나타날 수 있다는 의미이기도 합니다. 무전공 전형을 신설한 10개 대학은 건국대, 경희대, 고려대, 동국대, 서강대, 서울대, 성균관대, 숙명여대, 한국외대, 한양대이지만, 대체로 기존에 존재하던 자유 전공 학부의 개편 등의 방법을 사용했습니다.

주요 대학들의 무전공 전형은 다음과 같이 나타납니다. 먼저 건국대를 살펴보겠습니다.

구분	모집 단위	모집 인원	계
무전공	KU 자유전공학부	308	308
단과대 자유전공학부	문과대학 자유전공학부	49	422
	이과대학 자유전공학부	24	
	공과대학 자유전공학부	195	
	사회과학 대학 자유전공학부	75	
	융합과학기술원 자유전공학부	33	
	생명과학대학 자유전공학부	46	
합계		730	730

무전공 전형이라고 해서 모든 학과를 선택할 수 있는 것은 아닙니다. 건대의 경우에 유형1에 해당하는 KU 자유전공학부에서는 수의과대학, 예술디자인대학, 사범대학은 지원이 불가하고, 유형2에 해당하는 단과대 자유전공학부에서도 각 단과대학별로 지원 불가 학과들이 존재합니다.

KU 자유전공학부는 건국대의 학생부 종합 전형인 KU 자기추천 전형으로 179명, 논술 전형으로 69명, 정시 전형으로 60명을 선발합니다. 반면, 단과대학의 자유전공학부들은 학생부 교과 전형의 선발 비율이 다소 높게 나타나는 편입니다. KU 자유전공학부의 인재상을 비교하는 것으로 대학의 의도를 어느 정도 확인할 수 있습니다.

구분	인재상
학과(학부)모집	교내 활동에 자발적으로 참여하고, 해당 전공에 관심과 소질이 있어 스스로를 추천할 수 있는 자
KU 자유전공학부	1) 고교생 수준의 학업적 기초역량과 다양한 경험을 바탕으로 **융·복합적 소양**을 길러 스스로를 추천할 수 있는 자 2) 학교생활에서 깊이 있는 탐색으로 **학문간 응용 능력**을 갖추어 스스로를 추천할 수 있는 자

비교해보면, 학과(학부) 모집의 경우는 '전공에 관심과 소질'이 있는 통상적인 수준의 평가가 이뤄진다는 점을 확인할 수 있습니다. 반면, KU 자유전공학부에서는 두 가지를 제시하고 있습니다. '융·복합적 소양'과 '학문간 응용 능력'입니다. 이 부분에 포인트를 두고 자신의 학생부를 한번 점검하고, 약점을 보완하고 증명하는 과정이 필요합니다.

경희대도 살펴보도록 하겠습니다.

모집 단위	전형	인원	반영비율
자율전공학부(서울)	지역균형	49	학생부교과(출·봉)70% + 교과 종합평가30%
자유전공학부(국제)	지역균형	187	
자율전공학부 (서울)	네오르네상스	18	서류 100% (3배수) 1단계 70% 면접 30%
	논술	8	논술 100%
자율전공학부(서울)	수능 위주	85	국30% 수30% 탐구25% 영15%
자유전공학부(국제)	수능 위주	54	국20% 수35% 탐구30% 영15%

건국대가 구분한 모집 단위별 인재상과 같이 경희대도 일반 학과와 자유·자율전공학부의 서류 평가 요소들을 비교해서 제시하고 있습니다.

구분	평가요소	평가 항목	일반학과 (학부)	자유·자율 전공학부
교과 종합 평가	학업 역량	학업성취도	50%	30%
		학업 태도		40%
		탐구력		30%
	진로 역량	전공(계열) 관련 교과 이수 노력	50%	미반영
		전공(계열) 관련 교과 성취도		
학생부 종합 전형	학업 역량	학업성취도 / 학업태도 / 탐구력	40%	40%
	진로 역량	전공(계열) 관련 교과 이수 노력 / 전공(계열) 관련 교과 성취도 / 진로 탐색 활동과 경험	40%	미반영
	자기주도 역량	자기 주도 교과 이수 노력 / 자기 주도 관련 교과 성취도 / 자기 주도 진로 탐색 활동과 경험	미반영	40%
	공동체 역량	협업과 소통 능력 / 나눔과 배려 / 성실성과 규칙 준수 / 리더십	20%	20%

학생부 종합 전형에 대한 평가 요소들과 항목들을 확인하면 대학이 선발하려는 형태가 보입니다. 건국대의 경우에는 다소 광범위하게 표현을 한 셈이고, 경희대는 아주 디테일하게 제시를 하고 있습니다. 경희대 학종의 평가 요소는 학업 역량, 진로 역량, 공동체 역량입니다. 일반 학과는 동일하게 평가를 하고, 진로 역량이 상대적으로 약할 수밖에 없는 자유·자율전공의 경우에는 진로 역량의 평가를 빼고, 자기 주도 역량으로 대체했습니다. 결국 무전공 전형의 선발에서 대학들이 보려고 하는 것이 '자기 주도 학습 역량'인 셈입니다. 2026학년도 입시에서 학생부 종합 전형으로 무전공 전형을 고려하고 있다면, 이 부분을 공략할 전략이 필요합니다.

단순하게 생각하면, 굳이 전공 영역을 고민할 필요없이 다양한 영역에 관심을 가지고 탐구하는 컨셉도 의미있습니다. 경희대의 평가 요소를 확인했으니, 자기 주도 학습을 학생부에서 강조할 수 있도록 증명의 과정을 거치는 것이 필요합니다.

한양대의 경우에는 '한양인터칼리지'학부를 신설했습니다. 개인적으로는 학부 이름이 무전공 전형이라는 취지를 잘 반영하고 있다고 생각을 합니다. 인문과 자연을 분리 모집하지만, 교과와 정시에서는 통합 선발을 하고 있다는 점도 특이한 점이 될 듯합니다.

구분	모집단위	교과	학종			논술	정시
			추천형	서류형	고른기회		
한양인터칼리지	자연	40	30	45	5	35	60
	인문		10	10		15	
합계						250	

무전공 정시 '다군' 전형 분석

무전공과 관련된 논의 중에서 다소 독특하게 보여지는 부분은 정시 '다군'에 있습니다. 이제까지 정시의 가, 나, 다군 중에서 다군에는 상대적으로 상위권 대학이 유독 많지 않았습니다. 그래서 최상위권 학생들은 정시에서 2개의 전형을 쓰는 것이 일반적이었습니다. 2025학년도 전형에서 정시 다군에 무전공 전형으로 유입되는 대학들이 증

가하기 시작하고 있고, 아마도 2026학년도에는 보다 많은 상위권 대
학들이 경쟁에 뛰어들 것으로 보입니다.

2025학년도 정시 다군 무전공 전형 선발 (서울 주요대)

대학	모집 단위	인원
고려대	학부 대학	36
서강대	인문학 기반 자유 전공 AI 기반 자유 전공	47 35
한양대	한양인터칼리지 학부	60
중앙대	창의ICT 공과대학	150
이화여대	인공지능 데이터 사이언스 학부	70
한국외대	자유전공학부	42
건국대	공과대학 자유전공학부	60
동국대	열린 전공학부	인문 69 자연 60
숭실대	자유 전공학부	인문 163

특히, 고려대 무전공 전형의 정시 다군 신설은 많은 영향을 줄 것으
로 보입니다. 정시 다군으로 유입되는 SKY 첫 대학이고, 게다가 신설
이라는 점을 생각하면 엄청난 경쟁률이 나오게 될 것이고, 그만큼 합
격선도 높아질 것으로 보입니다. 다양한 전략이 가능하겠지만, 무전
공이라는 특성을 감안하면 충원도 엄청 많이 이뤄질 것으로 보입니
다. 더불어 성균관대, 서강대, 한양대 등의 변수들을 감안하면 2025학
년도 정시 다군에는 이전에 경험하지 못했던 일들이 일어날 것은 자
명해 보입니다. 특히, 올해 정시 다군에는 이전까지 정시 다군의 최상
위 대학이었던 중앙대, 한국외대, 건국대 등의 대학에서 상당한 수준

의 변화가 일어나게 될 것으로 보입니다. 가장 큰 변화는 당연히 경쟁률의 하락으로 나타나게 될 것입니다. 결국 정시 다군에서 고려대 등의 상위권 대학이 예상보다 좋은 결과를 얻게 될 것이고, 다른 상위권 대학의 정시 다군 유입을 촉발할 가능성이 높습니다. 실제 고려대 등의 정시 다군 유입도 2024년 성균관대학의 정시 다군 유입에 영향을 받을 것으로 볼 수 있습니다.

대학마다 무전공 학과의 입시 결과는 다르게 나타나지만, 대체로 최상위권 학과보다는 다소 낮게 나타나는 편입니다. 입시 결과를 분석해 봐도 비슷한 결과들이 나옵니다. 최상위권 학과에 합격 가능성이 높은 수험생은 대체로 학과 모집에 지원을 하고, 성적이 다소 부족한 학생들이 자유 전공을 통해 합격한 이후를 노릴 수 있다는 장점이 있습니다.

2026학년도 입시에서 SKY의 변화는 다른 대학의 경우처럼 다소 큰 변화들을 만들고 있습니다. 단순하게 본다면 의대 증원과 첨단 학과 증원, 무전공의 확대로 인해 발생하게 되는 큰 변화이지만, 조금 더 넓게 본다면 2028학년도 입시를 준비하기 위한 과정으로 이해할 수 있습니다. 본격적인 고교학점제의 시행과 그로 인한 학생들의 평가 방식 변화에 대응하기 위한 순서를 밟고 있는 것으로 볼 수 있습니다. 그런 의미에서 SKY 입시 트렌드를 살펴보는 것은 매우 유의미합니다.

먼저 2026학년도 대학 신입 학생 입학 전형 시행 계획의 경우에는 확정적이 아니라는 점을 명확하게 이해하고 분석해야 합니다. 특히, 2025학년도 입시 관련해서 전형 요강이 매우 늦게까지 혼란이 있었기 때문에 2026학년도 입학 전형 시행 계획에 모두 반영되지 않았습니다. 2025년에 실제 전형 요강이 발표될 때는 변화들이 제법 있을 것이라 생각이 됩니다. 하지만, SKY 대학이 가려는 트렌드는 충분히 분석이 된다는 점을 고려하면 될 것 같습니다.

예를 들어 서울대는 2025학년도 전형요강에서는 학부 대학을 신설(160명)하고, 학부 대학 내에 광역 모집 단위(36명)와 자유 전공 학부(124명)를 두고 있습니다. 반면, 2026학년도 시행 계획에서는 학부 대학 없이 자유 전공 학부(123명)만 존재하고 있습니다. 2026학년도 전형 요강에서는 이 부분이 자연스럽게 수정될 것으로 보입니다.

 2026학년도 서울대

2026학년도 입시에서 서울대 수시(**일반/지균/기균**)는 학종으로만 운영하고, 총 2,178명(**62.2%**)을 다음과 같이 선발합니다.

구분	모집 단위	1단계	2단계		수능 최저
		서류 평가	1단계 성적	2단계	
일반 전형 (1,491명)	전모집 단위 (미술,사범,음악 대학제외)	100% (2배수)	100	면접및 구술 고사100	X
지역 균형 (507명)	전모집단위	100% (3배수)	70	면접30	국수영탐 3합7
기회 균형 (180명)	전모집단위 (미술,음악 대학 제외)	100% (2배수)	70	면접30	X

서울대의 학생부 종합 전형의 서류평가 요소는 '학업 역량, 학업 태도, 학업 외 소양'입니다. 이 부분에 대해서는 앞서 언급한 학생부 종합 전형의 내용과 거의 유사합니다. 서울대의 경우에는 '평가 주안점'이 보다 구체적으로 제시되어 있어서 확인할 필요가 있습니다. 평가의 주안점은 서울대 평가위원들이(**전임 입학 사정관, 위촉 입학 사정관**) 학생부를 볼 때의 기준이라고 생각하면 됩니다.

평가 요소	평가 주안점
학업 역량	– 교과목 이수 내용, 선택 교과목 이수 내용을 통한 지식의 양과 폭, 사고의 깊이 – 교내 탐구, 토론, 독서, 창의적 체험활동 등 여러 학습활동을 통해서 축적한 학업 내용, 학업 역량, 지적 성장 과정(교실 수업 활동의 교사 평가 기록 활용) – 교과 점수만으로 파악할 수 없는 교과학습과정, 노력의 양과 수준, 수업 시간을 활용하여 수행한 독서, 토론, 글쓰기, 발표, 탐구 등에서 나타나는 잠재적 학업 역량 등 사고력, 과제수행 능력, 표현력, 의사소통 능력
학업 태도	– 학습활동과 학습경험의 '동기'와 '과정'에서 보인 역량 및 적극적인 탐구 의지와 호기심, 능동적이고 주도적인 학습 태도와 열정 – 학업 동기와 구체적 실행과정에서 보이는 열의, 과제 수행태도 – 독서 활용 학습, 실험, 탐구, 관찰, 조사, 수집, 노작 등 직접 체험 과정에서 의 성공, 실패, 도전 과정 – 교실수업 내용 중 과제참여도, 문제 해결력, 논리적 사고력, 과제집착력 등 학업 소양과 태도, 교실수업 내 학업 과정에서 학생 개별적 성장을 이끄는 경험 속에서 보인 소양과 역량
학업 외 소양	– 교실수업 내 학습 활동을 포함한 능동적이고 활동적인 여유와 열정, 협력 및 사고와 경험의 폭 확대 노력 – 수행 과정에서 보이는 협업능력, 리더십 – 학교생활에서 나타난 책임감, 공동체의식, 배려심 – 학교생활을 통한 고등학생으로서의 균형 있는 성장 과정

사실, 제시되어 있는 내용은 거의 대부분의 대학이 유사한 형태의 평가를 하고 있다는 점을 다시 강조합니다. 2026학년도 학생부 종합 전형에 대한 고민을 하고 있다면, 제대로 된 방향으로 준비해야만 합니다. 대체로 이렇게 이야기를 해도 '내신'에 대한 믿음이 강한 학생, 학부모가 많긴 합니다. 하지만, 일반고 1.X 대의 내신 성적을 가지고 불합격하는 학생과 일반고 2점대 후반의 내신을 가지고 합격하는 학생들에 대한 고민이 필요합니다.

한가지 더 강조하자면, 대부분의 학생부에는 '실패'의 기록이 없습니다. 실패없는 성장에 대해서는 의문이 있을 수밖에 없습니다. 자신의 역량을 구체적으로 설득하고 싶다면, '실패'에 대해서 보다 의미있게 분석하는 과정을 학생부에 기록할 수 있도록 행동하면 더 좋은 평가를 받을 수 있게 될 것입니다.

서울대의 서류 평가에서는 학업 역량 7개 등급, 학업 태도 3개 등급, 학업 외 소양 3개 등급으로 활용하고, 최종 서류 평가는 7개 등급(A+, A, B+, B, C+, C, D)입니다. 학업 태도와 학업 외 소양이 3개 등급인데, 학업 역량은 7개 등급으로 세분화했다는 점은 매우 의미가 큽니다. 서울대뿐만 아니라 거의 대부분의 대학에서 학업 역량은 핵심 키워드 중의 하나입니다. 2학년을 마무리하면서 지식의 양과 폭, 깊이, 방향에 대한 점검을 통해 '자신의 성장'에 대해 깊이 고민하고 행동해야 할 이유이기도 합니다.

2026학년도 서울대 정시 전형에서는 1,323명(37.8%)을 다음과 같이 선발합니다.

구분	모집 단위	1단계	2단계		비고
		수능	1단계 성적	교과 평가	
일반 전형 (1,161명)	전 모집 단위 (미술, 사범 체교, 음악 대학 제외)	100% (2배수)	80	20	영어 2등급 이하 차등 감점
지역 균형 (162명)	인문계열 사회과학대학 공과대학 광역 약학대학 약학계열 의과대학 의예과 첨단융합학부 치의학과	수능 60 교과평가 40 (고교 추천, 학교당 2명)			한국사 4등급 이하 차등 감점 영어 2등급 이하 차등 감점 한국사 4등급 이하 차등 감점

정시 전형에서 서울대는 '수능 응시 영역 기준 유형'에 따라 과학 탐구 과목 응시 조합을 구분하여 조정점수를 부여하고, 수능 표준 점 수 총점에 합산을 합니다.

과학 탐구 응시 조합	I + I	I + II	II + II
조정 점수	없음	3	5

서울대가 정시에서 사용하는 **'교과 평가'**는 전 모집 단위의 1단계 합격 자들에게 적용합니다. 교과 평가는 학교생활 기록부의 '교과 학습발 달사항(① 교과 이수 현황, ② 교과 학업성적, ③ 세부능력 및 특기사 항)'만 반영하여 모집 단위 관련 학문 분야에 필요한 교과 이수 및 학 업수행의 충실도를 평가합니다. 우수성과 충실도를 평가하기 때문에 정성적 평가가 이뤄지게 됩니다. 학생부 종합 전형의 평가 방식을 축 소한 형태로 이해하면 됩니다. 교과 평가의 등급은 A(5점) > B(3점) > C(0점)으로 평가를 합니다. 2명의 평가가자 독립적으로 평가하여 등 급을 부여하고, 조합에 따라 점수를 부여합니다. 이를 바탕으로 교과 평가의 최종 점수는 2인 평가 등급 조합 + 15점으로 반영이 됩니다.

등급 조합 예시	A·A	A·B	B·B	B·C	C·C
배점	5	4	3	1.5	0

수시 모집만 실시하는 모집 단위는 사범 대학(**교육학과, 독어교육과, 불어교육과**)과 음악대학(**피아노과, 관현악과, 국악과**)에서 있고, 정시 모집만 실시하는 모집 단위는 공과대학(**광역**)과 음악대학(**음악학과**)에 있습니다.

서울대학교는 교과 이수 기준도 반영을 합니다. 교과 이수 기준의 충족 여부는 지원 자격과는 무관하고, 수시 모집 서류 평가와 정시 모집 교과 평가에 반영됩니다. 2015 개정 교육 과정의 교과 영역에 따른 교과 이수 기준 I 과 선택 과목 유형에 따른 교과 이수 기준 II 를 구분하고 있습니다.

교과 이수 기준 I

교과영역	모집 단위	교과 이수 기준 I
탐구	전 모집 단위 공통	사회(역사/도덕 포함) 교과 중 3과목 + 과학 교과 중 3과목 또는 사회(역사/도덕 포함) 교과 중 2과목 + 과학 교과 중 4과목
생활·교양		제2외국어 또는 한문 중 1과목

교과 이수 기준 II

교과(군)	교과 이수 기준 II	
수학	일반선택 4과목 또는 일반선택 3과목 + 진로선택 1과목	2개 교과(군) 이상에서 충족
과학	일반선택 3과목 + 진로선택 2과목 또는 일반선택 2과목 + 진로선택 3과목	
사회	일반선택 3과목 + 진로선택 1과목 또는 일반선택 2과목 + 진로선택 2과목	

수험생들에게 요구하는 것은 기준Ⅰ과 기준Ⅱ를 동시에 충족할 수 있는 과목 이수입니다. 사실상 권장 수준을 넘어서는 것이긴 하지만, 정상적인 교육 과정에서 충분히 충족할 수 있고, 대체로 대부분의 고등학교에서 교육 과정에 충분히 반영하고 있는 내용입니다. 참고로 교과 이수 기준Ⅰ에서 아주 작은 글씨로 '진로 희망에 따라 과학Ⅱ 과목 이수를 권장함'이라고 되어 있습니다.

그런 의미에서 서울대가 제시하는 '전공 연계 교과 이수 과목'을 확인할 필요가 있습니다. 전체적인 내용은 앞서 설명한 내용과 동일합니다. 인문 계열 전체에서는 전공 연계 교과 이수가 제시되어 있지 않습니다.(사회과학대학 경제학부만 '미적분, 확률과 통계'를 제시하고 있습니다.) 권장 과목 등이 제시되지 않은 모집 단위는 학생들의 진로 및 적성에 따른 적극적인 선택 과목 이수를 권장한다고 제시하고 있지만, 전공 연계 교과 이수를 제시한 가장 근본적인 목적은 학생들이 과학Ⅱ 과목을 이수하길 요구하기 위해서라고 이해하면 될 것 같습니다.

2026학년도 입학 시행 계획을 토대로 해서 2024학년도 서울대의 입결을 살펴보겠습니다. 몇 개의 학과만을 살펴보면 전체적인 방향성을 잡을 수 있을 것입니다. 수시 지역 균형은 아시는 바와 같이 매우 높은 내신을 요구합니다. 추천이라는 과정이 있기 때문입니다. 실질적으로는 고려대 학생부 교과 전형에서의 서류 평가와 유사한 성격이 나오게 됩니다. 내신 성적이 진입 장벽 혹은 자격 기준으로 작동하게

되는 구간입니다. 서울대는 내신을 정량적으로 반영하지 않지만, 고
등학교에서 추천할 때는 이미 정량적으로 추천합니다. 그러니 실질적
으로는 내신이 확실한 자격 기준이 되는 셈입니다.

모집 단위	수시 지역 균형 전형				
	모집 인원	경쟁률	충원 합격 순위	최종등록자 교과 성적 학생부 등급	
				50% cut	70% cut
인문계열	27	4.1:1	3	1.20	1.31
경영대학	26	2.4:1	0	1.12	1.18
기계공학부	16	3.6:1	3	1.26	1.31
재료공학부	15	3.6:1	3	1.26	1.29
농경제사회학부	11	4.0:1	0	1.39	1.42
약학계열	11	9.6:1	5	1.13	1.16
의예과	39	8.0:1	0	1.04	1.11
자유전공학부	20	4.1:1	7	1.24	1.28
첨단융합학부	30	6.8:1	10	1.24	1.29

모집 단위	수시 일반 전형				
	모집 인원	경쟁률	충원 합격 순위	최종등록자 교과 성적 학생부 등급	
				50% cut	70% cut
정치외교학부	25	12.0:1	0	1.71	1.82
경제학부	60	5.6:1	1	1.91	2.32
경영대학	47	6.9:1	0	1.68	1.95
건설환경공학부	26	8.4:1	3	2.01	2.38
기계공학부	54	6.3:1	2	1.88	2.21
재료공학부	38	6.3:1	4	2.12	2.41
전기·정보공학부	80	6.2:1	3	1.66	2.11
컴퓨터공학부	28	7.3:1	1	1.39	1.39
화학생물공학부	41	7.1:1	7	1.79	1.88
농경제사회학부	15	11.5:1	0	2.57	2.98

모집단위	수시 일반 전형				
	모집 인원	경쟁률	충원 합격 순위	최종등록자 교과 성적 학생부 등급	
				50% cut	70% cut
식물생산과학부	24	13.2:1	4	2.44	2.69
응용생물화학부	15	14.0:1	4	2.34	2.95
교육학과	11	12.7:1	2	1.38	1.49
영어교육과	12	8.6:1	0	1.78	1.83
수학교육과	11	9.6:1	1	1.51	2.02
소비자아동학부 (아동가족학)	10	14.3:1	0	1.72	1.91
식품영양학과	12	11.5:1	1	1.87	1.90
의류학과	12	9.0:1	0	2.02	2.04
수의예과	19	13.7:1	2	1.50	1.76
약학계열	29	10.3:1	3	1.47	1.65
의예과	50	15.6:1	0	1.18	1.29
자유전공학부	48	8.8:1	0	1.90	2.21
첨단융합학부	98	10.9:1	8	1.94	2.65

　　수시 일반 전형의 경우에는 수시 지역 균형 전형과 입결이 확실히 차이가 난다는 점을 확인할 수 있습니다. 이렇게 차이가 나는 이유는 특목고와 자사고 등이 포함되기 때문입니다. 2024학년도 입시에서 영재고, 과학고, 외고 등의 서울대 수시 일반 전형 합격 비율이 50% 수준입니다. 자사고 학생들의 비중이 15% 수준임을 감안하고 자료를 보면, 일반고 학생들의 내신을 어느 정도 가늠할 수 있을 것입니다. 다만, 상위권 학생들의 선호도가 높은 학과와 선호도가 낮은 학과에는 큰 차이가 존재할 것이라는 점이 변수입니다. 특목고 학생들이 선호도 낮은 학과에 지원하는 경우들이 그렇게 많지 않다는 점을 감안하

면 어느 정도 정확한 분석이 될 것입니다.

　발표되는 자료들이 70% cut임을 고려해야 합니다. 나머지 30% 학생들의 내신 평균 성적이 엄청난 차이를 보이지는 않겠지만, 분명히 고려해야 할 부분이 있습니다. 서울 주요 대학의 학생부 종합 전형 합격생들의 평균 내신이 2등급 중반 수준임을 감안하고, 학생부 종합 전형의 지원자들의 내신 분포를 고려하면, 하위 30% 합격생들의 평균 내신은 대체로 3등급 수준일 것입니다.

　앞서 강조한 바와 같이 학생부 종합 전형은 정량적 평가를 하지는 않기 때문에 발표되는 내신 성적의 평균에 연연할 필요는 없습니다. 서울대를 포함한 주요 대학의 학생부 종합 전형의 내신 평균이 높게 나타나는 이유는 주요 대학이 내신 성적을 정량적으로 평가해서라기보다는 지원자들의 내신 수준이 매우 높기 때문입니다. 전국의 모든 고교에서 내신 성적이 우수한 학생들이 과거와는 다르게 서울의 주요 대학을 지원하고 있기 때문입니다.

정시 일반 전형				
모집 단위	모집 인원	경쟁률	충원 합격 순위	최종등록자 70% cut 평균 백분위
인문계열	69	3.29:1	6	95.25
심리학과	9	5.11:1	2	97.25
수리과학부	10	5.90:1	0	98.50
화학부	17	4.18:1	1	98.25
생명과학부	23	4.13:1	7	97.75
간호대학	27	5.74:1	15	95.75
경영대학	56	3.11:1	3	96.75

정시 일반 전형				
모집 단위	모집 인원	경쟁률	충원 합격 순위	최종등록자 70% cut 평균 백분위
전기 · 정보공학부	52	4.15:1	8	97.25
컴퓨터공학부	27	5.07:1	9	97.25
화학생물공학부	27	4.70:1	6	98.25
농경제사회학부	14	4.64:1	0	98.50
식물생산과학부	28	4.57:1	10	95.25
약학계열	11	6.55:1	8	98.50
의예과	29	3:1	0	99
자유전공학부	50	4.04:1	6	97.25
첨단융합학부	53	4.81:1	11	98

서울대의 정시 결과는 굳이 언급할 필요가 있을까 싶긴 하지만, 매우 높은 수준의 결과임을 확인할 수 있습니다. 트렌드라는 측면에서 고민해 봐야 할 지점은 통합 수능 이후 꾸준히 문제로 제기되고 있는 이공 계열 학생들의 인문 계열 학과 지원, 이른바 '문과 침공'입니다. 2024학년도 정시에서 인문 사회 계열에 입학한 학생들 중 절반 이상인 55% 수준이 문과 침공을 한 것으로 분석됩니다. 통합 수능 이후의 입결에서 꾸준히 상승하고 있습니다. 그런 의미에서 보면 농경제사회학부의 평균 백분위 '98.25'가 이해가 될 것입니다.

수능에서 실수 등의 이유로 자신이 원하는 성적이 나오지 않은 학생들은 자신에게 주어진 수능 성적으로 선택할 수 있는 대학을 고민합니다. 안타깝게도 수시에 비해 정시에서는 학과에 대학 고민보다는 대학에 대한 고민이 월등히 강력하게 나타나는 편입니다. 일단 자신이 지원하고, 합격할 가능성이 높은 최상위 대학을 지원하고, 합격한 후에 반수를 선택하겠다는 생각이 매우 지배적인 생각이라서, 이공 계열 학과를 포기하고 보다 높은 '대학'을 선택하는 이른바 문과 침공을 감행하게 됩니다.

사실, 여기서부터 어느 정도의 악순환이 심화되는 지점이 '강력하게' 나타납니다. 재수생 등의 증가가 의대 증원 등의 문제에 가려서 조명받지 못할 뿐이지, 실질적으로는 이런 문과 침공의 영향이 강력한 원인으로 작용합니다. 대학의 입장에서는 반수 등으로 인한 결원의 증가로 재정적 문제를 비롯한 다양한 문제가 생기게 되고, 사회 전체적으로는 재수를 부추기는 사회적 분위기가 만들어지게 되는 악순환인 셈입니다. 인문 계열 학과에 진학해 졸업을 할 수 있었던 학생들의 기회를 박탈하는 문제도 있고, '편입 시장'의 확대를 만드는 주된 원인이 되기도 합니다.

다시 본론으로 돌아오면, 예비 고3인 우리들이 고민해야 하는 지점은 '수능에서 몇 개를 틀려야 저 정도의 백분위가 될 수 있을까?'의 질문입니다. 그리고 실제로 그런 결과를 만들기 위해서 어느 정도의 공부량을 확보해야 할 것인지를 물어봐야 합니다. 이런 질문을 해야만 제대로 된 준비를 할 수 있습니다. 무턱대고 열심히 공부한다고 말하는 학생들은 100% 실패하게 됩니다. 모든 일이 그러하듯 공부도 '열심히만' 한다고 잘할 수는 없습니다. 잘하기 위해서는 당연히 자신의 실패 원인에 대한 분석이 철저해야만 합니다.

얼마 전 기말고사 기간에 미적분 시험 감독을 들어가서 시험 시작 전에 잠을 자고 있는 학생을 깨우며 공부했는지를 물어봤습니다. 학생의 대답이 우리의 고민이 깊어지게 만드는 지점입니다. 항상 재학생들에게 듣는 말이기도 합니다.

" 쌤, 저는 정시파예요. "

미적분은 분명히 수능 과목인데… '저 말의 의미는 무엇일까요?' 정시를 이야기할 때 가장 중요한 것은 당연히 '압도적인 공부량'일 수밖에 없습니다. 정시 공부는 수능의 성격상 일단 압도적인 공부량을 전제로 합니다. 특히, 최상위권 대학의 경우에는 점수의 문제가 아니라, 실제 수능에서 틀린 개수에 따라서 대학이 결정되기 마련입니다. 재수생들이 수능에서 보다 높은 성적을 만드는 것은 서울에 있고, 대치동 학원을 다녀서가 아니라, 압도적인 공부량을 스스로 채워가고 있기 때문입니다.

지금 당장 우리의 공부를 시작합시다. 그것이 SKY이든, 의대이든 여러분의 목표를 달성할 수 있게 만들 것입니다.

2026학년도 연세대

2026학년도 연세대에서는 다음과 같이 학생을 선발합니다.

학생부 위주 전형		논술 위주	실기/실적	정시 모집 "가군"	계
추천형	학생부 종합 전형	논술 전형	특기자 전형	일반 전형	
484명 (25명)	활동우수형 612명(52명)	논술 전형 339명(16명)	국제 인재 120명	일반계열 1,252명(32명)	3,390명 (130명)
	국제형 255명		체육인재 38명	체능계열 51명	
	기회 균형 186명(5명)			국제 계열 48명	
1,542명(82명)		339명(16명)	158명	1,351명(32명)	

( )안의 인원은 정원 외 계약학과 별도 모집 인원

2025학년도에 가장 큰 변화는 상경대학 무전공 광역 모집과 첨단 학과 증원에 따른 인공지능 융합 대학 모집 단위 신설과 명칭 등 구조 개편이었습니다. 지능형반도체 전공을 신설하고, 첨단컴퓨팅학부(컴퓨터학과+인공지능학과) 통합 등이었습니다. 수시 모집 학생부 교과 전형(추천형)에서 면접을 폐지하고, 수능 최저 학력 기준을 신설하는 등의 큰 변화도 있었습니다.

2026학년도 입시에서 연세대는 다른 대학과 동일하게 학교폭력조치사항을 모든 전형에 지원 자격 제한, 정량 평가, 정성 평가의 다양한 방법으로 적용하고 있습니다. 학생부 종합 전형에서는 활동 우수형 (인문·통합) 및 국제형(국내고) 2단계 평가 대상자의 배수를 3배수에서 4배수로 확대했습니다. 이로 인해 1단계 통과자가 늘어나는 만큼 면접의 중요성이 보다 강화된다고 분석할 수 있습니다. 가장 큰 변화 중의 하나는 역시 정시 전형에서 학생부 평가를 반영(일반 계열, 국제 계열) 하는 것입니다.

학생부 교과 전형에 적용되는 수능 최저 학력 기준은 전체 모집 단위에서 영어 3등급이내, 한국사 4등급이내이고, 인문은 국수탐(2과목) 2합4입니다. 자연 계열의 일반 학과들은 국수탐(2과목) 중 수학 포함한 2합5이고, 의예/치의예/약학은 국수탐(2) 중 1등급 2개 이상입니다. 2025학년도 수시 학생부 교과 전형 지원이 이전 연도와는 완전히 다른 지원 경향을 보이게 될 것입니다. 실제 수능 최저 학력 기준을 충족하지 못하는 비율도 제법 높게 형성될 것으로 보이지만, 지원 인력풀이 고려대와 겹쳐지는 만큼 경쟁률 자체는 하락할 것으로 보입니다. 2026학년도 수능 최저 학력 기준 2년차 적용이라는 점을 감안하면 2025학년도의 입시 결과를 참고로 하면 방향성은 충분히 예측 가능할 것으로 보입니다.

학생부 종합 전형은 전체 모집 인원이 669명입니다. 활동 우수형 **(인문·통합)**의 1단계 4배수 증가 이외에는 큰 변화점은 없습니다. 2025학년도와 동일하게 수능 최저 학력 기준을 유지하고 있습니다.

구분		국어, 수학, 탐구 2과목(사회/과학 탐구)	영어	한국사
인문		2개 과목 등급 합 4 이내 (국어, 수학 중 1개 과목 포함)	3등급 이내	4등급 이내
자연	일반	2개 과목 등급 합 5 이내(수학 포함)		
	의/치/약	1등급 2개 이상(국어, 수학 중 1개 과목 포함)		
통합(생활과학대학, 간호대학)		인문 또는 자연 계열(일반)의 대학수학능력시험 최저학력기준 중 하나를 만족하여야 함		

[인문] 수학: 공통+선택(확률과 통계, 미적분, 기하 중 택 1), 탐구: 사회탐구/과학탐구
[자연(의예 · 치의예 · 약학 포함)] 수학: 공통+선택(미적분, 기하 중 택 1), 탐구: 과학탐구만 반영

1단계 서류 평가 100%로 4배수를 선발하고, 2단계에서는 서류 평가 60% + 면접 40로 선발합니다. 2단계 면접에서는 '제시문 기반 논리적 사고력 및 의사소통 능력 면접'으로 명시하고 있습니다. 2024학년도까지 '제시문 기반 학업 역량 면접'으로 제시되었다는 점을 생각하면 논리적 사고와 의사 소통으로 구체화했습니다.

서류 평가는 종합 평가 Ⅰ과 종합 평가 Ⅱ로 구성됩니다. 종합 평가 Ⅰ은 학업적 발전 가능성을 포인트로, 앞서 살펴 본 학업 역량과 진로 역량을 바탕으로 70%로 평가합니다. 종합 평가Ⅱ는 사회적 발전 가능성을 포인트로 공동체 역량을 바탕으로 30% 평가합니다. 전체적인 평가 방식은 앞서 자세히 설명한 내용을 참고하면 됩니다.

연세대는 자연 계열 전공 학문 분야의 교과 이수 권장 과목을 제시하고 있습니다. 학과 혹은 학부에서의 공부를 위해 필수적으로 이수를 권장하는 '핵심 과목'과 학과 혹은 학부에서의 공부를 위해 가급적 이수를 권장하는 '권장 과목'으로 구분을 했습니다.

학문 분야	모집 단위	핵심 과목		권장 과목	
		수학 교과	과학 교과	수학 교과	과학 교과
전기·전자	시스템반도체공학과 전기전자공학부	수학 I , 수학 II , 미적분, 기하,	물리학 I , 물리학 II , 화학 I	확률과 통계	–
생명과학 · 환경/ 생활과학/ 농림	생명공학과 생화학과 시스템생물학과	수학 I , 수학 II	화학 I , 생명과학 I , 생명과학 II	미적분, 확률과 통계	화학 II
컴퓨터	IT융합공학과 인공지능학과 컴퓨터과학과	수학 I , 수학 II , 미적분, 기하	–	확률과 통계, 인공지능 수학	–
건설/건축	건축공학과 도시공학과 사회환경시스템 공학부	수학 I , 수학 II , 미적분	–	확률과 통계, 기하	물리학 I
약학	약학과	수학 I , 수학 II , 미적분	화학 I , 화학 II , 생명과학 I , 생명과학 II	확률과 통계, 기하	물리학 I
간호/보건	간호학과	수학 I , 수학 II , 확률과 통계	생명과학 I , 생명과학 II	미적분	화학 I , 화학 II

  앞서 살펴봤던 서울대와 유사한 권장 과목 등을 보이고 있다는 점을 확인할 수 있습니다. 결국 상위권 대학이 선발하길 원하는 학생의 유형은 다소 차이가 있다고 하더라도 유사하다는 점을 꼭 기억하고, 합당한 준비를 하는 것이 필요합니다.

  학생부 종합 전형으로 연세대를 고민하고 있는 학생이라면, 반드시 연세대가 발행하는 학생부 종합 전형 안내 책자를 참고해야만 합니다. 대학이 선발권을 가지고 있고, 실제 선발도 대학이 진행한다는 점을 꼭 기억하고, 대학의 이야기에 집중하는 것이 중요합니다. 참고로 연세대가 제시하는 몇 가지 중요한 내용을 짚고 넘어가겠습니다.

*비교과 활동 이렇게 준비하세요!

비교과 활동은 자신의 관심을 구체화하는 과정입니다.

① 자기가 좋아하는 일을 꾸준히 하면서 자신의 관심분야와 관련된 역량을 개발해 보시기 바랍니다. 반드시 리더를 해야만 좋은 평가를 받는 것은 아니에요.

② 리더가 아닌 팀원으로 활동했더라도 맡은바 자신의 역할을 충실히 수행하고, 자신이 속한 그룹에 긍정적인 기여했다면 그것으로도 충분합니다.

내가 할 수 있는 경험을 하세요.

① 고교생으로서 불가능한 다양한 동아리 활동이나, 일시적인 봉사활동 등 자신을 그럴듯하게 과도한 활동 기록은 긍정적인 평가를 받기 어려울 수 있습니다. 주어진 고등학교 환경 속에서 자신만이 할 수 있는 활동과 경험을 꾸준하게 하길 바랍니다. 장기적인 계획을 세워 적극적으로 활동하세요.

② 1학년 때부터 장기적인 계획을 세우고 적극적인 활동을 하였으며 현재 어떤 과정 중에 있고 미래에는 무엇을 할 것인지 명확히 보여주세요. 지원자 자신이 원하는 진로와 비교과활동을 통해서 보여준 과정과 결과들이 일맥상통하고, 자기주도적인 학습과 관심 전공에 대한 역량을 갖추기 위해 준비했다는 것을 보여주는 것이 좋습니다.

－ 연세대학교 2024학생부종합전형 안내서 내용 중

앞서 학생부 종합 전형에 대한 분석 등의 과정에서 충분히 강조한 내용입니다. 특히, 2026학년도 입시를 준비하는 학생들에게 당부하고 싶은 내용은 대학이 보려고 하는 것이 비교과 활동 자체는 아니라는 점입니다. 연세대를 포함한 대학들은 어떤 활동이 우수하다고 평가하지 않습니다. 우수한 활동 혹은 우수하지 못한 활동이 있는 것이 아니라, 어떤 활동을 하더라도 그 활동을 통해 자신의 역량을 '증명'하는 것이 중요하다고 강조합니다.

같은 의미가 '리더가 아닌 팀원으로 활동했더라도' 라는 문장입니다. 리더로 활동한 것이 중요한 것이 아니라, 자신이 참여한 활동을 통해서 자신의 관심을 '구체화'하는 것이 중요하고, 그 구체화의 과정을 통해서 자신의 진로 역량을 '심화'시키는 것이 필요합니다. 1학년의 학생부의 비교과가 다소 부족하다고 평가되더라도, 1학년의 내신이 다소 부족해도 '발전형 학생'으로 자신의 역량을 증명하는 과정이 있으면 더 좋은 평가를 받을 수 있다는 의미입니다.

면접, 특히 제시문 기반 면접에 어려움을 호소하는 학생들이 많습니다. 제시문 기반 면접은 사실상 구술 면접으로 진행되는데, 핵심은 의외로 간단한 곳에 있습니다. 대부분의 제시문은 '선행학습 영향평가 보고서'에 탑재되고, 검토를 받기 때문에 고등학교 교육 과정 내에서 실제 여러분이 배운 내용을 토대로 합니다. 면접이라는 긴장 상황과 시간 압박이 강하게 작용하기 때문에 과도하게 어렵게 느껴질 뿐입니다. 제시문 기반 면접도 연세대의 출제 패턴이 어느 정도 정해져 있기 때문에 반드시 기출 문제들을 참고해서 준비해야 합니다. 학교 활동에서 자신이 배우고 있는 모든 과목, 특히 자신의 계열과 관련된 과목들에 대한 깊은 관심과 탐구를 한다면 면접도 충분히 대처가 됩니다. 면접은 실제로 다른 사람 앞에서 말하는 연습이 중요합니다.**(연세대의 경우에는 현장 녹화 면접의 방식을 사용하기 때문에 카메라를 보고 말하는 연습이 반드시 필요합니다.)** 수업 중의 다양한 발표를 적극적으로 해내는 것이 중요한 이유가 여기에 있습니다. 각종 교과 및 비교과 활

동을 통해, 자신의 관심사를 탐구하고 어필하는 과정을 통해 면접 준
비를 자연스럽게 할 수 있습니다.

논술 전형은 2026학년도에 355명을 논술 성적 100%로 선발하고,
여전히 수능 최저 학력 기준을 적용하지 않습니다. 자연 계열 논술에
서 과학 논술이 2025학년도부터 없어지면서 수학 성적으로만 선발됩
니다. 논술로 진학할 수 있는 최상위권 대학이라는 점과 수능 최저 학
력 기준이 적용되지 않는다는 점 등이 반영된 경쟁률입니다.

2024학년도 전체 경쟁률은 355명 모집에 14,972명이 지원을 해서
42.17 : 1 이었습니다.

모집 단위	인원	지원 인원	경쟁률	비고
약학과	5	528	105.6	최고
치의예과	10	1,050	105.0	
심리학과	3	266	88.6	비의학계열 최고
철학과	3	247	82.3	
천문우주학과	6	181	30.1	자연계열 최고
건축공학	15	267	17.8	최저
전기전자공학부	35	962	27.4	최다 모집 단위

수능 최저 학력 기준이 없음에도 불구하고 엄청나게 높은 경쟁률
을 보이지 않는 이유는 논술 문항 자체의 난도가 높다는 점과 수능 전
시행이라는 점이 작용한 것으로 보입니다. 2026학년도에도 경쟁률
자체는 크게 차이가 나지 않을 것으로 보입니다.

2026학년도 전형에서 연세대의 가장 큰 변화 지점은 정시에 학생
부를 반영한다는 점입니다. 정시 전형에 연세대까지 학생부를 반영함

으로써 SKY 대학 전체가 정시 학생부 반영을 선택했다는 점은 매우 유의미한 지점입니다. 고등학교의 학생부를 반영함으로써 공교육에 어느 정도의 힘을 실어주겠다는 의지로 보입니다. 또한 정시 전형에서 지나치게 N수생의 비율 등이 높게 형성되는 것이 사회적으로 바람직하지 않다고 판단하는 부분도 있을 것으로 생각이 됩니다.

　서울대의 교과 평가가 정성적인 평가를 반영하고 있고, 고려대 전형에서는 내신을 정략적으로 반영하고 있습니다. 연세대는 고려대와 동일하게 정량적 평가를 하게 됩니다. 전체 1,000점 만점의 정시 전형에서 수능으로 950점, 학생부(교과)로 50점을 반영합니다. 학생부(교과)는 만점 50점을 다음과 같이 반영하고, 출결을 감점 요소로 활용합니다.

반영 교과	전 과목 반영
기본 점수	40점
반영 방법	이수 단위 가중 평균하여 반영
반영 과목 I	등급 과목 : 공통 과목, 일반 선택 과목

등급	1	2	3	4	5	6	7	8	9
반영 점수	7		6		5		3		0

반영 과목 II	절대 평가 과목 : 진로 선택 과목, 예체능, 전문 교과

등급	A(우수)	B(보통)	C(미흡)
반영 점수	3	2	0

내신 성적의 정량적 반영이라는 획기적인 도입에도 불구하고 기본 점수가 40점이 주어지면서 파급 효과 자체는 미미할 것으로 보입니다. 그럼에도 내신을 포기하고 정시 올인의 방향을 고민하고 있는 학생들에게는(특히, SKY를 고려하고 있는 학생들에게는 SKY 대학이 모두 어떤 식으로든 학생부의 내신을 반영한다는 측면에서) 어느 정도의 제지력이 있을 것으로 보입니다. 다만, 1,000점 만점에 결국은 10점이라는 점이 어느 정도의 파급 효과를 보일지에 대해서는 조금 더 지켜봐야 할 것 같습니다. 연세대 수준의 대학들은 결국 2점짜리, 혹은 3점짜리 한 문제에 의해서 당락이 결정된다는 점을 생각하면 의외의 변수로 작용할 가능성이 있습니다. 재학생 때 정시 전형을 고민하지 않았다가, N수에서 정시 전형을 고민하는 학생들에게는 큰 부담이 될 수 있을 것입니다.

학생부(출결)은 '미인정 결석/조퇴/지각/결과' 총점 감점 반영을 합니다. 3일 이하는 감점이 없고, 5일 이하 0.5점, 7일 이하 0.8점, 7일 초과 1점 감점입니다.

연세대의 2024학년도 학생부 교과 전형의 입시 결과는 다음과 같이 나타납니다. (일부 학과)

모집 단위	추천형				
	모집 인원	경쟁률	충원 인원	최종등록자 학생부 교과성적 환산등급	
				50% cut	70% cut
국어국문학과	8	4.38:1	3	1.48	1.54
철학과	6	7.17:1	2	1.45	1.51

모집 단위	추천형				
	모집 인원	경쟁률	충원 인원	최종등록자 학생부 교과성적 환산등급	
				50% cut	70% cut
심리학과	7	4.43:1	8	1.35	1.47
경영학과	47	4.30:1	29	1.32	1.44
화학과	7	5.71:1	9	1.45	1.46
화공생명공학부	14	6.57:1	12	1.35	1.39
전기전자공학부	29	5.24:1	19	1.41	1.45
사회환경시스템공학부	12	10.17:1	5	1.53	1.62
시스템반도체공학과	20	6.90:1	16	1.43	1.47
행정학과	13	5.38:1	10	1.36	1.45
의예과	18	6.50:1	3	1	1.03
약학과	6	7.17:1	2	1.06	1.18

　서울의 상위권 대학의 학생부 교과 전형은 매우 높게 형성됩니다. 매우 당연하게도 전국의 2,000개가 넘는 고교에서의 최상위권이 거의 대부분 지원을 하기 때문입니다. 내신 자체가 하나의 자격 기준이 되는 셈이고, 면접이라는 변수가 있기 때문에 나타나는 점수입니다. 2025학년도부터 면접이 폐지되고, 수능 최저 학력 기준이라는 변수가 생긴다는 점을 감안하면, 2025학년도 입시 결과는 내신 성적의 전반적인 하락으로 나타날 가능성이 높습니다. 2026학년도에서도 당연히 수능 최저 학력 기준 충족 여부가 큰 변수가 될 것입니다.

2024학년도 연세대의 학생부 종합 전형 입시 결과는 다음과 같습니다.(일부 학과)

모집 단위	활동 우수형				
	모집 인원	경쟁률	충원 인원	최종등록자 학생부 교과성적 환산등급	
				50% cut	70% cut
국어국문학과	8	8.50:1	7	2.8	2.83
철학과	6	26.67:1	13	1.77	2.16
심리학과	6	14.50:1	8	1.66	1.66
응용통계학과	10	18.40:1	7	2.06	2.65
경영학과	49	8.29:1	48	1.79	1.92
물리학과	6	12.67:1	5	1.49	1.57
화공생명공학부	14	14.07:1	10	1.57	1.74
전기전자공학부	33	9.97:1	27	1.55	1.67
시스템반도체공학과	38	7.11:1	19	1.86	2.17
컴퓨터과학과	11	13.91:1	6	1.33	1.36
인공지능학과	20	14.15:1	18	1.6	1.69
정치외교학과	15	9.13:1	11	1.66	1.9
행정학과	14	13.57:1	14	1.67	1.67
아동 · 가족학과	11	9.00:1	8	2.1	2.71
의예과	42	11.33:1	21	1.12	1.18

정시 전형의 입시 결과는 다음과 같습니다. (일부 학과)

모집 단위	모집 인원	경쟁률	충원 인원	최종등록자 영역별 70% cut				
				국어	수학	탐구	평균	영어
				백분위				등급
국어국문학과	23	3.48:1	7	97	91	85.5	91	1
철학과	19	2.84:1	1	98	91	85.5	91	1
심리학과	20	3.55:1	2	97	94	84.5	90.75	1
경제학부	93	3.57:1	38	98	95	84.5	91	1
경영학과	140	4.10:1	145	98	94	87	92	1

모집 단위	모집 인원	경쟁률	충원 인원	최종등록자 영역별 70% cut				
				국어	수학	탐구	평균	영어
				백분위				등급
물리학과	14	5.64:1	4	92	98	93.5	93.75	2
화공생명공학부	34	5.12:1	34	90	98	94	94.25	2
전기전자공학부	90	4.56:1	114	91	98	95	95	2
신소재공학부	45	5.31:1	27	91	98	93.5	94	2
컴퓨터과학과	35	6.54:1	72	92	98	93.5	94.5	2
정치외교학과	44	3.43:1	7	97	95	89	92.5	1
아동·가족학과	10	6.10:1	2	95	95	87.5	91.5	1
융합인문사회과학부	93	5.15:1	1	93	91	85.5	90	1
의예과	47	3.43:1	12	100	100	98	99	1

이공 계열 학생의 인문 계열 지원을 의미하는 이른바 '문과 침공'은 전체 대학에서는 약 30% 수준입니다. 하지만, 서울 상위권 대학에서는 이 비율이 유독 높게 나타납니다. 서울대는 약 45% 수준(예체능 계열 포함)이고, 연세대와 고려대는 50% 수준을 넘기고 있습니다. 의대 증원과 첨단 학과 증원 등의 이슈와 맞물리면서 변수가 있기는 하지만, 정시에서 대부분의 성향이 학과보다는 대학을 선호한다는 점을 감안하면 2025학년도 입시에서도 유사한 결과가 나올 것으로 보입니다.

모의 평가와 수능의 점수를 분석해 보면 대체로 이공 계열을 선택한 학생들의 표준 점수가 높게 형성되고 있습니다. 이공 계열의 문과 침공이 더 심화될 가능성이 높다는 의미입니다. 결국 정시에서 인문 계열로 대학을 진학하고, 반수 혹은 재수를 통해 한번 더 도전을 하려는 학생들이 지속적으로 증가하는 하나의 트렌드가 되고 있다는 점을 보여주고 있습니다.

2026학년도 고려대

2026학년도 고려대의 전형별 선발 인원은 다음과 같습니다. (정원외 포함)

모집 시기	전형 유형	전형명	모집 인원 (정원외)	전형요소 및 비율
수시	학생부 교과	학교추천전형	653	학생부(교과) 90 + 서류 10
	학생부 종합	학업우수전형	858 (30)	서류 100
		계열적합전형	528 (40)	1단계 : 서류 100 (5배수) 2단계 : 1단계 성적 60 + 면접 40
		고른기회/다문화/ 재직자/사이버국방	244 (25)	전형별
	논술	논술 전형	342	논술 100
	실기/ 실적	특기자 전형	55	전형별
정시	수능	일반 전형	1,055 (60)	수능 100 (의과대학, 사이버국방 등 제외)
		농어촌/사회배려/ 특수교육/특성화고	250 (250)	
		교과우수전형	570	인문·자연계열 (의과대학 제외) 수능 80 + 학생부(교과) 20 의과대학 수능 80 + 학생부(교과) 20 + 적성인성 면접
계			4,555 (405)	

2025학년도 입시에서 고려대의 가장 큰 변화는 논술 전형의 신설이었습니다. SKY 대학 중 연세대만 유지하던 논술 전형에 고려대가 다시 합류하면서 상위권 대학에서의 논술 경쟁이 다소 치열해지는 양상입니다. 논술의 소수 증가에도 불구하고 논술 지원 인원은 많이

증가할 것으로 예상됩니다. 고려대는 논술 전형을 신설하면서 361명을 수능 최저 학력 기준을 설정해서 선발하기 시작했습니다. 더불어 학생부 종합 전형의 학업 우수 전형에서 면접을 폐지하고 서류 100%로 선발하기 시작했습니다. 학생부 교과인 학교 추천 전형에서 3학년 재적 학생 수의 4% 추천에서 고교별 12명 추천으로 변경했습니다.

신설 모집 단위로는 스마트모빌리티학부 50명(계약 학과, 현대자동차)과 차세대통신학과 30명(계약 학과, 삼성전자)을 2023학년도부터 모집을 시작했고, 2025학년도에는 인공지능학과 102명과 무전공 전형으로 공과대학 65명, 학부 대학 36명을 신설해서 운영합니다.

2026학년도 고려대 입시에서는 전년도의 변화에 이어서 학생부 종합 전형으로 '다문화 전형'(20명)을 신설합니다. 학생 추천 전형에서 서류 반영 비율을 기존 20%에서 10%로 변경했고, 학생부 종합 전형, 계열 적합, 고른기회, 재직자 전형 기존 면접 반영 비율 50%를 40%로 변경했습니다.

학생들의 입장에서 가장 크게 느낄 수 있는 변화는 수능 최저 학력 기준의 완화입니다. 학교 추천 전형과 학업 우수 의과대학 모집 단위에서는 탐구 영역 2과목 평균에서 상위 1과목으로 완화했고, 논술 전형에서 경영 대학의 수능 최저 학력 기준을 다른 계열과 동일한 4합 8 이내로 완화했습니다. 사이버 국방 전형과 특기자 전형(체육교육과)의 수능 최저 학력 기준은 폐지했고, 학업 우수 전형의 반도체공학과, 차세대통신학과, 스마트모빌리티학부 모집 단위에서 기존의 4합 7을

4합 8 이내로 완화했습니다.

수능 최저의 완화는 확실히 입결에 큰 변화를 줄 것으로 예상이 됩니다. 논술 전형에서는 수능 최저 학력 기준의 영향이 매우 컸다는 점을 감안하면, 충분한 효과가 있을 것으로 기대됩니다. 수능 최저 학력 기준의 충족 비율이 높아지면서 논술 점수 자체의 영향력이 보다 강하게 작용할 수 있습니다. 더불어 학교 추천 전형의 경우에는 일반고의 내신 우수 학생들이 수능 최저 학력 기준 완화의 혜택을 볼 수 있는 여지가 더 생기기 때문에 다소 합격선 상승으로 이어질 수 있다는 점을 감안해야 합니다.

2026학년도 입시에서 고려대의 가장 큰 변화 중의 하나는 '수시 및 정시 모든 전형의 계열별 수능 응시 과목 지정 폐지'입니다. 그 결과 수학 영역에서 모집 단위 계열과 상관없이 미적분, 확률과 통계, 기하를 모두 인정하게 되고, 탐구 영역은 모집 단위 계열과 상관없이 사회 탐구와 과학 탐구를 모두 인정하게 됩니다. 다만, 수능 위주 전형의 자연 계열 지원자에 대한 과학 탐구 3%의 가산점을 추가하기 때문에 현실적으로는 정시에서의 과학 탐구는 유지될 것으로 보입니다.

과목 지정 폐지와 관련해서 2026학년도 입시를 준비하는 모든 예비 수험생인 재학생들에게 부탁하고 싶은 것은 유불리를 지나치게 인식하는 것은 입시 전략 전체에 부정적인 영향을 미칠 수 있다는 점입니다. 분명히 쉬운 과목을 선택해서 좋은 점수를 받는 것이 유리해 보이겠지만, 대학 선택의 폭도 생각해야 하고, 학생부 종합 전형을 준비하기 위해서는 자연 계열 학생들은 반드시 미적분과 기하, 과학 탐구를 선택하는 것이 유리합니다. 내신 공부와 수능 공부를 완전히 분리하겠다는 전제를 깔지 않는 한 미적분, 기하, 과학 탐구를 반드시 선택하길 추천합니다.

2026학년도 고려대의 수능 최저 학력 기준은 다음과 같이 정리됩니다.

전형명	모집 단위	수능 최저 학력기준 (탐구 영역 1과목)
학교 추천 전형	인문·자연계열 (의과대학제외)	국어, 수학, 영어, 탐구 4개 영역 중 3개 영역 등급의 합이 7 이내 및 한국사 4등급 이내
	의과대학	국어, 수학, 영어, 탐구 4개 영역 등급의 합이 5 이내 및 한국사 4등급 이내
학업 우수 전형	인문·자연계열 (의과대학제외)	국어, 수학, 영어, 탐구 4개 영역 등급의 합이 8 이내 및 한국사 4등급 이내
	의과대학	국어, 수학, 영어, 탐구 4개 영역 등급의 합이 5 이내 및 한국사 4등급 이내
논술 전형	인문·자연계열	국어, 수학, 영어, 탐구 4개 영역 등급의 합이 8 이내 및 한국사 4등급 이내

수능 최저 학력 기준은 2학년 기준으로는 쉽게 생각하는 경향이 매우 강합니다. 실제 2학년에서 시행하는 전국 학력 평가에서는 수능 최저 학력 기준이 달성된다고 나오는 편입니다. 문제는 2학년의 전국 연합 학력 평가는 오로지 '재학생'만 본다는 점입니다. 실제 수능에서는 재수생 등의 비율이 2026학년도 수능에서는 35%를 넘을 것입니다. 재수생들이 모두 성적이 좋은 것은 아니지만, 상위권 재수생은 확실히 많습니다. 실제 등급 비율을 비교해도 수능 1,2등급에서는 재수생이 높게 나타납니다. 결국 재학생들은 실제 수능에서는 2학년 때까지

받았던 전국연합학력평가의 등급보다 현저히 낮은 등급을 받게 됩니다. 2학년이 재수생과 처음 만나는 시험이 6월 모의 평가입니다. 6월 모의 평가는 현역 고3들의 전체 평균 백분위가 1년 중 가장 많이 떨어지는 시점이기도 합니다. 그만큼의 성적 차이를 대부분의 고2 학생들이 인지를 못합니다. 심지어 데이터를 보여주면서 이야기를 해도 인정을 하지 않으면서 하는 말이 있습니다.

" 쌤, 평균은 그래도 제 성적은 안 떨어집니다. "

모든 학생들이 성적을 올릴 수 있다고 말한다는 것이 함정입니다. 사실, 그만큼의 공부량이 따라가기만 하면 저런 자신감에 박수를 쳐주고 싶습니다. 하지만, 그만큼의 공부량을 채운다는 것이 정말 어렵습니다. 2026학년도 입시를 준비하는 고2 학생들과 학부모들은 1,2학년 때의 모의고사 성적에는 심한 거품이 있다는 점을 정확하게 인지해야 합니다. 잘못된 데이터에 기초한 전략은 실패하게 됩니다. 특히, 수능 최저 학력 기준은 더욱 그런 현상이 심하게 나타납니다.

2026학년도 고려대 학생부 교과 — 학교 추천 전형은 총 653명을 모집하고, 학생부(교과) 90% + 서류 10%로 선발합니다. 2024학년도 입시 결과를 분석해 보면 학교 추천 전형에서는 10.31 : 1의 경쟁률을 보였고, 수능 최저 충족율이 57%였습니다. 43%의 학생이 수능 최저 학력 기준을 충족하지 못했다는 점이 매우 중요한 지점입니다. 수능 최저 학력 기준을 반영한 실질 경쟁률은 5.84 : 1을 보였습니다. 내신 관리와 더불어 수능 최저 학력 기준을 위한 준비가 매우 중요하다는 점을 확실하게 보여줍니다. 당연히 고려대의 수능 최저 학력 기준이 낮지 않다는 점과 현재 수능 및 모의 평가의 난도가 다소 높게 형성되고 있다는 점을 감안하면 2026학년도에서도 충분한 대비가 필요합니다.

서류 평가 10%는 학생부 종합 전형의 방식을 차용하고 있습니다. 서류 평가에서 측정하려는 고려대의 평가 역량은 '교과 이수 충실도(70%), 공동체 역량(30%)'입니다. 교과 이수 충실도는 '계열 관련 교과 이수, 학업 충실도, 기타 요소'로 평가하며, 공동체 역량은 '규칙 준수, 나눔과 배려, 리더십, 기타 요소'로 평가합니다.

학교 추천 전형의 입시 결과는 다음과 같이 형성되었습니다. (일부 학과)

모집단위	학교추천전형			최종등록자 교과성적 학생부등급	
	모집인원	경쟁률	충원 합격 순위	50% cut	70% cut
경영대학	55	5.13	83	1.35	1.45
철학과	13	8.38	18	1.5	1.54
영어영문학과	17	5.35	21	1.45	1.48
생명과학부	16	13.75	23	1.35	1.38
생명공학부	18	10.22	33	1.27	1.33
화공생명공학과	21	8.62	36	1.33	1.4
신소재공학부	30	7.9	44	1.42	1.48
전기전자공학부	35	7.51	70	1.3	1.37
의과대학	18	23.44	24	1.06	1.08
간호대학	10	26.5	12	1.48	1.51

모집단위	학교추천전형			최종등록자 교과성적 학생부등급	
	모집 인원	경쟁률	충원 합격 순위	50% cut	70% cut
컴퓨터학과	21	10.86	62	1.27	1.32
데이터과학과	6	7.67	10	1.43	1.75
국제학부	5	7.8	4	1.66	1.86
미디어학부	12	5.58	20	1.43	1.44
바이오의공학부	12	12.83	12	1.35	1.46
바이오시스템의과학부	11	11.09	12	1.27	1.3
자유전공학부	21	4.33	24	1.37	1.46
스마트보안학부	5	11	2	1.48	1.51

　서울 주요 대학의 학생부 교과 전형과 비교하면 다소 낮은 성적대를 보이고 있는 이유는 서류 20% 반영의 영향으로 분석됩니다. 2026학년도에 서류 반영 비율이 10%로 낮아지긴 하지만, 지원자들의 학생부 내신 성적이 유사한 수준이라는 점을 감안하면 여전히 큰 영향을 발휘할 여지가 있습니다. 2024학년도 입시 결과를 분석하면 학생부 교과의 만점이 80점인데, 합격자들의 70% 수준에서도 79점대를 유지하고 있습니다. 실제 합격자들의 내신 성적이 엄청나게 높게 형성되고 있다는 것을 보여줍니다. 국제학부가 78.61점으로 가장 낮게 형성되었고, 바이오시스템의과학부가 79.52점으로 가장 높게 형성되었습니다.

　2026학년도 학생부 종합 전형-학업 우수 전형에서는 서류 100%로 총 858명을 수능 최저 학력 기준(2합 8 이내)을 선정하여 선발하고, 계열 적합 전형에서는 1단계 서류 100%, 2단계 1단계 성적 60% + 면접 40%로 528명을 수능 최저 학력 기준 선정 없이 선발합니다.

2026학년도에 신설되는 다문화 전형(20명)은 '다문화지원법' 제 2조 제 1호에 따른 다문화 가족의 자녀인 대한민국 국적자를 지원 자격으로 합니다. 수능 최저 학력 기준을 적용하지 않고, 1단계 서류 100%(3배수), 2단계는 1단계 성적 60% + 면접 40%(제시문 기반)로 선발하게 됩니다. 신설 전형이기도 하고, 상당한 의미를 가진 전형이기 때문에 많은 지원자들이 있을 것으로 예상이 됩니다.

학업 우수 전형은 학업 역량 50%, 자기 계발 역량 30%, 공동체 역량 20%를 적용합니다. 계열 적합 전형은 학업 역량 40%, 자기 계발 역량 40%, 공동체 역량 20%를 적용합니다.

고려대에서 사용하는 평가 요소의 의미는 다음과 같습니다.

평가 역량	정의	평가 요소	세부 내용
학업 역량	대학 교육을 충실히 이수하는데 필요한 수학 능력	학업 성취도	전반적인 교과의 성취수준
		학업 의지	학업을 수행하고 학습해 나가려는 노력
		기타 요소	상기 외 '학업역량'에 부합하는 기타 요소
자기 계발 역량	관심분야에서 스스로 성장할 수 있는 능력	계열 관련 역량	계열 관련 탐색 노력과 준비 정도
		탐구력	주어진 문제에 대해 깊고 폭넓게 탐구할 수 있는 능력
		기타 요소	상기 외 '자기계발역량'에 부합하는 기타 요소
공동체 역량	공동체의 구성원으로서 필요한 바람직한 사고와 행동	규칙 준수	공동체 내의 규칙·규정을 준수하는 태도
		나눔과 배려	타인을 위하여 나누어 주고자 하는 태도와 행동
		리더십	공동체의 목표 달성을 위해 구성원들의 상호작용을 이끌어가는 능력
		기타 요소	상기 외 학교폭력가해 여부 등 '공동체역량'에 부합하는 기타 요소

학업 역량은 앞서 설명한 내용과 큰 차이를 보이지 않습니다. 여기서는 '기타 요소'가 중요한 변수가 될 수 있습니다. 평가의 재량권을 확대해준다는 측면에서도 의미가 있고, 학생들의 입장에서는 학업 역량 등의 역량을 틀에 맞춰진 형태로 준비하지 않아도 된다는 의미이기도 합니다.

반면, 자기 계발 역량은 다소 생소한 개념으로 보일 수 있지만, 여타 대학들이 '진로 역량'으로 사용하는 개념으로 이해하면 됩니다. 계열과 관련된 탐색의 수준과 준비의 정도를 본다는 점에 방점을 찍으면 되고, 탐색의 수준이 탐구력으로 이어지게 됩니다. 깊고, 넓게 탐구할 수 있는 역량을 증명하는 것이 관건입니다.

공동체 역량은 고려대가 특히 강조하는 역량이긴 합니다. 고려대는 기본적으로 공동체에 대한 헌신이라는 기본적인 교풍을 가지고 있고, 그것을 유지하려는 경향이 강하게 나타나는 편입니다. '민족 고대'라는 전통이 평가에도 자연스레 녹아드는 경향이 있습니다. 즉, 고려대 학생부 종합 전형을 준비하기 위해서는 '공동체에서 발현되는 역량'을 강조하는 것도 하나의 전략이 될 수 있습니다.

고려대의 학생부 종합 전형의 면접은 제시문 기반 대면 면접으로 진행이 됩니다. 계열 적합 전형에서의 면접은 인문과, 사회과 구분하여 시행을 하고, 준비 시간 21분, 면접 시간 7분으로 진행이 됩니다. 평가요소는 '분석력(20%), 적용력(30%), 종합적 사고력(40%), 면접 태도(10%)'입니다. 면접과 관련해서는 **'고려대 입학처 홈페이지〉입학도**

우미〉입학설명회/면접영상'을 참고하면 가장 확실한 준비가 가능합니다. 우수 면접 사례와 면접 평가를 위한 준비 방법이 가장 상세하게 제시되어 있습니다. 면접 제시문 기출 문항은 '선행학습영향평가보고서'를 참고하면 모든 모집 단위의 기출 문항들을 확인할 수 있습니다.

2024학년도 학생부 종합 전형의 입시 결과는 다음과 같이 나타납니다. (일부 학과)

| 모집 단위 | 학업 우수 | | | | |
| | 모집 인원 | 경쟁률 | 충원 합격 순위 | 최종등록자 교과성적 학생부등급 | |
				50% cut	70% cut
경영대학	79	9.27	81	2.15	2.38
국어국문학과	13	11.92	5	2.93	3.25
영어영문학과	25	9.32	10	2.53	2.82
생명과학부	23	21.26	14	1.67	1.74
생명공학부	26	18.96	23	1.62	1.67
화공생명공학과	23	17.22	21	1.63	1.68
신소재공학부	35	16.43	19	1.9	1.97
전기전자공학부	60	12.85	41	1.76	1.95
의과대학	29	30.28	42	1.15	1.22
컴퓨터학과	31	11.94	33	1.67	1.73
보건환경융합과학부	28	27.39	11	1.85	1.98
자유전공학부	33	9	20	2.12	2.4
스마트보안학부	7	12.57	1	2.06	2.17
심리학부	11	13.18	5	2.13	2.65
스마트모빌리티학부	10	13.6	2	2.16	2.29

전체적인 70% 합격선이 다소 폭이 넓게 나타나는 것은 기본적으로 학생부 종합 전형이 내신 성적을 정량적으로 평가하지 않기 때문

입니다. 2025학년도 입시에서 의대 증원, 첨단 학과 증원, 무전공 등의 변수들이 존재하기 때문에 2025학년도의 입결은 다소 요동을 칠 가능성이 높습니다. 2026학년도에는 안정적인 예측이 어느 정도 가능할 것으로 보이고, 예측 가능성도 높은 수준이 유지될 수 있을 것입니다. 지금 관련 전형을 고민하고 있다면 대학이 요구하는 바를 충실히 보여주고, 증명하는 과정이 필요합니다.

2025학년도 고려대 입시에서 가장 핵심적인 내용은 논술 전형의 신설입니다. 7년 만의 논술 전형 신설은 꽤나 큰 반향을 보여줄 것으로 예상이 됩니다. 2026학년도 논술 전형은 342명을 논술 100%로 선발합니다. 수능 최저 학력 기준은 국수영탐 4합 8 이내로 다소 높게 설정되었으나, 최상위권 대학임을 감안하면 적절한 수준으로 볼 수 있습니다. 고려대의 논술 부활로 논술 시장 자체가 커지는 효과가 발생할 것입니다. 경쟁률은 높아질 것이고, 실제 수능 최저 학력 기준을 충족하는 비율은 다소 낮게 형성될 것으로 예상 됩니다. 2026학년도 고려대 논술을 준비하려는 학생들이 가장 고민해야 할 지점입니다. 수능에 유입되는 재수생의 비율, 수능 난도 등을 고려하면 쉽게 달성하기 힘들 수 있습니다.

논술을 준비하기 위한 가장 중요한 방법 중의 하나는 대학의 기출 문항과 모의 논술입니다. 특히, 고려대의 경우에는 논술 전형의 부활이라는 측면을 생각하면 이전의 고려대 논술 문항들을 확인할 필요는 있습니다. 고려대가 발표한 논술 문항을 분석해 보면 전체적인 고려대 특유의 논술 특징은 어느 정도 나타나고 있지만, 대안 제시나 복수의 지문 활용, 자료 및 도표 포함 등은 다른 대학의 논술 유형들을 일부 받아들인 것으로 보입니다. 그런 측면에서 보면 이전 논술 문항과 다소 다른 결은 분명히 있습니다.

논술 출제 범위가 관련된 논란의 경우에는 전형 시행 이후에 '선행학습영향평가보고서'를 작성해서 제출해야 하는 대학의 입장에서는 고교 교육 수준을 넘기 힘듭니다. 결국 고교 수준에서 이뤄지는 학업 역량을 측정하기 위한 문항들로 구성이 될테고, 논술의 핵심은 고교에서 학습한 내용을 어떻게 활용할 것인가의 문제로 귀결이 될 것입니다.

고려대가 제시한 논술의 출제 범위는 다음과 같습니다.

계열 공통	계열	교과(군)	교육 과정 과목명
국어, 수학, 영어, 통합사회, 통합과학, 과학탐구실험, 한국사	인문	국어	독서, 문학, 화법과 작문, 언어와 매체
		사회 (역사, 도덕포함)	한국지리, 세계지리, 세계사, 동아시아사, 경제, 정치와 법, 사회문화, 생활과 윤리, 윤리와 사상
	자연	수학	수학I, 수학II, 미적분, 확률과 통계, 기하

전체적인 범위를 확인해 보면 고교에서 배우는 거의 대부분의 과목이 포함이 됩니다. 결국 특정 과목의 유불리를 이야기하기 어려운 상황입니다. 매년 출제되는 문항들이 다양한 과목에 걸쳐서 출제가 되기 때문이고, 실제 문항별로는 선택과목에 따른 유불리가 어느 정도 발생하는 것이 정상적이긴 합니다. 논술 준비를 위해서 선택 과목

관련 모든 공부를 해야 합니다. 다만, 이공 계열 논술의 경우 수학 관련 모든 과목을 공부하지 않았다면 문항 자체를 풀 수 없으므로 당연히 모든 과목을 공부해야만 합니다. 인문 논술의 경우에는 배경 지식을 묻지 않는다는 점을 꼭 알아야 합니다. 배경 지식이 반드시 있어야만 잘 풀 수 있는 문항이 아닙니다. 주어진 지문을 통해서 충분히 유추할 수 있고, 그 유추의 내용이 대체로 고등학교 인문 사회 영역에서 주로 다루고 있는 주제일 가능성이 높습니다. 결국 배운 내용을 어떻게 활용할 것인가의 문제입니다.

2025학년도 고려대 정시 모집에서 주목해야 할 포인트는 무전공 전형인 학부 대학의 모집 인원을 '다'군에서 모집합니다. 수능 ― 일반 전형으로 1,111명을 '가'군에서 선발(학부 대학은 '다'군 선발)합니다. 수능 일반 전형에서는 수능 100%로 선발이 이뤄집니다. (의과대학, 사이버 국방, 체육 교육과, 디자인 조형학부 제외)

자연 전체 모집 단위(가정교육, 간호대학 제외)에서는 국어 200, 수학 240, 과학 탐구 200으로 설정되어 있고, 인문은 전체 모집 단위에서 국어 200, 수학 200, 탐구 160 으로 설정되어 있습니다. 무전공 전형인 '학부 대학'은 국어 200, 수학 240, 탐구 160으로 설정되어서 다른 총점을 가지고 있습니다.

수능 ― 교과 우수 전형은 총 512명을 '가'군에서 선발(학부 대학은 '다'군 모집)합니다. 의과대학 제외한 인문·자연 전체 모집 단위에서 수능 80% + 학생부(교과) 20%를 반영합니다. 의과대학은 비율은 동일하지만, 적성·인성 면접이 추가됩니다. 학생부(교과)20%의 성적 산출 방식은 학교 추천 전형에서 사용하는 방식과 동일한 방식입니다.

현재 발표된 2026학년도 입학 전형 시행 계획에는 학부 대학 등의 내용이 포함되어 있지 않은 상태라는 점을 감안하면, 2025년에 발표될 자료에는 다소 큰 변화가 반영되어서 발표될 것으로 보입니다.

2024학년도 정시 고려대의 입시 결과는 다음과 같이 나타납니다. (일부 학과)

모집 단위	모집 인원	경쟁률	충원 합격 순위	최종등록자 70% cut 평균 (백분위)
경영대학	85	3.82	66	95
철학과	10	3.8	2	94.5
영어영문학과	27	3.04	5	94
생명공학부	27	6.15	5	95.33
화공생명공학과	27	4.26	10	96.02
신소재공학부	40	3.35	8	95.62
기계공학부	41	3.39	9	95.33
전기전자공학부	68	3.07	44	95.8
의과대학	35	3.26	1	99
보건환경융합과학부	29	4.21	3	94.83
자유전공학부	25	3.56	19	95.87
컴퓨터학과	53	4.74	57	96.22
스마트모빌리티학부	20	4.9	23	96.62
사이버국방학과	14	1.71	5	92.93

2025학년도 입시에서는 변화폭이 다소 크게 나타나기 때문에 제시된 2024학년도의 입시 결과와는 사뭇 다른 양상으로 나타날 수 있습니다. 다양한 변수들이 어느 정도 반영된 2026학년도 입시 이후에야 어느 정도의 예측 가능성이 생길 것으로 보입니다.

최상위권 대학을 진학하기 위한 노력은 제대로 된 전략이 있을 때 가능합니다. 사회의 변화와 정책의 변화도 중요하고, 거기에 대응하기 위한 대학의 전형 변화를 아는 것도 중요하지만, 결국 대학은 모든 전형에서 '준비된' 학생을 선발합니다. 전형의 변화와 상관없이 준비된 학생이 되는 것이 훨씬 더 중요합니다. 여러분이 진학하려는 대학이 SKY이든, 다른 대학이든 구체적인 방법을 고민하고 준비하는 학생들이 유리한 포지션을 잡게 될 것입니다.

2025학년도에 비해 2026학년도 입시에서는
변동성이 다소 적다는 점을 감안해서,
충분히 혼란스러운 입시 상황에도 불구하고 전략을 가지고
'철저히 준비된' 학생이 되길 바랍니다.

대한민국 입시 트렌드 대응 전략

오늘날 우리나라의 입시 트렌드에 대해 심혈을 기울여 분석을 한 이후, 교육의 각 주체들의 대응 전략에 대한 깊은 고민을 하게 되었습니다. 교육의 각 주체들이 이런 입시 트렌드에 대해서 어떤 생각을 가질 것인지, 그리고 어떻게 대응할 것인지에 대한 방향과 전략에 대해서 저의 고민을 공유하고자 합니다.

　다소 공격적으로 느껴질 수 있는 부분이 있다는 점을 인정합니다만 그럼에도 우리가 한 걸음 앞으로 나아가기 위해서는 반드시 이 점을 함께 고민해 볼 필요가 있다고 생각합니다. 진로, 진학 교육 혹은 입시 교육에 대한 사회의 곱지 않은 시선, 그리고 안타까운 현실일 수밖에 없는 사교육에 대한 고민까지를 다 포함하여 말씀 드리고자 합니다. 입시 교육이 공교육에서 제대로 자리 잡지 못하는 사이에 사교육에서의 입시 전쟁은 이루 말할 수 없이 치열해지고 있습니다. 이런 상황에서 단순히 학원을 다니고, 인터넷 강의를 열심히 듣는 것은 대응 전략으로 보기 어렵습니다. 보다 더 의미 있는 트렌드 대응 전략을 찾아내기 위한 노력과 고민이 필요합니다. 어떤 방향성과 의도를 가지고 우리의 전략을 만들 것인지, 그리고 어떻게 한 걸음 더 진로를 향해 나갈 수 있는지에 대한 개인적인 고민을 최대한 나누고자 합니다.

1. 학교에서의 입시 지도

"학교에서의 입시 지도가 여러분에게는 어떤 의미로 다가오는지요?" 물론 개인마다 차이가 있을 것입니다. 이 질문에 대한 답으로, 저의 확고한 개인적인 신념은 '입시의 주체는 철저히 학교여야 한다.'고 말씀 드립니다. 저의 신념에 다양한 반론이 가능하고, 그 반론들이 충분히 합리적인 이유가 있을 것이라고 생각합니다. 그럼에도 제가 학교 입시의 중요성을 강조하는 이유는 학교라는 시스템에 대한 고민 때문입니다. 우리가 살아가는 사회가 자본주의 사회라는 점을 인정하고, 그 속에서 우리의 답을 찾을 필요가 있다고 생각합니다. 학생과 학부모는 자본주의에 살고 있는데, 학교와 교사의 생각은 조선 시대를 살아가고 있다면 분명 심각한 문제가 맞습니다. 저 역시 개인적으로는 교사이면서, 학부모입니다. 실제로 상담을 진행하는 학생들 중 학부모의 직업이 교사인 경우가 꽤 많습니다. 선생님이자 입시생을 둔 학부모와 많은 이야기를 나눌 때마다 제가 상당한 충격을 받을 때가 종종 있었습니다. 그분들은 저에게 솔직히 이런 고백을 합니다. "학부모일 때의 생각과 교사일 때의 생각이 달라요."

먼저 저는 입시에 대한 생각과 관점이 바뀌어야 된다고 말하고 싶습니다. 입시 결과에 대한 고민은 잠시 접어두고, 교육에 대해 말씀 드리고자 합니다. 당연히 교육은 결과로만 이야기하기에는 어려움이 많습니다. 당장의 결과로 나타나기 어려운 경우들이 사실 거의 대부분이기도 합니다. 한참의 시간이 흐른 뒤에야 선생님의 가르침을 이해했노라고 자녀를 데리고 와서 이야기하는 제자들을 만날 때면 교육에서의 결과, 특히 입시 결과를 이야기하는 것이 사실상 의미가 있을까 하는 회의적인 생각을 합니다.

그러나 당장 학생과 학부모는 눈앞에 보이는 결과에 대한 이야기를 더 많이 합니다. 교사와 학교가 학생의 장래를 위해 먼 미래를 보고 교육에 대해서 말하기만 한다면, 학생과 학부모는 교사와 학교를 점차 외면하게 됩니다. 당장 눈앞에 결과물을 보여주는 개인 밀착형 교육을 제공하는 학원을 믿고 의지할 곳이라 생각하고 학부모와 학생은 더욱 사교육에 매달릴 수밖에 없습니다. 조금은 노골적이고, 보다 더 공격적으로 느껴지는 부분이 있다고 하더라도 변화를 위한 분석으로 이해해주시고, 남다른 도전을 선택할 수 있길 바랍니다. 굳이 교육 수요자의 요구를 외면하는 학교 교육일 필요는 없다고 생각합니다. 교육 수요자의 요구를 충분히 수용하고, 학교의 선택을 충분히 강행할 수 있는 방법이 있기 때문입니다.

학교란 무엇인가

25년 이상을 교사로 근무하면서, 도대체 '학교는 무엇인가?' 혹은 '학교란 무엇이어야 하는 가?'와 '교사는 무엇인가?' 등과 같은 근본적이고도 본질적인 질문을 스스로에게 하면서 그 답을 찾기 위해 무척 애를 썼습니다. 더욱이 입시의 최전선에서 학생들을 지도하고 있는 입장이다 보니 우리나라 현 입시교육을 깊이 고민하면서 많은 의문점을 갖게 되었습니다. '교육의 본질은 무엇인가?', '학교가 왜 입시에 대한 고민을 해야 하는가?' 등의 질문들이 끊임없이 제 머릿속 어느 한 부분에서 맴돌고 있습니다. 다소 공격적인 이야기를 들을 때도 종종 있습니다. 진정한 교육이란 '입시'를 언급하지 않는 것이라고 주장하는 이상론자 교사들, 시민 단체 회원들로부터 저는 충고를 듣기도 합니다. 그들이 말하는 진정한 교육자란 학생들을 좋은 대학에 보내는 것에 관심을 가지는 것이 아니라, 인성 교육과 시민 교육에 대해서 가르치는 것입니다.

전국에서 숱한 강의들을 진행하면서 비록 몸이 고단하고 시간을 내기가 어렵더라도 가능한 교사 연수에는 꼭 참석하려고 노력합니다. 같은 길을 앞서 간 선배와 뒤를 따라오는 후배들, 모두 교사로서 같은 길을 걸어가는 '동역자' 라는 생각에 더 많은 이야기를 나누기 싶어서입니다. 하지만 직업은 같은 교사라도 사람은 다 다르기 때문에 교육에 관해 다 같은 마음은 아닌 것을 알게 되었습니다.

다년간 입시에 대한 고민과 전략을 세우고 학생들을 지도하면서, 개인적으로 무엇보다 **학생의 '성장'**이 가장 중요하다는 결론에 이르게 되었습니다. 그리고 학교의 본질은 **학생의 가능성을 '구체화'** 시켜내는 것이라고 생각합니다. 개별 학생이 가진 다양한 가능성을 펼칠 수 있도록 길을 만들어주고, 그 길에 대한 안내자로서의 교사 역할이 중요하다고 생각합니다. 이에 더해 우리가 속해서 살고 있는 지역 사회의 일원으로 보다 나은 사회 혹은 공동체를 만들어 가는데 기여할 수 있는 사람을 키워나갈 수 있도록 만들어진 시스템이 학교라고 생각합니다. 한 개인의 인생의 '성장' 과정 가운데 가장 강력한 교육적 도구가 바로 입시 혹은 대학 진학일 것입니다.

교육 수요자들의 요구에 부응하면서도 교육적 가치를 훼손하지 않을 수 있는 방법으로 입시는 가장 좋은 카드라고 생각합니다. 교사는 진학 지도를 통해 학생의 성장에 대해 고민할 수 있고, 학생은 진학을 위한 준비의 과정에서 성장을 이뤄낼 수 있게 됩니다. 성장을 경험한 학생들은 매우 뛰어난 **'자기 효능감'**을 경험하고 되고, 자기 효능감은 가장 확실한 성장의 동력이 됩니다.

질문을 통해 진로에 대해 관심을 가지게 되고, 질문을 통해 탐구의 힘을 키워내고, 질문을 통해 보다 넓은 세상에 대한 관심과 고민을 가지게 되는 학생들을 키워내는 과정은 결코 녹록치 않습니다.

방학 때 저의 일과는 보통 하루 13시간 정도의 상담을 학교 학생들과 진행하고 있습니다. 개인적으로 '지도할 수 있는 최대한의 학생들을 지도하자' 라는 마음을 갖고 정말 많은 학생들을 만납니다. 학생의 토로에 귀 기울이고 고민을 나누며, 진로와 진학의 방향을 찾고, '성 장'에 대해 함께 고민합니다. 숱한 시간을 상담으로 채워가고, 더 많은 시간들을 토론으로 보내는 이유는 그러한 과정을 통해서 학생이 성적 에만 함몰되지 않고, 어떤 분야에 흥미를 느끼는지, 무엇을 잘 하는지, 앞으로 어떻게 살고 싶은지 등 좀 더 넓은 시야로 인생을 바라볼 수 있 도록 하기 위함입니다. 물론 이 모든 과정이 교사인 저에게조차도 매 우 강도 높은 일이지만, 학생들이 성장해 나가는 모습을 곁에서 지켜 보면서 교사로서 보람을 느낍니다. 당연히 저 또한 교사로서 한층 더 성숙해져 감을 경험합니다.

'배우는 사람이 되자!'

'모든 사람에게 배우고, 모든 상황에서 배우고, 모든 환경에서 배우고, 모든 사건에서 배우는(學) 사람이 되자!'

학생들에게 늘 강조하는 말입니다. 아무리 힘든 고등학교의 시간 도 역시 '배움'의 시간입니다. 고등학교에서 보내는 시간을 그저 고통 의 시간으로 여기지 않고, 그 고통을 통해 무언가를 배우고 성장한다 면 그것으로 교육의 가치는 충분하다고 봅니다.

전국을 순회하며 강의를 진행하면서 많은 내용을 전달하고 질문 또한 많이 받습니다. 학생의 성장에 대해서 말하고, 그 성장의 결과물 로서의 진학 성공 사례를 이야기합니다. 그런데 학부모들에게 가장 많이 듣는 말은 바로 이 말입니다.

" 우리 학교는 그렇게 하지 않습니다. "
그러면 여러분은 남다른 성장의 기회를 잡았습니다!

그렇습니다. 당연한 말씀입니다. 모든 고등학교들이 일률적으로 똑같이 한다는 것은 교육적으로 맞지 않습니다. 학교가 어때해야 하고, 교육이 어때해야 한다는 기준은 학교의 교사 수만큼이나 다양할 것입니다. 교사마다 교육관이 있을 것이고, 그 교육관에 맞게 행동하기 마련입니다. 다만, 개인적으로 강조하고 싶은 것은 학생이 그 모든 상황에서 무엇을 배울 것인지를 고민하는 과정이 필요하고 그 과정에서 배우는 것이 중요합니다. 자신을 둘러싼 상황과 환경, 사건과 사람에 대해서 본인이 어떤 포지션을 취해야 할 것인지를 배우는 것 역시 중요한 교육입니다.

학교의 문제를 떠나서 조금 더 확장하자면, 우리가 사는 지역이 문제고, 우리 사회의 교육 정책이 문제고, 그 교육 정책이 만들어지는 모든 정치적 상황이 문제입니다. 우리를 둘러싼 모든 상황 등이 우리에게 유리해지고, 우리에게 주어지는 모든 환경들이 우리가 원하는 수준일 때 행동을 하겠다고 생각한다면, 우리의 행동은 결코 이뤄지지 않을 것입니다.

내가 원하는 상황과 환경이 갖춰지지 않을 때 비로소 우리는 주어진 환경 속에서 배우고, 그 배움을 통해 성장을 '증명' 할 수 있습니다. 그러면 개인의 역량은 크게 강화될 것이고, 비약적인 성장을 할 수 있게 될 것입니다. 언제든 학교 탓을 할 수 있고, 교사 탓을 할 수 있고, 환경 탓을 할 수 있습니다. 하지만, 성장은 그런 '남 탓'에서는 할 수 없습니다. 그러니 내가 혹은 나의 자녀가 다니는 학교가 마음에 들지 않는 많은 이유가 있다 할지라도, 그 속에서 '나의 성장을 어떻게 만들 것인지'를 고민해 봅시다. 개인적으로 그러한 성장이 이뤄지는 모든 공간을 '학교'라고 생각합니다. 배움이 이뤄지는 공간이기 때문입니다.

여러분을 둘러싼 모든 환경과 상황을 학교로 만들고, 여러분을 둘러싼 사건과 사람을 여러분을 성장으로 이끌어주는 교사로 만들면 우리의 성장은 증명이 됩니다.

입시 트렌드의 변화에도 불구하고 흔들리지 않는 우수한 학생이 되는 것이 관건입니다. 입시는 사회적, 정치적 이슈로 인해 변화될 가능성이 늘 존재합니다. 그 모든 상황과 환경에도 불구하고, 흔들림 없이 성장에 대해서 이야기할 수 있는 공간이 학교여야 한다고 생각하고, 그렇게 행동하고 있습니다.

입시 트렌드가 아무리 변화한다고 하더라도 2026학년도 입시를 준비하는 학생들이 대학을 진학하는 방법은 결국 4가지의 길이 일반적입니다. 내신 중심의 학생부 교과 전형, 역량 중심의 학생부 종합 전형, 논리적 사고 중심의 논술 전형, 수능 위주의 정시 전형이 그것입니다. 트렌드의 변화라고 하는 것은 결국 이 4가지 길 위에서 발생하게 되는 변화들입니다.

학교가, 공교육이 어떤 변화의 상황에서도 흔들림 없는 둥이 되었으면 합니다. 입시 트렌드의 최전선에서 학생의 성장에 대해 이야기 할 수 있는 학교라면 우수한 학생들을 육성할 수 있습니다.

학교의 입시 전략

'개별 학교에서 어떤 입시 전략을 세울 수 있는가?'의 논의에서 가장 중요한 것은 개별 학교에게 주어진 상황에 대한 분석입니다. 학생, 학부모들과의 만남에서 제가 가장 강조하는 것은 '분석'입니다. 모든 문제 상황들에 대한 제대로 된 분석은 제대로 된 해결책으로 귀결이 될 것입니다. 분석이 제대로 되지 않으면 해결을 위한 정보가 제대로 제공되지 못할 것이고, 결국은 실패로 이어지게 될 뿐입니다.

' 핵심은 어떤 행동을 바꿀 것인지를 결정하는 것입니다. '

입시 전략 역시 무엇이 문제인지를 정확하게 묻고, 그 부분에 대한 해결책을 찾아가는 과정이 있어야 합니다. 광범위하게 '우리 학교는 문제야' 라는 식으로 이야기를 하거나, 총체적 난국이라고 이야기하면 해결책은 없습니다.

시험을 망친 학생에게 왜 시험을 망쳤는지 물어보면 항상 같은 대답이 돌아옵니다. 정말 오랜 시간 동안 학생들에게 물어봤고, 시간과 공간과 세대를 넘어서 항상 같은 답이 돌아옵니다.

" 열심히 안 한 것 같아요......."

학생들이 이런 대답을 하고나면 다음 시험은 열심히 해서 좋은 결과를 만들 수 있을까요? 안됩니다! 이렇게 대답하는 거의 대부분의 학생들은 다음 시험에도 같은 결과를 내고, 같은 대답을 합니다. "왜 이런 일이 생기는 걸까요?" 실패의 원인을 제대로 분석하지 않았기 때문입니다. 열심히 하지 않은 것이 원인이라면 열심히 공부하는 것이 그 해결책이 됩니다. 그런데 이렇게 대답한 대부분의 학생들은 열심히 하지 않습니다. 공부하는 습관이 안 들었기 때문입니다. 분석 자체가 추상적이니, 해결책도 추상적입니다. 그러니 실천할 수가 없는 것입니다.

하나의 질문이 아니라, 다음 질문이 이어져야 합니다.

" 열심히 하지 않은 이유가 뭘까? 무엇을 하느라 시간을 보냈니? "

이렇게 질문을 계속 하고, 그 질문에 대한 답을 하도록 하고 또다시 질문하는 과정을 거쳐야 합니다. 그래야만 구체적으로 바꿀 수 있는 '행동'이 나오게 됩니다. 휴대폰 사용 시간이 문제라면, 휴대폰 사용 시간을 조절하기 위한 행동을 해야 하고, 게임 시간이 많은 것이 문제라면 게임 시간을 줄이기 위한 행동을 해야 합니다. 결국 분석이 제대로 이뤄지면 구체적으로 행동을 바꿔야 할 '변화의 지점'이 생길 것이고, 그 변화를 시도하면 문제가 해결이 됩니다.

학교의 교육 문제도 마찬가지입니다. 학교의 '변화 지점'이 필요한 것에 대한 분석을 제대로 하면 바꿔야 할 행동이 결정되고, 그 행동을 집중적으로 교정해가는 작업이 필요합니다. 추상적인 생각들은 대체로 문제 해결에 도움이 되지 않습니다.

학생, 학부모 대상 강연뿐만 아니라, 교사 대상 진학 연수에도 저는 많은 힘을 쓰고 있습니다. 제가 교사 대상 연수를 진행할 때는 대체로 교사의 자발적 헌신을 많이 요구하는 편입니다. 그래야만 변화가 일어나기 때문입니다. **교사는 학생의 '성장 스토리텔링'으로 성취감과 효능감을 얻을 수 있고 충분히 윈윈 전략이 됩니다.** 그런데 안타깝게도 상당수의 선생님들이 들어야 할 이야기보다는 본인이 듣고 싶은 이야기에 집중하다보니, 변화의 지점을 찾지 못하고, 아니 솔직히 변화를 원하지 않는 모습을 보였습니다. 정보의 입력 값이 제대로 들어갔다면, 출력 값이 제대로 나오기 마련이고, 오류가 생긴다면 전달에 문제가 있는 것이고, 전달에서 발생한 문제를 해결하려면 '행동'을 하면 됩니다. 그 행동은 '구체적인 어떤 것'이 될 것입니다. 당연히 컴퓨터는 입력된 내용이 오차 없이 출력이 되어 나오지만, 사람인 우리 학생들의 입력 값과 출력 값은 동일할 수는 없습니다. 학생의 성장과 변화의 출력 값에 오차가 발생하는 요인은 너무나도 다양합니다. 그러나 성장과 변화의 출력 값에 오차가 발생하는 이유를 '학생의 어떠한 상태'로 규정을 해 버린다면, 변화를 위한 구체적인 도전이 아직 이뤄지지 않았다는 반증입니다. 지금까지 상담하면서 지도했던 학생들의 대부분은 정작 자신에게 필요한 것이 무엇인지 잘 모르는 상태였습니다.

학생들은 학교에서 배우는(學) 삶(生)을 살아가고 있기에 진로, 진학 교육에서 학교가 가지는 영향력은 상당할 수밖에 없습니다. 때문에 학교의 변화 시도는 매우 다양한 파급 효과를 만들어 낼 수 있습니다. 그러기 위해서는 기본적으로 학교의 문제점에 대한 합리적 분석에서 출발해야 합니다. 교사 간의 합의도 좋고, 관리자의 결단이어도 좋습니다. 어떤 상황에서든 '변화'를 시도하기 위해서는 반드시 분석과 공부가 전제 되어야 합니다.

개인적으로는 지방의 많은 고등학교 교사, 학생, 학부모와의 만남에서 느끼는 것은 변화의 포인트가 다소 안 맞는다는 생각을 자주하게 됩니다. 특히, 입시 정보에 대한 격차에 대해서 많은 분노를 담은 이야기를 많이 듣습니다. 문제의 본질에서 약간 벗어난 이야기입니다. 입시 정보는 양의 문제라기보다는 방향성의 문제입니다. 진로, 진학의 방향성이 제대로 세팅이 되면 입시 정보는 사실 큰 문제가 되지 못합니다. 전형과 관련된 입시 정보는 사실 클릭 몇 번이면 거의 알 수 있습니다. **핵심은 그것을 어떻게 구체화해서 '우리의 이야기'로 만들 것이냐의 문제입니다.**

특히, 지방의 일반고는 현재 입시 체제에서 '수시'에 더 많은 방점을 찍을 수밖에 없습니다. 학생부 교과 전형이나, 학생부 종합 전형이 주력 전형이 되는 것이 일반적입니다. 그런데 상당수의 지방 일반고에서는 학생부 교과 전형이 주력 전형이기도 합니다. 그러니 내신의 중요성이 압도적일 수밖에 없는 부분도 있습니다. 무엇이 문제인지에 대한 고민과 분석이 필요한 부분입니다. 지방 소재 고등학교가 진학 교육에 조금 더 중점을 두겠다는 변화를 선택한다면, 가장 먼저 일어나는 일은 당연히 학생부 기록의 변화일 것입니다. 지방에 소재하고 있는 고등학교의 학생부를 보면, 마치 복사해서 붙여넣기 한 것 같은 내용 혹은 추상적인 우수함에 대한 이야기들이 많은 편입니다. 구체화된 개별 학생의 우수함이 아니라, 학교의 우수함 혹은 동아리의 우수함에 대해서 말하고 있습니다. 그 많은 이야기 속에는 '내 학생'이 존재하지 않습니다. 그러니 현실적으로 좋은 평가를 받기란 어렵습니다.

조금 더 나은 학생부는 근래에 대학에서 '진로 세특'이라고 부르는 내용으로 채워집니다. 모든 교과 세특의 내용이 오로지 '진로'로 채워집니다. 단순하게 생각해보면 이상한 점이 한 둘이 아닙니다. 예를 들어, 이 질문을 해 보겠습니다.

' 의사를 진로로 설정한 학생은 우수한 학생일까요? '

'의사를 생각하고, 의사가 되기 위한 활동을 열심히 한 학생은 우수할까요?' 당연히 아닙니다. **학생부의 본질은 우수함을 '증명'하는데 있습니다.** 진로를 증명할 필요가 없습니다. 학생부의 교과 세특을 진로를 증명하는 데 사용할 필요가 없다는 말입니다. 진로를 그 학과에 지원하는 것으로 이미 증명을 하는 셈입니다. 그러니 학교가, 교사가 해야 할 일은 진로로 가득 찬 학생부를 만드는 것이 아니라, 개별 학생이 가진 잠재력이 발현될 수 있는 교과와 비교과 활동을 통해 개별 학생이 스스로를 증명할 수 있도록 기회를 주고, 그것을 기록하는 일입니다.

물론 그 많은 학생들의 기록을 다 할 수 없습니다. 그래서 '과목별 세부능력 및 특기사항' 입니다. 개인적으로는 세부 능력도 중요하지만, 특기 사항이 더 중요하다고 판단합니다. '특기'의 국어사전의 의미는 '남이 가지지 못한 특별한 기술이나 기능' 입니다. 교과 수업 등에서 **개별 학생이 눈부시도록 빛날 때를 기록해 주는 것, 그리고 그렇게 빛날 수 있는 기회와 과정을 제공해 주는 것이 중요**합니다.

학교는 다양한 입시 전략을 사용할 수 있습니다. 지방의 일반고에서는 보다 더 다양한 '도전'이 가능합니다. 그리고 그 도전을 대체로 상위권 대학에서는 매우 긍정적으로 평가합니다. 학교가 변화를 선택하고, 도전을 선택하는 것이 쉽지 않다는 것을 알기 때문입니다. 때로 그 도전은 객관식 역량을 향상시키기 위한 도전이 될 수도 있고, 때로 학생부 위주 전형에서의 도전이 될 수도 있습니다. 그것이 어떤 도전이든, 변화를 시도하기 위한 모든 도전은 응원 받아 마땅합니다.

그러나 너무나 안타깝게도 수많은 학교가, 교사가 도전에 대한 실패에 머물러 있습니다.

' 내가 해봤는데, 안되더라. '

변화와 도전에 대해 이야기할 때 가장 많이 듣는 말입니다. 당연합니다. 쉽게 변할 거라면, 우리는 굳이 고생하지 않아도 됩니다. KAIST 는 2021년에 '실패 연구소'를 설립했습니다. 도전은 실패를 통해서만 성립된다는 지극히 당연한 진리에서 출발한 연구소입니다. 실패에 대한 다양한 의미 부여를 통해 실패에 대한 두려움을 없도록 만들고, 최종적으로는 도전 정신을 함양하는 것이 목적입니다. 우리나라 최고의 대학 중 하나인 KAIST에서도 실패를 연구합니다. 더 많은 도전을 위해서, 더 성공하는 도전을 위해서 더 많은 실패들을 연구하고, 사례를 모으고, 이야기를 나눕니다. 심지어 2023년에는 '실패 주간'을 만들기까지 했습니다.

매년 서울대를 가장 많이 보낸 학교들이 뉴스를 장식합니다. 하지만, 개인적으로는 서울대를 가장 많이 보낸 학교보다는 개교 이래 서울대생을 처음 배출한 고등학교를 더 응원합니다. 그 고등학교는 새로운 도전을 시도했을 것이고, 그 도전에 합당한 응원을 받았다고 생각합니다. 서울대만의 문제가 아니라, 학교의 도전이 더 많은 학생들에게 효능감을 주고, 실패를 딛고 일어날 수 있는 문화를 만들 수 있습니다. 실패가 가지는 의미를 더 많이 경감시켜 주는 것이 학교가 선택할 수 있는 최고의 입시 전략이라고 생각합니다.

" 나의 역사는 언제나 다시 쓰인다. "

학생들에게 자주 해 주는 말입니다. 이 문장을 써서 책갈피도 만들어서 나눠주고, 다양한 굿즈에 이 문구를 새겨서 선물로 줍니다. 저는 끊임없이 학생들에게 "나의 역사는 이제 시작이다. 나의 열정과 노력과 선택에 따라 지금부터 나의 역사는 다시 쓰이게 될 것이다." 라고 말하고 듣게 합니다. 실패를 두려워하지 말고 도전하라고!

 ## 학교의 전략 사례

진로, 진학 교육을 위한 다양한 전략들은 어떤 전략이든지 방향이 맞고, 지속성이 있으면 성과를 내는 것 같습니다. 개인적인 사례를 통해서 학교에서 사용할 수 있는 사례들을 소개하고자 합니다. 표본의 개념이라기보다는 이렇게도 할 수 있다 정도로 이해해주시면 좋을 듯합니다. 실제 이 사례들을 통해 개별 학교의 입시 결과는 7년 연속 상승했고, 학생들의 학교생활 만족도 등이 수직 상승했습니다. 개인적인 견해를 말씀 드리자면, 그대로 한번 시도해보시고, 지역적 특색 등을 고려해서 변화를 주시면 훨씬 더 좋은 프로그램과 전략을 만들 수 있을 것이라고 믿습니다. 지금까지 만나 본 거의 대부분의 교사들은 능력이 없는 것이 아니라, 여러 이유로 인해 능력을 발휘할 필요를 느끼지 못하거나, 능력을 발휘하지 하지 않으려 했습니다. 그런 교사가, 그런 학교가 함께 이 활동을 시작하기 위해 도전한다면 분명 큰 변화가 일어날 것으로 확신합니다.

사실, 지금 소개해 드리는 많은 프로그램과 전략들은 엄청나게 높은 수준의 교사의 헌신이 요구됩니다. 주변의 친한 교사들이 왜 그렇게까지 하는지를 물어볼 정도입니다. 사교육업체에서의 영입 제안을 거절하고, 공교육의 현장을 지키면서 헌신과 애정을 쏟는 이유는,

'내 자녀를 보내고 싶은 학교'

제가 꿈꾸는 최종적인 학교의 모습을 만들어 보고 싶어서입니다. 학교에서 만나는 많은 학생들은 누군가의 아들이고, 누군가의 딸입니다. 친구의 딸이기도 하고, 지인의 아들이기도 합니다. 사랑받는 친척의 아들이고, 은사님의 손녀이기도 합니다. 내 자녀가 학교에서, 군대에서, 직장에서 받으면 좋을 것 같은 대접을 하는 것, 세상을 바꾸는 출발점이라고 생각합니다.

앞서 언급한 바와 같이 학교에서 프로그램을 기획하고, 전략을 수립할 때 가장 중요한 지점은 '성장'입니다. 어떻게 하면 학생들의 자기주도적인 성장이 이뤄질 수 있는지에 대한 고민을 하고, 적용을 하고, 분석을 하고 수정을 합니다. 이러한 일련의 과정을 통해서 보다 의미있는 결과물들이 만들어지게 되고 동시에 학생이 성장하고, 교사가 성장하고, 학교가 성장하는 선순환이 시작됩니다.

처음 제가 기획했던 프로그램은 '지식인의 서재'라는 프로그램입니다. 인문 계열 학생을 위한 특강 프로그램으로 그 지향점과 목표는 '우리 사회의 지식의 최전선에 서 있는 지식인을 초빙해 나의 서재를 채우자' 입니다. 프로그램의 지향점과 목표는 매우 중요합니다. 이것

들이 있어야만 구체성을 가진 프로그램으로 완성도를 높일 수 있게 됩니다.

지식인의 서재는 특강 프로그램으로 기획되었지만, 통상의 특강 프로그램과 달리 차별화 되어 있습니다. 기본적으로는 학교 프로그램을 기획하고, 전략을 수립할 때는 가능한 일회성을 지양합니다. 경험적으로 일회성 프로그램은 학생의 성장에 큰 영향을 주기 못한다는 것을 잘 알기에 지식인의 서재는 연간 프로그램으로 진행하고, 학년 초에 학생 선발의 과정을 거칩니다. 선발된 학생들은 연간 8회의 강연을 듣고, 사전 세미나와 사후 세미나의 과정을 거치게 됩니다. 즉 하나의 특강을 제대로 이해하기 위해 노력하는 과정이 반드시 진행됩니다. 이점에 매우 중요한 포인트가 있습니다.

구체적인 예를 들자면, 학생부에는 어떤 명사가 초청 받아 와서 강의를 하는지는 기록되지 않습니다. 개별 고등학교에서 진행하기 쉽지 않은 강의인, 최근 노벨 생리의학상을 수상한 '팀 헌트' 교수의 초청 강연(2024년 5월)이 있었습니다. 지식인의 서재 대응 프로그램으로 이공 계열 학생들을 위해 진행하고 있는 '지식인의 랩(lab)실'의 초청 강연이었습니다. 고등학생들로서는 실로 경험하기 어려운 값진 경험을 했습니다.

여기서 질문 드리겠습니다. "노벨 생리의학상을 받은 팀 헌트 교수의 특강은 학생부에 어떻게 기록이 될까요?" 아무리 세계적인 석학이라 할지라도 교수의 이름은 기록될 수 없습니다. 그러니 대학 입장에서는 학생이 누구의 어떤 특강을 들었는지 알 수가 없습니다. 그럼 도대체 무엇이 의미가 있다는 말일까요? 팀 헌트 교수의 특강을 진행하기 위해 사전에 진행했던 세미나에서 학생들의 공부한 내용이 학생들의 성장으로 이어지게 됩니다. 바로 그 성장의 내용이 학생부에 기록되는 것입니다. 그러니 노벨상 수상자의 강연을 들었다는 중요한 것이 아니라, 그 놀라운 특강을 통해서 '어떤 성장을 만들었는지'가 중요하다고 저는 거듭 말씀을 드립니다.

지식인의 서재는 초기에 총 100명의 학생들을 선발했고, 8개의 특강에 따라 8개의 팀으로 구성을 했습니다. 각 팀은 주제에 따라서 구성을 합니다. '국제 정치', '경제 경영', '문화' 등의 팀으로 구성이 되고, 연간 진행되는 특강의 순서에 따라 해당 팀만 사전 세미나를 진행합니다. 다만, 지식인의 서재에 참여하는 모든 학생들은 연간 8권의 책을 읽고, 개인 탐구 도서 2권 이상을 선정하고 읽어야 합니다. 결국 지식인의 서재 프로그램을 진행하는 학생은 연간 10권 이상의 독서를 하고, 그 중 최소 3권에 대해서는 명확하게 설명하고, 자세하게 말할 수 있을 정도가 되어야 합니다. 당연히 8권의 도서는 특강을 오시는 교수님들의 저서입니다.

지식인의 서재에서는 각 팀의 팀장 역할을 하는 기획팀 8명을 연말에 미리 선발합니다. 기획팀은 겨울 방학 동안 저와 함께 세미나 진행을 위한 다양한 학습을 하게 됩니다. 더불어 다음 연도에 진행하게 되는 지식인의 서재 초청 강사의 섭외를 위한 활동을 진행합니다. 8명의 기획팀은 각각 섭외하길 원하는 지식인의 책을 읽고, 섭외 활동을 위한 포인트를 발표합니다. 토론의 과정을 통해 섭외 방식을 결정합니다. 초청할 지식인에 따라서 영상을 만들기도 하고, 책을 만들기도 하고, 노래를 부르기도 하고, 시를 낭송하기도 하는 등의 다채로운 활동을 합니다. 학생 스스로가 실제 가능한 방법을 최대한 동원해보는 이러한 활동 과정을 통해서 상당한 수준의 성장이 이뤄집니다. 거의 대부분의 기획팀 학생들은 자신이 원하는 대학에 진학하게 됩니다.

모든 섭외가 이렇게 이뤄지는 것은 아니지만, 기본적으로 이런 방식으로 진행이 됩니다. 물론 다 성공하지는 않습니다. 많은 학생들이 상당한 실패를 경험합니다. 개인적으로 저는 이런 실패를 매우 좋아합니다. 이런 실패를 통해서 학생들이 더욱 성장할 수 있는 또 다른 도전의 기회가 생기기 때문입니다. 지식인의 서재를 운영하면서 학생들의 성장이 이뤄지는 지점은 제각각 다릅니다. 학생들이 읽는 책 대부분이 상당의 수준으로 어렵지만, 각자 그 책을 읽어내기 위한 노력을 최대한 합니다.

초청 강사들이 우리 학생들의 강연을 듣는 태도에 대해 모두들 칭찬을 많이 합니다. 100명이 넘는 학생들 중 어느 한명도 졸거나 딴 짓하지 않고 참여 할 수 있었던 이유는 바로 학생들이 스스로 미리 준비를 했기 때문입니다. 책을 읽고 세미나를 준비하면서 강연 내용에 깊이 몰입할 수 있고 강사님의 말 한마디에도 공감을 할 수 있습니다. 물론 처음부터 이렇게 되는 것은 아닙니다. 철저한 교육의 과정이 있어야 하고, 독서가 제대로 진행되는지에 대한 점검의 과정도 있어야 하고, 무엇보다 사전 세미나가 매우 의미 있게 진행되어야 이 모든 것이 가능합니다. 그러한 일련의 활동 가운데 학생들 안에 내제된 능력들이 표출되고 성장의 가능성도 확장이 되는 이 점이 중요합니다.

지식인의 서재 초청 지식인 및 필수 도서 (일부)

지식인의 서재	초청 지식인	필수 도서
2017	문요한 의사	스스로 살아가는 힘
	전상국 작가	우상의 눈물
	박노자 교수 (노르웨이 오슬로 대학)	주식회사 대한민국
	안광복 교사	철학, 역사를 만나다
	박준영 변호사	우리들의 변호사
2018	진중권 교수	놀이와 예술 그리고 상상력
	박노자 교수	러시아 혁명사 강의
	한동일 교수 / 신부 / 변호사	라틴어 수업
	최태성 강사	최태성 한국사 수업
	문경란 이사장	우리 곁의 난민
2019	정여울 작가	내성적인 여행자
	이해인 수녀	기다리는 행복
	조한혜정 교수	선망국의 시간
	주경철 교수	유럽인 이야기
	한젬마 디렉터	한젬마의 아트 콜라보 수업
2020	최재붕 교수	포노사피엔스
	구본권 교수	공부의 미래
	권일용 교수	악의 마음을 읽는 자들
	정우철 도슨트	샤갈, 내 영혼의 빛깔과 시
2021	황필규 변호사 (공익인권법재단 공감)	우리는 희망을 변론한다
	김준형 교수 (전 국립외교원장)	영원한 동맹이라는 역설

지식인의 서재	초청 지식인	필수 도서
2021	박노자 교수(오슬로 대학)	미아로 산다는 것
	임현주 아나운서(MBC)	아낌없이 살아보는 중입니다
	배상훈 교수(우석대 겸임교수)	누가 진짜 범인인가
2022	이종필 교사	특수교사, 교육을 말하다(이종필 외)
	김헌 교수(서울대 인문학연구원)	천년의 수업
	김광석 교수(한국경제산업연구원)	경제 읽어주는 남자
	손수호 변호사	사람이 싫다
	김지윤 박사	차이나는 클라스 국제정치편
2023	김태훈 교수(경남대)	인지 심리학은 처음이지?
	박지훈 여행 도슨트	난처한 미술이야기 5
	한순구 교수(연세대)	내가 배우고 싶었던 미시 경제
	신형철 교수(서울대)	인생의 역사

시대를 앞서가는 다양한 분야의 지식인들과의 만남을 동해 그분들의 삶의 이야기를 직접 듣고 소통할 수 있는 시간은 어떤 학생에게는 인생의 전환점을 맞이할 정도의 사건이 될 수도 있습니다. 인문 계열 학생들을 위한 지식인의 서재는 매우 중요하고도 유용한 프로그램으로 잘 정착이 되었고, 이후 이공 계열 학생들을 지도하기 위해 만든 지식인의 랩실도 같은 방식으로 운영을 하고 있으며 학생들의 참여도와 만족도는 매우 높습니다.

지식인의 랩실 초청 지식인 및 필수 도서 (일부)

지식인의 랩실	초정 지식인	필수 도서
2020	서민 교수 (단국대)	서민교수의 의학 세계사
	최재천 교수 (이화여대)	다윈 지능
	임창환 교수 (한양대)	바이오닉맨
	신인철 교수 (한양대)	세포 짠 DNA 쏙 북적북적 생명 과학 수업
	김범준 교수 (성균관대)	관계의 과학
	홍성욱 교수 (서울대)	크로스 사이언스
2021	임창환 교수 (한양대)	브레인 3.0
	유성호 교수 (서울대)	나는 매주 시체를 보러 간다
	권준수 교수 (서울대)	나는 왜 나를 피곤하게 하는가
	조규성 교수 (카이스트)	WHY 원자력이 필요한가
	정진호 교수 (서울대)	위대하고 위험한 약이야기
	송기원 교수 (연세대)	송기원의 포스트 게놈시대
2022	김상욱 교수 (경희대)	김상욱의 양자 공부
	배상수 교수 (서울대)	크리스퍼가 온다
	김현준 교수 (한양대)	수학의 쓸모
	이상완 교수 (카이스트)	인공지능과 뇌는 어떻게 생각하는가
	김홍표 교수 (아주대)	작고 거대한 것들의 과학
2023	이기진 교수 (서강대)	이기진 교수의 만만한 물리학
	이인아 교수 (서울대)	기억하는 뇌, 망각하는 뇌
	김성근 교수 (서울대)	화학의 미스터리
	우종학 교수 (서울대)	우종학 교수의 블랙홀 강의
	이제선 교수 (연세대)	공학의 눈으로 미래를 설계하라
	김성훈 교수 (연세대)	생명과 약의 연결고리
2024	팀 헌트 교수 (노벨 생리의학)	인간은 왜 아픈걸까
	이순칠 (서울대학교 물리학과 교수)	퀀텀의 세계
	윤성철 교수 (서울대학교)	우리는 모두 별에서 왔다
	방소영 교수 (한양대)	내 면역은 내가 지킨다

프로그램을 매년 진행하면서 여전히 아쉬움이 있는 부분이 있습니다. 지금도 여전히 보완하고 있고, 매년 프로그램의 내용을 꾸준히 수정하며 이전보다 더 완성도가 높아지도록 노력하고 있습니다. 이 문제에 대한 저의 고민과 분석의 지점은 항상 동일합니다.

" 어떻게 하면 학생들의 실질적인 성장이 이뤄질 수 있는가? "

대부분의 경우 교사들은 특강에는 적극적으로 참여합니다. 가끔은 학생들보다 교사들이 더 좋아하는 모습을 보이기도 합니다. 열정적인 교사의 배움의 자세를 보고 학생들 또한 열정적으로 배움에 동참하는 모습을 볼 수 있습니다. 졸업생도 참여할 수 있는 특강을 열기도 하고, 학부모들도 함께 할 수 있는 강의도 열려 있는 편입니다. 때로는 지역사회에 특강의 기회를 열기도 합니다. 이와 같은 모든 일련의 과정에서 기획팀의 의견이 가장 중요한 역할을 합니다. 한 예로, '이해인 수녀님' 초빙 특강은 인근의 대형 강당을 빌리고, 지근거리 고등학교에 공문을 보내어 참여자를 모집하기도 하고, 주변 학부모들도 자연스럽게 특강에 참여할 수 있도록 했습니다.

사전 세미나의 중요성은 아무리 강조해도 지나침이 없습니다. 학생들이 함께 책을 읽고, 지문 속에서 질문을 만들어 보고, 그 질문에 대한 답을 서로 찾아가는 과정을 통해서 실시간으로 똑똑해지게 됩니다. 그렇게 함으로써 학생들은 보다 정교한 질문 즉 깊이 공부를 해야만 나오는 질문을 할 수 있게 됩니다. 강연 후 질문 시간에 학생들은 교수님도 깜짝 놀랄 만한 수준 높은 질문들을 많이 쏟아 냅니다. 이 모든 과정을 통해 하나의 질문을 다양한 각도에서 볼 수 있는 시야가 열리게 됩니다. 결론적으로 가장 중요한 포인트는 **'배움과 성장이 교과 활동으로 이어지게 만드는 것'**입니다. 배운 것을 적용하고, 읽은 것을 활용할 줄 아는 학생이 진정으로 우수한 학생입니다.

실제 학생부의 내용은 이렇게 기록이 됩니다.

'지식인의 서재'에 참여하여 총 8회의 특강을 듣기 위한 준비 과정으로 지정 도서 10권을 읽고, 토론과 질문을 위한 세미나 팀에 참여함. '비판하는 지식인' 세미나 팀에서 자신이 발췌한 질문들로 팀원들과 치열한 토론을 진행하였음. 세미나 과정에서 '자본주의 체제의 모순'에 대해서 인식하고, 한계와 극복 방안에 대한 의문점을 가지고, 지속적인 질문과 탐구를 통해 '대안적 자본주의'를 탐색하는 등의 활동을 진행하였고 (이하 생략)

세미나 팀 활동까지는 학교 활동과 세부 활동이기 때문에 공통 내용일 수밖에 없습니다. 세미나 과정에서 학생이 관심을 가지는 분야에 질문하고 탐구하는 활동은 온전히 개인의 활동이고, 전국에서 한 명만 기록되는 내용입니다. 구체적인 개별 학생의 활동이기 때문에 차별화 됩니다. 고등학생이 '자본주의 체제의 모순'에 대해 관심을 가지는 것도 그리 쉬운 일은 아니지만, 그 모순을 해결하기 위한 학생의 다양한 활동은 학생부를 통해 증명이 됩니다. 단순하게 활동을 기록하는 데 그치지 않고 학생이 비교과 활동을 통해 성장하고, 발전하는 과정을 담아내는 과정, 그리고 그 성장을 증명하는 과정까지 기록되는 것이 중요합니다. 실제 학생부에는 개인의 질문들이 구체적으로 등장하고, 그 해결의 과정이 학생부의 다른 영역에서도 충분히 다뤄집니다. 교차 검증을 통해 개별 학생이 가진 성장의 과정을 입체적으로 볼 수 있습니다.

지식인의 서재, 지식인의 랩실은 여러 측면에서 해석되고, 분석 되겠지만, 전략적인 측면에서 본다면 '진로 역량'을 증명하기 위한 프로그램으로 볼 수 있습니다. 본질적으로 지식은 '넓고, 깊게'라는 방향으로 충족될 수 있는데, 고등학교 수준에서는 최대한 넓게, 그리고 고 1, 2 학년 수준에서도 최대한 넓게 펼쳐서 다양한 경험을 쌓는 것이 중요합니다. 그 다양한 경험들이 진로 역량의 토대가 됩니다.

지식인의 서재와 지식인의 랩실에 참여하는 학생들은 자신의 진로 분야 이외 다른 분야의 특강들을 많이 듣게 됩니다. 전혀 관심이 없었거나, 조금의 관심을 가졌던 분야의 강연을 들으면서 학생들은 이전에 잘 알지 못했던 새로운 분야에 대해 관심을 갖게 됩니다. 일단 더 알고자 하는 호기심이 발동이 되면 진짜 '공부'를 하게 됩니다. 새로운 세상을 알아가기 위해서는 많은 질문을 요합니다. 그 질문에 대한 답을 찾아가는 과정이 바로 '지적 호기심'을 해결해가는 과정이고, 그 과정의 결과물이 바로 '지적 성취'가 되는 것입니다.

여담이지만, 실제로 제법 많은 학생들이 지식인의 서재 혹은 지식인의 랩실 특강을 통해 진로를 바꾸게 되는 경우가 심심찮게 있습니다. 제대로 공부해보니 정말 재미있는 새로운 영역을 알게 되었기 때문입니다.

예슬이는 박노자 교수의 특강을 듣고 상당한 수준의 변화를 경험한 대표적인 학생입니다. 경제에 대한 막연한 관심을 가지고 있던 예슬이는 박노자 교수의 특강을 듣고, 저서를 읽으면서 정치의 매력에 깊이 빠졌습니다. 현실적으로 박노자 교수의 책을 고등학생이 읽는다는 것은 정말 쉽지 않지만, 정치 영역에 대한 폭발적인 관심과 탐구가 압도적인 변화를 만들어내게 되었고, 결국 UN에 두 개 밖에 존재하지 않는 고등 판무관 중 하나인 '세계 인권 고등 판무관'이라는 목표를 가지고 서울대에 진학했습니다.

학생들이 최대한 다양한 분야를 접할 수 있도록, 지식의 최전선에 선 교수들을 초빙하기 위한 노력을 아끼지 않습니다. 사실 TV와 언론에서 보던 교수들을 직접 만나는 것만으로도 엄청난 지적 자극이 됩니다. 물론 사전, 사후 세미나를 진행하면서 학생들의 지적 자극이 극대화 될 수 있도록 무척 애를 많이 씁니다. 무엇보다 학생들이 진로를 보다 입체적으로 바라볼 수 있도록 만드는 것이 핵심입니다.

이 프로그램들을 소개하면서 죄송한 마음이 드는 것은 서울에 있는 고등학교이기 때문에 가능한 부분이 분명히 있다는 점입니다. 교수님들의 이동 거리와 시간을 생각하면 지방의 고등학교에서 섭외하기는 쉽지 않습니다. 그래서 꼭 말씀드리고 싶은 것은 개별 고등학교의 상황에서 선택할 수 있는 최선을 선택하기만 하시면 됩니다. 그 과정에서 노하우가 쌓이게 될 것이고, 그 노하우를 바탕으로 더 위대한 도전을 할 수 있습니다. 어떤 교수를 초빙하느냐가 중요한 것이 아니라, 초빙을 통해 성장시킬 역량이 무엇인지를 결정하는 방향성이 중요합니다. 초빙되는 분들이 어떤 분이더라고 결국 핵심은 교사와 학교가 성장의 포인트를 어디에 찍느냐의 문제입니다. 꼭 기억하시길 부탁드립니다. '누가 특강을 왔는지, 대학은 모릅니다!'

전략적인 측면에서 '진로 역량'을 강화하기 위한 프로그램이 있다면, '학업 역량'을 강화하기 위한 프로그램도 있다는 의미입니다. 학업 역량을 위한 프로그램을 기획하기 위해서는 당연히 학업 역량에 대한 깊은 공부의 과정이 필수로 전제되어야 합니다. 앞서 강조한 바와 같이 '활동'이나 '프로그램'이 학생의 우수함을 보여주지 못합니다. 제대로 된 공부가 제대로 된 프로그램을 만들 수 있도록 해주는 것입니다.

학업 역량을 위한 제가 세팅한 프로그램은 '지식의 향연(饗宴) 아카데미'입니다. 향연의 국어 사전적 의미는 '특별히 융숭하게 손님을 대접하는 잔치' 입니다. 이 프로그램에 참여하는 학생들 모두 지식으로 베풀어지는 잔치를 만끽하기를 바라는 마음에서 '향연'으로 이름을 지었습니다. 지식의 향연 아카데미는 기본적으로 학업 역량을 위한 '탐구형 프로그램'입니다. 연간 프로그램을 구성을 하고, 학년별 분리 모집을 합니다. 기본적으로 특정한 목적을 가지고, 팀별 탐구로만 진행됩니다. 굳이 팀별 탐구인 이유는 공동체 역량을 자연스럽게 보여주고 강조할 수 있기 때문입니다. 4명의 학생을 하나의 팀으로 구성하고, 팀당 교사 1명이 배정됩니다. 하나의 주제를 선정해서 담당 선생님과 팀원들이 7개월 정도의 기간 동안 함께 탐구하는 콘셉트입니다.

선발을 위해 사전 과제 발표를 진행하게 됩니다. 1학년 학생들이 발표하는 학생들의 주제와 탐구의 수준은 그리 높지 않은 편이라 그 수준 차이로 인해 학년을 구분해서 선발을 합니다. 1학년 때 훈련을 잘 받은 학생들은 학년이 올라갈수록 주제와 탐구 수준, 발표 내용이 월등히 좋아집니다. 탐구의 과정에서 학생들은 보고서를 작성해야 하는데, 보고서 작성하는 것을 어려워합니다. 물론 이전에 해본 적이 없다는 것이 가장 큰 이유이긴 합니다. 그래서 지식의 향연 아카데미에 참여한 학생들이 진행하는 가장 첫 번째 과정은 '탐구 보고서 작성법' 강연입니다. 이 주제의 강연을 위해 초빙되는 강사는 실제로 논문을 쓰고 있는 대학원생입니다. 우리 학생들은 인문, 자연을 구분해서 탐구 보고서 작성법을 매우 시간을 들여서 정성껏 배웁니다. 제대로 배워야 제대로 된 탐구를 할 수 있어서 입니다. 일단 탐구 보고서 작성 방법을 배우고 나면 비로소 학생들은 자신이 진행했던 사전 과제 발표 내용의 수준에 문제가 있음을 자각하게 되고, 제대로 된 수정을 할 수 있게 됩니다. 진정한 탐구의 출발점입니다.

1학기 기말 고사 이후에는 '중간 평가'를 진행합니다. 팀별 탐구의 과정을 중간 점검하는데, 팀 담당 교사들을 크로스로 배정해서 다른 팀의 탐구 과정을 확인하고, 조언을 해주는 과정입니다. 탐구 자체를 객관적으로 볼 수 있도록 하는 매우 중요한 과정이라 할 수 있습니다. 자신이 탐구하고 있는 과정을 다른 교사들의 시각에서 평가하는 시간인데, 담당 교사들에게 최대한 많은 지적을 해 달라고 부탁합니다. 학문의 영역에서 학생들을 최대한 괴롭힐 수 있는 공식적인(!) 기회이자, 많은 지적을 통해서 학생들이 더 많이 성장할 것을 믿기 때문입니다.

4월에 시작해서 11월에 끝나는 이 프로그램의 정점은 2학기 기말고사 후에 진행하는 발표회입니다. 전체 진행 팀을 대상으로 최종 보고서 및 발표를 진행하고, 전시회를 진행합니다. 우수 팀은 다음 해 지식의 향연 참가를 희망하는 학생들을 대상으로 최종 발표도 진행하게 됩니다. 탐구 보고서 발표회는 학생들의 학업 역량을 발휘할 수 있는 좋은 기회가 됩니다. 실제 탐구가 어떤 방식으로 진행되고, 어떤 탐구들이 좋은 평가를 받게 되는지를 알 수 있는 기회가 되기 때문입니다.

학교에서 저희 부서가 진행하는 프로그램은 대략 15개 정도가 됩니다. 사실상 학교의 비교과 프로그램의 대부분을 진행하고 있는 셈입니다. 앞서 소개한 학업 역량, 진로 역량을 강화하기 위한 프로그램들이 수준별로 더 있고, 공동체 역량을 강화하기 위한 캠프도 여러 형태로 진행되고 있습니다. 가능하면 다양한 학생들이 참여할 수 있는 기회를 제공하고, 그 기회를 통해 학생들의 역량이 발현될 수 있길 바라는 마음에서 상당히 힘든 일정을 소화해내고 있습니다. 학생들

가운데 공부하기 싫고, 활동만 유독 좋아하는 학생들이 더러 있습니다. 그래서 한 학생이 많은 활동에 참여 하는 것에 제한을 두고 있습니다.

위에서 언급한 바와 같은 일련의 과정을 통해서 학교는 입시에서 전략적 우위를 만들어 낼 수 있습니다. 학교가 학생들의 역량을 끄집어내기 위해 최선의 선택을 한 것입니다. 이러한 교육 환경 속에서 학생들이 자신의 가능성과 잠재력을 확인하게 되면, 그들의 성장은 급속도로 진행되는 경향이 있습니다.

입시를 교육 전략이라는 측면에서 접근하면, 활동의 기획과 진행을 통해서 충분히 성장하는 학생들을 만들 수 있다는 점에서 교육적 효과가 탁월합니다. 실질적인 성장을 이룬 학생들이 많을수록 더 많은 시너지가 나기 마련입니다. 활동을 통한 시너지, 탐구를 통한 시너지가 극명하게 나타나는 프로그램을 소개하려 합니다. 바로 '전공 심화 아카데미' 프로그램으로 전략적인 요소들이 강하게 반영되어 있고 시너지를 내는 그 중심에는 '졸업생'들이 있습니다. 제가 기획하고, 진행하는 프로그램으로 학생들의 선호도가 매우 높은 최상위권에 진학한 졸업생들이 멘토로 함께 참여하고 있습니다. 졸업한 선배 멘토와의 1:1 상담, 졸업한 선배의 학습법 특강 등을 통해 지속적인 자극을 주고, 목표를 선명하게 설정하도록 만들어 줍니다. 재학생들이 가고 싶어 하는 대학을 진학한 선배의 이야기를 직접 듣는 것이 의외로 강력한 동기부여가 됩니다. 프로그램을 하면서 이 말을 가장 많이 들었습니다.

입시 트렌드는 지속적으로 변화할 것이지만, 준비된 학생들은 언제든 자신이 원하는 대학을 진학할 수 있는 자격을 갖춥니다. 지금의 입시 트렌드의 변화는 학교가, 교사가 어떤 식으로든 전략을 짜서 학생이 성장할 수 있도록 이끌어 주면 충분히 대비 가능합니다.

학교 프로그램을 세팅할 때 오랜 시간 안착되는 성공적인 프로그램의 공통점은 확실한 방향이 설정되어 있다는 것입니다. 개인적으로 다양한 프로그램을 시험적으로 운영해 봤고, 그만큼의 실패도 있었지만, 그 모든 것이 성장을 위한 밑거름이었고 과정의 일환이었습니다. 지금까지도 원하는 결과를 만들기 위해서 다양한 방식을 시도해 보고, 더 많은 실험적 도전을 합니다. 낯선 분야에 대한 두려움 없는 도전은 수시로 하고 있습니다. 이렇듯 교사의 모든 수고로 맺은 결실로 학생들의 성장은 계속됩니다.

교사와 학교의 멋진 도전을 응원합니다!

2. 가정에서의 입시 지도

학교와 교사가 고등교육을 본질적으로 담당한다면, 가정에서는 무엇을 해야 할까요? 학부모는 아이들의 미래를 위해 어떤 선택을 해야 좋을지 늘 고민합니다. 실제로 저는 학부모 대상 강연에서 많은 학부모와 상담을 하면서, 학부모의 잘못된 생각과 선택이 학생을 얼마나 혼란에 빠뜨리는지, 더 나쁜 경우는 자녀가 헤어 나올 수 없는 궁지로 몰아세우는 학부모들이 생각보다 얼마나 많은지 경험해야 했습니다. 그런 분들과 상담을 하고나면 제 마음이 얼마나 답답하고 아픈지 모릅니다.

고등학생 정도가 되면 신체적으로나 정신적으로 상당히 성장한 자녀이고, 성인에 가까운 모습이지만, 학생입니다. '학생'이고, '자녀'인 까닭에 부모의 영향을 많이 받습니다. 그렇기 때문에 학부모들은 자녀의 미래를 위해 기꺼이 많은 공부를 해야 할 필요가 있습니다. 제 경험으로는 특히나 전문직에 종사하는 학부모들이 자녀 교육에 대한 어려움을 많이 호소합니다. 자신이 했던 만큼 자녀가 잘 따라하지 못해 힘들어 하고, 자녀를 위한 보다 나은 선택을 어떻게 해야 할지 고민을 많이 하기 때문입니다.

무엇보다 가정에서 학부모가 가장 중요하게 생각할 것은 '방향성' 입니다. 제대로 된 방향성을 찾아서 지키면, 나머지 문제는 사실 크게 영향을 미치지 못합니다. 학생은 학부모가 느끼는 불안감의 2배 이상 으로 더 큰 불안감을 느낍니다. 학부모가 방향성에 대한 고민을 지나 치게 오래하거나, 방향성이 수시로 바뀌는 경우에 학생은 더 심각한 방황을 겪게 됩니다. 오랜 경험을 통해 알게 된 저의 교육적 지혜를 나 눕니다. 부모의 포지션에 대한 고민을 출발점으로 삼고, 심각하게 변 화하는 다양한 교육적 트렌드에 대한 전략적 고민을 함께 공유하겠습 니다.

 ### 어떤 아이이길 원하세요?

2024년 1월, 고3인 주영이를 처음 만났습니다. 지인의 아들인 주영 이는 일산의 일반고에서 3등급의 성적을 받던 학생이었습니다. 2시 간 정도의 상담을 한 후에 주영이는 스스로 모든 전자기기와의 이별 을 선언했습니다. 자신과의 약속을 지키기 위해 많은 노력을 했고, 열 정적으로 공부에 몰입을 했습니다. 주영이가 겪은 과정을 이야기로 풀어내기 쉽지 않지만, 실제로 엄청 어려운 과정을 거치면서 몇 번의 좌절과 실패 선언이 있었지만 그때마다 비장의 한 수(!)를 사용해서 다시 일으켜 세웠고, 그 결과 고3, 1학기 중간고사에서 엄청난 성과를 만들어 냈습니다. 당시 주영이가 공부에 집중한 시간은 하루 평균 14시간 정도였습니다.

그런데 문제는 중간고사 이후에 나타났습니다. 고등학교에서의 최고 성적을 3학년 1학기 중간고사에서 찍은 주영이는 기말고사에 대한 스트레스가 아주 높게 나타나기 시작했습니다. 그동안 열심히 노력했던 시간들이 주영이에게 엄청난 압박으로 다가오기 시작한 것입니다. 너무나 안타깝게도 주영이는 자신의 스트레스를 가장 사랑하는 엄마에게 풀어내기 시작했습니다. 엄마의 입장에서는 갑자기 폭력적으로 변한 아들의 행동 변화를 받아들이기가 무척 힘들었을 것입니다. 부모들이 그렇듯이 참고, 또 참았던 주영이 엄마는 마침내 폭발하게 되고 5월 말에 아들에게 엄청난 화를 퍼부었습니다. 여기까지는 통상의 학생들의 이야기입니다.

의도치 않게 제가 주영이와 엄마 사이의 심각한 갈등을 중재해야만 했습니다. 주영이의 엄마가 화난 부분은 주영이가 너무 예의 없이 행동하고, 예민하다는 것이었습니다. 방을 엄청 어질러 놓고, 치우지 않고, 아침에 깨우는 것이 너무 힘들다는 딱, 부모의 이야기였습니다. 이와는 반대로 주영이의 이야기는 본인은 공부하는데 모든 에너지를 다 쏟고 있어서 예민하고 스트레스를 많이 받고 있다. 공부 외에 다른 것에 에너지를 쓰고 싶지도 않고, 여력도 없다고 말했습니다.

주영이네의 이야기가 어쩌면 고3 수험생을 둔 평범한 가정에서도 일어날 법한 이야기일 것입니다. 이런 다툼과 갈등은 늘 어디서나 생깁니다. 문제는 갈등이 발생하는 이유도, 해결 방법도 대부분이 잘 모르거나, 부모와 자식 간의 문제라고 생각하기에 굳이 해결하려고도 애쓰지도 않습니다. 여기서 문제가 발생합니다. 고3의 나이는 청소년과 성인의 중간쯤입니다. 스스로의 삶에 대한 준비는 갖춰지지 않았으나, 마음과 생각은 이미 성인입니다. 그러니 우리가 자녀와의 문제를 해결하기 위해서는 통상적인 인간관계를 기준으로 해결해야 합니다. '내 자식, 내 아들, 내 딸'로 생각하지 말아야 합니다. 나의 소유라는 개념이 들어가면 관계는 어긋나게 됩니다.

공부도 잘하고, 인간성도 훌륭하고, 인간관계도 원만하고, 방도 잘 치우고, 정해진 시간에 벌떡 일어나고, 틈만 나면 공부하고……. 그런 학생은 세상 어디에도 없습니다. 여전히 부족하고, 여전히 무언가가 결여되어 있는 학생일 뿐입니다. 주영이와 같은 많은 학생들은 오롯이 자신만이 쉴 수 있는 '공간'이 필요합니다. 학생이라는 옷을 벗고 학교생활의 무거운 짐을 내려놓을 수 있는 곳인 '집'에서 만큼은 스트레스를 받지 않고 쉬어야 합니다.

주영이는 실제로 공부로 인한 엄청난 스트레스를 받고 있는 상황입니다. 공부를 한다는 것은 모르는 것을 배우는 과정이고, 그것을 익히는 과정에서 상당한 스트레스를 동반할 수밖에 없습니다.

"그럼 도대체 어떻게 이 스트레스를 풀어야 하나요? 어디에서 풀 수 있 나요?"

부모와 교사의 역할은 그 스트레스를 해결하는 방법을 알려주는 것입니다. 오늘날 대부분의 학생들은 스트레스를 SNS와 숏츠 등을 보는 것으로 해결합니다. 그런데 주영이는 공부를 하기로 선택했고 모든 기기를 반납했기 때문에 그런 방법으로 스트레스를 해결할 수 없었습니다. 이때 어른들은 주영이가 스트레스를 해소할 수 있는 다른 통로를 만들어주어야 합니다.

엄마와 아들이 강대 강으로 맞서는 대치는 주영이와 엄마 모두의 스트레스 수치를 더 높이는 결과를 만들 뿐입니다. 주영이는 엄마와의 갈등으로 1주일 정도를 힘들어 했고, 그만큼 공부에 집중하지 못했습니다. 엄마와의 감정적인 문제가 잘 해결이 안 된다고 힘들어 했습니다. 스트레스 지수가 높아진 주영이의 학습량은 현저히 줄어들었고, 좋은 대학을 꼭 보내고 싶은 엄마는 치명적인 손해를 입을 수밖에 없습니다. 보다 솔직하게 이야기 해 보겠습니다. 주영이 엄마가 엄청난 잔소리와 화를 내는 가장 근본적인 원인은 주영이 엄마의 스트레스 지수가 높기 때문입니다. 그러니 사소한 것도 과도하게 눈에 들어오게 되고, 더 많은 지적을 하게 되는 것입니다.

'자, 그러면 제가 어떤 해결책을 제시했을까요?' 먼저 서로의 직접적인 접촉시간을 줄이도록 요구했습니다. 그리고 주영이에게는 스트레스 해결을 위해서 일정 시간의 운동 시간을 따로 잡도록 했고, 엄마에게는 고3 아들에 대한 신경을 끄도록 요구했습니다. 복잡한 일들이 오고 갔지만, 결론적으로 기말 고사까지 평온한 가정이 유지되었고, 주영이는 기말고사에서 중간고사의 결과를 넘어서는 결과를 만들었습니다.

해결책은 상황과 환경에 따라 무척이나 다양하게 나타날 수밖에 없지만, 본질적인 문제에 대한 고민이 필요합니다. 단순하게 '현상'을 해결하려고만 하면, 그 문제는 반복될 수밖에 없습니다. 무엇이 원인인지를 분석하고, 그 문제 행동을 구체화해서 변화를 시도하는 것이 필요합니다. 부모와 자녀가 옳고 그름의 문제로 싸워야 할 상황이 아닙니다. 이 상황에서 필요한 것은 매우 단순합니다.

"당신의 자녀가 어떤 아이이길 원하세요?"

'감정을 빼고' 자녀와 '정상적인 대화'를 하는 것이 필요합니다. 아들과 딸에게 교훈을 주기 위한 부장 마인드의 이야기도 빼고, 자녀를 협박하고, 나무라는 모든 언어들도 제외하고, 정말 '정상적인 대화'를 시도해야 합니다. 그 정상적인 대화의 과정에서 자녀의 말과 행동을 '해석'해야 하고, 자녀의 문제점을 '분석'해야 합니다. 이 모든 과정은 반드시 '감정을 빼고' 진행되어야 합니다. 그래야만 자녀의 본질이 보이게 되고, 그 문제를 해결하기 위한 솔루션을 만들 수 있습니다.

부모님들이 자녀가 진학하길 원하는 대학이 있다면, 그 대학을 보낼 수 있는 행동을 해야 합니다. 자녀가 인간성이 좋은 아이가 되길 원한다면 어떤 행동이 그런 결과를 만들 수 있는지에 대한 고민을 하고 행동을 '선택'해야 합니다. 개인적으로는 부모가 보여주고, 알려줄 수 있는 것들 중에서 매우 중요한 것은 '감정을 관리하는 것'이라고 생각합니다. 세상 모든 상황과 환경이 감정을 관리하지 못하고 폭주하는 모습을 보여주고 있습니다. 그런데 중심을 잡고 감정에 휘둘리지 않는 부모는 자녀에게 '깊은 안정감'을 줄 수 있습니다. 사실 부모와의 관계에서 깊은 안정감이 베이스가 된 학생들은 스트레스 처리가 선명해집니다. 부모와의 대화를 통해서 스트레스를 풀어낼 수 있게 됩니다. 그것이 교육이든 입시든 부모가 할 수 있는 최선의 선택을 하는 것이 중요합니다. 입시는 단기간의 선명한 목표가 설정되어 있는 레이스 입니다. 그래서 컨디션 관리가 중요합니다. 단거리 마라톤을 준비하고 출발선에 선 자녀에게 부모님은 어떤 말을 하고 있으신가요?

"이번 시험은 잘 쳐야 된다, 공부 열심히 해야 한다, 꼭 그 대학에 가야 해"와 같은 말을 하고 있지는 않으신가요?

여러분의 딸과 아들은 열심히 공부해야 하는 것도 알고, 이번 시험을 잘 봐야 한다는 사실도 알고 있고, 원하는 대학도 정말 가고 싶어 합니다. 하지만 그렇게 마음먹은 대로 자신의 선택을 제어하지 못하고 있을 뿐입니다. 죄책감을 느끼고 있고, 자신의 실패에 대해서 좌절감을 느끼고 있는 자녀에게 부모가 어떤 말을 하고 있는지를 돌아봐야 합니다. 그래서 '방향성'이 매우 중요합니다. 어떤 자녀이길 원하는지, 그 목적에 부합하는 행동을 할 때, 자녀의 행동이 실질적으로 변화하게 될 것이고, 결과적으로 성적도 변화하게 될 것입니다. 마법처럼 어느 날 갑자기 모든 행동이 변화되어서 대학을 가기 위한 행동만을 하는 그런 학생은 없습니다. 공부를 결정한 이후에도 숱한 좌절과 실패를 버텨야만 공부를 잘 해낼 수 있고, 부모님이 원하는 그 대학에 진학할 수 있습니다.

온갖 트렌드는 변할 수 있지만, 클래식(classic : 일류의, 최고 수준의)은 항상 존중을 받기 마련입니다. 클래식은 대체로 시대를 초월하여 사람들의 인정과 존중을 받고 있는 것을 의미하기도 하고, 지속적인 가치를 지니는 것을 의미하기도 합니다. 시류에 흔들리지 않는 클래식한 자녀를 양육하는 것이 바로 최고의 전략이 아닐까 합니다. 다시 질문을 해 봅니다.

> " 실패와 좌절에 멈춰 있는 자녀에게 당신은
> 오늘 어떤 말을 하실 겁니까?

 좋은 대학을 진학한다는 것에 대하여

과연 좋은 대학을 진학한다는 것은 어떤 의미일까요? 의대를 가고, SKY를 진학하는 것이 왜 이렇게까지 중요한 일이 되었을까요? 학벌이 자본주의의 속성과도 같은 역할을 하게 되는 측면들이 분명히 있고, 자본주의가 고도화 될수록 오히려 부와 지식의 계급차이가 생기는 것을 부정할 수 없습니다. 더욱 불평등이 심화되는 사회 현상을 보면서 치열한 입시 현장에 항상 서 있는 '일반 사회' 선생님으로서의 저의 입장은 이와 같은 현실이 매우 불편합니다.

믿지 않는 분들도 계시겠지만, 개인적으로는 저는 학생들의 입시 결과에 크게 관심을 가지는 편이 아닙니다. 좋은 대학을 진학하고, 자신이 원하는 대학에 합격한 학생들에게 정말 감동의 박수를 보내기는 하지만, 개인적인 관심은 '합격'이라는 입시의 결과보다는 그 결과를 만들기 위해 노력하는 '과정'에 더 방점을 두고 있습니다. 일련의 과정을 통해 성장을 경험한 학생들은 지금의 합격 불합격이 별로 중요하지 않다고 생각합니다. 어차피 탁월한 역량을 키웠고, 그 역량은 평생의 삶에서 아주 중요한 역할을 하게 될 것이라는 믿음이 있기 때문입니다. 그래서 최선을 다해서, 모든 에너지를 쏟아서 학생의 성장에 대한 지도를 합니다.

아주 많이 불편한 이야기를 드리고자 합니다. 학부모들과의 상담에서 자주 느끼는 불편한 점은, 학생들이 어떤 대학을 진학하느냐가 '부모의 훈장'이 된다는 점입니다.

'딸, 의대 보냈어! (= "내가" 보냈어!)'

물론 누가 의대를 가고, 좋은 대학에 진학하는 것은 당연히 자랑거리가 될 수 있습니다. 다만 문제는 좋은 대학을 가고, 성공하는 삶을 살고 등의 목적이 어느 순간 '변질' 되어서 좋은 대학, 의대 자체가 목적이 되어 버리는 것입니다.

자녀의 행복한 삶을 위한 수단인 대학, 내신 성적이 어느 순간 목적으로 바뀌게 됩니다. 사실, 많은 부모들은 이 변화를 눈치 채지 못합니다. 대체로 '자녀를 좋은 대학 보내기 위해 노력하는 것'을 '사랑'이라는 말로 사용하기 때문입니다. 아닙니다! 우리의 목적은 '자녀의 성공하는 삶'이고, '행복한 삶을 위한 선택'에 있습니다. 수단이 목적이 되어버린 순간, 입시는 그야말로 지옥이 됩니다. 어느 순간 자녀와의 대화에서는 '사랑'은 사라지고, 오로지 성적, 대학, 학원 이야기만이 난무하게 됩니다. 좋은 대학이라는 '훈장'이 바로 눈앞에 있는 것처럼 느껴지고 그것만 보이게 됩니다. 그 훈장을 위해서라면 부모로써 무엇이든 할 수 있다고 생각을 합니다.

우리 사회의 안타까운 현실입니다. 학부모 모임에서는 나누는 이야기 주제는 늘 한결 같습니다. 애들이 어느 학원을 다니는지, 어떤 교재를 사용하는지, 유명한 강사에게 과외를 받으면 성적 관리가 잘 된다는 등 이야기를 한참을 듣고 나면, 어느 순간 세뇌가 되고 나도 모르게 다른 사람들이 하는 것처럼 '훈장'을 쫓기 시작합니다. 대개 부모의 욕심이 많은 경우, 자녀의 입시가 실패할 확률이 높습니다. 자녀는 대체로 부모의 욕심대로 행동을 하지 않기 때문입니다. 훈장을 달기 위한 노력, 훈장을 달지 못할 것 같은 불안감 등을 내려놓고, 우리 아이의 삶에 대한 관심을 가질 때 스마트한 입시 전략을 세울 수 있게 됩니다. 그런 부모를 위한 이야기를 해보도록 하겠습니다.

 입시 지도를 위한 전략

어느 부모나 자녀의 입시 문제는 쉽지 않습니다. 학생 선발에 있어서 각 대학이 많은 것을 결정한다고 믿기 때문에 입시를 준비하는 입장에서는 모든 과정이 어렵게만 느껴집니다. 저는 가끔 '수능'이 조선 시대의 '과거 시험'과 같다고 느낄 때가 많습니다. 우리가 분명히 21세기를 살고 있음에도 말입니다.

가정에서의 입시 지도를 위해서 처음 말씀 드리고 싶은 것은 '부모와 학부모'의 차이점입니다. 개인적으로는 '사회 교사'인지라 자녀의 인권에 대한 관심이 많은 편입니다. 우리 사회는 기본적으로 유교적 전통이 여전히 강한 나라여서 자녀에 대한 우리의 인식이 문제가 될 때가 많습니다.

일단 가장 기본적인 전제는 '자녀를 한 명의 인격체'로 생각해야 한다는 점입니다. 저의 기준에서 부모와 학부모의 차이도 여기에서 출발합니다. 부모의 역할은 크게 두 가지로 구분을 할 수 있습니다. 하나는 법적 후견인이고, 다른 하나는 '양육'입니다. 부모의 가장 중요한 역할은 당연히 양육이 우선적입니다. '양육하다'의 영어 표현은 'nurture'입니다. 라틴어 어원은 'nutrire' 인데, 의미는 '영양을 공급하다, 젖을 먹이다' 입니다. 국어사전에서의 의미는 '아이를 보살펴서 자라게 함'입니다. 즉 부모가 아이를 보살필 때는 보살핀다는 행위에 집중을 해야 합니다. 그러니 온전한 인격체로서의 대접이 우선되지 않습니다. 모든 위험으로부터 자녀를 보호하기 위해서는 자녀를 부모의 일부로 인지해야 합니다. 그러나 문제는 사춘기를 지나면서 발생합니다. 사춘기에는 '개별 자아'가 형성되는 시기이고, 개별 인간으로서의 인격이 형성되기 시작하는 시점입니다. 당연히 아직 어린이지만, 이때는 이전과는 달리 한 명의 인격체로 대우해 주는 것이 필요합니다. 한 인격체로서 자녀를 인정하고 존중하는 마음 자세로 입시를 준비하면 완전 다른 이야기들이 펼쳐지게 됩니다.

　자녀가 성장함에 따라 부모는 '학부모'로서의 역할을 해야 합니다. 학부모는 '학생을 자녀로 둔 부모'로 자녀를 더 이상 양육의 대상이 아니라 한 인격체로서 '학생'에 대한 이야기를 해야 합니다. 학생의 배움에 대해서 이야기해야 하고, 아이에서 벗어난 학생으로서의 삶에 대해 이야기를 해야 합니다. 그러니 기본적인 전제는 자녀를 '한 명의 인격체'로 인정하고 대하는 것입니다. 그러니 고등학생의 부모라면 '부모'라는 역할은 최소한으로 유지하고, '학부모'로서의 역할을 제대로 하는 것이 자녀의 성장에 도움이 됩니다. 문제는 대부분의 부모들이 여전히 심리상으로는 '부모'로만 존재한다는 점입니다. 여전히 자녀를 애착 인형이 필요한 아이로 여긴다면 자녀의 입시는 제대로 된 방향으로 가기 힘듭니다.

학부모의 역할은 기본적으로 '코칭(coaching)' 입니다. 코칭은 '개인이 지닌 능력을 최대한 발휘하여 목표를 이룰 수 있도록 돕는 일'로 정의할 수 있습니다. 코칭의 어원은 커다란 사륜마차를 의미하는 'coach'에서 출발한 단어입니다. 사람들이 희망하는 목적지까지 도달할 수 있도록 만드는 수단이라는 의미에서 '개인에 대한 맞춤형 지도'를 뜻하는 단어로 발전했습니다.

한번 고민을 해봅시다. 저 문장을 소리 내서 읽고, 코칭을 위해 무엇을 했는지를 질문하는 과정이 필요합니다. 일단, 첫 번째 질문부터 막힙니다. 저 문장을 완성하기 위해서는 자녀의 능력이 무엇인지를 알아야 합니다. 자녀의 가능성, 역량, 잠재력, 능력을 무엇이라고 말할 수 있을까요? 대답하기 쉽지 않을 것입니다. 다음으로는 자녀가 가진 능력(잠재력, 가능성, 역량)에 대해 이해했다면, 그 능력을 최대한 발휘할 수 있도록 무엇을 했는지를 스스로에게 물어야 합니다. "학원을 열심히 보냈어요."는 이 질문에 대한 답이 될 수 없습니다. 다음으로는 목표에 대해서 물어야 하고, 돕는 행동에 대해서도 물어야 합니다.

> " 어떻게 도우셨나요?
> 그 도움에 대해 자녀도 도움이라고 생각할까요? "

이런 질문들에 대한 구체적인 답을 찾아가는 과정이 코칭의 과정입니다. 물론 쉽지 않습니다. 학부모도 공부를 해야 질문에 대한 답을 찾을 수 있습니다. 여러분만의 대답을 찾아내길 바랍니다. 그럼 여러분만의 코칭 스타일이 나오게 됩니다. 그 '선'을 지키면 입시는 매우 성공적인 결과로 나타나게 됩니다.

　코칭에 대한 다양한 이론들이 존재합니다만 우리는 '자녀의 코칭'이라는 주제로 '입시를 위한 코칭'으로 더 한정해서 생각하면 됩니다. 코칭은 '전문성, 수평성, 협력성, 문제 해결, 지속성, 동기 부여'와 같은 하위 항목들이 존재합니다. 제대로 된 코칭을 위해서는 더 많은 것이 필요하겠지만, 학부모로서의 코칭을 위해서는 몇 가지를 정하고 '실천'하는 것이 필요하다고 생각합니다.

　2026학년도 입시를 준비하는 입장에서 제일 먼저 선행되어야 할 것은 '문제 해결'입니다. 자녀의 학습과 입시에 어떤 문제가 있는지를 명확하게 분석해야 합니다. 그리고 그 문제를 해결하려는 과정과 방법에 대해 고민해야 합니다. 문제 해결을 위해서는 당연히 '수평성'이 전제되어야 합니다. 자녀가 아니라 '한 사람의 인격체'로서 존중하는 마음이 전제되어야 제대로 된 문제 해결이 가능합니다. 또한 코칭이 제대로 이뤄지기 위한 전제 조건으로는 감정 조절 능력을 갖추는 것입니다. 화를 내는 것은 절대로 문제를 해결할 수 없습니다. 문제 해결을 위해 수평성, 즉 자녀에 대한 존중이 전제되어야 하고, 그 존중이 전제될 때, '동기 부여'에 대한 이야기가 가능해집니다. 동기 부여가 가능해야 '지속성' 생기게 됩니다. 모든 일과 마찬가지로 공부도 계속해야 잘 할 수 있습니다. 상위권 대학을 진학하는 학생의 공통점은 '지속성'입니다. 그들은 지속적인 공부를 통해서 그들의 역량을 충분히 증명할 수 있습니다.

2026학년도 수능을 준비하는 학생들은 아마도 2025년 1월 1일이 되면, 2025년 3월 1일이 되면, 공통적으로 '고3으로서의 각성'을 합니다. 마치 열심히 공부할 것 같은 다짐과 결심을 하고, 책상에도 오래 앉아 있습니다. 다만, 그 결심이 오래 가지 않습니다.

'왜 그 결심은 놀랍도록 짧게 이뤄질까요?'
'왜 그 결심은 놀랍도록 지속성이 없을까요?'

'동기 부여'가 제대로 되지 않았기 때문입니다. 학부모가 등장해야 할 타이밍일 수밖에 없습니다. 하지만 절대 '공부'로 접근하면 안 됩니다. 공부는 학생들의 동기 부여가 '절대' 될 수 없습니다. 다른 접근 방식이 필요합니다. 그럼 이런 질문이 가능합니다. 어떤 이야기를 해서 동기를 부여할 수 있을까요? 한 가지 팁을 드리자면, 동기를 부여할 목적으로 시작하는 모든 이야기는 거의 대부분 실패합니다. 학생의 입장에서는 부모가 하는 모든 이야기가 대학과 성적으로 연결될 것으로 '예상'하고 있기 때문입니다. 그러니 전혀 다른 방식으로 접근을 해야 합니다. 그 부분이 바로 '문제 해결'을 고민해야 하는 학부모 코치의 역할입니다. 코치의 여러 다양한 역할들에 대해 생각해 보면서 자신만의 코칭 스타일을 만들어 내길 바랍니다. 당연히 엄마와 아빠가 동일한 포지션이어야 합니다. 코치가 서로 다른 이야기를 한다면, 경기의 결과는 당연히 실패로 끝나게 됩니다.

코치로서의 '문제 해결'을 위한 팁을 하나 드리자면, '전문성'에 대한 고민을 해결하는 방법입니다. 사실 전문적인 코치가 된다는 것은 현실적으로 학부모들에게는 어려운 일입니다. 심지어 그것이 입시라면 더 어렵게 느껴지실 겁니다. 학부모들이 입시 코칭을 위한 전문성을 확보하는 것은 의외로 간단합니다. 자녀를 진학시키고 싶은 대학 홈페이지를 찾아보고 입학처에서 다양한 자료들을 읽어 보시면 됩니다. 다른 곳에서의 넘쳐나는 어설픈 정보들은 의미 없습니다. 옆집 누구는 이렇게 해서, 의대를 갔다더라, 아래층 누구는 여차여차해서 SKY를 보냈다더라 하는 이야기는 아무 의미가 없습니다. 입시의 전문성이 현저히 떨어지는 이야기일 뿐입니다. 본질은 코치가 제대로 된 공부를 해서 기본적인 전문성에 대해서 이해하고 있느냐의 문제입니다.

보내고 싶은 대학을 3개 정도 정하시고, 그 대학이 발표하는 자료들을 정독(!) 해야 합니다. 그러면 입시를 코칭하기 위해 필요한 정보들이 어느 정도 확보됩니다. 이후에 그 정보들을 자녀와 '결합'시키는 과정이 필요합니다. 다만, 그 대학에 대한 이야기를 자녀에게 절대 하지 않는 것을 추천합니다.

입시를 위해서는 부모의 애정 어린 돌봄이 필요한 것이 아니라, 학부모의 코칭이 필요하다는 점을 꼭 기억하고, 복잡하고, 변화가 많다고 생각하는 입시 트렌드를 코칭으로 가볍게 이겨 버릴 수 있길 바랍니다.

3. 난.처.한. 현역 예비 고3들에게

　갈수록 난처한 일들을 많이 겪고 있는 2026학년도 입시를 준비하는 예비 고3들에게 하고 싶은 말은 너무나도 많습니다. '난생 처음 한 번' 경험하는 입시에서 성공을 거머쥐기 위해서는 놀라운 결단과 선택이 필요하고, 그 선택을 지속할 수 있는 '용기'가 필요합니다. 숱한 예비 고3들과의 상담에서 때로는 결단하는 것에서 멈추고, 때로는 선택하는 것에서 멈추는 학생들을 만났습니다. 정말 멋진 용기를 내서 난.처.한. 입시를 성공적으로 완수하는 학생들도 만났습니다. 지금 여러분들에게 '성공과 실패를 가르는 무언가'에 대한 이야기를 하려고 합니다.

　다양한 전략을 가지고 있고, 학생들을 변화시킬 수 있는 놀라운 계획들을 가지고 있다 해도, 본질적으로 입시는 '학생의 선택'입니다. 아무리 좋은 강사가 있고, 완벽한 입시 코디가 준비되어 있어도 본질적으로 공부는 '학생의 선택'에 달려 있습니다. 제가 만난 학생들 중에서 성공한 학생은 제가 요구하는 선택을 자신의 선택으로 받아들이고 실천하는 학생이었고, 실패한 학생들은 제가 요구한 내용을 수용하지 못한 학생들이었습니다.

결국 학생들이 어떤 선택을 하느냐에 따라서 많은 것들이 달라집니다. 입시가 어렵고, 입시가 힘들다고 외면하는 선택을 하면 우리가 원하는 결과는 영영 얻지 못하게 됩니다.

'힘들다'는 말에 대하여

고3이 되면, 거의 대부분의 학생들은 '힘들다'는 말을 입에 달고 삽니다. 밥을 먹어도 힘들고, 공부를 하지 않고 있음에도 힘들다고 합니다. 정말 공부에 몰입해서 에너지를 다 써서 힘이 드는 건지, 힘들다는 생각에 지배되어 힘들다고 느끼는 건지, 여하튼 학생들이 쳇바퀴처럼 도는 일상의 시간을 힘든 시간의 연속이라고 말하니 교사로서 마음이 여간 불편하지 않습니다. 여기서 아주 간단한 질문을 하나 해봅시다.

"왜 힘들어요?"

별거 아닌 질문처럼 들리지만, 사실 이 질문을 조금 깊게 생각하면 우리의 많은 문제들이 해결됩니다. 단순하게, '그냥요'라는 대답은 곤란합니다. 생각의 과정을 거치지 않고, 습관적으로 나오는 문장들이 우리를 규정하게 됩니다. 그렇게 생각하면 그렇게 행동하게 됩니다. 여러분이 힘들다는 사실에 집중하면 뇌는 힘이 들어야 하는 이유를 찾고, 그렇게 느끼도록 '열심히' 작동합니다. 실제로는 힘들지 않은데, 더 힘들다고 스스로 느끼게 됩니다.

개인적으로 지금까지 만난 모든 학생은 엄청난 가능성을 가지고 있었습니다. 이 말을 잘 이해해야 합니다. '가능성'을 가지고 있고 '잠재력'이 뛰어납니다. 문제는 그것이 발현되는 학생들이 그리 많지가 않습니다. "왜 발현이 안 될까요?" 가장 단순한 이유는 가능성과 잠재력이 발현되기 위해서는 '고통'이 수반되기 때문입니다.

얼마 전 현수와 상담을 했습니다. 대화를 하면서 부모님으로부터 사랑을 많이 받고 자란 학생임을 알 수 있었습니다. 부모 역시 자녀에 대한 신뢰는 매우 컸고, 현수의 멘탈이 매우 강하다고 엄청 칭찬을 했습니다. 그런데 상담이 진행되는 동안 현수는 매우 힘들어 했습니다. 그동안 자신이 제대로 하지 않고 있던 대부분의 것들을 지적 받았기 때문입니다. 상담 이후에 자신의 모든 에너지를 공부에 쏟기로 선택을 했고, 지속적으로 공부를 해 나가던 중 이었습니다. 안하던 공부를 시작한다는 말은 지금까지의 삶의 패턴을 모조리 바꾼다는 의미이기도 합니다. 그러니 온갖 불편함이 있었을 것이고 경험해 본 적 없는 고통은 현수를 괴롭게 했습니다. 친하게 지내던 친구들과의 관계도 소원해 지고 예전과 달리 변화된 생활 패턴에 적응하는 것도 힘들었을 겁니다. 당연한 일입니다. 그러나 현수는 온갖 문제들 때문에 엄청 힘든 시간을 보내면서도 공부를 끝까지 '선택' 했습니다. 현수 부모님이 상담 중에 제게 해 주신 말입니다.

> " 저는 현수가 멘탈이 강한 아이라고 생각했어요.
> 그런데 이런 일들을 겪고 보니,
> 멘탈이 엄청 약하다는 사실을 알게 되었어요.
> 그냥 멘탈을 확인할 만큼의 어려움을 겪은 적이
> 없었던 거였더라고요. "

우리의 많은 선택에는 대가가 따르기 마련입니다. 현재 여러분이 받은 그 내신 성적은 지금까지 살아왔던 삶의 결과물입니다. 여러분의 선택의 결과물입니다. 만족스럽다면, 같은 선택을 반복하면 됩니다. 하지만, 불만족스럽다면 선택을 바꾸기 위한 '용기'가 필요합니다. 이전의 선택과는 다른 선택을 할 때 결과가 바뀌게 됩니다.

공부하는 것, 그렇습니다. 정말 힘듭니다. '왜 그렇게 힘이 들까요?' 바로 여러분 속에 있는 가능성과 잠재력을 끄집어내는 과정이기 때문입니다. 여러분이 공부를 하겠다고 말을 하고, 결정을 하고, 행동을 한다는 것은 '고통'을 선택하는 결정입니다. 편하고, 쉽고, 재밌는 것들을 '포기'하고, 힘든 것을 '여러분이 스스로 선택' 했다는 말입니다. 본인이 '고통'을 선택했는데, 힘들다고 말하면서 멈추려고 하는 학생들이 의외로 많습니다. 저와 함께 공부를 하기로 '선택'하고, 자신이 원하는 대학을 가기로 '선택'한 학생들은 주말 아침 6시 30분에 저에게 기상 문자를 보내야 합니다. 저는 그 학생들에 항상 하는 말이 있습니다.

> " 힘들거야. 엄청 힘들거고,
> 공부를 하면 할수록 더 힘들어질거야. "

chapter 4 | 대한민국 입시 트렌드 대응 전략

절대 쉽지 않습니다. 그러니 성공하는 학생의 수가 극히 적습니다. 그럼에도 제가 도전을 멈추지 않는 이유는 중간에 포기하는 학생도 있고 비록 소수의 학생만이 남더라고 그 학생들 내면에 잠자고 있는 멋진 '잠재력'을 깨워 주고 싶어서입니다. 물론 인고의 시간을 거쳐야겠지만, 하나씩 습관을 바꾸고, 변화를 시도하다 보면 잠재력이 기지개를 펴고 깨어나 무한히 성장을 해 나가리라는 믿음을 갖고 있습니다.

다른 한편으로 생각해봅시다. '만약 여러분이 힘듦을 선택하지 않았다면, 지금 무엇을 하고 있을까요?' 아마도 유튜브의 알고리즘에 따른 영상들을 보면서 행복해하고 있겠죠? 즐거움의 크기에 반비례하여 여러분의 잠재력은 줄어들게 됩니다. 무엇이든 해낼 수 있는 여러분이 '스스로 선택'에 의해서 아무것도 못하는 상황으로 자신을 몰아간 것입니다.

자신도 모르게 '힘들다'는 말을 하면, 우리 뇌는 힘들다는 사실을 '패시브'화 시킵니다. 그냥 습관처럼 반복하게 된다는 말입니다. 뇌는 수많은 정보를 처리해야 하는데, 정보 처리 속도를 높이기 위해 상당수의 정보들은 '자동화' 합니다. 지금까지 만난 고등학생들은 대체로 '힘들다'를 자동 시스템화 시켜두고 있는 상태였습니다. 그래서 모든 전제가 '힘들다'에서 출발하기 때문에 보다 더 힘든 '선택'을 하기란 쉽지 않습니다. 하지만, 앞서 언급한 바와 같이 공부를 한다는 것은 편한 것과 힘든 것 중에 '힘든 것을 선택하는 행위'를 반복한다는 의미로, 힘든 일을 선택했으니, 당연히 힘들지만, 자신의 선택이라는 점을 받아들이는 과정이 필요합니다.

사실, 우리가 잘하는 게 된 모든 것은 이런 '힘듦'을 선택한 결과입니다. 걷는 것도, 자전거를 타는 것도, 여러분이 연주할 수 있는 악기도, 좋아하는 운동도... 기꺼이 힘듦을 선택했고, 그 힘듦을 이겨내는 과정에서 '잘하게' 되었습니다. 그러니 지금 힘든 공부를 선택한 자신을 칭찬하고, 잘 버텨 내었으면 합니다.

2026학년도 입시에서 성공하기 위해서는 지금의 선택이 매우 중요합니다. 많은 2학년 학생들이 '늦었다'고 생각합니다. 늦었을 수 있습니다. 하지만 지금이라도 시작하면 가장 빠른 선택이 됩니다. 과거라는 칼로 자신을 자꾸 괴롭히지 말고, 현재 자신이 할 수 있는 '최고의 선택'을 하길 바랍니다.

난.처.한. 전략

2026학년도 입시를 준비하는 고2 학생들은 기본적으로 입시를 둘러싼 상황들이 난처하게 느껴지는 것이 너무 당연합니다. 이런저런 이유가 있다고 하더라도 '난생 처음 한번'의 입시이기 때문입니다. 중요한 것은 난생 처음 한 번의 입시를 성공적으로 만들기 위해서 지금 무엇을 해야 할 것인지에 대한 고민과 그에 합당한 행동입니다.

앞서 언급한 다양한 전략들을 어떻게 자신의 전략으로 만들 것인지를 깊이 생각해 봐야 합니다. 지금 자신에게 주어진 선택지에 대한 분석이 출발선이 될 것입니다. 확실한 것은 여러분의 목표에 합당한 시간을 보내야 한다는 점입니다. 보다 나은 전략을 완성하기 위해서는 그 전략을 수행해야 하는 여러분의 실천이 필요합니다. 최고의 전략을 위해서는 최고의 실천가가 되어야 합니다. 내신의 불리함을 가지고 있다면, 그 내신의 불리함을 극복하기 위해 자신이 무엇을 해야 하는지를 분석해야 합니다.

많은 학생들을 상담하면서 늘 듣는 말 중의 하나는 '우리 학교의 내신 상위권 학생들은 넘사벽이에요.' 라는 말입니다. 진짜 그렇게 느끼는 학생들이 엄청 많습니다. 실제로 그렇게 느끼는 이유도 있을 거라고 생각하지만, 그런 넘사벽 학생들이 모의고사에서 받는 성적을 생각해보면, 정시로 가겠다는 말의 의미에 대해 조금 더 생각해 보게 될 겁니다. 수시든, 정시든 어떤 전형을 선택하더라도 중요한 것은 자신의 장점과 역량이 최대로 드러날 수 있는 방법과 과정을 선택해야 합니다. 지금 생각하는 그 전형이 여러분이 생각하는 결과가 나올 수 있는 전형인지에 대한 분석을 해봅시다.

넘사벽의 내신 학생들이 넘사벽이 될 수 있었던 이유는 선행을 많이 해서가 아니라, 공부량과 패턴이 성적을 올리는 데 적합하기 때문입니다. 그럼 우리의 선택은 그런 공부량과 그런 패턴을 만들 수 있는 방법을 찾는 것입니다.

선생님은 고3 때, 뒤늦게 공부를 시작했는데, 공부를 시작할 때부터 '전교 1등보다 책상에서 적게 일어나기'를 목표로 설정하고 실천했습니다. 이제 와서 생각해 보면, 정말 무식한 전략이었습니다. 하지만, 실제로 전교 1등을 하던 학생과 혼자서 경쟁을 시작했습니다. 전교 1등 학생의 행동 패턴을 분석하고, 그 분석을 토대로 전교 1등 학생보다 공부를 더 하는 것이 당시에 제가 생각했던 최고의 전략이었고, 실제로 전략은 매우 성공적이었습니다. 지금 돌아보면 그렇게도 무식한 전략이 성공할 수 있었던 이유는 제가 대학을 꼭 가겠다는 '간절함'이 있었기에 가능했던 것 같습니다.

그러니 막연히 '넘사벽'이라고 생각하지 말고, 도전해 볼 만한 학생으로 생각해 봅시다. 우리 학교의 전교 1등도 학교에서 전교 1등일 뿐이라고 생각하면, 도전할 수 있는 실마리가 생깁니다. 남다른 노력, 남다른 간절함, 남다른 설득 등이 이어진다면, 우리의 도전은 충분히 성공할 여지가 있습니다. 실제로는 인식의 문제가 가장 큽니다. '넘사벽'이라고 인지하고 말하는 순간, 넘을 수 없는 상태를 전제로 합니다. 그러니 넘사벽 말고, '도사벽(도전할 만한 사차원의 벽)'이라고 계속 이야기해 봅시다. 그러면 도전해 볼 만한 이야기들이 만들어지게 됩니다.

최고 수준의 공부량 만들기, 지금의 단어로 이야기하면 '순공 시간 최대치'라는 상태를 유지하기 시작하면 드디어 '공부 효율'에 대한 고민을 할 수 있습니다. 효율적인 공부는 어느 정도의 공부량을 채우고 난 이후에 의미가 있습니다. 효율의 본질적인 의미는 투입 대비 산출을 의미하는데, 처음에는 어느 정도 투입을 하면 얼마만큼의 산출이 나온다는 것을 알 수가 없습니다. 그래서 처음에는 최대의 투입을 해보고, 산출되는 성적을 보면서 '효율적인 공부'에 대해 고민하면 됩니다.

전략적인 측면에서 본다면, 2026학년도 입시를 고민하는 고2 혹은 현역 고3이 되었을 때, 최고의 전략은 수시 지원일 가능성이 높습니다. 앞서 언급한 바와 같이 수시 지원, 특히 학생부 종합 전형이 재학생들에게 압도적으로 유리하기 때문입니다. 그럼 어떤 대학을 지원해야 할까요? 라는 질문이 가능합니다. 일단 모든 학생들에게 수시 지원의 기준은 당연히 '수능 성적'입니다. 정시로 지원 가능한 대학이 수시 지원의 최저점입니다. 지금 모의고사 성적을 기준으로 정시에서 지원할 수 있는 대학은 고3 담임선생님들이 대체로 이야기를 해주실 것입니다. 정시 지원 대학을 기준으로 상향이 수시 지원입니다. 그러니 기본적으로 정시에 비해 수시는 상향 지원이 기본입니다. 어느 정도의 상향이 가능할까에 대한 고민을 할 때, 중요한 지점이 앞서 언급한 학생부 종합 전형에 대한 이해입니다.

수시 6장의 카드를 적절히 활용하는 것이 최고의 전략이 됩니다. 다만, 수시 전략에 대한 고민과 방향은 또 엄청난 이야기를 전제로 하고 있기 때문에 여기서 언급하기에는 적절하지 않습니다만, 지금 우리에게 필요한 것은 수시 지원을 위한 최고의 전략을 만들기 위한

'준비'입니다. 그래서 무엇을 준비할 것인지를 스스로에게 물어야 합니다. 2026학년도 입시를 준비하다 보니 현역 고3이 되었다면, 더욱더 준비에 만전을 기할 필요는 있습니다.

난생 처음 한 번의 입시를 성공적으로 수행하기 위해서는 여러분이 가진 자산을 적극적으로 활용해야 합니다. 우리 모두는 각자 장점과 부족함을 동시에 다 가지고 있습니다. 자신의 부족함을 인정하면, 그 부족함을 채울 수 있는 방법이 생깁니다. 자신의 부족함이 무엇인지를 솔직하게 적어보고, 그 부족함을 해결할 수 있는 방법을 고민해 봅시다.

각 사람은 누구나 어느 분야에서 탁월한 능력을 가지고 있다고 이미 수차례 이야기를 했습니다. 여러분의 속에 잠재된 능력은 때가 되면 충분히 발현될 것입니다. 다만 기억해야 할 것은 부단히 노력하고 열심히 한다고 해서 발현되지는 않습니다. '충분하고 훌륭한 전략'이 있어야 합니다. 충분하고 훌륭한 전략을 위해서는 주변 어른들의 도움이 필요합니다. 왜냐하면, 청소년인 여러분은 '완성된 존재'가 아니기 때문입니다. 그러니 여러분을 아끼고 사랑하는 부모님과 선생님들의 도움을 열린 마음으로 받기를 부탁합니다. 어른들의 인생 경험과 폭넓은 지식은 여러분의 전략을 보다 풍성하고, 완전하게 만들어 줄 수 있습니다.

부록

1. 수시 지원 전략

　수시 지원 전략을 고민하기 위해 선행되어야 할 것은 개별 학생의 지원 적합성에 대한 판단입니다. 가장 간단한 판단은 모의고사 성적과 내신 성적을 비교해보는 것입니다. 정시의 기준은 당연히 수능 성적이고, 수시 지원의 기준도 수능 성적입니다. 특히, 수시는 수능 성적을 기본으로 전략을 짜야 한다는 점에서 수능 성적은 매우 중요한 수시 지원의 잣대가 됩니다. 수험생은 기본적으로 수시 6번, 정시 3번 총 9번의 지원 기회가 있습니다. 전략적 지원은 당연히 9번의 기회를 충분히 활용하는 것입니다. 9번의 기회를 최대한 활용하기 위해서는 기본적으로 정시에서의 지원 대학을 먼저 확정 지어야 합니다. 그래야 수시 지원의 방향성이 나오기 때문입니다.

　내신 성적 국영수와 2학년 11월 전국 연합 평가 국영수 성적을 비교해서 지원 적합성을 아래의 표와 같이 생각할 수 있습니다.

성적 비교	지원 적합성	변수	지원 전형
내신 〉 모의고사	수시 적합	서류 우수	학생부 교과, 학생부 종합
		서류 부족	학생부 교과
내신 ≒ 모의고사	수시, 정시 적합	정시 성적 추이 상승	수능 위주, 논술

성적 비교	지원 적합성	변수	지원 전형
내신 ≒ 모의고사	수시, 정시 적합	정시 성적 추이 변동 X	수시 적정 지원, 논술
내신 〈 모의고사	정시 적합	수시 상향	학생부 위주, 논술
		정시 집중	정시
		논술 준비	논술

　내신 등급별, 모의고사 등급별에 따라 매우 복잡한 변수들이 있어서 단순화하기는 힘들지만, 최대한 간략하게 지원 전략을 고민해 보기 위해서 표로 정리한 것입니다. 앞서 언급한 내용들을 충분히 읽고, 검토했다면 이 표의 의미를 조금 더 정확하게 판단할 수 있을 것입니다.

　모의고사에 비해 내신 성적이 높게 형성되고 있는 학생들은 대체로 일반고 학생들의 비중이 높은 편입니다. 이때의 지원 전략에서 가장 중요한 변수는 '수능 최저 학력 기준'이 됩니다. 수능 최저 학력 기준을 충족할 수 있다면, 수능 최저 학력 기준이 설정된 대학을 지원하면 됩니다. 우수한 내신이 가장 강력한 무기이기 때문에 학생부 교과와 학생부 종합에 고루 지원을 할 수 있지만, 교과형과 종합형을 구분하기 위해서는 서류의 우수함에 대한 고민이 필요합니다.

　서류의 우수함에 대해서는 충분한 공부가 필요하다는 점을 누차 강조했습니다. 충분한 공부를 하고 나면 우수한 학생부와 다소 부족한 학생부를 어느 정도 구분할 수 있게 됩니다. 서류의 우수함을 직관적으로 판단할 수 있는 방법 중의 하나는 학생부의 개별성입니다.

　내신 성적과 모의고사 성적이 유사하게 나타나는 학교는 대체로 광역 단위 자율형 사립고 수준의 학교로 생각할 수 있고, 실제 비중도 높은 편입니다. 내신 등급 혹은 모의고사 등급에 따라 다르게 평가됩니다. 예를 들어, 내신과 모의고사가 유사한 정도가 등급이 높은 수준에서 유사한 경우도 존재할 수 있고, 둘 모두 낮은 경우도 해당될 수 있습니다. 등급이 높은 수준에서 유사한 경우에는 당연히 학생부 교과, 학생부 종합, 정시 전형이 주력 전형이 됩니다. 반면, 등급이 낮은 수준에서 유사한 경우에는 조금 더 복잡한 고민이 나타나게 됩니다.

내신에 비해 모의고사 성적이 높은 경우는 대체로 전국 단위 자사고, 특목고, 강남 등 교육 특구라고 불리는 지역의 고등학교에 주로 해당이 되는 편입니다.

수시 지원 전략을 이해하기 위해서는 수시 전형에 반영되는 요소들을 이해해야 합니다. 수시 전형은 크게 학생부 위주 교과 전형, 학생부 위주 종합 전형, 논술 전형으로 구분할 수 있고, 주요 요소들은 다음과 같이 나타납니다.

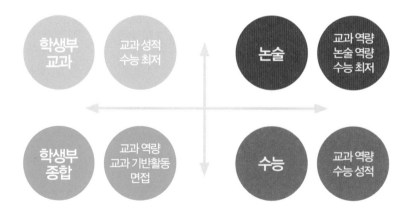

학생부 교과 전형은 고교 내신 성적과 수능 최저 학력 기준이 가장 큰 요소입니다. 서울 주요 대학의 경우에 최근 정성적 평가를 반영하는 추세이긴 하지만, 기본적으로 학생부의 교과 내신 성적이 가장 중요합니다. 전 과목 혹은 계열 해당 과목을 반영하기 때문에 유불리가 발생하게 됩니다. 또한 학생부 교과 전형은 정량적 평가를 기본으로 하기 때문에 합격생의 대부분은 일반고 학생들입니다. 다만, 전국을 기준으로 보면 학생부 내신을 극상으로 유지하고 있는 학생들은 생각보다 많은 편입니다. 그러니 상위권 대학에서의 학생부 교과 전형은 매우 높은 내신을 전제로 할 수밖에 없습니다. 학생부 교과 전형에서는 대부분의 대학에서 학생부 교과 성적을 일종의 '지원 자격'으로 활용하는 편입니다. 학교 추천이 이뤄지는 것은 결국 학생부 교과 성적순일 수밖에 없다면 자격 기준으로 활용한다는 것을 더 뚜렷하게 알 수 있습니다.

학생부 종합 전형은 내신을 정성적으로 평가한다는 점에서 교과 성적이 아니라 '교과 역량'으로 표현합니다. 실제 내신 성적의 어떠함에도 불구하고, 자신의 역량을 증명한 학생들이 합격하는 사례가 많습니다. 그러니 학생부 종합 전형에서는 교과와 관련된 역량을 베이스로 그 역량을 확인할 수 있는 '활동'을 확인합니다. 대체로 그 활동들은 '창의적 체험 활동'에서의 자율 활동, 동아리 활동, 진로 활동이 될 것입니다. 학생부 종합 전형에서의 대체로 수능 최저 학력 기준이 다소 완화 혹은 폐지되는 추세이긴 합니다. 학생부 종합 전형에서는 대체로 2단계 면접을 시행하는데, 서류 반영 비율이 다소 다르게 나타나더라도 면접은 매우 중요한 평가요소임에는 틀림없습니다. 그러니 학생부 종합 전형을 준비하려는 학생들은 기본적으로 면접 준비에도 소홀함이 없어야 합니다. 이렇게 정리하고 나면, 학생부 종합 전형은 말 그대로 '종합적 인재'를 선발하려는 전형 같은 느낌이긴 합니다.

논술 전형의 주요 평가요소는 중요도가 가장 높은 논술 역량, 그리고 다음으로 중요한 수능 최저 학력 기준, 그리고 반영이 다소 미미하게 나타나는 교과 성적입니다. 논술 역량은 대체로 교과 역량을 기본으로 합니다. 객관식으로는 알 수 없는 교과 역량을 논술을 통해서 확인하는 것입니다.

학생부 교과 전형은 내신 최상위권 간의 경쟁이라는 점에서 다른 전형 요소들이 매우 강력한 힘을 발휘할 수밖에 없습니다. 가장 강력한 힘을 발휘하는 것은 당연히 '수능 최저 학력 기준'입니다. 그런 의미에서 내신 시험이 끝났다고 안심하는 것은 매우 위험한 행동입니다. 왜냐하면 자격 기준을 통과한 학생들끼리의 경쟁이 되기 때문에 내신 성적 이외의 다른 요소들, 즉 면접과 수능 최저 학력 기준이 합격, 불합격을 결정하는 매우 중요한 요소로 작용하게 됩니다.

학생부 위주 전형은 교과 전형과 종합 전형으로 나눠지게 되는데, 두 전형에서 선택을 하는 방법은 이른바 '비교과 활동' 즉, '학생부'의 수준에 의해 결정이 됩니다. 유사한 내신을 가진 경우에 학생부 서류가 잘 구성된 학생은 대체로 학생부 종합 전형을 지원하게 되고, 서류에 대한 부담이나 면접에 대한 부담이 큰 학생들은 대체로 학생부 교과 전형을 지원하게 됩니다.

대부분의 일반고에서는 학생부 교과와 학생부 종합을 모두 지원하는 편입니다. 2교과 4학종 혹은 3교과 3학종의 형태로 조합을 짜게 되는데, 학생부 우위 혹은 내신 성적 우위 등을 고려해서 결정하게 됩니다.

학생부 교과 전형은 경쟁률이 낮은 편입니다. 높은 내신 성적을 가진 인력풀 자체가 한정적이기 때문입니다. 같은 이유로 중복 합격자가 매우 많은 편입니다. 6개의 수시 중 학생부 교과 전형으로 4개를 쓴다고 생각하면 중복 합격도 그만큼 많을 수밖에 없고, 중복 합격의 비율이 높은 만큼 충원율이 높게 나타납니다. 그래서 학생부 교과 전형을 지원할 때 반드시 충원율을 확인해야 합니다.

2024학년도의 입결을 '어디가'에서 확인하면 다음과 같이 나옵니다.

고려대 모집단위	모집인원	충원인원	70% cut	연세대 모집단위	모집인원	충원인원	70% cut
국어국문학과	9	9	1.54	국어국문학과	8	3	1.54
철학과	13	18	1.54	철학과	6	2	1.51
경영대학	55	83	1.45	경영학과	47	29	1.44
생명공학부	18	33	1.33	생명공학과	9	6	1.42
생명과학부	16	23	1.38	화학과	7	9	1.46
기계공학부	23	39	1.49	기계공학부	19	8	1.56
컴퓨터학과	21	62	1.32	컴퓨터과학과	11	24	1.31
전기전자공학부	35	70	1.37	시스템반도체공학과	20	16	1.47

표에서 보는 바와 같이 최상위권 대학의 모집 단위에 따라서 입시 결과가 다소 유사하게 나타나는 현상을 확인할 수 있습니다. 기본적으로 이전 연도의 입결이 베이스가 되기 때문에 나타나는 현상이기도 하고, 학교 추천이라는 지원 인력풀의 한계이기도 합니다. 비슷한 내신 성적을 가진 학생들이 유사한 수준의 대학을 지원한다는 점을 염두에 두면 복수 합격이라는 점이 쉽게 이해됩니다.

학생부 교과 전형은 기본적으로 정량적인 평가를 베이스로 하므로 입시 결과의 예측 가능성이 높은 편입니다. 그래서 최근 3년간의 입시 결과가 매우 중요한 지원 자료가 됩니다. 최근 서류 반영 대학이 꾸준히 증가하고 있는 추세이긴 하지만, 그럼에도 정량적 평가가 자격 기준으로서의 역할은 확실히 합니다.

건국대 모집단위	모집 인원	충원 인원	70% cut	국민대 모집단위	모집 인원	충원 인원	70% cut
화학과 (최고)	4	8	1.64	바이오발효융합학과 (최고)	8	14	1.84
철학과 (최저)	4	1	2.26	경영학부 경영학전공 (최저)	16	28	2.99
건축학부	12	28	2.24	건축학부[자연]	17	4.82	21
사회환경공학부	25	36	2.00	건설시스템공학부	15	24	2.36
기계항공공학부	20	48	2.00	기계공학부	39	98	2.29
전기전자공학부	29	80	1.89	전자공학부 전자시스템공학전공	22	48	2.27
화학공학부	23	69	1.78	응용화학부 나노소재전공	10	27	2.11
컴퓨터공학부	21	76	1.75	소프트웨어학부	24	53	2.06

건국대 모집단위	모집 인원	충원 인원	70% cut	국민대 모집단위	모집 인원	충원 인원	70% cut
경영학과	17	87	2.04	경영학부 경영학전공	16	28	2.99
생명과학 특성학과	10	24	1.70	응용화학부 바이오의약전공	7	10	2.7

앞서 살펴보았던 고려대와 연세대를 건국대와 국민대로 비교해 보면, 어느 정도의 내신으로 어느 정도의 대학을 쓸 수 있을지에 대한 방향이 나오게 됩니다. 학생부 교과 전형은 기본적으로 정량적 평가를 베이스로 하기 때문에 자신의 내신 수준에 맞는 대학을 지원선으로 잡는 것이 생각보다는 쉽습니다. 다만, 2026학년도 입시에서는 무전공 확대로 인해 입시 결과 자료로는 예측이 어려운 점이 있지만, 다행스럽게도 2025학년도 입결을 통해 어느 정도의 가닥을 잡을 수 있게 될 것입니다.

부산대 모집단위	모집 인원	충원 인원	70% cut	전남대 모집단위	모집 인원	충원 인원	70% cut
전기전자공학부 (전자공학전공) (최고)	15	19	1.94	전기 공학과 (최고)	8	4	1.81
전기전자공학부 (전기공학전공)	14	9	2.14	전자컴퓨터 공학부	52	63	2.94
사회학과	16	32	2.83	사회학과	6	14	2.91
경제학부	25	14	3.29	경제학부	29	3	3.71
기계공학부	65	47	3.11	기계공학부	30	31	3.22
사회기반시스템 공학과	17	8	3.30	지능형모빌리티 융합학과	13	19	3.96

(의학 계열 제외)

서울 주요 대학과 지방 거점 국립대의 학생부 교과 전형은 표와 같이 비교될 수 있습니다. 학생들의 지원 성향을 확인할 수 있는 자료이긴 하지만, 궁극적으로는 학교 내신 성적으로 인한 서열화 논란에서 자유로울 수는 없을 듯합니다. 서울 주요 대학의 내신보다는 다소 낮게 형성되고 있다는 점을 확인할 수 있습니다.

지방 거점 국립대를 지원하는 경우에는 학생부 교과 일반 전형과 지역 인재 전형에 대한 고민이 생길 수밖에 없습니다. 의대 증원과 관련해서 가장 핫한 주목을 받고 있는 지역 인재 전형이긴 하지만, 최근의 흐름을 보면 학생부 교과 일반 전형과 비교해서 내신이 낮게 형성되지 않는다는 특징이 나타나고 있습니다. 모집 단위에 따라 천차만별이긴 하지만, 그럼에도 불구하고 어느 정도의 유사성이 보이기도 하고, 조금 더 높게 형성되는 학과들이 많습니다. 아래는 2024학년도의 부산대 입시결과입니다. 같은 학과에서 형성된 성적을 보면 지역 인재 전형의 유리함이 많이 상쇄된 모습을 보입니다.

모집단위	학생부 교과 전형			학생부 교과 지역 인재		
	모집 인원	충원 인원	70% cut	모집 인원	충원 인원	70% cut
전기전자공학부 (전자공학전공) (최고)	15	19	1.94	10	3	1.87
전기전자공학부 (전기공학전공)	14	9	2.14	5	4	2.26
사회학과	16	32	2.83	6	4	2.85
경제학부	25	14	3.29	15	19	2.41
기계공학부	65	47	3.11	40	37	2.47
사회기반시스템 공학과	17	8	3.30	10	12	3.20

학생부 종합 전형은 앞서 언급한 바와 같이 정량적 평가가 아닌 정성적 평가이기 때문에 입시 결과를 언급할 때 내신 등급을 기록하는 것이 절대적 기준으로 작용하지 않습니다. 특히 서울의 주요 대학을 기준으로 생각해 보면, 전국에서 상위권 내신을 기록하고 있는 거의 모든 학생들이 지원을 합니다. 그러니 합격생들의 내신 성적이 매우 높게 형성되는 것입니다. 서울의 주요 대학들에 합격한 학생들의 평균 내신 성적은 대체로 2등급 중후반 정도의 수준입니다. 1등급의 내신을 가진 학생들의 비율을 생각해보면, 2등급 중후반이라는 내신 평균은 30% 이상의 3등급 대 내신을 생각해볼 수 있습니다.

서울 주요 대학들의 학생부 종합 전형의 입결은 대체로 다음과 같은 그래프로 나타납니다.

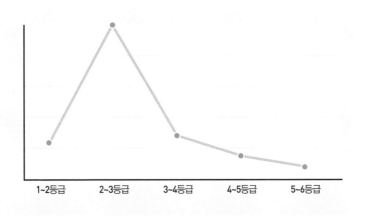

학생부 종합 전형임을 감안해서 분석을 해보면, 극상의 내신을 가진 학생들이 무조건 합격하는 전형이 아니라는 점입니다. 결국 1등급의

학생들의 비중이 어느 정도 나올 테고, 2등급 수준의 학생들의 비중이 아주 높게 나타납니다. 이런 그래프가 나타나는 이유는 2등급 수준의 학생이 1등급 수준의 학생들에 비해서 월등히 많은 이유입니다. 3등급 수준 이하의 학생들도 선발됨을 볼 수 있습니다. 물론 특목고 혹은 자사고 등의 학교 변수가 있긴 하지만, 일정 수준 이하의 대학에서는 특목고와 자사고의 비중이 현저히 줄어들게 됩니다.

그러면 여기서 본질적인 질문을 던져봐야 합니다. '다소 낮은 내신 성적으로도 어떻게 합격할 수 있었는가?' 내신은 비록 3등급 이하지만 그 학생에게 존재하는 '우수함'을 제대로 증명했을 것입니다. 바로 이 점이 매우 중요하다고 강조하는 이유입니다. 현재의 수준에서 가장 현실적인 대안이 될 것입니다.

단순히 학생부 종합 전형을 지원하는 학생들의 인력풀을 생각해 보면 대체로 1~4등급 수준의 학생들입니다. 그중에서 1, 2등급 대의 학생들은 학생부 교과 전형을 복수 지원하기도 하고, 6개의 기회를 모두 학생부 종합 전형을 지원하기도 합니다. 일반고에서도 유사하게 지원을 하는 편인데, 비수도권에서는 대체로 지방 거점 국립대 학생부 교과 전형을 보험을 위해 안정으로 2개 정도를 지원하는 형태입니다. 수도권의 고교에서도 유사한 지원 형태를 보입니다. 학생부 교과 전형으로 안정 지원, 학생부 종합 전형으로 상향 지원을 고려하는 지원 양상입니다.

학생부 종합 전형의 지원을 위해서는 기본적으로 학생부 종합 전형에 대한 이해와 공부가 필요하다고 계속 강조하고 있습니다. 학생부를 통해서 어느 정도의 역량을 증명했는지가 관건이 됩니다. 앞서 언급한 바와 같이 우수한 평가를 받기 위해서는 학생의 '개별성'이 전제되어야 합니다. 지금 학교 활동에서 자신의 구체적인 역량과 활동, 성장이 드러날 수 있도록 행동을 해야 합니다. 개별성과 구체성이 잘 드러나지 않는 학교일 수 있습니다. 그럴수록 더 의미 있는 행동을 계획해야 합니다. 그런 학교에서 개별성을 드러내는 것에 한계가 있다는 것을 대학이 알고 있습니다. 그러니 각 학생의 적극적이고 구체적인 활동은 오히려 더 좋은 평가를 받을 수 있습니다.

우수함의 기준은 기본적으로는 '성장'에 있습니다. 어떤 성장을 증명할 것인지에 대한 포인트가 선명할수록 좋은 평가를 받게 될 것입니다. 기본적으로 학생부 종합 전형은 '다수 다단계' 평가를 합니다. 이 말을 풀어보면, 다수의 사람들이 여러분의 학생부를 본다는 말입니다. 평가 기준에 따라 평가가 이뤄지겠지만, 다수의 사람들이 공통적으로 우수하다고 평가를 할 수 있는 학생부여야 한다는 의미입니다.

앞서 사례에서 소개한 7학종 합격의 학생을 생각해 보면, 내신 성적의 불리함에도 불구하고, 최상위 7개 대학에서 우수함을 공통적으로 인정받을 수 있는 학생부였다는 의미입니다. 평가한 사람들을 생각해 보면 대체로 21명 이상입니다. 21명 이상의 교수, 입학 사정관들이 공통적으로 우수하다는 평가를 할 수 있는 학생부는 어떤 모양일까에 대한 고민을 해 보면 방향은 선명하게 나올 것입니다.

수시 지원을 위한 단계를 생각해 보면 다음과 같이 단순화할 수 있습니다. 다만, 제시된 내용은 다양한 변수를 단순화시켜서 나타낸 흐름도의 개념입니다. 해당 내신에 자신의 내신 성적을 넣고 고민을 해 보면 어느 정도 지원 가능 대학이 나오게 됩니다.

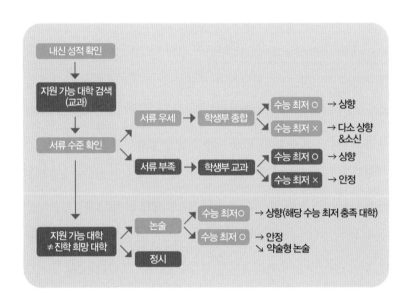

가장 먼저 할 일은 당연히 교과 내신을 기준으로 지원 가능한 대학을 검색하는 것입니다. 현재 2학년 학생들이라도 자신의 현재까지의 내신 성적을 토대로 검색해서 만들어보면 지원 가능한 대학을 확인할 수 있습니다. 그 다음에 고민을 많이 해야 합니다. 지원 가능 대학은 결국 자신이 '진학할 수 있는 수준의 대학'입니다. 대체로 2026학년도 입시를 준비하는 학생들은 자신이 진학할 수 있는 수준의 대학이 자신의 마음에 들지 않을 것입니다. 그렇다면, 자신이 원하는 대학을 진학하기 위해서 지금 무엇을 해야 할지를 결정하는 것이 중요합니다. 어떤 상태라고 하더라도, 지금 변화를 선택하면 진학의 가능성은 훨씬 높아지기 마련입니다.

내신으로 지원 가능한 대학을 검색한 후에는 자신의 서류 수준을 가늠해 보아야 합니다. 학생부의 우수함이 검증 가능한 수준이고, 수능 최저 학력 기준을 충족할 정도의 수준이라면 어느 정도의 상향 지원이 가능합니다. 반면, 학생부의 우수함이 있다고 하더라도 수능 최저 학력 기준의 충족이 어렵다면 6개의 수시 지원 카드 중 다소 상향 2개 정도를 지원하는 방식으로 지원 전략을 수립할 수 있습니다.

예를 들어 3등급 정도의 내신을 가지고 있는 학생이라면, 학생부 교과 전형으로 쓸 수 있는 대학이 앞서 언급한 표에서 어느 정도는 확인이 가능할 것입니다. 기준 대학이 정해졌다면, 서류에 대한 우수성이 있고, 수능 최저 학력 기준이 충족될 수 있다면, 보다 상향의 대학들을 지원할 수 있게 됩니다. 건국대 이상의 학교를 지원할 수도 있고, 학생부의 우수함에 대한 검증의 정도가 높다면 경희대 이상의 대학들도 지원이 가능해질 수 있습니다. 이때 전공 관련 과목의 등급도 매우 중요하게 작용하긴 합니다. 이른바 진로 역량에 대한 부분으로 이런 변수들에 대한 이야기는 앞서 언급한 내용들을 참고하면 되겠습니다.

그러나 서류 내용에 부족함이 있다면 학생부 교과 전형으로 지원하기 위한 전략을 구상해야 합니다. 만약 지원해야 하는 대학들이 마음에 들지 않는다면, 지금 그 현실을 바꿀 수 있다고 계속 저는 강조하고 있습니다. 어떤 변화를 선택할 것인지에 대한 결론은 항상 학생 여러분의 몫입니다. 그 변화에 대해 평가할 수 있는 것이 바로 학생부 종합 전형입니다. 실제 지금 여러분이 진학할 수 있는 대학을 바꾸는 방법은 의외로 간단합니다. 문제는, 방법은 간단하지만, 그 선택은 많은 '포기'를 전제로 합니다. 가능한 방법을 다 알려 드리겠습니다.

> '내신을 올리는 것, 서류의 우수함을 확보하는 것,
> 수능 최저 학력 기준을 충족시키는 것!'

하나같이 여러분이 쉽지 않다고 말하는 방법들, 이미 앞서 엄청 강조했던 내용입니다. 결국 원하는 대학을 진학하기 위해서는 지금까지 하지 않았던 '힘든 선택'을 해야 합니다. 다른 쉬운 방법은 없습니다.

진학에 대한 고민을 할 때 가장 안타까운 지점은 당연히 '지원 가능 대학 ≠ 진학 희망 대학' 케이스입니다. 진학하길 희망하는 대학과 현재의 모습 사이에 갭이 지나치게 큰 경우에는 그 갭을 극복하는 것이 쉽지 않기 때문에 많은 학생들이 가장 쉬운 선택을 합니다. 바로 '포기'하는 것입니다. 개인적으로는 대학을 진학하는 가장 힘든 방법은 정시로 가는 것이라고 생각됩니다. 물론 이런 저의 생각에 반대하는 사람들도 많습니다. 특히 학생부 종합 전형 준비를 어려워하는 사람들이 그렇게 많이 말합니다. 하지만 세간의 인식과는 다르게 학생부 종합 전형은 고등학교 재학 기간 중에 자신이 관심이 가는 영역에 대해 깊이 '학습'을 하면 됩니다. 대체로 관심사에 대한 깊이가 생기기

때문에 즐거움이 전제되는 편입니다. 더불어 '지적 성취'가 이뤄지는 과정을 경험하기 때문에 조금씩 학문의 즐거움을 맛보는 경험을 하게 됩니다. 이런 이유로 학생부 종합 전형을 제대로 준비하는 학생의 대부분은 내신 성적이 상승하는 경향을 보입니다. 공부 자체의 즐거움을 느끼면서 공부에 보다 더 많은 시간을 투자하게 되는 것입니다.

자신의 지원 대학과 진학 희망 대학이 일치하지 않는 경우에는 논술과 정시라는 선택지가 남게 됩니다. 다시 한 번 강조하자면, 2026학년도 입시를 준비하는 입장에서는 지금도 수시를 포기할 이유가 없다는 점입니다. 앞서 언급한 내용들을 다시 한 번 자세히 읽어보고, 충분한 준비를 하시길 바랍니다. 자신만의 '역량'을 준비한다면 좋은 결과를 만들어 낼 수 있습니다.

논술에서 가장 첫 번째로 고민해야 하는 지점은 당연히 수능 최저 학력 기준입니다. 수능 최저 학력 기준을 충족하지 못한다고 판단하면 수능 최저 학력 기준을 적용하지 않는 대학이나, 약술형 논술 대학을 지원해야 합니다. 당연히 경쟁률이 높게 형성되는 편입니다.

수시 논술 전형의 준비를 위한 최고의 전략은 인문 계열과 이공 계열에서 다르게 나타납니다. 이공 계열의 경우에는 기본적으로 '수학' 실력에 방점이 찍힙니다. 대학별로 다르긴 하지만, 상위권 대학들은 대체로 고등학교에서 배우는 전 수학 과목을 범위로 지정합니다. 실제로 수학 범위가 넓기 때문에 수능을 집중적으로 준비하는 학생들과는 결이 다르게 나타날 수밖에 없습니다. 논술 문항 자체의 어려움은 당연히 높습니다. 논술 시험을 치른 수험생들이 문제를 다 못 풀고 나오는 경우들이 다수 있습니다. 상위권 대학일수록 매우 고차원적인 수학적 사고를 요구하기 때문에 철저한 준비가 필요합니다.

　수학적 사고력에 대해서는 냉정하게 판단하는 것이 중요합니다. 대부분의 학생과 학부모는 자신과 자녀의 성적을 '과대 포장'하는 경향이 있다고 이야기를 했습니다. 높았던 성적을 기준으로 자신의 성적을 말하면 실패할 가능성이 높습니다. 가장 큰 문제는 이런 과대 포장이 수능 최저 학력 기준 충족이라는 지점에서 생각하면 최악의 결과를 만들게 됩니다. 시험을 가장 잘 쳤을 때를 기준으로 하는 것이 아니라, 반드시 평균적인 수준으로 전략을 짜야 합니다. 6장의 카드 중 평균적인 수준을 기준으로 4장 이상의 카드를 쓰고, 최고점을 기준으로 2장 정도의 카드를 쓰는 것을 추천합니다.

　한 가지 더 중요한 지점은 경쟁률에 있습니다. 당연히 경쟁률은 높게 나타날 것이지만, 포인트는 그 높은 경쟁률에 지원한 학생들입니다. 가장 기본적인 전제는 논술 시험에 응시하는 모든 학생들이 최소한 현재의 여러분의 수준이라는 점을 고려해야 합니다. 높은 경쟁률에도 불구하고 지원을 한 학생들은 어느 정도 '수학에 대한 자신감'을 가지고 있습니다.

　이공 계열의 수학 논술에 비해 인문 계열의 논술은 보다 복잡합니다. 일단 수학 성적이라는 객관적으로 추론할 수 있는 기준이 없다는 점을 생각해야 합니다. 즉 대학이 우수하다고 판단하는 '모범 답안'의 중요성이 이공 계열에 비해서 훨씬 더 중요하다는 의미입니다. 그래서 인문 계열 논술은 대학이 발표하는 모든 자료를 유심히 분석해야 합니다. 인문 계열 논술의 유형은 앞서 살펴봤습니다. 자신에게 적합한 유형의 논술이 출제되는 대학을 선택하는 것도 하나의 방법이 될 수 있고, 대학의 유형에 자신을 맞추는 것도 하나의 방법이 될 수 있습니다.

이공 계열과 마찬가지로 여러분이 지원하려는 대학에 지원한 모든 학생들은 유사한 수준이라는 점을 꼭 인지해야 합니다. 성적대도 유사할 것이고, 사고방식도 어느 정도의 유사성이 있을 수밖에 없습니다. 그러니 여러분의 사고방식을 고수하기 보다는 대학이 요구하는 사고방식 접근법을 확실히 알고 '연습'해야 합니다. 그 연습의 가장 좋은 방법은 당연히 '모범 답안'입니다. 모범 답안의 사고 흐름을 꾸준히 따라가다 보면, 유사한 사고의 흐름을 만들 수 있게 됩니다. 그러니 단순하게 모범 답안을 읽고 끝내서는 안 됩니다. 중요한 것은 그런 답안을 만들기 위한 '사고의 흐름' 혹은 '사고방식'을 익혀야 한다는 말입니다.

논술 전형은 기본적으로 객관식 시험에서 파악하기 힘든 사고력을 측정하기 위한 시험이라는 점을 감안하고, 기출 문제를 꾸준히 풀어봐야 합니다. 더불어 대학에서 진행하는 모의 논술에 적극적으로 참여해야 합니다. 무엇보다도 해당 대학의 논술 문제 출제진의 해설, 답안을 평가하는 방법에 대한 설명, 문제에 접근하는 방법을 제대로 배울 수 있도록 만든 영상을 반드시 확인해야 합니다. 논술 전형에서 가장 중요한 요소는 논술 실력이고, 수능 최저 학력 기준입니다. 수능의 영향력이 여전히 수시 전형 전체에 남아 있음을 기억하고 잘 준비해야 합니다.

2. 정시 지원 전략

정시를 지원하기 위해서는 정시 전형에 대한 기본적인 이해가 필수적입니다. 많은 분들이 공통적으로 하는 질문을 나열해 보았습니다. 질문의 포인트를 잘 맞추면 답을 쉽게 찾을 수 있습니다.

수능 관련 기관별 예측은 정확한가요?
정시 지원 가능 대학은 어디일까요?
교차 지원은 얼마나 될까요?
의대 증원 등 이공 계열 상위권의 지각 변동은 어떻게 되죠?
정시 지원 전략을 어떻게 짜야 하나요?

대부분의 학생들이 정시 지원 전략에 대한 고민을 2학년 1학기 내신 시험이 끝난 이후에 가장 많이 합니다. 내신 성적이 회복될 수 없다고 판단하면, 남은 전형은 논술과 정시 밖에 없기 때문입니다. 문제는 수험생들이 정시 전형을 너무 쉽게 생각한다는 점입니다. 수능 성적을 올리는 것은 매우 어려운 일입니다. 재수생을 포함한 45만 명의 수험생 중에서 수능 성적을 올리겠다고 생각하는 수험생의 비율은 얼마나 될까요? 100%는 아니더라도, 거의 대부분의 수험생들은 수능 성적을 올리기를 '원'합니다. 문제는 원하기만 한다는 점입니다. 실제 수능으로 대학을 가겠다고 말하는 학생들의 행동 패턴을 보면, 안타깝게도 수능으로 대학을 진학하기에는 무척 어려울 것 같은 행동을 합니다.

여기에는 조금 어려운 점이 있습니다. 앞서 언급한 것처럼 많은 수험생들이 자신의 성적과 능력을 '과대 포장'하고 있습니다. 학생들의 성적을 물어보면 대체로 '자신이 제일 잘 본 시험 한 과목'의 성적을 이야기합니다. 국영수 모의 평가 성적이 243이 나왔다면, 자신의 성적이 2등급이라고 이야기를 하고, 3등급과 4등급에 대한 이야기를 안 하거나, '충분히 올릴 수 있다'는 대답을 합니다. 이렇게 대답을 하는 학생들은 자신의 성적을 '정확히' 분석하지 못합니다. 정확한 분석에 기초하지 않은 행동은 실패할 가능성이 높습니다. 그러니 정시에 대한 고민을 할 때 가장 먼저 해야 할 일은 자신의 성적에 대한 '아주 냉철한 분석'입니다. 그리고 그런 성적이 나올 수밖에 없었던 이유에 대한 날카롭고 구체적인 분석이 있어야 고칠 수 있는 행동이 정해집니다. 고쳐야 하는 행동이 정해져야 성적이 변화하게 됩니다.

얼마 전 재수를 하는 졸업생인 지연이를 만났습니다. 고등학교를 다닐 때 지연이는 교우 관계가 매우 중요한 학생이었고, 대화를 통해 스트레스를 푸는 전형적인 여학생이었습니다. 인간관계 의존성이 결국 학업에 문제가 될 것이라고 여러 차례 조언을 했음에도 자신이 알아서 잘 조절 할 수 있다고 주장했었습니다. 결국 재수를 하게 된 지연이가 선택한 학원은 등원 이후에 말을 할 수 없도록 규정된 곳이었습니다. 다른 학원생과의 일체 대화 자체를 하지 않고 SNS도 탈퇴하고 오롯이 공부에 집중을 하고 있습니다. 수능 실패 이후에 자신을 돌아보면서 선생님의 조언을 이해했고, 자신의 행동에 '변화'를 주는 것을 선택했고, 지금까지 스스로 결정한 약속을 지켜가고 있습니다. 물론 어려움과 고통을 겪고 있지만, 성적은 거의 수직 상승을 하고 있습니다. 지연이가 이렇게 고백했습니다.

" 고3 때 이렇게 공부했으면, 무조건 서울대 갔을 것 같아요. "

지연이는 2025학년도 입시에서 아주 우수한 성적을 만들 것입니다. 학원을 잘 선택해서, 재수를 했기 때문에 성공하는 것이 아니라, '변화'를 스스로 선택하고, 그 선택을 끝까지 지켜내고 있기 때문에 성공하는 것입니다.

안타깝게도 현역 고3들은 1년 간 성적의 하락을 아주 높은 비율로 경험하게 됩니다. 이유는 단순합니다. 현역 고3들의 공부량의 문제이기도 하지만, 더 본질적인 이유는 학습량이 엄청난 재수 및 반수생들의 증가입니다. N수생 전체의 문제가 아닙니다. 상위권 N수생의 숫자가 만만치 않고, N수의 공부량도 만만치 않습니다.

실제로 2025학년도 수능을 준비하고 있는 고3들에게 물어보면 공부량이 그리 많지 않아서 걱정하는 선배들을 많이 보게 될 것입니다. 고3이면 공부만 할 것 같고, 다른 모든 것을 접을 것 같지만, 대부분의 경우에는 '패턴'을 바꾸지 않습니다. 그러니 고3 때의 공부량이라고 해 봐야 크게 증가하지 않습니다.

2024학년도를 준비하던 수험생들의 변화를 살펴보겠습니다.

구분	3월	6월 모평		9월 모평		대수능	
인원	308,815	381,673		374,907		444,870	
졸업 여부	-	재학	졸업	재학	졸업	재학	졸업
		306,203	75,470	284,526	90,381	287,502	157,368

3월 학력 평가에서 상당수의 재학생들은 2학년 때보다 낮은 모의 고사 성적을 받고, 자신의 바닥을 확인했다고 말합니다. 하지만 3월 학력 평가는 재학생들만의 리그입니다. 그러니 실제 수능 성적보다는 '높게' 나옵니다. 6월 모의 평가에서 7만 명이 넘는 재수생들이 유입 됩니다. 대부분의 경우에는 2월에 재수를 시작하고, 4개월간의 특별 훈련(!)의 결과를 6월 모의 평가에서 발휘하게 됩니다. 그 결과 재학 생들의 평균 성적이 1년 중에서 가장 많이 떨어지게 됩니다. 여기서 문제가 발생하게 됩니다. 재학생들이 생각하던 입시 전략이 어그러 지면서 입시 전략 전체에 심각한 문제가 발생하게 되는데, 이 시기에 많은 학생들의 멘탈이 무너지게 됩니다. 모든 시험이 그러하듯 수능 도 실제 멘탈이 매우 중요합니다. 한번 무너진 멘탈을 회복하기란 생 각보다 그리 쉽지 않다는 말입니다.

9월 모의 평가에서는 대학을 다니던 학생들이 1학기를 마치고 휴 학을 선택하고, 반수라는 이름으로 수능 시장에 편입됩니다. 2022년 을 기준으로 대략 2,000명 수준의 SKY 학생들이 학업 중단을 선언했 습니다. 상당한 비율이 수능으로 유입 되었을 것으로 예상을 하고 있습니다. 그러다 보니 재학생들의 평균 성적이 또 다소 하락하게 됩니다. 반수로 유입되는 학생의 수는 재수에 비해서 다소 적긴 하지만, 반수를 선택한 모든 학생이 9월 모의평가를 보는 것은 아닙니다. 실제 9월 모의 평가 이후 수능에 유입되는 6만 명의 졸업생 규모를 생각하면 타당한 추론이 됩니다.

최종적으로는 2024학년도 수능에서 졸업생 등의 비율은 35% 수준입니다. 상당히 높은 비율이라는 점을 생각해야 합니다. 졸업생의 증가는 수능 난이도에도 영향을 미치기 마련입니다. 또한 2025학년도에는 이 비율이 더 상승할 것으로 예상하면, 2026학년도 입시에서도 최소 35% 이상의 졸업생이 유입 될 것으로 가늠할 수 있습니다. 그렇다면 이런 질문이 가능합니다.

'수능 성적, 올릴 수 있을까요?'

당연히 올릴 수 있습니다! 하지만 상당한 노력이 필요하다는 점을 다시 강조하고 또 강조합니다. 어떤 변화를 선택하면 수능 성적을 올릴 수 있을지를 고민하고 행동하면 됩니다. 수능 성적 상승이 얼마나 어려운지는 데이터를 통해 확인할 필요가 있습니다. 아래의 표는 수능 과목별 만점자 수와 표준 점수 최고점을 정리한 표입니다. 한국 교육 과정 평가원이 발표하는 자료인데, 이 자료를 통해 함께 고민을 해 봅시다.

국어	2022학년도 대수능			2023학년도 대수능			2024학년도 대수능			2025학년도 대수능
구분	6월	9월	수능	6월	9월	수능	6월	9월	수능	6월
만점자 (명)	182	6,423	28	59	343	371	1,492	135	64	83
표준점수 최고점	146	127	149	149	140	134	136	142	150	148

수학	2022학년도 대수능			2023학년도 대수능			2024학년도 대수능			2025학년도 대수능
구분	6월	9월	수능	6월	9월	수능	6월	9월	수능	6월
만점자 (명)	882	1,211	2,702	13	1,607	934	648	2,520	612	697
표준점수 최고점	146	145	147	147	145	145	151	144	148	152

통합 수능 이후의 모의 평가와 수능에서 수학의 만점자 수가 국어에 비해 상대적으로 많음을 확인할 수 있습니다. 결국 수능 수학에서는 고득점자의 수가 일정한 수준으로 나오고 있다는 사실에서 이공 계열 학생, 주로 미적분과 기하를 선택하는 학생들의 수학 수준이 상당히 높다는 사실을 확인할 수 있습니다.

반면에 국어 만점자의 수는 대체로 매우 낮은 수준을 유지하고 있습니다. 결국 통합형 수능 이후로 상위권 대학을 진학하기 위해서는 대체로 수학 성적은 매우 높은 수준을 유지해야 하고, 국어에서 실질적인 변별이 이뤄진다는 점을 추론할 수 있습니다. 영역 및 과목별 표준 점수 도수 분포를 확인하면 이 부분은 더욱 선명해집니다. 누적 인원을 유심히 보면서 학습량에 대한 고민을 하도록 합시다.

2022학년도 대수능					
국어			수학		
표준점수	계	누적(계)	표준점수	계	누적(계)
149	28	28	147	2,702	2,702
147	33	61	146	24	2,726
146	67	128	145	204	2,930
145	113	241	144	3,520	6,450
144	154	395	143	6	6,456

2023학년도 대수능					
국어			수학		
표준점수	계	누적(계)	표준점수	계	누적(계)
134	371	371	145	934	934
133	753	1,124	143	83	1,017
132	244	1,368	142	2,061	3,078
131	1,713	3,081	140	62	3,140
130	1,904	4,985	139	4,206	7,346

2024학년도 대수능					
국어			수학		
표준점수	계	누적(계)	표준점수	계	누적(계)
150	64	64	148	612	612
148	59	123	146	86	698
147	161	284	145	517	1,215
146	148	432	144	800	2,015

전체적으로 보면 수학 성적 수준이 국어 성적 수준보다 높다는 점을 알 수 있습니다. 2026학년도 입시를 준비하면서 수능 최저 학력 기준 혹은 정시 성적을 고민하고 있다면, 이 부분에 얼마나 준비를 철저하게 해야 하는지 알 수 있는 자료입니다. 수능에서 과목 만점을 받거

나 혹은 하나 틀린 학생들의 수를 보면 최상위권, 또는 상위권의 수준에서 어느 정도의 학습량을 채워야 하는지 고민해야 할 지점이 될 것입니다.

절대 평가인 영어의 경우에는 전체적인 난도가 높다는 것을 확인할 수 있습니다. 영어 절대 평가로 인해 수험생들의 학습량이 줄어든 측면도 있긴 하겠지만, 전체적으로는 여전히 높은 난이도를 유지한다고 생각하고 준비해야 합니다. 2025학년도 6월 모의 평가의 경우에는 역대 가장 낮은 1등급 비율로 인해 이슈가 되긴 했지만, 9월 모의 평가에서는 매우 쉽게, 수능에서는 적정한 수준의 난이도를 유지할 것입니다. 1등급 8% 정도의 수준을 유지하는 것을 목표로 출제가 이뤄질 것으로 짐작하고 있고, 이런 경향은 2026학년도에도 비슷하게 유지될 것으로 예상이 됩니다.

영어	2022학년도 대수능			2023학년도 대수능			2024학년도 대수능			2024학년도 대수능
구분	6월	9월	수능	6월	9월	수능	6월	9월	수능	6월
1등급 비율	5.51	4.87	6.25	5.74	15.97	7.83	7.62	4.37	4.41	1.47

결국 매년 수능에서 콘크리트 층이라고 할 수 있는 최상위 권은 유지되고 있는 셈입니다. 이런 현상은 2026학년도에는 조금 더 가속화될 여지가 있어 보이는데, 의대 증원과 관련된 변수가 미치는 영향력이 최소 2027학년도 입시까지 이어질 가능성이 높기 때문입니다. 최상위권의 변수를 생각해보면, 수능은 여전히 어렵게 출제될 수밖에

없고, 재학생들에게 불리해지는 악순환이 반복될 것입니다.

　수능에서 특히 교차 지원으로 인한 악순환이 매우 심각한 문제입니다. 수시와 다르게 정시 지원에서는 거의 모든 학생, 학부모들이 '학과'보다는 '대학'을 우선시 합니다. 일단 대학을 진학한 후에 재수 혹은 반수를 선택하면 된다고 생각하는 학생들이 실제로 많이 있습니다. 대체로 교차 지원은 상위권에서는 이공 계열 학생들이 인문계열로 지원을 하게 되고, 중하위권에서는 인문 계열 학생들이 이공 계열로 지원하는 현상을 보이고 있는 편입니다.

　또 다른 악순환을 꼽아 본다면, 정시 전형은 결국 객관식 능력을 서열화한다는 한계가 명확합니다. 정시 전형은 기본적으로 수능에서 틀린 개수를 토대로 지원이 이뤄진다고 생각하면 됩니다. 엄청 복잡한 공식을 활용하고, 변수도 많고, 그래서 같은 점수를 받고도 합불이 갈라질 수 있지만, 객관식 시험으로 서열화 된다는 점에서는 큰 차이가 없습니다. 여기서 문제가 하나 생깁니다. 현재 수능 체제에서는 공부를 잘하는 것이 당연히 중요하지만, 최상위권으로 학생들은 공부를 잘하는 것이 중요한 것이 아니라, 실수를 줄여야 원하는 대학을 진학하게 됩니다. 실제 거의 한 문제로 대학과 학과가 결정되기 때문에 수험생이 느끼는 박탈감도 클 수밖에 없습니다. 모의 평가에서 잘 봤던 학생이 실제 수능에서 실수를 하는 경우도 심심찮게 있습니다. 이런 학생들은 자신이 진학한 대학에 만족하지 못하고 재수 시장으로 유입이 됩니다.

정시 지원은 대체로 정량적 평가를 베이스로 합니다. 정량적 평가를 베이스로 한다는 말은 당연히 예측 가능성이 높다는 말입니다. 3년 정도의 입시 결과를 분석하면 어느 정도 예측이 가능합니다. 다만 최근에는 빅데이터를 기반으로 한 입시 예측 프로그램들이 워낙에 잘 발달되어 있어서 정확도가 매우 높습니다. 100% 확신하기는 어렵지만, 어느 정도의 정확한 방향성은 확인할 수 있고, 프로그램에 대한 공부를 조금만 하면 매우 높은 확률로 정확한 예측이 가능합니다.

'어디가'에서 발췌한 2024학년도 정시 성균관대의 입시 결과입니다.

구분	모집 단위	모집 인원	경쟁률	충원 합격 순위	최종등록자 70% cut 평균 (백분위)
가군	지능형소프트웨어학과 (최고)	23	4.52	31	95.67
	인문과학계열 (최저)	208	3.29	255	91.00
	교육학과	15	4.07	19	91.50
	글로벌경제학과	36	3.72	45	92.17
	반도체시스템공학과	22	4.14	35	95.67
	글로벌융합학부	10	7.40	15	91.33
나군	소프트웨어학과 (최고)	46	6.35	145	94.83
	한문교육과 (최저)	16	5.69	23	91.33
	글로벌경영학과	49	8.55	161	93.00
	글로벌리더학과	30	7.13	86	92.83
	글로벌바이오메디컬공학과	21	5.57	60	94.17
	전자전기공학부	107	4.13	244	94.67
	공학계열	315	4.16	527	93.50
다군	반도체융합공학과	31	48.61	575	94.50
	에너지학과	12	48.08	296	94.50

정시 지원을 위해서는 군별 전략이 매우 중요합니다. 정시 3번의 지원 기회에서 대체로 1승 1무 1패의 전략이 통상적인 전략입니다. 단순하게는 주력 전형을 전하고, 안정 혹은 하향 지원하고, 나머지 군에서는 상향, 소신 지원을 하는 것이 일반적입니다. 정시 지원에서 가장 대학을 성공적으로 진학하는 학생들은 당연히 '추가 합격'으로 합격하는 학생입니다. 예비 번호를 받고 마음 졸이는 시간이 있기 하겠지만, 전략이라는 측면에서는 최고의 성공을 거둔 학생인 셈입니다.

2026 대한민국 교육 트렌드에 대한 긴 여정을 마무리하면서 다양한 감정을 느끼게 됩니다. 모든 일의 마무리가 항상 그러하듯 진한 아쉬움과 옅은 뿌듯함이 교차합니다. 교육이 어떠해야 한다는 것에 대한 나름의 생각도 있고, 입시가 어떠해야 한다는 것에 대해 더 많은 생각이 있지만, 과한 욕심을 부리기보다는 '지금'에 집중하는 것이 더 중요하다고 생각했습니다.

매년 숱한 고 2학년들을 만나고, 학부모를 만날 때마다 안타깝게 느끼는 것은 입시와 교육에 대한 깊은 고민과 갈등이 과도하게 높다는 것이었습니다. 입시에 대한 강박 수준의 스트레스를 학생과 부모가 가지고 있기에 풀리지 않는 방정식 같은 느낌이었습니다. 이 책은 그 안타까움에 대한 저만의 대답으로 시작했습니다. 숱한 가정에서 교육의 문제로, 입시의 문제로 나름의 전쟁이 매일매일 진행된다는 것을 알고 있기에, 나름의 해답을 찾아야 한다는 절실함도 있습니다.

Epilogue의 어원은 그리스 신화의 에피메테우스에서 찾습니다. '나중에 깨우치는 사람'이라는 뜻을 가지고 있습니다. 사실, 방점을 어디에 찍느냐의 문제라고 생각합니다. '나중에'에 방점을 찍는 것이 아니라, '깨우치는'에 찍기만 하면 됩니다. 우리는 아직 인생의 출발점에 서 있습니다. 고2는 여전히 인생의 출발점입니다. 절대 늦지 않았고, 이제 깨우쳤다면 바로 시작하면 됩니다.

우리는 지금까지 숱한 방법을 사용해 왔고, 많은 실패들을 경험했습니다. 놀랍게도 앞으로의 인생에서 더 많은 실패를 경험하게 될 것입니다. 그래서 개인적으로는 이 '실패'들을 매우 소중하게 생각하는 편입니다. 제가 학생들과의 상담을 하면서 가장 자주 하는 말입니다.

실패해도 괜찮아. 하나만 배우자.
그럼 같은 실수는 하지 않게 될 거야.

우리의 실패는 '배움'의 과정일 뿐입니다. 어떤 실패도 결과가 되지는 않지만, 그 실패에 머물러 있는 사람에게 그 실패는 안타깝게도 결과가 됩니다. 같은 실패를 할 수밖에 없는 선택을 하는 학생은 당연히 실패에 머물게 됩니다. 상담을 통해 진짜 '전설'을 만든 학생들도 많이 있습니다. 그 학생들의 공통점은 모두 '실패'에 머물지 않는 학생들이 었습니다. 자신이 실패했다는 사실을 '인정'하고 그 실패에서 벗어나기 위한 다른 선택을 했습니다. 그리고 그 선택을 쌓아서 전설을 만들었습니다. 우리도 지금보다 더 나은 선택을 위해 현재를 분석하기 시작할 때 실패에서 일어날 수 있게 됩니다.

6개월 전 상담을 하고 인생을 뒤바꿀 선택을 하고, 그 선택을 열심히(진짜 진심을 다해 열심히) 밀고 가던 민성이와 6월 모의 평가 후에 만났습니다. 민성이는 자신이 진심을 다해서 공부를 했는데, 6월 모의 평가 결과가 원하는 만큼 나오지 않아서 충격을 받았고, 그래서 더이상 할 수 없을 것 같다는 말을 했습니다. 엄청 스트레스를 받고 있고, 지나친 우울감 때문에 신경 정신과 진료를 받고 우울증 약을 먹고 있다는 이야기를 털어놓았습니다. 부모도 의사도 공부에 대한 이야기를 하지 않고, 건강한 삶에 대해서 이야기하는 상황이라서 자신은 아무리 해도 안 될 것 같고, 더 이상 공부하는 것이 의미가 없을 것 같다고 이야기를 했습니다. 민성이와 이야기하면서 정말 많은 생각을 했습니다.

민성이는 자신의 실패를 받아들이는 연습을 많이 하지 않았던 학생이었고, 그 실패가 가지는 의미가 무엇인지를 고민해 본 적이 없었고, 그것을 알려준 사람도 없었습니다. 사실, 대부분의 학생들이 자신의 실패를 해석하는 방법을 잘 모릅니다. 배운 적이 없으니까요. 모두 성공에 대해서 이야기하지, 실패에 대해서 이야기하지 않으니까요. 하지만, 모든 성공은 수많은 실패를 베이스로 합니다. 그 실패를 통해서 배웠기 때문에, 그 실패를 딛고 일어섰기 때문에 성공에 대해서 말할 수 있게 됩니다.

실패를 받아들이는 법에 대해 한참을 이야기하면서 민성이는 스스로의 감정을 어느 정도 이해하게 되었고, 자신의 노력의 결과물에 대한 집착을 버리고, 노력하는 과정 자체에 의미를 부여할 수 있게 되었습니다. 실패에 대한 관점을 바꿀 수 있게 된 것입니다. 이전에 풀 수 없던 문제들을 풀 수 있게 되었고, 이전에 놀았던 시간들을 공부로 채워가는 그 모든 노력의 소중함을 이해할 수 있게 되었습니다. 지금 민성이는 남다른 수준의 학습량을 다시 보여주고 있고, 아마도 9월 모의평가에서는 수준 높은 경지를 보여줄 것입니다. 민성이는 앞으로 더 많은 실패를 경험하게 될 것이고, 그 실패의 경험을 통해서 성장하고 실패 앞에서 포기하지 않고 견고하게 버티는 사람이 될 것입니다.

사실 우리 인생 전체를 볼 때 실패는 그리 중요한 것이 아닙니다. 누구나 다 실패의 경험을 합니다. 중요한 것은 그 과정에서 무엇을 배웠는가 하는 것입니다. 인생이라는 관점에서 본다면, 우리 모두는 여전히 '학생'(배우는 사람)입니다.

앞서 이야기한 많은 사례들이 완벽한 해답이 될 수는 없겠지만, 2026 입시를 준비하는 학생, 학부모에게 정확한 방향과 방법은 제시했다고 생각합니다. 방향과 방법이 정해졌다면 나름의 답을 찾아 자신만의 길을 만들어 갈 수 있을 것입니다. 이제 중요한 점은 그 길을 견고하게 만드는 것입니다. 안타깝게도 공부는 한 번의 결심과 한 번의 선택으로 성공할 수 있는 것이 아닙니다. 이 많은 이야기를 읽고, 생각하고, 고민하고, 그리고 더 많이 질문하는 숱한 과정을 통해서 공부도 입시도 성공의 길로 방향이 전환될 것입니다.

개인적으로는 인생 문장들을 통해서 스스로를 설득하는 스타일입니다. 인생의 굴곡이 많았던 만큼 스스로를 설득하기 위한 나름의 인생 문장들도 많이 가지고 있는 편입니다. 그 중 개인적으로 가장 좋아하는 문장이 두 개가 있습니다. 첫 번째 인생 문장은 앞서 소개한 적이 있습니다.

모든 것이 합력하여 선을 이루느니라 (롬 8:28)

나의 실패와 성공, 나의 모든 경험들이 '지금의 나'를 만들었고, 지금 내가 경험하고 있는 모든 것들이 '미래의 나'를 만들 것이라는 확신을 가지면, 현재의 내 삶의 많은 문제들이 해결이 됩니다. 지금 겪고 있는 숱한 경험이 '합력'하여 우리가 원하는 결과들을 만들어 낼 것입니다. 그 믿음을 가지고 저는 오늘의 선택을 하도록 스스로를 세뇌하고, 설득합니다.

두 번째 문장이 이 책을 마무리 지으면서 여러분에게 정말 전해 드리고 싶은 문장입니다. 개인적으로 매우 힘든 일을 경험할 때, 스스로에게 되뇌는 문장이기도 합니다. 니체의 명언이기도 합니다.

풍파는 언제나 전진하는 자의 벗이다

우리의 인생은 언제나 숱한 풍파를 경험하게 될 것이고, 2026학년도 입시를 준비하는 여러분들은 더 큰 풍파를 경험하게 될 것이라고 주변에서 말합니다. 당연히 쉽지 않은 입시가 되겠지만, 불안해 하지 마시길. 우리에게 달려드는 모든 풍파는 '내가 전진하고 있음'을 완벽하게 보여주는 증거에 불과합니다. 나의 전진과 나의 성장이 눈앞에서 이뤄지고 있는데, 굳이 불안할 이유는 없습니다.

어제 노력한 만큼만 노력하고, 더 이상의 발전을 고민하지 않는 사람은 삶이 어렵지 않습니다. 주변에서 많이 보는 그 사람들, 그 학생들은 언제나 그 자리에 머물러 있는 선택을 합니다. 그게 편하니까요. 하지만 변화를 시도하고, 성장을 고민하고, 성적 향상을 이루려는 모든 학생들은 거친 풍랑을 경험하게 됩니다.

저와 함께 제대로 된 공부를 시작하는 학생들이 공통적으로 겪게 되는 가장 강력한 풍랑은 바로 '가장 친한 친구들'입니다. 정확하게는 가장 친하다고 생각했던 사람들입니다. 제대로 된 공부를 한다는 것은 '변화'를 의미하고, 그 변화는 당연히 친구 관계에도 영향을 주게 됩니다. 친구라고 생각했던 그 학생들의 입장에서는 어느 날 갑자기 완전히 다른 행동을 하는 친구가 어색할 것입니다. 때로 친하게 지내던 사람들이 떠나가기도 합니다. '풍파'입니다. 이 어려움을 겪게 되는 가장 중요한 이유는 바로 '변화'를 시도했기 때문입니다. 이전의 삶이 나를 멈추도록 만드는 것입니다. 그러니 다시 이 말을 생각해 봅시다.

풍파는 언제나 전진하는 자의 벗이다

이 책이 용감하게 변화를 선택하고, 과감하게 도전을 결정하실 여러분 모두에게 엄청난 원심력으로 작용할 수 있길 바랍니다. 우리를 '지금'에 멈추게 만들려는 숱한 중력들과 구심력을 단호하게 이겨 내고, 안전한 항구를 떠나 풍랑이 이는 바다를 향해 전진하는 멋진 항해를 시작할 수 있길 간절한 마음으로 기도하겠습니다.

정상에서 만납시다.

◆ 참고 문헌

황농문, 2020, 『슬로 싱킹』, 위즈덤 하우스

아미시 자, 2022, 『주의력 연습』, 어크로스

리사 제노바, 2022, 『기억의 뇌과학』, 웅진지식하우스

조병영, 이형래 외 3명, 2022, 『읽었다는 착각』, EBS 북스

요한 하리, 2023, 『도둑맞은 집중력』, 어크로스

토드 로즈, 2023, 『집단 착각』, 21세기 북스

안우경, 2023, 『씽킹 101』, 흐름 출판

대니얼 T. 윌링햄, 2023, 『공부하고 있다는 착각』, 웅진지식하우스

이케가야 유지, 2023, 『최적의 공부 뇌』, 포레스트북스

줄리아 캘러, 2024, 『퀴팅』, 다산 북스

이시한, 2024, 『똑똑한 사람은 어떻게 생각하고 질문하는가』, 북플레저

캐럴 드웩, 2017, 『스탠퍼드 인간 성장 프로젝트 마인드 셋』, 스몰빅라이브

헨리 뢰디거, 마크 맥대니얼 외 1명, 2014, 『어떻게 공부할 것인가』, 와이즈 베리

HYPERLINK "http//www.adiga.k" www.adiga.kr, "어디가"

New 학생부 종합 전형 공통 평가요소 및 평가항목

대학별 2025/2026학년도 대학입학 전형시행계획

대학별 발간 자료

　학생부 종합 전형 안내서

　논술 가이드북

　선행 학습 영향 평가 보고서

　수시 전형 계획서

　선택 과목 안내서

　전공 안내서

한국교육과정 평가원 발간 자료 및 보도 자료

2026 대한민국 대학입시 트렌드

발행일	2024년 10월 01일 초판 1쇄
	2024년 12월 27일 초판 2쇄
지은이	윤윤구
편집 디자인	사사연 B&D
기획 마케팅	이정호
발행인	이재민
발행처	리빙북스
등록번호	109-14-79437
주소	서울시 강서구 곰달래로31길 7 동일빌딩 2층
전화	(02) 2608-8289
팩스	(02) 2608-8265
이메일	macdesigner@naver.com
홈페이지	www.livingbooks.co.kr

ISBN 979-11-87568-34-6 43370
© 윤윤구, 2024